미식가의 어원 사전

미식가의 어원 사전

앨버트 잭 지음

정은지 옮김

What Caesar Did For My Salad?

윌북

∽ 모든 메뉴에는 이름이 있다 ∽

일러두기

1. 굵게 표시한 구절은 원서를 따른 것으로, 각 꼭지에서 주요하게 설명하는 개념이다.

2. 음식과 그에 쓰이는 재료는 영어 병기를 하는 것이 기본 원칙이되 가독성을 해치지 않는 범위 내에서 조절했다.

3. 본문의 [ ]는 원문의 이해를 돕기 위해 옮긴이가 보충한 내용이다. 저자가 붙인 원주는 뒤에 '-지은이'라고 표시했다.

이 책을 세상 어디에나 있는 모든 요리사들에게 바친다.

그들 없이 우리가 무얼 하겠는가?

차례

들어가며   8

1장 아침 식사 Breakfast   19

2장 도시락 Lunchbox   57

3장 일요 오찬 Sunday Lunch   81

4장 티타임 Teatime   95

5장 패스트푸드 Fast Food   129

6장 식전주와 전채 Aperitifs and Appetizers   159

7장 수프와 첫 코스 Soups and Starters   183

8장 샐러드와 야채 요리 Salads and Vegetables   207

9장 생선 요리 코스 The Fish Course   245

10장 소스와 양념 Sauces and Seasonings   273

11장 고기 요리 코스 The Meat Course   307

12장 인도식 포장음식 Indian Takeaway   345

13장 이탈리아식 포장음식 Italian Takeaway   367

14장 중국식 포장음식 Chinese Takeaway   387

15장 크리스마스 만찬 Christmas Dinner   403

16장 디저트 카트 The Sweet Trolley   425

17장 치즈 코스 The Cheese Course   459

감사의 글   482

참고문헌   484

찾아보기   486

들어가며

음식은 버젓한 역사라는 점에서 성, 전쟁, 왕, 여왕, 예술, 문학, 흑사병 등에 뒤지지 않는다. 그러나 현재 출판계는 마늘을 치아바타 ciabatta에 문지르거나 라임 잎사귀를 부숴 날생선 조각에 뿌리는 방법을 보여주려는 유명 셰프로 포화 상태다. 그러다 보니 우리가 가장 즐기고 사랑해온 많은 요리들이 오히려 눈에 띄지 않는다. 그 요리들이 어쩌다 그렇게 고전이 되었는지 알려주는 뒷이야기들은 더 말할 것도 없다. 나는 친구들과 스쿠터로 런던을 누비거나 무능한 수셰프들에게 욕설을 퍼부으며 생계를 꾸리는 사람은 아니다[요리 쇼에서 스쿠터를 즐겨 타는 제이미 올리버와 입이 거칠기로 유명한 고든 램지를 지칭한다]. 사실 돼지 등심pork loin과 족elbow을 구별할 줄도 모른다. 그렇지만 역사를 정말 사랑하며, 음식을 특별히 사랑한다. 우리가 좋아하는 요리의 이면에는 매혹적이고 경이로운 역사가 존재한다. 석가모니가 죽porridge을 먹고 해탈에 이른 것부터, 죽어가던 극작가 몰리에르가 약이 아닌 **파르메산 치즈**Parmesan를 복용한 것까지 말이다(혹시 궁금해할까 봐 하는 말이지만, 치즈는 효과가 없었다). 음식의 역사는 서글플 정도로 간과되었다. 그렇기에 나는 더 많은 것을 알아내고 싶어졌다.

영국의 전설적인 코미디 그룹 몬티 파이선의 영화 〈브라이언의 삶The Life of Brian〉에서 예비 반역자들이 묻는다. "로마인들이 우리한 테 뭘 해줬는데?" 음, 조사해보니 의외의 답을 하나 발견했다. 무엇 보다도 그들은 **패스트푸드**fast food를 발명했다. 여러분이 요리를 하는 대신 고층 아파트(이 또한 그들이 발명했다)에서 달려나가 제일 가까운 노점에서 포장음식을 낚아채고 돌아올 수 있게 해준 것이다. 현대인 이 사랑하는 포장음식인 인도식 커리Indian curry는 어떤가? 그 모든 다양한 커리는 여러 세기에 걸친 전쟁, 침략, 교역의 맛있는 결과물 이라는 사실이 밝혀졌다. 일례로 여러분은 **비리아니**biryani는 페르시 아인들에게서, **빈달루**vindaloo는 포르투갈인들에게서 비롯된 반면, **멀리거토니**mulligatawny[보통 영국인은 비리아니, 빈달루, 멀리거토니를 모두 인도 음식으로 여긴다]는 인도의 푹푹 찌는 열기의 한복판에서도 여전 히 뜨거운 수프 코스를 고집한 불굴의 식민지 시기에 영국인들이 만 들었다는 사실을 알고 있었는지? 다시 유럽으로 돌아와보면 음식이 라는 게 그렇게나 많이 변화하면서도 동일하게 유지되고 있다는 사 실에 놀란다. 중세 농민들은 진흙 같은 **완두콩 푸딩**pease pudding으로 연명했다(그래도 고기가 듬뿍 든 부유한 영주들의 요리보다 건강에는 더 좋았 다). 한편 당시의 농민 격인 오늘날의 가난뱅이 학생들은 더 맛있긴 해도 크게 다를 것은 없는 **베이크드 빈**baked beans을 얹은 토스트를 먹 고 산다.

나는 이 요리의 기원이 프랑스일지 모른다는 사실을 발견했다. 프 랑스의 고전 콩 스튜 **카술레**cassoulet에서 파생된 요리 아닐까? 프랑 스가 이탈리아인들에게서 약간의 도움을 받아 유럽 요리에 엄청난 영향을 준 사실도 발견했다. 하지만 나는 요리 기술이 수 세기에 걸쳐 어떻게 진화했는지 설명하는 데 그치기보다는, 우리가 날마다 먹는 음식 이면에 존재하는 사람들의 이야기를 하고 싶었다. 예를 들어 **마르게리타**Margherita는 누구였고, 왜 세계에서 제일 유명한 피자가 그의 이름을 따랐을까? 그리고 **쉬제트**Suzette는 어떤가? 그랑 마르니에Grand Marnier[코냑에 오렌지 향을 가미한 프랑스산 리큐어]로 플람베flambé[조리 중 센 불에서 알코올 음료를 더해 불필요한 잡내를 없애는 프랑스 요리 테크닉]를 한 팬케이크pancake에 왜 그의 이름이 붙었을까? 우리 모두 **피치 멜바**peach Melba를 즐기던 때가, 아니면 **멜바 토스트**Melba toast에 버터를 바르던 때가 있었다. 그러니 이 요리들을 창조하는 데 영감을 주었던, 요구가 많은 오페라 가수 데임 넬리 멜바Dame Nellie Melba의 이야기를 하면 좋지 않겠는가? 그리고 물론, 상습 도박꾼 **샌드위치**Sandwich 백작이 자기 이름이 붙은 간식이자 현재 모든 도시락과 **뷔페**buffet의 중심에 있는 요리를 생각해낸 이야기가 빠진다면, 음식의 역사는 완성되지 못할 것이다.

조사를 시작하자 온갖 흥미진진한 질문들이 연거푸 튀어나왔다. 예를 들어 우리가 좋아하는 커피 **에스프레소**espresso나 **카푸치노**cappuccino는 왜 그런 이름으로 불리는 걸까? **케밥**kebab은 정말 중세 터키 병사들이 검에 고기 조각들을 꿰어 모닥불 위에 걸쳐둔 것에서 시작되었을까? **호스래디시 소스**horseradish sauce는 우리의 말horse 친구들과 관계 있을까? 만일 있다면 정확히 무슨 관계일까? **구멍 속 두꺼비**toad in the hole 요리에서 두꺼비toad를 구멍hole에 넣은 건 누구일까? 몇 페이지만 더 넘겨보면, 이 모든 질문과 그 밖에도 더 많은 질문에 대한 답을 발견할 것이다.

요리나 음식 종류를 색인에서 찾아봐도 좋고, 아니면 그냥 해당되는 '식사'로 넘어가도 된다. 보다시피 나는 이 책을 하루의 식사 순서에 따라 구성했다. 아침 식사로 1장을 시작해 저녁 식사의 마지막 코스인 치즈에서 끝나도록 말이다. 요즘 사람들은 정해진 음식을 정해진 시간에 먹는 게 아니니, 각 장의 구성이 아주 엄격하지는 않다. 예를 들어 전채appetizer와 첫 코스는 상당 부분 서로 바뀔 수 있다. 앞에서 언급했던 호스래디시를 여기서는 로스트 비프roast beef에 곁들였지만, 소스 챕터에 나왔더라도 잘 어울렸을 것이다.

세월이 흐르자 이동량이 증가하며 생활 방식이 변화했고, 우리가 어떤 식사를 언제 먹는지도 달라졌다. 그렇지만 식사는 여전히 우리가 어떤 존재인지 반영한다. 예를 들어 아침 식사라는 게 무엇인지 모르는 사람은 없고, 그런 의미에서 우리는 모두 같다. 만일 그 식사를 '브런치'brunch'라고 부르고 있다면 틀림없이 더 일찍 일어났을 것이다. 아니면 더 옛날 관습(아래를 참조할 것)으로 복귀하는 중일 수도 있다. '일레븐지즈elevenses[오전 11시에 먹는 식사]'를 한다면? 은퇴했거나 병원에 있을 것이다.

여러분은 한낮의 식사를 '런치lunch'라고 부르는가? 그렇다면 아마 중산층일 것이다. 다시 일하러 가야 할 피치 못할 사정만 없다면 오후를 통째로 식사에 할애하는 유복한 사람 말이다. 만일 이 식사를 '비즈니스 런치business lunch'라고 부른다면, 노골적으로 아예 돌아갈 생각이 없다는 것이다.

만일 한낮의 식사를 '런천luncheon'이라고 부른다면 귀부인이시여, 이 책을 반드시 읽으셔야 할지니. 세계에서 가장 비싸고 탐나는 요리들 중에는 보이는 것만큼 세련되지 않으며 명백히 피에 굶주린, 때로는 혁명적인 역사가 담겨 있는 요리도 있다는 사실에 놀랄 것이다. 혹시 점심 식사를 '디너dinner'라고 부른다면 여러분은 노동 계급이거나, 학생이거나, 아니면 영국 북부에 살고 있을 것이다.

흥미롭게도 점심 식사가 제일 유서 깊은 식사다. 16세기가 시작될 즈음 하루의 주요 식사는 부자나 빈자나 똑같이 오전 11시 무렵 이루어졌다. 이는 '디너'라고 불렸는데, 고대 프랑스어 단어 디스네 disner 덕분이다. 이 단어의 어원인 데스제네desjeuner는 '단식을 중단하다break the fast'는 뜻이다(이 단어는 현대 프랑스어 '아침 식사déjeuner'의 뿌리이기도 하다).

하루의 마무리는 '서퍼supper' 혹은 영국 북부에서 일컫듯 '차tea'였다. 해질녘이면 다들 잠자리에 들기 직전에 먹던 가벼운 간식 말이다. 인공조명의 도입은 식사를 더 이상 해가 빛나는 시간에 하지 않아도 된다는 의미였다. 일반적으로 부유할수록 양초를 더 많이 감당할 수 있으니 디너(즉 그날의 주요 식사)를 더 느지막이 먹었다. 그러다 보니 중상류층은 디너에 집착하게 되었고, 디너와 서퍼는 동의어가 되다시피 했다.

혹시 여러분이 친구들과의 식사를 '디너 파티dinner party'라고 부른다면, 아마 점심 식사는 '런치'라고 부를 것이다. 그렇지만 도착해서 자동차 열쇠를 던지는 손님들은 단연코 주의해야 한다. 지난번 디너 파티 때는 내가 결국 열쇠를 맡겼다[70년대의 이른바 '열쇠 파티key party' 풍습을 말한다. 손님들은 그릇에 열쇠를 던져놓고 귀가할 때 고른 열쇠의 주인과 하룻밤 파트너가 되었다. 요즘에는 '열쇠를 그릇에 던지다'가 운전할 생각을 버리고 과음한다는 의미로 쓰인다].

이 책을 읽어나가며 음식이 역사의 경로에 어떤 영향을 끼쳤는지(예를 들어 보스턴 티 파티나 아일랜드 감자 기근), 그리고 반대로 음식이 역사로부터 어떤 영향을 받아왔는지 알게 될 것이다. 이를테면 금주법 때문에 미국 요리사들은 **시저 샐러드**Caesar salad부터 **과일 칵테일**fruit cocktail에 이르는 다양한 요리로 수완을 발휘하게 되었고, 웨일스인과 잉글랜드인 사이의 전통적인 경쟁의식 덕분에 우리는 **웰시 래빗**Welsh rabbit을 즐길 수 있게 되었다. 또한 우리는 **후추**pepper 가격 상승이 콜럼버스의 항해에 숨겨진 진짜 이유였다는 것과 예술 세계가 **오믈렛 아널드 베넷**omelette Arnold Bennett을 비롯한 많은 요리에 영감을 주었다는 사실도 알게 될 것이다. 스웨덴 오페라 가수의 이름에서 따온 **제니 린드 수프**Jenny Lind soup나 러시아 발레리나 안나 **파블로바**Pavlova를 기리는 머랭meringue 디저트 같은 요리들 이야기는 또 어떤가! 그리고 **정당한 디저트**just deserts부터 **험블 파이**humble pie까지, 음식 관련 항목들 사이에서 간간이 먹을거리에 관한 일상적 관용구와 그 뒷이야기를 발견할 것이다.

그러다 보면 얼마나 많은 국민 요리가 사실은 완전히 다른 곳에서 시작되었는지 깨닫고 흥미를 느낄 것이다. 지극히 미국적인 기호품인 **햄버거**hamburger와 **핫도그**hot dog는 사실(에헴) 독일에서 비롯했고, 프랑스가 사랑하는 **크루아상**croissant은 실제로는 오스트리아 출신이며, **스코치 에그**Scotch egg의 기원은 스코틀랜드가 아니며, 우리 영국인이 **쇠고기의 제일 좋은 부위**best cuts of beef를 지칭할 때 사용하는 모든 단어가 프랑스어라는 사실이 밝혀진다. 또한 전쟁 중에 어떤 요리가 특정 국가를 연상시키지 않도록 이름을 바꾸느라 사람들이 얼마나 무리한 노력을 했는지도 알게 될 것이다. '핫도그'가 독일어처럼 들리는 **프랑크푸르터frankfurter**를, '햄버거'가 **솔즈베리 스테이크 Salisbury steak**를 대체한 것은 그래서였다.

친애하는 독자들이여, 이 책은 요리책이 아니다. 그러므로 특정한 요리를 만드는 방법을 배우지는 못하더라도, 그 요리가 어떻게 발명되었는지에 대한 이야기는 즐길 수 있을 것이다. 이를테면 **치킨 마렝고chicken Marengo**를 둘러싼 이야기 말이다. 마렝고Marengo 전투의 승리 후, 나폴레옹은 요리사 뒤낭에게 축하 식사를 준비하라고 명했다. 그러나 전투의 혼란 속에서 취사 물품의 절반을 잃은 요리사는 황제를 위해 뭐든 손에 닿는 것들로 뚝딱 만들어낼 수밖에 없었다. 그런 환경에서 쉬운 일은 아니었을 것이다. 접시에 담긴 요리가 닭고기, 계란, 가재, 토스트라는 흔치 않은 조합으로 구성된 것은 그 때문이다. 한편 자신감이 부족한 요리사들이라면, 조리 과정의 대실패가 어떻게 앨프레드 대왕이 압도적으로 불리한 상황을 딛고 결국 승리하도록 북돋웠는지, 세계에서 가장 사랑받는 요리 중 얼마나 많은 것이 실수나 재료 누락의 결과물인지 알고 힘을 내게 될 것이다.

이 책을 위한 조사와 집필 과정은 엄청나게 즐거웠다. 독자 여러분에게 만족스러운 읽을거리이기를 바란다. 나는 여러분의 생각을, 여러분만의 음식사 이야기를 기꺼이 들을 준비가 되어 있다. 그러니 caesar@albertjack.com으로 연락을 주시기를. 어쩔 수 없는 일이지

만, 이 책에 다루고 싶은 요리들을 전부 넣을 여유는 없었다. 하지만
누가 알겠는가, 두 번째 식사가 있을지….

1장

아침 식사

커피: 세상의 속도를 높인 음료

토스트에 건배

마멀레이드와 병든 여왕이 무슨 상관일까?

온전한 잉글랜드식 아침 식사

'이름은 베네딕트, 에그 베네딕트입니다'

프렌치 토스트의 귀족적인 사연

죽에 대한 설법을 처음 한 것은 누구였을까?

키퍼: 청어는 언제 청어가 아닐까?

데빌드 키드니와 햄 통조림

아침 식사용 시리얼의 초현실적 역사

아널드 베넷과 그 유명한 오믈렛

크루아상은 어쩌다 그런 모양이 되었을까?

BREAKFAST

Coffee: The Drink that Speeded Up the World

Raising a Glass to Toast

What is the Connection between Marmalade and a Sick Queen?

The Full English Breakfast

'The Name's Benedict, Eggs Benedict'

The Noble Story of French Toast

Who was the First Person to Pronounce on Porridge?

Kippers: When is a Herring Not a Herring?

Devilled Kidneys and Canned Ham

The Surreal History of Breakfast Cereal

Arnold Bennett the Famous Omelette

How Did the Croissant Get Its Shape?

아내와 나는 지난 40년간 두세 번 아침 식사를 함께 하려고 시도했다.
그러나 너무나 유쾌하지 못해서 그만둬야 했다.

My wife and I tried two or three times in the last forty years to have
breakfast together, but it was so disagreeable we had to stop.

윈스턴 처칠

잉글랜드에서 제대로 먹으려면 아침 식사를 하루에 세 번 해야 한다.

To eat well in England, you should have breakfast three times a day.

W. 서머싯 몸

커피

Coffee

커피coffee라는 단어는 아랍어 카화kahwa에서 비롯했을 수도 있다. 일종의 와인을 의미하는 단어로, 이는 다시 '식욕이 없다'는 의미의 단어에서 비롯했다. 흔히 하루의 첫 커피가 아침 식사를 대신하는 걸 보면 그럴싸한 이야기다. 이 자극적인 음료는 거의 1만 2000년 전 에티오피아의 카파Kaffa 지역에서 유래되었다고 보는데, 카파는 커피의 또 다른 어원으로 제시되기도 한다. 전해지는 바에 따르면 어떤 양치기가 무리를 지키던 중, 양들이 근처 덤불에 떨어진 빨간 열매를 먹고 이리저리 뛰어오르는 것을 알아차렸다. 그는 직접 맛을 보았고, 양들처럼 에너지가 요동치는 게 느껴져 놀랐다. 소문이 퍼져나가자 머지않아 인근 수도원의 수사들이 직접 수확에 나섰다. 숱한 시도 끝에 마침내 진한 갈색 음료가 탄생했고, 야간 기도 시간에 깨어 있으려고 이 음료에 의지하게 되었다. 그러나 커피가 진짜 맛으로 먹는 음료가 된 것은 한참 후인 13세기가 되어서였다. 볶은 커피콩coffee bean을 갈아서 만든 가루를 끓는 물로 우리면 최고의 풍미가 만들어진다는 사실을 아랍인들이 발견한 이후로 쭉, 세상은 이 음료에 중독되어 있다.

| 에스프레소 Espresso |

증기력이 대유행한 산업화 시대인 19세기 내내, 사람들은 뜨거운 수증기를 사용해서 커피를 우리려고 시도했다. 사실 1896년 만국박람회에 등장한, 수증기로 우려내는 커피 머신은 시간당 3000잔을 만들었다고 한다. 불행히도 최고의 맛을 내려면 끓는점 바로 아래에서 만들어야 하기에, 수증기로 우린 커피 맛은 끔찍하다. 수증기를 통해 뜨거운 물이 아주 곱게 간 커피콩을 통과하게 하는, 훨씬 나은 방법을 사용한 최초의 커피 머신은 1822년 프랑스인 루이 베르나르 라보가 발명했다. 그러나 이 방법이 실제로 유행하기까지는 80년이 더 걸렸고, 대중화시킨 장본인은 프랑스인이 아니라 이탈리아인이었다. 에스프레소espresso는 '빠르다'는 의미이니, 그렇게나 오랜 시간이 걸린 것은 다소 역설적인 셈이다. 1901년 최종 형태의 머신을 이탈리아 발명가 루이지 베체라가 설계했다. 그러고 나서야 **에스프레소 espresso**는 카페의 주력 음료가 되었고, 모든 사람이 살아가는 속도가 빨라졌다.

| 카푸치노 Cappuccino |

보통 알고 있는 바와 달리, 독특한 우유 거품층layer of frothy milk을 얹은 이 커피의 이름은 원두가 아니라 커피에 사로잡혔던 성직자 집단 카푸친회Capuchin를 따랐다. 그들은 원래 이탈리아 프란치스코회의 일원이었는데, 근본으로 돌아가서 과거 교단 창시자인 성 프란치스코가 실행한 고독과 기도의 삶으로 귀환하려는 열망 때문에 1520년 갈라져 나왔다. 그러나 교회 당국은 이를 비판적으로 받아들였고, 이단으로 몰린 수사들은 숨을 수밖에 없었다. 그들은 카말돌리 은수자회 수사들에게 피난처를 제공받았고, 감사의 표시로 그 교단에서 즐겨 입던 후드가 달린 카푸치오cappucio[cappucio는 이탈리아어로 '후드'라는 의미다] 망토를 입기 시작했다. 이 후드는 피난처의 주인들과 섞이는 데 유용한 위장복 노릇을 했기에, 그들이 문제에서 벗어날 때도 도움이 되었다. 새 교단은 결국 교회의 승인을 받았고, 같은 취지로 설립된 수녀회도 마찬가지였다. 1538년 그들은 다 함께 나폴리에 정착했다.

전해지는 바에 따르면, 모닝커피를 만들 염소젖을 데우고 통에서 따른 차가운 커피잔에 거품을 붓는 방법을 개발한 게 바로 카푸친회 수사들이었다고 한다. 그들은 차가운 수도원에서 아침에 커피를 마실 때 거품이 그 밑에 있는 액체를 따뜻하게 하는 단열재 역할을 한다는 사실을 발견했다. **카푸치노**Cappuccino는 '작은 카푸친회 수사little Capuchin'라는 의미다. 이 이름은 그들의 커피색 수도복에서 비롯했을 수도 있고, 아니면 카푸치노 표면의 하얀 거품에 생기는 갈색 테두리가 수사들의 전통인 체발을 닮았기 때문일 수도 있다. 정수리만 깎고 테두리는 동그랗게 남기는 머리 모양 말이다.

이와 다르게, 최초의 카푸치노를 고안한 것은 카푸친회 수사 마르코 다비아노(1631~1699)라는 이야기도 있다. 1683년 비엔나 전투 직후의 일이었다(이 전투는 아침 식사가 생기는 데 극히 중요한 사건이었음이 분명하다. 「크루아상」 항목을 참고할 것). 그는 신성로마제국 황제 레오폴트 1세의 영적 조언자였다. 승리를 위해 기도하느라 무릎을 꿇고 보낸 그 모든 시간을 생각하면, 기력을 차릴 커피 한 잔이 필요했을 만도 하다. 그러나 이런 주장을 최초로 제기한 것은 1983년, 이 전투의 300주년을 기념하는 행사 기간에 발행된 오스트리아 신문이었다. 아마 이 주장은 소금을 약간 쳐서[조금 어설프니까 에누리해서 들어야 한다는 의미다] 들어야 할 것이다(아니면 설탕을 뿌려서 말이다).

다른 모든 수도회와 마찬가지로, 카푸친회 수사 인원은 여러 세기에 걸쳐 극단적으로 줄었다. 그러나 이 집단은 이제껏 자신들의 이름을 원숭이와 다람쥐에게도 주었고, 여전히 활발한 수도원이 영국에 여섯 곳, 아일랜드에 열두 곳 있으며, 선교원이 세계 방방곡곡에 200곳가량 존재한다. 어쩌면 계속 커피나 만드는 편이 좋았을지도 모른다. 스타벅스 매장이 전 세계에 2만 5000곳 이상이고, 거기서 매일 750만 잔의 카푸치노cappuccino가 판매된다고 추정되니 말이다. 이런 사실은 카푸친회 수사들을 고무시킬 수밖에 없을 것이다, 그렇지 않은가?

토스트에 건배

A Glass To Toast

태초에 빵이 있었다. 이것은 혁명이었고, 약 6000년 전 고대 이집트인들이 반죽을 따뜻한 햇살 아래 두면 공기 중 이스트 포자에 의해 자연발효되며, 일단 구우면 부풀어 오른 형태가 유지된다는 사실을 발견했을 때 일어났다. 그 직후, **토스트toast**가 있었다. 사막의 건조한 공기에 며칠 둔 빵이 딱딱하고 먹기 불편해진 때였다. 빵을 토스트로 만드는 것은 오래된 빵을 다시 먹을 만하게 만드는 방법이었다. 토스트라는 아이디어를 영국을 포함한 유럽 전역에 퍼트린 것은 로마인들이었다. 사실 '토스트'라는 단어는 '그을린' 혹은 '탄'이라는 의미의 라틴어 토스투스tostus에서 왔다. 토스트의 핵심이 빵을 그을리는 데 있다는 점에서 이 이름은 잘 지어졌다. '토스트Tost'는 중세에 대단히 사랑받았다. 당시에는 빵 '조각sop'을 와인이나 달콤한 액체에 적신 후 개방식 화덕의 열로 그을렸다.

그렇지만 살짝 구운 빵 한 쪽과, 와인 잔을 높이 들고 누군가에게 건배하는 것 사이에 무슨 관계가 있단 말인가[토스트에는 건배하다는 뜻도 있다]? 다시 로마인에게로 눈을 돌려보자. 그들은 잔마다 그을린 빵 조각(토스트) 하나씩을 넣는 희한한 습관을 갖고 있었다. 어떤 역사가들은 와인에 풍미를 더하기 위해서였다고, 혹은 수프에 크루통crouton을 넣는 것처럼 각 손님에게 작은 '별미treat'를 선사하는 것이었다고 주장한다. 형편없는 와인의 불순물을 제거하고 풍미를 개선하기 위해서였다는 더 그럴싸한 이유도 있다. 현대에는 물의 불순물을 흡착하고 풍미를 높이는 필터로 '활성탄activated charcoal'을 사용한다. 태운 토스트가 이것의 조악한 형태로서 같은 역할을 수행했다는 것이다.

잔에 토스트 한 조각을 넣고 와인을 들이켜는 습관은 계속되었고, 16세기쯤 되자 '토스트 마시기drinking a toast'는 '잔 밑바닥에 토스트 한 조각이 깔린 와인 마시기'와 동일한 의미가 되었다. 그러다 '토스트'라는 용어가 잔에 토스트가 있건 없건 마시는 행위 자체로 확장되었고, 그러다 전체 의례와, 심지어 건배의 대상에게까지 의미가 확장되었다. 토스트 마시기는 17세기 및 18세기에 대유행했다. 오늘날 각종 술 마시기 게임의 선조인 셈이다. 방 안에 있는 모든 사람이 각기 건배의 대상toasted이 되었고, 자기 차례가 되었을 때 마시지 않는 행위는 예의에 어긋난 것이었다. 파티에서 건배toast할 참석자가 다 떨어지면 사람들은 자리에 없는 친구들을 위해 잔을 높이 들었고, 그러다 그저 계속 마시려는 핑계로 각종 터무니없는 포부를 들먹이며 건배하곤 했다.

마멀레이드

Marmalade

어떤 옛이야기에 따르면 **마멀레이드**marmalade라는 단어는 마리 말라드Marie malade(프랑스어로 '병든 마리')에서 비롯했다. 이 이야기에서 스코틀랜드 여왕 메리Mary 1세(1542~1587)는 프랑스에서 스코틀랜드로 가는 항해 중 된통 뱃멀미를 앓았을 때 이것으로 속을 진정시켰다. 저명한 어원학자 마이클 케인(누구를 말하는지 알 것이다. "그 망할 문짝만 날려버리기로 했잖아"라는 명언을 남긴 바로 그 사람이다[사실 배우 마이클 케인을 말하는 것으로, "그 망할 문짝만 날려버리기로 했잖아"는 그의 대표작 중 하나인 〈이탈리안 잡〉(1969)의 유명한 대사이다])이 언젠가 〈마이클 파킨슨 쇼〉[영국의 장수 버라이어티 쇼]에서 밝혔다는 어원이 이것이다. 그러나 이 단어는 메리의 시대 한참 전에 이미 사용되고 있었다. 『옥스퍼드 영어 사전Oxford English Dictionary』에 따르면 영어에 처음 등장한 것은 1480년이었다. 이 단어를 항해 중인 여왕과 연관 지은 것은 단순한 언어적 혼동의 결과일 것이다. 바다라는 의미의 스페인어 마르mar는 프랑스어 메르mer와 비슷하며, 한편 프랑스어에서 말라드malade는 '병든'을 의미한다. 이런 연유로 뱃멀미와 메리 여왕을 연결 짓게 된 것이다. 그러나 그가 국빈 만찬에서 먹은 것들을 영국 해협에 토해내기 한참 전인 중세 후기부터 마르멜라다marmelada라는 이름의 달콤한 모과 페이스트quince paste가 이미 포르투갈에서 영국으로, 사치품으로서 수입되고 있었다(모과는 포르투갈어로 마르멜루marmelo다). 마르멜라다는 너무 비싸서 왕족과 부자들만 썼지만 그럼에도 수요가 대단했다. 튜더 시대의 요리사들은 더 저렴한 수입품인 레몬과 광귤bitter Seville orange을 끓여서 만든 걸쭉하고 빽빽한 과일 설탕 조림으로 더 적정한 가격의 버전을 발명했다. 그들은 이것을 '마멀레이드marmalade'라고 불렀고, 얇게 저며서 디저트로 먹었다. 오늘날 가장 유사한 것으로는 터키시 딜라이트 Turkish delight가 있다.

마멀레이드가 디저트에서 잼으로 바뀐 게 언제였는지 콕 짚어 말하기는 어렵다. 그러나 그 일이 이재에 밝은 스코틀랜드에서 일어났다는 증거는 있다. 물의 비율이 훨씬 높았던 18세기 스코틀랜드 레시피는(그 선봉에는 아마 1790년대 케일러스 마멀레이드의 설립자 재닛 케일러 부인이 섰을 것이다), 마멀레이드를 값비싼 포르투갈 디저트에서 흔한 영국 소스로 바꾸었다. 이는 값비싼 재료들을 토스트에 펴 바름으로써 최대한 늘려 먹는 영리한 방법이기도 했으니, 가히 국경의 북쪽[잉글랜드 및 웨일스에서 '국경의 북쪽'은 스코틀랜드를 말한다. 반면 미국에서는 캐나다, 멕시코에서는 미국을 뜻한다]에서 비롯한 고귀한 예술이라고 할 만하다. 마멀레이드를 덩어리로 먹는 튜더 시대의 유행은 훨씬 낮은 가격으로 지속되었고, 영국 제국을 건설한 많은 스코틀랜드 출신들에 의해 세계 방방곡곡으로 퍼져 나가며 아침 식사의 주요 식품이 되었다.

중세 시대 잉글랜드 시골 전역에서 돼지고기pork는 적당한 가격으로 구할 수 있는 드문 육류 중 하나였다. 사실, 이는 대중들이 한 번이라도 먹어본 유일한 고기였다. **베이컨bacon**은 단순히 이것을 제일 맛있게 먹는 방법이 아니었다. 베이컨이 거치는 훈제 및 염장 과정은 일반 돼지고기와 달리 즉시 먹지 않아도 된다는 것을 의미했다. 돼지 반 마리분의 베이컨은 굶주린 가족을 겨우내 먹일 수 있었다(베이컨 작은 조각 하나면 완두콩 푸딩pease pudding을 훨씬 맛있게 할 수도 있었다).

이런 사실로 **베이컨을 집으로 가져오기bring home the bacon**라는 관용구가 얼마나 대단한 사건이었을지 쉽게 알 수 있다. 가족이 먹을 돼지 한 마리를 얻는다는 게 얼마나 탐나는 상품이었을지 말이다. 나라 전역의 축제에서 인기였던 기름 바른 돼지 잡기catching a greased pig가 이 관용구의 어원일 수 있다. 사람들이 원 안에서 돼지를 쫓아다녔고, 마침내 붙잡은 승자가 그것을 받아 집으로 데려갔다.

이 관용구가 던모 플리치 트라이얼Dunmow Flitch Trials이라는 전통 행사에서 비롯했다는 더 그럴싸한 설명도 있다. 1104년 에섹스주의 그레이트던모에서 레이디 주가 확립한 이 행사는 잉글랜드의 모든 부부가 일년 하고 하루 동안 서로 욕하지 않고 완전한 평화 아래에서 같이 살자는 도전이었다. 제공되는 상품은 베이컨 한 덩어리(돼지 반 마리)였다. 그러나 500년 넘는 시간 동안 승자는 겨우 여덟 부부였는데 내가 보기에 놀랍지는 않다. 이 전통은 1855년에 되살아났는데, 요즘은 재판이 4년마다 열린다. 유명인들도 종종 참가하는데, 아마 유행하는 자선행사 비슷한 무언가를 거들기 위해서일 것이다. 이 온종일 진행되는 가족 행사에서 베이컨의 청구자는 12명의 배심원(그레이트 던모의 처녀 6명과 총각 6명) 앞에 서서 자격을 증명해야 한다. 승자들은 '베이컨을 집으로 가져간다take home the bacon'. 뭐 이론상으로는 그렇다. 요즘 부부 사이의 평화라는 것은 드물 것이다. 언제나 그랬듯이.

온전한 잉글랜드식 아침 식사

Full English Breakfast

영국식 아침 식사British breakfast는, 내 학자로서의 명예를 걸고 맹세하지만, 이 지구상에서 겨룰 자가 없다. 내 말은, 물론 양차 세계 대전이 최악으로 치닫기 전의 훈훈하던 나날, 내가 옥스퍼드 대학의 학생이던 시절 요구되던 아침 식사 얘기다. … 고기와 생선과 과일이 궁극의 절묘함을 보여주며 행진했다. 인간이 자연스럽게 시와 철학에 무게를 두게 했다. 인간을 확장했다, 허리뿐 아니라 우정의 둘레도.

－ 로버트 P. 트리스트럼 커핀 (1948년 10월)

잉글랜드식 아침 식사English breakfast는 세계적으로 유명한 식사지만, 어떻게 진화했는지에 대해서는 희한할 정도로 알려진 게 적다. 17세기 중반까지 사람들 대부분은 하루 두 끼를 든든히 먹었다. 늦은 아침에 먹는 런치lunch('디너dinner'라고 불렀다)와 이른 저녁에 먹는 서퍼supper였다. 아침 식사는 끼니로 인정받지 못했고, 소량씩 일정한 간격을 두고 식사해야 한다고 충고받는 어린이, 병약자, 노인에게만 권장되었다. 그러나 런치가 더 뒤로 밀리면서 사람들은 아침에 더 허기지게 되었는데, 특히 저녁 식사량이 비교적 적었다면 더 그랬다. 저녁 식사가 더 거창한 나라에서는 아침 식사가 딱히 중요한 문제로 대두되지 않았다. 사실 남유럽에서 아침 식사는 여전히 제대로 된 끼니라기보다는 그냥 커피를 마시거나, 아니면 빵이나 페이스트리pastry 한 조각을 곁들인다. 반면 잉글랜드와 북유럽에서는 수백 년에 걸쳐 다른 양상이 전개되었다. 1700년대 즈음 영국의 아침 식사는 오전 9시나 10시쯤에 이루어졌고 에일ale, 빵, 쇠고기로 구성되었다. 그러나 빅토리아 시대 요리 천재들의 활약에 힘입어 아침 식사는 실제로 간식인 것에서 제대로 구성된 한 끼로 바뀌었다. 중세의 '디너'는 영국 전역의 저택에서 뷔페식으로 차려지는 **온전한 잉글랜드식 아침 식사**full English Breakfast로 탈바꿈했다.

이런 식사가 전 세계에서 대유행한 이유는 중산층과 영국 제국이 함께 부상한 현상과 크게 관련 있다. 역사적으로 빈자와 부자를 갈라놓은 차이점 중 하나에 부자는 고기를 양껏 먹을 수 있다는 것이 있었다. 빅토리아 시대 신흥 중산층은 자신이 사회적 기준으로 으스대는 상류층이나 마찬가지라는 사실을 입증해야 할, 혹은 최소한 기분만은 그래야 할 필요를 느꼈다. 이에 도움이 된 것은 산업혁명이 가져온 더 큰 사회적 이동성이었다. 이제 귀족보다 훨씬 부유해진 대실업가를 필두로, 전에는 초라했던 가문의 계층 이동이 가능해진 것이다. 다채로운 요리를 갖춘 뷔페식 아침 식사를 시작한 것은 바로 시골 영지를 넓혀가고 있던 신흥 중산층이었다. 그들은 아침에 일어난 단골손님들이 이를 즐길 수 있게 했고, 그리하여 잉글랜드식 '전통' 아침 식사가 확립되었다.

영국 제국이 세계 방방곡곡으로 뻗어나가며 이 습관도 덩달아 퍼졌다. 인도, 남아프리카, 오스트레일리아로 파견된 제국 행정관들은 이 습관을 유지하는 것으로 이상화된 모국에 대한 추억을 이어나갔다. 그들은 모국의 관습과 전통을 (자기가 보기에는) 덜 계몽된 변방의 주민들에게 도입하기를 열망했다. 그들이 원한 것은 통합이 아니었다. 전 세계가 영국의 몫이 되기를 바랐다. 육류가 풍부한 거창한 아침 식사로 하루를 시작하는 것은 (특히 그런 식사가 놀라울 정도로 부적절한 무더운 기후에서는) 신념에 입각한 행위에 가까웠다.

그렇다면 그 식사는 실제로 어떻게 구성되어 있었을까? 비턴 부인은 그 유명한 『가정 관리의 서Book of Household Management(1861)』에서 다음과 같이 조언한다.

> 다음의 뜨거운 요리 명단은 아마 독자들에게 아침 식사라는 편안한 끼니를 준비하기 위해 무엇이 필요한지 알려줄 것이다. 고등어mackerel, 명태whiting, 청어herring, 말린 해덕dried haddock 등의 생선 구이broiled fish. 양갈비mutton chop와 우둔살 스테이크rump-steak, 양 콩팥 구이broiled sheep's kidney, 빵가루를 입혀 파슬리 버터에 지진 콩팥kidney à la maître d'hôtel, 소시지sausage, 얇게 저민 베이컨plain rasher of bacon, 베이컨과 수란bacon and poached egg, 햄과 수란ham and poached egg, 오믈렛omelette, 삶은 계란plain boiled egg, 계란 프라이oeuf-au-plat, 수란을 얹은 토스트poached eggs on toast, 머핀muffin, 토스트toast, 마멀레이드marmalade, 버터butter 등등.

옛날 지도에서 영국 제국의 영토가 소화불량에 걸린 것 같은 칙칙한 분홍색으로 칠해졌던 게 놀랄 일이 아니다! 비턴 부인의 기념비적 명단을 훑어보면, 오늘날에도 여전히 메뉴에 있으면서 현대의 온전한 잉글랜드식 아침 식사의 중추를 형성하는 몇몇 구성요소가 눈에 띈다. 베이컨과 계란, 소시지, 토스트가 그것이다. 나중에 더 건강

한 재료도 추가되었다. 토마토, 버섯, 그리고 베이크드 빈baked bean
이다. 그다음은 요리사에게 달렸는데, 전날 밤 남은 것을 확인한 후
버블 앤드 스퀴크bubble and squeak, 감자튀김fried potato, 블랙 푸딩
black pudding을 추가할지 결정한다. 오늘날 영국 제국이 쇠퇴한 것
은, 미국식 머핀은 물론이고 시리얼이라도 시켰다가는 쫓겨날 판인
노변 카페에 있는 것만 아니라면, 온갖 고명을 곁들인 베이컨 에그
보다 콘플레이크corn flakes로(미국식 아침 식사의 반反혁명에 대해 더 자세
한 내용은 「아침 식사용 시리얼」을 참고할 것) 아침을 시작할 가능성이 훨
씬 높다는 사실과 의외로 큰 상관이 있을지 모른다.

완벽하게 잉글랜드스러운 온전한 잉글랜드식 아침 식사를 칭송
하고 있자니 살짝 부끄러운 감이 있지만, 잉글랜드식 아침 식사는
제대로 찬양받아 마땅하다. 이 식사에서 제일 즐거운 사실 중 하나
는 똑같은 아침 식사라는 게 없다는 것이다. 영국의 노동자나 소매
상인 대부분은 하루를 잉글랜드식 아침 식사로 시작한다. 그러니 이
는 몇 세대에 걸쳐 문자 그대로 우리 경제의 연료가 되어온 셈이다.
지금도 그렇다. 내가 묵어본 전 세계의 호텔에서 아침에 온전한 잉글
랜드식 아침 식사를 기다리는 줄은, 장담하건대 늘 요거트와 과일 앞
에 선 줄보다 길었다.

지역별 변종도 존재한다. 남아일랜드는 말할 것도 없고 스코틀랜
드, 웨일스, 북아일랜드 모두 나름의 버전이 있다.

▎온전한 스코틀랜드식 아침 식사 Full Scottish Breakfast ▎

온전한 스코틀랜드식 아침 식사full Scottish breakfast에는 평범한 계란, 베이컨, 소시지와 함께 블랙 푸딩black pudding(재료: 선지blood, 돼지 비계pork rind, 보리barley), 해기스haggis, 감자 스콘potato scone이 있다. 화이트 푸딩white pudding(일반적으로 선지를 뺀 블랙 푸딩)과 오트케이크oatcake도 포함될 수 있다. 일종의 소시지 패티인 스퀘어 소시지 square sausage 혹은 론 소시지Lorne sausage도 인기 있는 구성요소다.

▎온전한 웨일스식 아침 식사 Full Welsh Breakfast ▎

전통 웨일스식 아침 식사traditional Welsh breakfast의 특이한 구성요소인 레이버브레드laverbread는 불그스레한 해초reddish seaweed를 삶아 퓌레purée로 만든 후 오트밀oatmeal과 섞어 만든 패티를 베이컨 기름에 지진 것이다. 이것이 없었다면 온전한 잉글랜드식 아침 식사와 완전히 똑같았을 것이다. 웨일스에서는 이 해초빵을 중세 이래로 먹고 있다.

▎얼스터 프라이 Ulster Fry ▎

북아일랜드의 얼스터 프라이Ulster fry는 온전한 잉글랜드식 아침 식사를 건강해 보이게 한다. 핵심 구성요소는 일곱 가지다. 베이컨, 계란, 소시지, 팔 소다 브레드farl soda bread(삼각형의 플랫브레드flat bread를 반으로 갈라 팬에 지진다), 포테이토 브레드potato bread, 블랙 푸딩, 토마토를 모두 한꺼번에, 기왕이면 커다란 프라이팬 하나에 기름을 넉넉하게 두르고 지진다.

| 온전한 아일랜드식 아침 식사 Full Irish Breakfast |

내 더블린 친구들의 주장을 폭로할 시점이 온 것 같다. **온전한 아일랜드식 아침 식사full Irish breakfast**가 당연히 먼저 있었고 이것을 잉글랜드인들이 훔쳐갔다는 주장 말이다. 그러나 우리 모두 알다시피 18세기와 19세기 내내 잉글랜드인들이 대체로 토지 소유자였던 반면 아일랜드인들은 그 토지에서 일하면서 언제나 굶주림을 호소했다. 1845년의 감자 대기근이 수백만 명의 아일랜드인을 북미로 몰고 갔다는 사실도 안다. 그렇다면 과거에 온전한 아일랜드식 아침 식사를 즐긴 사람들이 많았을 것 같지는 않다. 그러니 잉글랜드인들이 자기들의 아침 식사를 훔쳤다고 주장하는 세계 방방곡곡의 훌륭한 아일랜드인 요리사들이여, 유감스럽지만 나는 그 주장에 동의할 수 없다.

에그 베네딕트

Eggs Benedict

세계적으로 사랑받는 브런치 요리 **에그 베네딕트**eggs Benedict는 잉글리시 머핀English muffin을 반으로 가르고 각각에 햄, 수란poached egg, 홀란데이즈 소스hollandaise sauce를 올린 것으로 구성된다. 많은 베네딕트들이 이 요리의 발명자를 자처한다. 1942년 《뉴요커》에 실린 인터뷰에서, 은퇴한 증권 중개인 레뮤얼 베네딕트Lemuel Benedict는 1894년의 어느 날 월도프 호텔에서 했던 아침 식사에 대해 이야기했다. 메뉴에 신통한 요리가 없는 데다 지독한 숙취에 시달렸기에, 그는 '버터 바른 토스트, 수란, 바삭바삭한 베이컨, 대량의 홀란데이즈 소스'를 부탁했다. 베네딕트에 따르면 호텔 지배인 오스카처키는 이 요리에 굉장히 매료되었고, 그 즉시 토스트를 머핀으로, 베이컨을 햄으로 대체해서 호텔 메뉴에 포함시켰다.

그러나 이 주장은 1967년 9월 에드워드 P. 몽고메리가 《뉴욕타임스》에 보낸 편지에서 반박되었다. 그는 이 요리가 실제로는 요트 조종사이자 은퇴한 은행가로 80세에 작고한 E. C. 베네딕트E. C. Benedict 제독의 아이디어였다고 밝혔다. 몽고메리는 베네딕트의 가까운 친구였던 삼촌이 준 원조 레시피를 갖고 있다고 주장하며 편지에 동봉했다. 이 편지가 세간에 공개된 즉시 다른 편지도 등장했다. 매사추세츠주의 메이블 C. 버틀러는 원조 레시피 이면의 '실화'가 자신을 포함해 "르 그랑 베네딕트Le Grand Benedict 부인의 친척들 사이에서 유명하다"고 주장하는 편지를 보냈다. 메이블 C. 버틀러에 따르면, 20세기로 접어들던 즈음 뉴욕에 살았던 베네딕트 부부는 델모니코 레스토랑에서 정기적으로 식사하는 습관이 있었다. 어느 날 아침 베네딕트 부인이 메뉴가 너무 식상해졌다고 불평하며 다양성을 높이라고 제안했다. 그 선량한 숙녀는 단골 고객이었기에 헤드 셰프가 마음에 둔 게 무엇이냐고 물었고, 그는 이렇게 대답했다. "살짝 구운 잉글리시 머핀에 수란을 얹고 그 위에 얇게 저민 햄, 홀란데이즈 소스, 송로버섯truffle을 올리고 싶어요."

모든 이야기의 당사자가 자기 주장이 맞다고 철석같이 믿는다. 하지만 셋 다 상당히 오래전부터, 아마도 다른 이름으로 존재했던 요리 이야기를 하는 것으로 보인다. 에그 베네딕트eggs Benedict의 인쇄된 레시피는 분명 20세기로 접어들던 즈음부터 등장하기 시작했다. 1898년 『계란, 어떻게 사용할 것인가Eggs, and How to Use Them』가 출간되었다. (베네딕트 부인의 요구를 염두에 두기라도 한 것처럼) '500가지 이상의 계란 요리 가이드'라는 부제를 달고 출간된 이 책은 독자에게 이렇게 권한다. "작은 머핀 몇 개를 갈라 살짝 굽는다. 각각에 얇게 저며 구운 동그란 햄을 올리고, 햄 위에는 수란을 올린다. 매끄러운 홀란데이즈 소스를 끼얹는다." 한편 1900년 《코네티컷 매거진Conneticut Magazine》에도 비슷한 레시피가 실렸는데 독자들에게 이렇게 제안한다. "삶아서 식힌 햄을 얇게 저며서 굽는다. … 빵 한 쪽을 썰어서 살짝 굽고, 버터를 바른 후 소량의 물을 축인다. 그 위에 햄을 얹고 다시 그 위에 수란을 얹는다."

그렇지만 이 지극히 미국적인 요리의 기원이 유럽일 수도 있다. 엘리자베스 데이비드는 『프랑스 지방 요리French Provincial Cooking(1960)』에서, 생선 살과 감자로 만든 퓌레puréed fish and potatoes를 지진 빵에

엱고 수란을 올린 오 아 라 베네딕틴oeufs à la bénédictine이라는 프랑스 전통 요리를 언급한다. 그렇다면 혹시 에그 베네딕트Eggs Benedict는 원래 베네딕트회Benedictine 수사들이 육식 금지일에 즐기던 일종의 온전한 프랑스식 아침 식사 아니었을까? (육식 금지일만 아니었다면 그들은 온전한 잉글랜드식 아침 식사를 먹어 치웠을 것이다.)

요즘은 에그 플로렌틴eggs florentine(햄 대신 시금치), **시푸드 베네딕트**seafood Benedict(햄 대신 게나 바닷가재, 새우), **와플 베네딕트**waffle Benedict(머핀 대신 와플을 쓰고 홀란데이즈 소스에 더해 메이플 시럽을 듬뿍) 등 이 주제의 숱한 변주가 있다. **에그 베네딕트 아널드**eggs Benedict Arnold는 머핀 대신 미국식 비스킷biscuit(영국식 스콘scone과 비슷하다)을, 홀란데이즈 소스 대신 그레이비gravy[고기나 생선을 조리할 때 나온 육즙에 밀가루 등을 섞어 걸쭉하게 만든 소스]를 사용하는데, 그렇게 확고하게 미국적인 요리치고 몹시 희한한 이름이다. 베네딕트 아널드 Benedict Arnold는 1775년에서 1783년까지 미국 독립 혁명 전쟁 당시 편을 바꿔 영국을 위해 싸운 것으로 유명한 장군이다. 그 후로 미국 역사상 가장 혐오하는 인물 중 하나가 된 그의 이름은 미국에서 배신의 대명사로 통한다.

프렌치 토스트

French Toast

우리가 **프렌치 토스트**French toast라고 부르는 것을 정작 프랑스에서는 팽 페르뒤pain perdu('잃어버린 빵')라고 한다. 토스트와 마찬가지로 오래된 (혹은 '잃어버린') 빵을 사용하는 방편으로, 빵을 썰고 계란, 우유, 설탕 혼합물에 담가서 그것이 말랑말랑해지면 버터로 지진다. 이 빵은 영국에서 사실 **저먼 토스트**German toast로 불렸는데, 제1차 세계대전 당시 반독일 감정이 고조되면서 이름이 바뀌었다. 비슷한 맥락에서 영국 왕실은 성을 작스-코부르크-고타Saxe-Coburg-Gotha에서 윈저Windsor로 바꾸었고, 비슷한 시기에 저먼 셰퍼드German shepherd 견종은 알세이션Alsatian이 되었다. 2003년 이라크 침공을 프랑스가 승인하지 않자 미국에서 프렌치 토스트가 잠시 **프리덤 토스트**freedom toast로 바뀌는 역설적인 일도 있었다.

사실 이 요리의 독일 이름은 아르메 리터arme ritter 또는 '가난뱅이 기사단'이다. 영국에서도 옛날에는 이 요리를 **윈저의 가난뱅이 기사단 Poor Knights of Windsor**이라고 불렀다. 가난뱅이 기사단의 원조는 백년 전쟁(1337~1453)에서 가장 중요한 전투 중 하나였던 1346년 크레시 전투의 참전 용사들이었다. 잉글랜드는 무시무시한 장궁을 도입한 덕에 전투에서 승리했지만, 그럼에도 많은 기사가 퇴각하는 프랑스군에 붙잡혀서 몸값을 요구받는 처지가 되었다. 그 돈을 모으려고 귀족 기사 스물여섯 명은 근사한 영지들을 매각할 수밖에 없었다. 그들은 결국 살아서 자유의 몸으로, 그러나 빈털터리가 되어서 잉글랜드로 돌아왔다. 그러자 국왕 에드워드 3세(1312~1377)가 참전용사들에게 연금과 함께 윈저성에 거처를 제공했다. 그들은 윈저의 구호금 기사들 또는 가난뱅이 기사들로 알려지게 되었고, 그리하여 여러 세기 동안 이어질 전통이 수립되었다.

1830년대의 어느 무렵 가난뱅이 기사단은 이름에 이의를 제기했다. 아마 그즈음에는 훨씬 부유해졌고, 설탕을 넣은 계란 물에 재운 오래된 빵과 같은 이름을 쓰는 게 더 이상 달갑지 않았을 것이다. 국왕 윌리엄 4세(1765~1837)는 그들의 이름을 윈저의 군인 기사단이라고 공식적으로 바꾸었다. 그들의 임무는 날마다 국왕을 위해 기도하고, (역시 에드워드 3세가 설립한) 가터 기사단이 예배를 주재하기 위해 윈저성의 세인트 조지 대성당으로 행진할 때 그들을 호위하는 것이다. 아마 현대에 이 요리의 영어 이름이 프렌치 토스트French toast인 것은 과거 가난뱅이 기사단과 프랑스인 사이의 관계 때문일 것이다.

죽

Porridge

만일 누가 당신에게 **죽**porridge이 역사에 처음 등장한 장면을 떠올려보라고 부탁한다 치자. 여러분이 그리는 것은 싸늘한 아침에 큰 솥을 휘젓고 있는 스코틀랜드 농민이지, 햇살이 가득한 인도에서 단식 중인 석가모니(기원전 566~486)는 아닐 것이다. 그러나 사실 죽을 끓이고 먹는 것은 석가모니 이야기의 핵심이다. 석가모니는 음식 없이 너무나 긴 시간 동안 고행을 하다가 기절했는데, 한 농부 소녀가 우유가 들어간 쌀죽rice porridge 한 그릇으로 그를 죽음 직전에서 구했다. 어린 소녀의 돌봄 덕분에 그는 곧 건강해져서 보리수나무 아래에 정좌할 수 있었고, 그곳에서 결국 깨달음을 얻었다.

석가모니는 처음에는 구두로 전해지다가 이후에 추종자들이 받아 적은 설법에서, 죽의 다섯 가지 이점을 설명했다. 사실 이 다섯 가지 이점은 초월적인 것과는 거리가 멀었고, (불교도건 아니건) 세계 방방곡곡의 죽 애호가들에게 이미 오래전부터 인정받는 장점이었다. 바로 소화력을 향상시키고, 갈증을 해소하고, 허기를 달래고, 변비와 고창을 완화한다는 것이다. 만일 이 중 하나라도 효험이 있다면야, 죽은 무조건 좋은 요리일 수밖에 없다.

키퍼

Kipper

혹시 훈제 청어smoked herring를 아침으로 먹을 때 이름이 왜 **키퍼 kipper**로 바뀌는지 늘 궁금했던 사람이 나 말고 또 있을까? 이 단어가 어디에서 왔는지는 어원학자들 사이에서 논쟁의 대상이다. 물고기를 잡을 때 사용하는 바구니 키프kipe인지, 고대 영어로 '산란하다'에 해당하는 동사 키피언kippian인지, 산란기에 수컷 연어에게서 발달하는 작은 부리 킵kip인지(살아 있고 훈제되지 않은, 다른 종의 '키퍼'라고 할 수 있다) 말이다. 누가 처음 청어를, 혹은 어떤 종류건 대량으로 잡혀서 보존해야 했던 물고기를 키퍼로 탈바꿈시켰는지에 대해서는 다양한 이야기가 있다. 잉글랜드 노섬브리아 지역에서는 시하우지즈의 존 우저라고 주장한다. 1843년 즈음 그가 반으로 갈라 소금을 뿌린 청어를 헛간에 좀 남겨두었는데 밤사이 화재가 발생했다. 그는 연기 때문에 생선을 전부 '망쳤다'고 생각했지만, 하나를 맛보고 '맛있다'고 선언했다. 그리하여 키퍼가 탄생했다.

그러나 이것은 (도시 전설이 아닌) 시골 전설로 밝혀진다. 마크 쿨란스키가 『소금: 인류사를 만든 하얀 황금의 역사(세종서적, 2003)』에서 설명하듯이, "훈제 식품에는 우연히 만들어졌다는 전설이 거의 늘 따라온다. 보통 농부가 그 식품을 불과 너무 가깝게 걸어두었는데, 그리고 나서 다음 날 아침 얼마나 놀랐을지 상상해봐라 운운하며…." 어원학자들이 합의한 단 한 가지 사실은, '키퍼'라는 단어가 훈제 청어의 첫 등장에 대한 가장 오래된 이야기보다도 오래되었다는 것이다. '키퍼링kippering', 즉 생선이나 고기의 염장 및 훈제 과정은 아주 오래전부터 진행되었다. 어쩌면 선사 시대, 혹은 사람들이 식품을 보존하려고 소금을 사용하기 시작한 이래부터 쭉 그랬을 수도 있다. 어쩌면 키퍼kipper는 영국 요리 중 가장 오래되었을지도 모른다.

데빌드 키드니와 통조림 햄

Devilled Kidneys and Canned Ham

『옥스퍼드 영어 사전』에 따르면, '데빌devil'은 '무언가를 불타는 듯 매운 양념으로 조리하기'를 뜻하는 요리 용어다. 이 용어가 채택된 것은 아마 데빌, 즉 악마에서 지옥의 엄청난 열기가 연상되기 때문일 것이다. 음식을 데빌링devilling하는 습관은 오래되었다. 유명한 일기 작가이자 새뮤얼 존슨의 공식 전기 작가인 제임스 보스웰(1740~1795)은 저녁 식사인 '데빌드 본즈devilled bones'에 가진 열정에 관해 자주 언급한 바 있다. 아마 사악한 무언가와는 거리가 먼 매콤한 갈비 요리였을 것이다.

19세기 이래로 **데빌드 키드니devilled kidneys**는 온전한 잉글랜드식 아침 식사full English breakfast에서 굉장히 인기 있는 구성요소가 되었다. 계란, 햄, 닭고기, 버섯 등 뭐든지 데빌링하면, 혹은 매콤하게 양념하면 아침 식사로 제공될 수 있었다. 1846년《주이시 매뉴얼 The Jewish Manual》에 실린 정체불명의 '한 숙녀' 이름으로 된 기사는 이렇게 설명한다. "가금류나 사냥해서 잡은 동물이 있을 때 악마화 devilling 혹은 고춧가루cayenne pepper를 뿌려 구우면 입맛을 돋우는 좋은 처방이 된다."

보스턴 기반의 미국 급식업체 윌리엄 언더우드 컴퍼니는 남북전쟁(1861~1865) 당시 북군의 주요 공급업체였다. 1868년 이 회사는 햄을 분쇄해서 겨자mustard와 고춧가루를 포함한 매운 맛의 향신료들과 섞는 실험을 시작했다. 그들은 이 과정을 '데빌링deviling'이라고 명명했다(데빌링devilling이라는 단어는 전부터 있었다. 하지만 deviling이라는 미국식 철자를 사용하는 이 방법으로 햄을 요리하는 것은 혁신이었다). 이 회사의 제품인 **언더우드 데빌드 햄**Underwood Deviled Ham은 곧 미국 전역으로 퍼져 나갔다. 주로 통조림 제조 공정과 발전 중인 철도망 덕분이었다. 1870년 상표로 등록된 유명한 붉은 악마 상표는 미국에서 가장 오래된 식품 상표이며, 이 햄 통조림은 지금까지도 미국에서 인기를 유지하고 있다.

아침 식사용 시리얼

Breakfast Cereal

여러분의 아침 식탁 위에 밝은 빛깔로 포장된 시리얼이 있다. 믿기 힘들지만, 요정과 활짝 웃는 호랑이 만화가 그려진 포장 안에 초콜릿과 설탕이 가득한 이 시리얼은 사실 19세기 미국에서 맹위를 떨친 기이하고 장기간 동안 지속된 전투의 마지막 잔재다. 채식주의자, 물 치료법 광신자, 제칠일안식일예수재림교인 등 전투를 벌인 당사자도 마찬가지로 믿기 힘든 인물들로 구성되었다.

이 모든 전투의 동력은 신체 기능 조절에 대한 집착이 점점 커지는 데 있었다. 당시 미국인 대부분은 온전한 잉글랜드식 아침 식사 full English breakfast를 먹었다. 다시 말해 돼지고기와 기타 고기 비중이 높고 섬유질 비중은 극히 낮은 양 많은 식사였다. 그 결과 다수가 심한 변비에 시달렸고 위장 장애를 앓았다.

그러나 19세기의 절반이 지나갈 때까지는 아무 일도 일어나지 않았다. 건강식품 혁명의 첫 번째 대변인은 실베스터 그레이엄Sylvester Graham 목사(1794~1851)였다. 의학 교육을 받지 않은 채식주의자였던 그는 답이 통밀가루wholemeal flour라고 단언했는데, 결과물인 **그레이엄 브레드Graham bread** 및 **그레이엄 크래커Graham crackers**는 대단한 수익을 올렸다. 채식주의와 금주는 한동안 널리 인기를 끌었다. 육식은 건강에 나쁠 뿐 아니라 성욕을 낳는다는 측면에서도 부적절하다고 선언되었다. 커피와 차는 독이라고 규탄받았다. 그레이엄의 지지자들이 그들이 곡물에 기초한 '건강한' 대체물을 추구하는 것은 공익을 위해서라고 선언하기까지 오래 걸리지 않았다. 하지만 일부는 자신이 그 과정에서 떼돈을 벌고 있다는 사실을 분명 인식하고 있었다.

1858년 뉴욕에서 제임스 케일럽 잭슨 박사(1811~1895)가 운영이 부진한 물 치료 리조트를 인수해 그 이름을 '우리 가정 위생 연구소'로 바꿨다. 환자들은 힘든 목욕 요법과 불쾌한 처치를 당했고, 마치 가축처럼 다양한 곡물에 기초한 제한식을 섭취했다. 1863년 잭슨은 최초의 **아침 식사용 시리얼**breakfast cereal을 창안했다. 그가 **그래뉼라**Granula라고 부른 이 음식은 패스트푸드와 거리가 멀었다. 이는 돌처럼 딱딱해서 밤새 우유에 불려야 간신히 씹을 수 있었다. 그런데도 그래뉼라는 유행했다. 잭슨이 번 돈은 그래뉼라를 발명하고 개선하는 데 쓴 돈의 열 배에 달했다.

미시간주 배틀크리크에서 제칠일안식일예수재림교인들은 최신식이 개혁을 실행하는 의료 시설 배틀크리크 요양원을 운영했다. 그러나 이 개혁은 존 하비 켈로그John Harvey Kellogg가 책임을 맡기 전까지는 큰 인기를 얻지 못했다. 켈로그 박사(1852~1943)는 이 업무를 위해 교인들이 엄선한 사람이었다. 교인들은 그가 의학적, 영적으로 수련하는 모든 단계를 감독했다. 그는 수련 기간에 자신의 종교가 요구하는 채식주의 식사밖에 할 수 없었지만 하숙집에서는 요리가 불가능했다. 그곳에서 생활한 경험 덕분에 배고픈 젊은이는 조리가 필요 없는 아침 식사용 시리얼의 필요성을 깨달았다. 1880년 그는 밀, 귀리, 옥수수를 으깨고 섞어서 구운 작은 비스킷을 생산했고, 뻔뻔하게도 그것을 **그래놀라**Granola라고 불렀다. 하룻밤 사이의 성공이 만연한 나라답게 이 음식은 엄청난 성공을 거두었다.

몇 년 후인 1893년 덴버에서 헨리 D. 퍼키(1843~1906. 핀키[애니메이션 〈Pinky and the Brian〉의 두 주인공 중 하나인 쥐]와는 관계없다)라는 변호사가 본인의 소화불량을 치료하려다 완전히 다른 제품을 발명하고 **슈레디드 휘트Shredded Wheat**라는 이름을 붙였다. 퍼키는 밀을 완전히 말랑말랑해질 때까지 찌고 홈이 파인 롤러들 사이로 넣고 밀어서 여러 가닥으로 만든 후 다시 그러모아 작게 썰어서 비스킷을 만들고 '나의 작은 통밀 매트리스'라고 불렀다. 불행히도 이 공정은 성과를 거두지 못했다. 수분이 많은 밀 비스킷이 금세 변질됐기 때문이다. 켈로그가 환멸에 빠진 발명가를 보러 간 것이 그때였다. 그는 퍼키가 시리얼 제조 분야에서 취득한 특허들에 대해 10만 달러를 제안했지만 겁을 먹고는 철회했다. 그렇지만 나중에 후회했을 것이다. 특히 대화를 나누다 켈로그 제품들을 저온 가열로 건조한다는 비밀을 알려주었으니 말이다. 이 지식으로 무장한 퍼키는 기계를 손봐서 슈레디드 휘트를 건조했고 편안히 앉아서 돈이 굴러들어오는 것을 지켜보기 시작했다. 그는 이 공정으로 어마어마한 부자가 되었다.

켈로그가 부러워한 것은 당연하다. 오랜 실험 끝에 그는 밀을 익히고 납작하게 펴 플레이크 형태로 만든 후 건조하는 공정을 찾아냈다. 그가 **그래노즈 플레이크Granose Flakes**라고 부른 것은 훌륭한 의사의 업적이라기보다는 중요한 상업적 발견이라는 사실이 곧 밝혀졌다. 그러나 그는 진정한 사업가 체질은 아니었고, 관심을 둔 것은 주로 요양원이었다. 한동안 그의 제품을 구매할 수 있는 사람은 그의 환자들뿐이었다.

아침 식사용 시리얼breakfast cereal이 전국의 식품점에 진출하도록 박차를 가한 주역은 찰스 윌리엄 포스트Charles William

Post(1854~1914)였다. 그가 시리얼 사업에 뛰어든 것은 연이은 사업 실패로 쓰러진 후였다. 1891년 켈로그의 요양원 환자였던 그는 치료 방책을 찾아내지는 못했다. 하지만 건강식품이, 특히 커피 대용품이 잠재적 금광이라는 사실은 확실히 깨달았다. 기운을 북돋아주는 데에는 이 아이디어만으로도 충분했던 게 틀림없다. 요양원을 떠난 그는 배틀크리크에서 손수 의료 시설을 운영하기 시작했고, 4년이 채 되기 전에 밀과 당밀molasse을 주원료로 한 뜨거운 음료인 포스텀 Postum을 개발했다. 포스트는 세일즈에 대해 아는 바를 총동원해서 광고를 하기 시작했다. 그의 제품은 성공작이 되었다.

그는 커피는 무수한 신체적, 도덕적 질환(하다못해 이혼이나 청소년 비행까지)을 일으키지만, 그 모든 것을 '붉은 피를 만들어준다'고 약속하는 음료 포스텀으로 제거할 수 있다고 말했다. 2년 후에는 그보다도 더 큰 성공작이 될 제품을 출시했다. **그레이프 너트Grape Nuts**는 원래 광고했던 곡물 음료로서는 실패했다. 하지만 아침 식사용 시리얼로 브랜드를 쇄신해서 베스트셀러가 되었다(이 제품에 감미료로 사용된 맥아당maltose을 포스트는 포도당grape sugar이라고 불렀고, 너트 같은 풍미가 있다고 생각했다. 제품명은 여기서 나왔다). 1902년 즈음 포스트는 한 해에 100만 달러 이상을 벌고 있었다. 지금도 큰돈이지만 그 당시에는 어마어마한 액수였다.

윌리 키스(1860~1951)는 J. H. 켈로그의 동생이자 요양원의 사무 보조원이었다. 그는 형의 뒤를 이어 그래노즈Granose라는 아이디어를 개선해서 옥수수corn로 플레이크flake를 만들었다. 결국 켈로그 형제는 갈라섰고, 1906년 W. K.(그의 서명은 요즘도 이 회사의 상표를 단 모든 시리얼의 포장에 여전히 등장한다)는 살짝 구운 **콘 플레이크Corn Flakes**

를 가지고 켈로그 아침 식사 음식의 위대한 제국을 세웠다. 이 회사는 처음에는 배틀크리크 토스티드 콘 플레이크 컴퍼니Battle Creek Toasted Corn Flake Company라고 불렸으나, 1922년 켈로그 컴퍼니Kellogg Company로 이름을 변경했다. 그 사이, 설립 당시 회사 이름이었던 제품은 세계에서 가장 유명한 아침 식사용 시리얼이 되어 있었다. 이 제품이 구상되던 무렵 다른 시리얼 개척자 수백 명 역시 이 분야로 뛰어들었는데, 배틀크리크까지 와서 사업을 시작한 사람도 여럿이었다. 얼마 지나지 않아 이 작은 마을에서 시리얼 플레이크 회사 서른 곳이 북적거렸다. 대부분 한몫 잡을 기회만 노리는 회사였다. 그리하여 미국인들은 골라잡을 수 있는 시리얼을 여럿 갖게 되었다. 하나같이 모든 질병을 치료한다고 약속했다.

그러나 그 기원이 건강식품 운동에 있을지언정, 아침 식사용 시리얼에 원료 곡물의 영양가를 넘어서는 특별한 영양적 가치는 없다. 오늘날 너무나 많은 시리얼이 여러 비타민을 추가하면서 인위적으로 '강화'되는 것은 이 때문이다. 자칫 부족할 수 있는 영양소 대부분을 제공하는 것은 시리얼과 같이 먹는 우유다.

오믈렛 아널드 베넷

Omelette Arnold Bennett

오늘날 아널드 베넷Arnold Bennett(1867~1931)은 그가 쓴 소설 서른 편과 기타 어떤 저작보다도 그의 이름을 딴 오믈렛omelette으로 유명하다. 베넷은 원래 아버지의 뒤를 이어 고향이자 주로 도자기를 제조하는 산업단지로 유명한 스태퍼드셔주 헨리에서 가업인 변호사로 일할 생각이었다. 그러나 1888년 런던으로 이주하겠다는 용감한 결정을 내렸다.

1898년 첫 소설『북부에서 온 사나이A Man from the North』가 출간되어 평론가들의 찬사를 받자 그는 오명을 씻은 기분을 느꼈고 전업 작가가 되었다. 쏟아지는 베넷의 책 중 많은 작품이 노골적으로 도자기 산업단지를 모델로 한 파이브 타운즈를 배경으로 했다. 이 책들은 출간이 되자마자 어마어마한 인기를 끌었다. 하지만 자신의 작업에 대한 그의 태도는 동시대 문인들 여럿(특히 버지니아 울프)을 불쾌하게 했다. 울프는 그가 수입을 위해 예술을 저버렸다고 비난하면서, 식상한 글쓰기 스타일과 소재 선택을 비판했다. 베넷 본인은 아무 변명도 하지 않았다. 그저 스스로를 생계를 위해 일하는 작가로 간주했고, 한 번은 이런 논평까지 했다. "다른 동료들이 내가 더잘 쓸 수 있는 소설로 편당 2기니를 버는 꼴을 가만히 앉아서 봐야한단 말인가? 난 그런 사람이 아니다. 혹시 누구라도 나의 유일한 목표가 예술을 위한 예술이라고 생각한다면 지독히도 헛다리를 짚은 것이다."

돈이 굴러들어오는데도 그의 작업량은 절대 줄어들지 않았고, 심지어 생의 마지막 삼 년 동안에도 신작을 다섯 권 선보였다. 그중 하나인 『황궁Imperial Palace(1930)』을 완성하기 위해 베넷은 사보이 호텔에 투숙했고, 전체 이야기를 끝낼 때까지 머물렀다. 그 기간 동안 호텔 요리사들은 그가 제일 좋아하는 아침 식사였던 훈제 해덕 smoked haddock을 곁들인 스크램블 에그를 그 유명한 **오믈렛 아널드 베넷**omelette Arnold Bennet[계란, 훈제 해덕, 경성 치즈, 크림으로 만든 오믈렛, 고전 영국 요리로 여전히 널리 사랑받고 있다]으로 탈바꿈시켰다. 이 요리는 80년 후인 지금도 여전히 호텔 메뉴에서 찾아볼 수 있다.

크루아상

Croissant

전 세계 '대륙식' 아침 식사의 주춧돌인 **크루아상**croissant이 처음 나온 것은 1830년대 후반 오스트리아 포병장교 아우구스트 창이 파리의 리슐리외가 92번지에 비엔나식 빵집을 개점했을 때다. 창의 가게에서 판매하던 각종 비엔나식 별미 중, 최소한 13세기 이후로 오스트리아에서 흔히 볼 수 있었던 초생달 모양 페이스트리 **킵페를**kipferl도 있었다. 그의 킵페를은 너무나 인기여서 파리 전역의 제빵사들이 달려들어 자기 자신만의 프랑스식 버전을 만드는 데 이르렀다. ('초승달crescent'이라는 의미를 가진) 크루아상은 이렇게 탄생했다.

킵페를과 크루아상의 특이한 모양새를 설명하는 온갖 음식 낭설이 있는데, 대부분 초승달은 오스만 제국을 상징하고 따라서 이슬람의 상징이기도 하다는 사실과 관련되었다. 어떤 이야기에 따르면 이 빵은 732년 투르 전투에서 이슬람교도를 물리친 것을 기념하기 위해 독일에서 창안되었다고 한다. 또 다른 이야기는 이 빵이 십자군 전쟁 때부터 있었다고 주장한다. 그렇지만 내가 제일 좋아하는 이야기는 1683년 오스만 제국의 비엔나 포위 작전 실패를 기념한다는 것이다. 이때 빵 굽기를 준비하느라 한밤중까지 깨어 있던 제빵사들이 도시의 방벽 아래로 오스만 제국군이 터널을 파는 소리를 듣고 재빨리 경보를 울렸다. 불의의 일격을 당한 오스만 제국군은 완전히 패배했다. 제빵사들은 오스만 제국의 패배를 기념하기 위해 초승달 모양 페이스트리를 만들었고, 비엔나 시민들은 이를 반으로 찢거나 커피에 담글 때마다 승리를 만끽할 수 있었다. 그러나 어느 이야기가 진짜이고 또 크루아상이 어쩌다 그런 독특한 모양을 얻었는지에 상관없이, 이 완벽한 프랑스식 페이스트리French pastry의 원조가 프랑스가 아닌 오스트리아라는 사실은 남는다.

도시락

코니시 패스티가 정말 당신의 목숨을 구할 수 있었을까?

스코치 에그는 스코틀랜드 출신인가?

샌드위치를 정말 악마숭배자가 발명했을까?

농부의 점심 식사에 속지 말지어니

소풍을 발명한 건 누구였을까?

항해용 비스킷: 간식은 언제 점심의 자리를 차지했을까?

무슨 짓을 하더라도, 키슈(로렌) 이야기는 하지 말지어다

파이의 간략한 역사

CHAPTER 2

LUNCHBOX

Could a Cornish Pasty Really Save Your Life?

Do Scotch Eggs Come From Scotland?

Did a Satanist Really Invent the Sandwich?

Don't be Fooled by a Ploughman's Lunch

Who Invented the Picnic?

Ship's Biscuit: When Did a Snack Take the Place of Lunch?

Whatever You Do, Don't Mention the Quiche (Lorraine)

A Brief History of the Pie

조국을 위해 무엇을 할 수 있을지 묻지 마라. 점심이 무엇인지나 물어라.

Ask not what you can do for your country. Ask what's for lunch.

오슨 웰스

코니시 패스티

Cornish Pasty

고기와 야채가 든 패스티pasty[소를 채워 오븐에 구운 영국식 페이스트리]에 대한 최초의 기록은 헨리 3세(1207~1272)의 치세까지 거슬러 올라간다. 14세기에 초서는 『캔터베리 이야기Canterbury Tales』에서 사슴고기 패스티를 두 번 언급한다. 이는 처음에는 귀족이 즐기는 사치스러운 요리였는데, 그들은 질긴 껍질을 버리고 부드러운 소만 먹었다. 구할 수 있는 야채와 고기를 넣어서 만든 더 소박한 버전의 패스티는 16세기 이래로 노동 계급에서 대단한 인기를 끌었다.

그러나 패스티 하면 주로 떠오르는 지역은 물론 콘월Cornwall인데, 근 200년에 걸쳐 얻게 된 정체성이라고 할 수 있다. 사실 패스티는 19세기가 시작될 무렵 이미 콘월 전통 음식으로 간주되고 있었다. 1808년 「농업실태 조사보고서Agricultural Survey」에서 워건도 그렇게 설명했다. 콘월 사람들은 어부로 이름을 날렸고 밀수업자로 악명을 떨쳤지만, 경제를 실제로 지탱하고 있는 산업은 주석 채굴이었다. 이 일은 혹독하고 위험한 노동이었고, **코니시 패스티Cornish pasty**는 광산 환경에 안성맞춤이었다. 두꺼운 페이스트리는 패스티의 내용물을 안전하고 따뜻하게 보관하는 보온재이자 도시락통 역할을 했다. 패스티는 운반이 수월했고 고기, 야채, 탄수화물이 풍부해서 광부들이 채굴이라는 고된 하루를 보내기에 충분한 에너지를 제공하는 버젓한 한 끼 식사였다. 패스티의 한쪽 끄트머리에는 종종 후식으로 과일이나 잼이 들어 있었다. 주부들은 패스티를 식구당 하나씩 만들면서 한쪽 끝에 머리글자를 표시해서, 자칫 점심시간에 광산 입구에서 숱하게 벌어질 뻔한 주먹다짐을 방지했다.

한편 코니시 패스티Cornish pasty가 어떻게 목숨을 구해줄 수 있었는지의 문제로 말하자면… 광부들 사이에서는 껍질의 두껍고 주름잡힌 부분을 먹으면 재수가 없으니 '노커들knockers'(주석 광산의 정령)에게 던져줘야 한다는 미신이 있었다. 미신이 흔히들 그렇듯이, 그 이면에는 실용적인 이유가 숨어 있었다. 주름 잡힌 껍질 부분을 패스티를 먹을 때 손잡이로만 사용한 덕분에, 광부들은 광산에 퍼져 있던 비소가 손에서 음식으로 옮겨 가는 것을 피할 수 있었다.

19세기 후반 외국과의 경쟁에서 밀린 콘월 광산들이 폐업하자 노동자들은 미국, 오스트레일리아, 남아프리카공화국으로 이민을 갈 수밖에 없었다. 1875년 상반기에만 콘월 광부 1만 명 이상이 새로운 삶을 찾아 배에 탔다. 코니시 패스티를 세계 방방곡곡으로 퍼트린 것이 그들이었다.

스코치 에그

Scotch Egg

스코치 에그 Scotch egg는 희한하게 생긴 음식이다. 완숙 계란hard-boiled egg을 다진 고기sausage meat로 감싸고 빵가루breadcrumb를 묻혀서 튀긴 이 음식은 역사 또한 특이하다. 음식사가 앨런 데이비슨은 이 음식이 다진 양고기로 감싼 계란을 토마토 커리curried tomato에 넣는 인도 요리 나르기시 코프타nargisi kofta의 후예라고 주장한다. 영국 제국의 귀환병들이 모국으로 들여온 이 요리는 이후 다진 고기에 향신료를 더하고 소스는 뺀 **커리 스코치 에그**curried Scotch egg로 진화했다. 그밖에도 스코틀랜드와는 관계없는 다양한 개인 및 단체가 스코치 에그의 원조를 자처해왔다. 그중에는 런던의 유명 백화점 포트넘 앤드 메이슨도 있었는데, 이곳에서 1738년에 만든 버전은 '새 둥지bird's net'라는 이름이었고 닭이 아닌 물떼새의 알을 사용했다.

(비록 스코치 에그라고 불리지는 않았지만) 스코치 에그라고 알아볼 만한 최초의 인쇄된 레시피는 잉글랜드 상류층 여성인 마리아 런들 부인(1745~1828)의 『가정 요리의 새로운 체계A New System of Domestic Cookery』에 등장했다. 이 책은 1806년 처음 출간되어 큰 성공을 거두었다. 런들 부인은 비턴 부인의 선조 격이지만 유명세는 훨씬 덜하다. 그렇긴 해도 당대 베스트셀러 작가였다. 그의 요리책은 65회나 재판되었고 50만 권 이상 팔렸다.

그러나 실제 스코치 에그라는 이름이 최초로 등장한 인쇄물은 스코틀랜드Scotland 피블스주 인근 세인트 로넌스 소재의 클레이컴 여관 주인 멕 도즈의 책이었다. 그는 『요리사와 주부의 안내서Cook and Housewife's Manual(1826)』에서 이 용어를 최초로 사용했고, 뜨거울 때 그레이비gravy와 함께 먹으라고 권했다. 여기까지는 너무나 스코틀랜드적이었지만… 클레이컴 여관은 실제 존재했다. 비록 피블스와는 꽤 먼 파이프주의 록겔리에 있었지만 말이다. 그러나 멕 도즈 본인은 실제로 존재하지 않았다. 그는 사실 2년 전 출간된 월터 스콧Walter Scott 경의 엄청난 인기 소설 『세인트 로넌스 웰St Ronan's Well』의 등장인물이다. 스콧은 1800년대 초 『로브 로이Rob Roy(1817)』와 『아이반호Ivanhoe(1819)』로 명성을 얻은 다작한 작가였다. 적잖은 사람들이 멕 도즈라는 필명으로 『요리사와 주부의 안내서』를 쓴 것은 스콧 본인이며, 별것도 아닌 스코치 에그Scotch egg의 인기가 상승한 것은 그 덕분이었다고 추측했다. 그렇다면 스코치 에그에 대한 권리를 주장할 수 있는 사람은 다름 아닌 이 스콧일 것이다. 어쩌면 스코츠 에그Scott's egg라고 불러야 할지도 모르겠다. 다시 말해 200년 후 스코틀랜드의 유산 한 조각이 영국의 모든 주유소와 저예산 결혼 피로연마다 반드시 등장하게 해준 사람이 이 작가였다. 한편 이 사실은 입혀진 빵가루crumb가 너무나 명백히 적갈색[댄디 딘몬트 테리어는 스콧의 소설 『가이 매너링Guy Mannering』의 등장인물 댄디 딘몬트에서 이름을 따온 스코틀랜드 견종이다. 이 견종의 최초의 부견이 '올드 진저Old Ginger'라고 불리는데, ginger에는 적갈색이라는 뜻이 있다. 한편 올드 진저의 모견 '빅센Vixen'의 부견 '머튼 댄디Mertoun Dandie'를 키운 것이 바로 스콧이기도 하다]인 것과는 아무 상관없다.

샌드위치

Sandwich

믿거나 말거나 **샌드위치**sandwich는 원래 있던 단어가 아니다. 그렇지만 원래 있던 이름이기는 하다. 샌드위치 마을은 서기 643년에 처음 기록된 켄트주의 아름답고 유서 깊은 장소다. 이 이름은 '모래 마을Sand Village' 또는 '모래 위의 도시Town on the Sand'라는 의미의 고대 영어 샌드sand와 윅wic에서 진화했다. 현재 이곳은 바다에서 2마일 떨어져 있다. 하지만 한때는 번화한 항구[원첨 해협이 건재하던 시절에는 뱃길이 바다에서 샌드위치까지 이어졌지만 계속된 미사 퇴적 때문에 배수로 수준으로 유명무실해지며 샌드위치는 더 이상 항구가 아니게 되었다]였고, 1255년 최초로 포획된 코끼리가 헨리 3세에게 선물로 보내지기 전 이곳에 하역되기도 했다. 이곳은 찰스 2세의 해군 중 에드워드 몬터규 경 휘하 함대의 모항이기도 했다. 1660년 왕이 감사의 뜻으로 몬터규에게 백작 작위를 수여했을 때, 그는 새로운 작위로 어느 주요 항구를 빛낼지 심사숙고했다. 브리스톨이 하나의 선택지였고 포츠머스가 또 다른 선택지였다. 그러나 제독은 샌드위치를 받아들였고, 그리하여 그의 세습 작위는 샌드위치 백작이 되었다.

지금까지 열한 명의 백작이 있었지만 가장 유명한 사람은 서구 세계 모든 도시락의 핵심 요소를 제공한 4대 백작 존 몬터규 (1718~1792)다. 그는 증조할아버지처럼 해군장관이었지만 그와 달리 부패하고 무능했다. 미국 독립 전쟁(1775~1783) 기간에 출동 명령이 내려졌을 무렵 해군은 완전히 혼란 상태였다. 결국 영국군은 패배했는데 많은 사람이 그에게 책임이 있다고 간주했다. 그가 평생을 업무가 아닌 영역에, 특히 도박에 훨씬 큰 흥미를 가졌다는 사실이 별로 놀랍지 않을 것이다. 그렇다, 영원히 그를 떠올리게 할 음식계의 위대한 전설을 탄생시킨 것이 이 취미였다. 그 유명한 이야기에 따르면, 1762년의 어느 날 그가 친구들과 카드게임을 오래 하다 보니 한밤중이 되었다. 술에 취한 상태로 연승 가도를 달리던 샌드위치는 뭔가 먹을 게 필요하다고 생각했고, 시중꾼들에게 육류를 '빵 두 쪽 사이에 끼워서' 가져오라고 주문했다. 손가락의 기름이 카드에 묻어서 남은 자국으로 상대가 그의 게임 패턴을 알아차리는 것을 방지하기 위해서였다. 작전은 성공했다. 이 간식은 곧 잉글랜드의 큰 도박장에서 유행했고, '샌드위치'는 잉글랜드적 생활 방식의 일부가 되었다.

샌드위치가 기성 종교를 조롱하기 위해 설립된 신사 단체인 악명 높은 헬파이어 클럽의 회원이었다는 사실도 그의 명성에 도움이 되지 않았다. 회원들은 회합에 대해 함구했기에 무슨 일이 벌어지는지 아는 사람은 아무도 없었다. 그러나 주지육림과 사탄숭배의식에 대한 소문은 만연했다. 그가 역사상 가장 위대한 한 줄 비방의 희생자가 된 것도 이런 회합 중 하나에서였다. 샌드위치는 새뮤얼 푸트를 이렇게 매도했다고 전해진다. "경께서 교수대에서 돌아가실지, 아니면 매독으로 돌아가실지 저로서는 모르겠습니다." 이 말에 푸트는 이렇게 응수했다. "그것은 제가 각하의 신념을 포용하느냐, 아니면 각하의 정부를 포용하느냐에 달렸겠지요." 이 이야기는 그의 수많은 적들에 의해 런던 일대로 신속하게 퍼졌다.

1792년 사망할 무렵 샌드위치는 잉글랜드에서 가장 인기 없는 사람이 되어 있었다. 하다못해 친구라는 자들마저 그의 묘비명이 이래야 마땅하다고 제안했다. '이렇게나 많은 공직에 올랐음에도 이렇게나 적게 성취한 사람은 거의 없을 것이다.' 그래도 그가 역사에 남긴 유산이 샌드위치만은 아니다. 해군장관으로서 샌드위치는 제임스 쿡 선장이 1778년 감행한 신대륙 항해를 후원한 사람 중 한 명이었다. 1월 14일 쿡은 하와이 제도를 방문한 최초의 유럽인이 되었는데, 처음에는 후원자를 기려 그곳을 샌드위치 제도라고 불렀다. 이 이름은 한 세기 후 바뀌었다[요즘은 하와이 제도로 불린다]. 그렇지만 사우스 샌드위치 제도South Sandwich Islands와 샌드위치 해협Sandwich Straits은 옛 도박꾼이자 샌드위치 발명자의 이름을 오늘날까지도 여전히 간직하고 있다. 그 이름에서 생긴 표현은 말할 것도 없다. 우리가 두 물체 사이나 두 사업 미팅 사이에 있을 때, 아니면 훨씬 기꺼이 여기는 라스베가스 카지노에서 두 종업원 사이에 있을 때 **샌드위치가 된sandwiched** 느낌 말이다. 초대 백작이 작위명으로 샌드위치를 골랐다는 사실에 그저 안도할 따름이다. 내가 치즈 처트니 브리스톨cheese and chutney bristol이나 햄 토마토 포츠머스ham and tomato portsmouth를 먹고 싶을지는 확신하기 힘들다. 여러분은 어떤가?

| 오픈 샌드위치 Open Sandwich |

북유럽 국가에서 특히 사랑받는 **오픈 샌드위치open sandwich**는 빵 한 쪽에 식재료를 올린 구성이다. 이런 발상은 빵 두 쪽짜리 샌드위치보다 훨씬 오래되었다. 이는 '나무 쟁반trencher'으로 불리던 큼직한 빵 덩어리를 다른 음식을 담는 접시로 사용하던 중세까지 거슬러 올라간다. 식사가 마무리되면 빵을 먹어도 괜찮았다. 혹은 이미 식사로 배가 부른 상태라면, 바닥에 두어서 개들이 먹게 했다.

| 클럽 샌드위치 Club Sandwich |

클럽 샌드위치club sandwich, 혹은 **클럽하우스 샌드위치clubhouse sandwich**의 원조는 미국이다. 보통 빵 세 쪽으로 만드는 이 2층 샌드위치는 전통적으로 베이컨, 닭고기, 양상추, 토마토가 들어있으며 늘 살짝 구운 빵을 사용한다. 이 샌드위치는 1800년대 후반 뉴욕주 새러토가 스프링스의 회원제 도박장에서 유명세를 얻으며 확고한 인기 메뉴가 되었다고 한다. 그 이래로 미국인들은 이 흔한 샌드위치에 마요네즈와 온갖 소스를 더해 왔고, 결국 기름 묻은 손가락이 카드 게임을 하는 사람들 사이에서 다시 한번 문제가 되었다. 빵을 살짝 구운 버전은 이 문제를 해결하는 데 도움이 되었다.

농부의 점심 식사

Ploughman's Lunch

우리 모두 알다시피 **농부의 점심 식사**ploughman's lunch는 신선한 빵, 경성 치즈, 양파, 피클로 구성되어 있다. 거의 모든 영국 펍에서 고정 메뉴인데 농사지을 밭 따위 없어 보이는 지역에서도 예외가 아니다. 이는 흔히 정말 오래된 요리로 오해받는다. 농부가 그늘이 드리운 밭고랑에 말을 세우고 소박한 점심 식사를 꺼내던, 더 단순했던 장밋빛 시절을 떠올리게 하는 요리 말이다. 슬프게도 이 요리는 시골의 전통적인 생활 방식과 무관하다. 특정 요리를 의미하는 '농부의 점심 식사'는 현대 용어다. 이 용어는 1960년대 후반에서 1970년대 초반 사이 잉글랜드 지역 치즈 협의회에 의해 탄생했다. 협의회 의장 리처드 트리헤인 경이 쓴 논설이 발표된 후 시작된, 더 많은 치즈를 먹도록 장려하는 마케팅 활동의 일환이었다.

1969년 출간된 B. H. 액슬러의 저작 『치즈 핸드북The Cheese Handbook』은 (이 책의 서문을 쓴) 트리헤인의 말을 인용한다. "잉글랜드의 치즈와 맥주는 여러 세기 동안 농부의 점심 식사로 즐기기에 완벽한 조합을 만들어냈다." 농부의 점심 식사라는 표현 자체는 실제로 오래되었을 수 있다. 이것이 처음 등장한 인쇄물은 1837년에서 1839년 사이에 출간된 존 G. 록하트의 『월터 스콧 경의 생애The Life of Sir Walter Scott』로, 어떻게 "이 놀란 시인이 농부의 점심 식사처럼 보이는 즉석 샌드위치extemporized sandwich를 손에 쥔 채 활기차게 그들에게 합류했는지" 묘사한다. 이는 『옥스퍼드 영어 사전』에 이 표현이 처음 기록된 사례로 등재되어 있다. 비록 그것이 치즈 피클 샌드위치cheese and pickle sandwich였는지는 알 수 없지만 말이다.

소년 농부의 점심 식사ploughboy's lunch 역시 치즈 협의회에 영감을 주었을 것이다. 이 요리는 제2차 세계대전 직후 배급제도 시기에 잉글랜드 시골 일부 지역의 펍에서 제공되었다는 기록이 남아 있는데 빵 한 덩이, 지역 치즈local cheese 한 조각, 양파 피클 약간, 맥주 1파인트로 구성되었다. 이 마케팅 활동은 대성공이었던 게 틀림없다. '농부의 점심 식사'가 금세 유행해서 나라 전역의 펍에서 이를 즐겼으니 말이다. 이는 폴 서룩스의 1973년 소설『세인트 잭Saint Jack』의 묘사에도 드러난다. "우리는 마을의 오래된 아름다운 펍에서 농부의 점심을 먹었다." 1975년쯤 되자 그 대단하신《타임스Times》에서 독자들에게 이렇게 알릴 정도였다. "이 펍들은 점심 식사를 전문으로 한다. 괜찮은 '농부의 점심'을 20펜스에서 30펜스 사이의 가격으로 먹을 수 있다." 좋은 시절이었다.

피크닉

Picnic

18세기가 끝날 즈음 새로운 유행이 영국 해협을 건너왔다. 프랑스인들은 새로운 유형의 허물없는 파티를 열고 있었다. 이름하여 피크니크pique-nique, 손님들이 각자 자기 몫의 음식과 와인을 가져오기 때문에 음식을 제공해야 한다는 부담이 한 가족에게만 지워지지 않았다. 그 결과 이런 모임은 일반적으로 야외의 공공장소에서 열렸다. 오늘날까지도 **피크닉**picnic은 보통 친구들끼리 하는 야외 식사를 설명할 때 사용된다.

'피크pique'라는 단어는 프랑스어 동사 피케piquer가 가진 의미 중 하나인 '찌르다'에서 비롯했고, 한편 '니크nique'는 '무관한' 혹은 '중요하지 않은'에서 비롯했다고 한다. 그렇지만 이런 주장은 추측에 불과하다. 『옥스퍼드 영어 사전』에 따르면 이 단어의 기원은 알 수 없다. 영어에서 처음 사용된 것은 18세기 중엽이었다. 처음에는 포커 게임과 관련 있었고, 나중에는 사냥 중 야외에서 먹는 차가운 음식으로 구성된 식사를 말했다. 이런 식사는 1300년대 중반까지 거슬러 올라가는 전통으로, 보통 사냥감으로 만든 파이game pie와 직접 혹은 간접 화력으로 구운 고기가 포함되었다.

1793년 프랑스 혁명 이후 파리의 보다 넓은 왕립 공원이 처음 대중에게 개방되자 피크니크 문화는 폭발적으로 유행했다. 의복 및 문화의 최신 유행을 파리에 의지하던 런던 시민들은 즉시 나름의 버전을 만들었다. 이름하여 '피크닉 협회Picnic Society'였는데, 회원들은 각각 자기 몫의 잔치 음식을 챙겨갔다. 1800년 중반쯤 되자 피크닉을 즐기는 문화가 잉글랜드 전역에 확고히 자리 잡았다. 찰스 디킨스와 아널드 베넷을 비롯해 그 시대의 위대한 작가 여럿도 소설에 피크닉을 등장시키면서 대중화에 이바지했다.

항해용 비스킷

Ship's Biscuit

여러분에게는 다행스럽게도, 현재 이것은 점심 식사용 요리로 인정받지 못한다. 그러나 대양 항해에 몇 달, 심지어 몇 년씩 걸릴 수도 있었던 과거에는 사정이 달랐다. 신선 식품을 선적할 공간이 절대적으로 부족했기에, 이 입맛 떨어지는 건빵dried bread은 선원 일일 배급식의 주요한 구성품이었다. 1190년 사자왕 리처드는 제3차 십자군 원정에 나서며 배에 **항해용 비스킷**ship's biscuit의 초기 형태를 실었다. 그는 이것을 '모슬린 비스킷biskit of muslin'이라고 불렀다. 스페인 무적함대(1588) 시대 즈음, 선원의 일일 배급식은 비스킷 1파운드와 맥주 1갤런이었다. 선원들은 이 비스킷에 '하드택hard tack'('택'은 음식을 뜻하는 은어였다)부터 '철판sheet iron'과 '이빨 갈이tooth duller'까지 각종 별명을 붙였다. 항해용 비스킷을 먹을만하게 하려면 액체나 그레이비gravy 종류에 찍어 먹는 수밖에 없었다.

사실 영국 해군은 켄트주 채텀의 해군 부두에 승무원 전원에게 주식을 공급하는 것이 유일한 목적인 전용 빵집까지 지었다. 『브리태니커 백과사전Encyclopaedia Britannica』 1773년판은 이렇게 설명한다. "항해용 비스킷은 항해 중 보관이 수월하도록 오븐에 두 번 구워서 훨씬 건조하게 만든 빵 종류다. 오랜 항해에 필요하다면 네 번 굽는데, 선적 6개월 전에 구워두면 1년은 멀쩡하다." 덧붙이자면, 이는 오늘날 워터 비스킷water biscuit의 조상이기도 하다.

제일 저렴한 밀가루flour로 만들다 보니(선장과 고급 선원의 배급분은 더 고운 밀가루로 만들었다), 항해용 비스킷은 의도치 않은 단백질의 공급원으로 악명을 떨쳤는데, 바로 바구미와 구더기다. 예로부터 선원들이 배에서 내리자마자 난동을 부리고 눈에 보이는 게 없을 정도로 만취하는 명백한 이유가 여기 있다. 아마 구더기가 득시글한 항해용 비스킷을 몇 달이나 갉아 먹은 기억을 떨쳐버리려는 것이었으리라.

키슈 로렌

Quiche Lorraine

제2차 세계대전은 60년도 더 이전에 끝났다. 그러나 오랜 세월이 흘렀어도 프랑스에서는 여전히 독일인들을 극도로 혐오하고 있다. D데이(1944년 6월 6일)[노르망디 상륙작전 개시일] 후, 프랑스인들은 점령군과 맺었던 어떤 종류의 친분도 극도로 엄격하게 단죄했다. 재판이 없어도 공개 망신, 폭행, 구금 같은 처형의 물결이 부역 혐의자들을 덮쳤다. 이 모든 일로 인해 그들이 가장 사랑하는 점심 식사 요리의 실제 역사가 조금은 당혹스러워진다. 지금부터 그 역사에 대해 이야기해보겠다.

프랑스 북동부에 위치한 로렌Lorraine 지방은 지금은 확실히 프랑스 영토다. 그러나 지난 200년 동안 늘 영토 분쟁의 대상이 되어 프로이센과 독일 양국에 여러 번 점령되었다. 로렌이라는 이름 자체는 게르만어로, 그 기원은 중세 시대의 게르만 왕국 로트링겐Lothringen 이다. 그러나 친프랑스파 주민들과 예의 바른 대화를 나눌 때는 이런 이야기가 별로 나오지 않는다. 제2차 세계대전 중 독일군을 프랑스 영토에서 몰아내려는 싸움이 얼마나 치열했던지, 드골 장군은 로렌의 십자가[긴 세로 막대 하나에 짧은 가로 막대 둘로 이루어진 십자 문양으로 로렌의 상징이다. 1871년에서 1918년 사이 독일 영토에 합병된 기간에는 잃어버린 땅을 되찾자는 운동의 상징이 되었다]를 프랑스 레지스탕스의 상징으로 선택하기까지 했다. 결과적으로 현재 로렌에는 유럽에서 가장 큰 미군 묘지가 있다. 그렇지만 이 지역은 이웃한 독일의 문화 및 요리에 오랜 세월 강하게 영향받았다. 이 지역의 가장 유명한 수출품인 **키슈 로렌quiche Lorraine**은 이 사실을 잘 보여준다. 페이스트리pastry 부분은 원래 독일식 커스터드 타르트German custard tart와 마찬가지로 무쇠 틀에서 구웠고, 계란과 우유 혹은 크림으로 만든 필링은 사실 일종의 짭짤한 커스터드savory custard다[서양 퀴진에서 넓은 의미의 짭짤한 음식savory은 문자 그대로 짭짤하면서 동시에 주요리가 될 수 있는 음식을 말한다. 반면 달콤한 음식sweet은 문자 그대로 달콤하면서 동시에 디저트가 될 수 있는 음식이다. 한편 좁은 의미의 세이버리savory는 전통적인 영국식 식사에서 디저트에 이어 마지막 코스로 나오는 한 입 크기의 짭짤한 음식이다]. '키슈quiche'라는 단어는 실제로 '케이크' 또는 '타르트'를 뜻하는 독일어 단어 쿠헨kuchen에서 비롯했고, 이후 키쉬kische로 변형되었다가 다시 프랑스어 키슈가 되었다. 따라서 세계에서 가장 유명한 프랑스 요리의 이름은 사실 '로트링겐의 케이크cake of Lothringen'를 뜻하는 독일어의 변형된 버전인 셈이다.

키슈 레시피가 처음 개발된 것은 육류 섭취를 금하는 종교적 금식일에 간단한 식사를 제공하기 위해서였지만, 그럼에도 로렌식 키슈의 핵심 재료는 베이컨이다. 이는 로렌의 전장에서 싸우던 연합군 병사들이 사랑하는 주요 식품이었고, 그들이 1940년대 후반에 귀국하면서 레시피를 들여왔다. 그 이래로 쭉, 영국과 미국의 거의 모든 슈퍼마켓에서 키슈 로렌을 구할 수 있다.

파이

Pie

파이pie는 중부 및 북부 유럽 식문화에서 빼놓을 수 없다. 다른 지역(예를 들면 북미)에서는 전래된 요리로만 등장하는데, 아마 퍼트린 것은 로마인들이고 고대 그리스인들에게 훔친 아이디어였을 것이다. 『펭귄판 음식 안내서The Penguin Companion to Food(2002)』에서 음식사가 앨런 데이비슨은 이 단어의 어원으로 '까치magpie', 줄여서 '파이pie'를 제시한다. 이 새들은 다양한 물건을 수집하는 것으로 유명한데, 다양한 재료가 들어 있는 것이 초창기 파이의 주요 특징이었다. 이를테면 **애플 파이**apple pie처럼 주재료가 한 가지만 들어가게 된 것은 더 최근의 일이다.

귀족들이 먹던 '코핀coffin'(전에는 이 단어에 관이라는 의미는 없었고, 그냥 그릇을 뜻했다)은 우리가 알아볼 만한 최초의 파이였다. 아주 커다랗고 소스를 끼얹은 모듬고기assorted meat로 속을 채웠는데, 현대의 캐서롤casserole처럼 오븐에 구웠지만 크러스트 자체를 그릇으로 사용하지는 않았다. '허프 페이스트huff paste'라는 (거의 못 먹을 정도로) 질긴 크러스트는 속 재료를 먹은 후 버리거나(나무쟁반이라고 부르던 빵과 마찬가지였다. 「오픈 샌드위치」를 참고할 것) 하인들에게 주었다. 세월이 갈수록 파이는 더 작아졌고 크러스트는 더 맛있어졌다(흔히 버터butter로 풍미를 높였다). 그리고 더 이상 귀족의 전유물이 아니었다(통조림의 조상으로서의 파이에 대해서는 「새우 병조림」을 참고할 것).

험블 파이humble pie는 당연하게도 실제 요리가 아니다. 사과하는 당사자가 보통 그 과정에서 일종의 모욕을 감수할 때의 사과를 뜻한다. 이 표현은 중세 시대에 온종일 사냥을 한 후 열리던 연회까지 거슬러 올라간다. 그런 연회에서 장원의 영주와 귀족 손님들은 사슴고기에서 제일 좋은 부위가 제공되기를 기대했다. 반면 '엄블umble' 또는 '넘블numble'(어원은 프랑스어 놈블nomble)이라 불리던 사슴 내장은 파이에 넣어 구운 후 하층민들이나, 어쩌면 영주의 눈 밖에 난 사람들에게도 제공되었을 것이다. 그렇기에 상류층 손님이 식탁에서 (우연히 혹은 고의적으로 무시당해서) 자리를 잘못 골라 앉으면, 엄블 파이umble pie를 먹으며 이에 따른 모욕을 감수하는 수밖에 없었다.

| 포크 파이Pork Pie |

포크 파이pork pie는 기본적으로 먹을 수 있는 화석이다. 페이스트리pastry 부분을 먹을 수는 있지만 그 뻣뻣한 식감과 수직인 옆면은 고릿적의 허프 페이스트huff paste '코핀coffin'을 연상시킨다. 밀가루flour, 라드lard, 끓는 소금물을 사용해 익반죽으로 만든 크러스트에 굵게 다진 돼지고기를 채워 넣는다. 지지용 틀에 담아서 굽다가 조리가 끝나가면 틀을 제거해서 파이가 골고루 갈색을 띠도록 한다. 파이가 다 구워지면 아직 뜨거울 때 뚜껑의 작은 구멍을 통해 자투리 고기로 끓인 진한 육수를 붓는다. 육수는 식으면 젤리 같은 보호막으로 변한다. 포크 파이는 꾸준히 인기를 누렸는데, '거짓말'을 의미하는 런던 토박이cockney 속어가 운율까지 맞춰 탄생하도록 영감을 줄 정도였다. 이런 식이다. "저 경찰policeman은 내가 포키porkies

를 말했다고 생각해, 그치만 아니라고."

숱한 아류가 있지만, 전통적으로 최고의 포크 파이pork pie의 고향은 레스터셔주의 멜튼 모브레이Melton Mowbray다. 평범한 포크 파이에는 절인 고기를 사용하는데, 흔히 인공 색소로 선명도를 높여서 고기 필링이 확실한 분홍색을 띠게 한다. 이와 대조적으로 **멜튼 모브레이 파이Melton Mowbray pie**의 고기는 회색인데, 절인 돼지고기 대신 신선한 고기로 만들기 때문이다. 그렇지만 멜튼 모브레이 파이 제조자들이 돼지고기 색깔을 인공적으로 선명하게 만들 필요를 느끼지 않는 데에는 또 다른 이유가 있다. 이는 이 도시에 관한 인기 있는 전설과 관련되었다.

멜튼 모브레이는 여우 사냥의 중심지였다. 어쩌면 이곳의 포크 파이가 굶주린 사냥꾼들에게 완벽한 휴대용 간식이었기 때문일 것이다. 3대 워터포드 후작 헨리 드 라 포어 베레스포드(1811~1859)는 과음과 흥청망청 노는 데 열정을 쏟은 유명한 건달이었다. 1837년 귀족 친구들과 성공적인 사냥을 즐긴 그는 축하하려고 멜튼 모브레이로 말을 달렸다. 저녁이 깊어지면서 무리는 펍에서 펍으로 옮겨 다녔는데, 그러다 누군가 붉은색 페인트 통 몇 개를 발견했다. 후작은 그들이 찾아간 술집마다 문에 페인트를 칠갑했다. 밤이 깊어질수록 더 많은 문짝이 칠해졌고, 급수 펌프, 우체국, 기타 몇몇 공공시설도 마찬가지였다. 후작은 도시에서 나오는 길에 통행료 징수소까지 칠했다. 일부 설명에 따르면 심지어 통행료 징수인까지 칠했다고 한다.

이 사건은 《런던 익저마이너London Examiner》에 처음 등장한 후, 당연하게도 널리 보도되었다. **도시를 붉게 칠하기painting the town red**라는 표현은 야간 만취 난동을 묘사할 때 여전히 사용된다. 멜튼 모브레이 중심가를 거닐다보면 여전히 붉은 깡통의 흔적이 보인다. 그러나 이 도시와 일반적인 포크 파이와는 달리, 멜튼 모브레이 파이 Melton Mowbray pie는 어떤 붉은 염료로도 물들지 않은 채 왕국에서 가장 맛있는 파이로 남아 있다.

3장

일요 오찬

선데이 로스트의 기원은 무엇일까?

쇠고기의 귀족적인 이름은 어디서 왔을까?

요크셔 푸딩은 요크셔와 어떤 관계일까?

호스래디시 소스는 무 또는 말과 무슨 상관이라도 있나?

CHAPTER 3

SUNDAY LUNCH

What are the Origins of the Sunday Roast?

Where Do the Noble Names for Beef Come From?

What Does a Yorkshire Pudding Have to Do with Yorkshire?

Does Horseradish Sauce Have Anything to Do with

Radishes, or Horses?

한참 있다가 존스는 마침표를 찍었다. 그는 뒤돌아보며 외쳤다.

"누가 알겠습니까, 파트리지 씨, 그렇지만 우주에서 가장 사랑스러운 생명체의 눈이

이 순간 제가 바라보는 바로 저 달을 응시하고 있을 수도 있잖아요?"

파트리지가 대답했다.

"그렇고 말고요, 선생님. 그리고 만일 제 두 눈이 근사한 등심으로 만든 로스트 비프에 꽂혀

있다면, 악마는 저 달뿐 아니라 자기 뿔까지 덤으로 내놓아야겠지요."

At length Jones made a full stop, and turning about, cries,
'Who knows, Partridge, but the loveliest creature in the universe may have
her eyes now fixed on that very moon which I behold at this instant?'
'Very likely, sir,' answered Partridge.
'and if my eyes were fixed on a good sirloin of roast beef,
the devil might take the moon and her horns into the bargain.'

헨리 필딩, 『톰 존스Tom Jones』

선데이 로스트

Sunday Roast

321년 3월 7일 기독교 개종자인 콘스탄티누스 1세(272~337)는 일요일을 안식일로 규정하는 최초의 법령을 통과시켰다. "공경받아야 할 태양Sun의 날Day, 행정관과 도시 거주민이 쉬게 하라, 모든 공방이 닫히게 하라." 콘스탄티누스 1세의 치세에 기독교는 로마 제국의 국교가 되었다. 서구의 삶에서 기독교가 필수적 요소가 되며 더 많은 법령이 통과되었고, 일요일에는 모든 종류의 활동이 금지되었다. 물론 먹는 것은 제외하고 말이다. 일요일은 특별한 날이었다. 노동자들이 한 주에 단 한 번 쉬는 날이었고, 그날의 주요 식사도 특별해야 마땅했다. 일요일 아침이면 모두가 교회에 가야 했다. 집으로 돌아온 후 푸짐하고 맛있는 식사를 즐기는 일은 그런 고결한 행위에 대한 보상이었다. 보통 이때 그 주 끼니 중 유일하게 고기를 먹었다. 중세 시대에는 장원의 영주가 농노들에게 황소고기 구이roast ox를 제공했을 것이다. **선데이 로스트**Sunday roast라는 전통은 이렇게 시작되었다.

집집마다 오븐을 가지게 된 것은 20세기에 접어들고 나서다. 그 전까지 교구의 더 가난한 가족들은 보통 교회 가는 길에 빵집에 들러, 토요일 밤에 빵을 구웠던 열기가 아직 덜 식은 거대한 제빵용 오븐에 고깃덩어리를 넣었다. 귀갓길에는 완벽하게 구워진 고기를 들고 올 수 있었다.

스웨덴 과학자이자 탐험가 페르 칼름(1716~1779)이 잉글랜드를 방문했을 때 인정했듯이, 영국인들은 전통적으로 고기 굽기에 뛰어났다. "잉글랜드인은 고기를 딱 알맞게 굽는 기술을 다른 어떤 민족보다도 잘 이해한다." 나아가 그는 그들이 조금이라도 재능을 보이는 또 다른 유일한 요리가 자두 푸딩plum pudding이라고 지적했다. 어쨌거나 칭찬의 뜻으로 한 말은 맞다.

겨자mustard는 많은 사람이 선데이 로스트Sunday roast에 곁들이는 핵심 조미료다. 그러나 **겨자처럼 열심**as keen as mustard이라는 표현은 어디서 온 걸까? 1742년 설립되어 1903년 결국 콜먼스Colman's에 매각된 유명한 겨자 제조업체 킨 앤드 선즈Keen & Sons에서 비롯했다는 것이 중론이다. 하지만 이 표현은 (그리고 겨자에 대한 사랑은) 그보다 훨씬 오래되었다. 겨자라는 식물은 로마인들이 처음 영국에 들여온 이래 쭉 재배되고 있다. 이 식물의 씨앗을 빻거나 갈아서 음식에 더하면 매콤한 자극을 줄 수 있었다. 하지만 동양에서 비싸게 수입되는 후추 열매peppercorn와 달리, 이 식물은 어디서든 재배 가능했고 따라서 모두의 손에 닿았다. 겨자가 활력 및 열정과 결부된 것은 식사에 풍미와 향미를 더하기 때문이었다. 그러니 누군가 '겨자처럼 열심'이라면 활기차고 발랄하다는 것을 뜻한다. 킨 앤드 선즈는 자사의 겨자가 가장 맛있고 가장 톡 쏜다고 말하기 위해 이미 잘 알려진 속담을 선택했을 뿐이라는 말씀.

쇠고기의 귀족적인 이름

The Noble Names For Beef

프랑스인이 영국인에게 레 로스비프les rosbifs[로스트 비프]라는 딱히 달갑잖은 별명을 붙인 것도 놀랄 일은 아니다. 리처드 레버리지의 1735년 곡 〈그 옛날 영국의 로스트 비프The Roast Beef of Old England〉에도 드러나듯, 선데이 로스트Sunday roast에 품은 오랜 열정은 실재하는 것이었다.

> 훌륭한 로스트 비프가 영국인들의 음식이었을 때, 우리의 두뇌를
> 고귀하게, 우리의 피를 풍요롭게 하고….

로스비프라는 말이 정중함을 의미하지는 않으니, 이 노래의 이어지는 부분이 프랑스인들에게 꽤 무례하게 느껴지는 것도 당연하다. 이 곡은 새로운 연극의 상연 전후 극장 관객들에게 불리곤 했으며, 영국 해군의 정찬에서도 여전히 연주된다.

> 그러나 허세뿐인 프랑스에서 배운 게 있었으니 춤추는 것은 물
> 론, 그들의 라구ragout[고기, 생선, 야채 등을 뭉근히 끓인 프랑스식 스
> 튜]를 먹었고… (우리는) 은근히 가련한 민족, 반쯤 다시 태어나
> 길들여졌지. 한때 세간에 빛나던 명예를 더럽힌 자 누구인가?

이 노래는 약간 역설적이다. 이제부터 살펴보겠지만, **쇠고기의 최고**

급 부위들best cuts of beef의 이름이 모두 라구를 먹는 춤꾼의 나라에서 비롯했다는 사실을 떠올리면 말이다.

| **등심** sirloin |

동물의 등 뒤쪽에서 얻는 **등심**sirloin은 쇠고기의 가장 귀한 부위 중 하나다. 전해지는 바에 따르면, 음식과 술에 대한 사랑으로 이름난 헨리 8세(1491~1547)는 언젠가 쇠고기 허릿살loin of beef을 너무나 즐긴 나머지 그것에 기사 작위를 수여했다고 한다. 그리하여 궁정이 크게 즐거워하는 가운데, 이 사랑받는 부위는 이후 서 로인Sir Loin으로 알려지게 되었다. 나로서는 이 이야기가 사실이면 좋았을 것이다. 그러나 슬프게도 이 단어는 '허릿살 위above the loin'라는 의미의 고대 프랑스어 쉴롱쥬surlonge에서 왔을 공산이 크다. 등심은 결국 쇠고기 허릿살의 '위쪽' 부위이니 말이다.

| **쇠고기 남작** Baron Of Beef |

쇠고기 남작baron of beef은 등뼈가 붙어 있는 등심 두 쪽으로 이루어진 거대한 부위로, 지난날 성대한 연회에서 흔하게 구워졌다. 쇠고기 남작에 대한 최초 기록은 1745년경이니, 헨리 왕과의 연관성은 200년 이상의 세월에 의해 배제되는 셈이다. 그렇지만 18세기 대부분 동안 집권한 두 명의 조지 왕은 이 요리를 연회에서 한두 번 정도는 즐겼을 것이다. 전해지는 바에 따르면, 사실 이 표현은 서 로인 농담의 연장선상에서 탄생했다고 한다. 실제로는 이 표현 이면에도 프랑스어가 있다. 여기서 '남작baron'이라는 단어는 프랑스어 바-롱 bas-rond(아래쪽 혹은 뒤쪽의 둥근 부분)에서 왔다.

| **샤토브리앙** Chateaubriand |

샤토브리앙chateaubriand은 안심tenderloin을 스테이크용으로 두 툼하게 썬 것으로, 보통 직화로 굽는다. 이 용어의 기원 역시 프랑스어로, 작가 프랑수아-르네 드 샤토브리앙François-René de Chateaubriand(1768~1848)을 기리며 지은 이름이다. 노예 무역상이었던 침울한 아버지에게 억압을 받아온 샤토브리앙은 인생을 행복하게 시작하지 못했다. 유일하게 안심할 수 있었던 시간은 부자연스러울 정도로 친밀한 사이였던 누나 뤼실과 함께 길게 시골을 산책할 때뿐이었다. 그는 열일곱 살에 집을 떠나 입대했다. 2년 후 대위로 승진했지만, 1년 후인 1788년 프랑스에서 손꼽히는 작가 몇 명을 만난 후 돌연 군인이라는 직업에 흥미를 잃었다. 프랑스 혁명이 발발했을 때 샤토브리앙은 파리에서 목격한 폭력에 너무나 충격받은 나머지 미국으로 떠났고, 1791년 미국 최남동부 지역에 정착했다.

거기서 그는 온갖 모험을 했다. 나중에는 북미 원주민 부족과 함께 살았다고 밝혔는데, 이 경험은 그의 세 번째 출간작 『르네 René(1802)』에 영감을 주었다. 이 고통스러우면서 이상할 정도로 친숙한 소설은 어떤 불행한 프랑스인이 누이 아멜리와의 아마도 근친상간이었을 강렬한 관계에서 달아난 후 루이지애나주의 네치즈족과 함께 사는 이야기다. 『르네』는 출간 즉시 성공을 거두었다. 이 소설은 이후 낭만주의 운동으로 알려질 일군의 시인, 화가, 작가에게 중대한 영향을 준 작품으로 언급된다. 여기에는 작품 못지않게 요란한 주름 장식 셔츠로도 유명세를 떨친 퍼시 비시 셸리와 바이런 경도 포함된다. 이 예술가들은 샤토브리앙을 낭만주의의 아버지로 여겼다. 그렇다면 그를 신낭만주의와 1980년대 초 주름 장식 셔츠를 차려입고 머리카락을 치렁치렁하게 늘어뜨린 모습으로 들이닥친 일련의 팝 밴드들의 할아버지로 간주해도 좋을 것이다.

나폴레옹이 프랑스 혁명 기간 프랑스에서 달아났던 모든 사람에게 사면을 내리자 샤토브리앙은 미국에서 귀국했고, 1802년 출간된 다음 책『기독교의 정수The Genius of Christianity』로 확고한 명성을 얻었다. 이 책은 기독교 신앙과 그것이 프랑스 혁명에서 수행한, 혹은 경우에 따라 수행하지 않은 역할을 변호하는 형식이었다. 가톨릭 교회를 달래느라 열심이던 나폴레옹은 이 책에 진심으로 동조했고 곧 작가를 교황청 파견 특사로 임명했다. 그리하여 작가이자 정치인으로서 샤토브리앙의 긴 경력이 시작되었고, 1815년에는 정무장관 자리에까지 올랐다.

그렇지만 1830년 루이 필리프 1세에 대한 충성 서약을 거절하면서 그의 정치인으로서의 경력은 끝났다. 샤토브리앙은 '부르주아 왕'이라며 폄하되던 새 군주와 기타 당대의 민감한 문제에 대해 논쟁적인 글을 쓰며 여생을 보냈다. 작가로서 그의 영향력은 계속 커졌다. 젊은 빅토르 위고는 언젠가 "샤토브리앙이 되지 않으면 아무것도 되지 않은 것이다"라고 쓰기도 했다. 그의 팬들은 단지 문학에만 한정되지 않는다. 프랑스 대사로 런던에서 재임 중이던 1822년, 그의 요리사 몽미레이유가 쇠고기 안심beef tenderloin에 화이트 와인white wine, 셜롯shallot, 타라곤tarragon으로 만든 소스를 끼얹은 요리에 흠모하는 주인의 이름을 붙인 이야기는 유명하다. 요즘은 이 요리에 베아르네즈 소스béarnaise sauce를 곁들이는 경우가 더 많긴 하지만, 샤토브리앙 스테이크chateaubriand steak는 세월이 200년 이상 흘렀음에도 신, 구 낭만파와 마찬가지로 여전히 사랑받고 있다.

만일 여러분이 **차가운 어깨살을 받는다면**given the cold shoulder, 명백히 더 이상 환영받지 못하는 것이다. '험블 파이humble pie'와 마찬가지로, 이 관용구의 기원은 중세 잉글랜드의 대연회일 것이다. 며칠씩 계속될 수 있는 잔치에서, 손님들은 호화로운 요리를 대량의 와인 및 에일로 씻어 내리며 떠돌이 음악가, 무용수, 광대의 공연을 즐겼다. 그러나 모든 좋은 일은 끝을 내야 하는 법이다. 주최자가 잔치 기분을 끝내고 싶을 때 요리사들에게 소나 양이나 돼지의 얇게 저민 차가운 어깨살을 내오라고 명하는 관습이 있었다. 주최자 입장에서는 이런 식으로 메시지를 보내는 편이 그 많은 손님을 모두 하나하나 찾아가 잔치가 끝났다고 알리는 것보다 간편했다. 이런 전통은 이후 더 낮은 계급의 식사로도 넘어갔다. 주최자는 환영하지 못할 정도로 오래 머무는 손님들에게 양고기의 **차가운 어깨살**cold shoulder을 내곤 했다. 요즘은 '차가운 어깨살을 받으면' 불친절한 대우를 받은 것으로 인식한다. 비록 중세에는 교양 있고 공손한 표현으로 간주되었지만 말이다.

요크셔 푸딩

Yorkshire Pudding

배터 푸딩batter pudding은 야트막한 틀에 아주 뜨거운 소기름beef dripping을 살짝 붓고, 계란, 밀가루, 우유로 만든 반죽batter(팬케이크 레시피의 더 걸쭉한 버전)을 담아 익힌 음식이다. 이 푸딩은 여러 세기 동안 영국인의 식단에서 중요한 부분을 맡아왔다. 검소한 잉글랜드 북부 사람들은 고깃덩어리를 꼬챙이에 꿰서 구울 때 떨어지는 기름을 사용하려고 반죽이 담긴 팬을 아래에 받쳐두면서 이 요리를 발전시켰다. '드리핑 푸딩dripping pudding' 레시피가 처음 출간된 것은 1737년 『여성의 본분The Whole Duty of Woman』이라는 경악스러운 제목의 책에서였다. 여기서 제시되는 지침은 다음과 같다.

> 팬케이크용 반죽을 만든다. 뜨거운 팬을 불에 올리고 버터를 더한 후 반죽을 부어 바닥을 살짝 지진다. 그 후 반죽이 담긴 팬을 양 어깨살 구이 아래에 드리핑 팬dripping pan[고기를 구울 때 밑에 받쳐 떨어지는 기름dripping을 받는 팬. 모아진 기름을 버리기보다는 다양한 요리에 사용한다] 대신 받친다. 팬 손잡이를 쥐고 자주 흔들어서 폭신하고 간이 잘 배게 한다. 양고기가 충분히 익으면 들어낸다. 접시를 대고 뒤집어서 담는다. 뜨거울 때 상에 내놓는다.

10년 후 해나 글라세가 『소박하고 손쉽게 만드는 조리 기술The Art of Cookery Made Plain and Easy』이라는 책을 출간하며 이 요리를 포함시켰다. 그는 **요크셔 푸딩**Yorkshire pudding이라는 이름을 처음으로 부여하면서 이렇게 썼다. "대단히 맛있는 푸딩으로, 고기 그레이비gravy를 곁들여 먹으면 잘 어울린다." 이 책은 영국과 미국 양국에서 바로 베스트셀러가 되었고, 그의 레시피는 당연하게도 급속히 퍼졌다. 그 이래 쭉, 이 요리는 선데이 로스트Sunday roast에 곁들여 먹는 음식으로 사랑받았다. 요즘은 양고기보다는 로스트 비프roast beef와 함께 먹는다.

그러나 왜 요크셔 푸딩일까? 해나 글라세는 런던에서 태어났고 아버지는 노섬벌랜드주의 지주였으니 이 지역과 어떤 관계가 있는지 알려진 바는 없다. 제니퍼 스테드는 『페나인 산맥 동서부의 전통 음식Traditional Food East and West of the Pennines(1991)』에서 푸딩의 역사를 논하며, 배터 푸딩batter pudding은 영국제도 전역에서 만들어졌지만, 요크셔에서 만들어진 그것이 가볍고 바삭하기로 유명했다는 의견에 동의한다. 그는 그들의 기술적 성취가 지역적 특성과 연관되었을지 모른다고 주장한다.

> 이는 그들의 전설적인 무뚝뚝한 기질에 부합한다. 이 푸딩이 아주 뜨거운 기름, 반죽이 팬에 닿는 순간 일어나는 폭발, 맹렬한 열기, 바삭바삭한 결과물을 요구한다는 사실은, 진정한 요크셔 푸딩을 만들 수 있는 것은 요크셔 기질을 가진 요크셔 사람들뿐이라는 이야기가 자주 나오는 이유를 설명할 수 있다.

| **구멍 속 두꺼비** Toad In The Hole |

배터 푸딩batter pudding에는 다른 재료를 더할 수도 있었기에, 종종 남은 음식과 합쳐져 싸고 영양가 있는 한 끼가 되었다. 『토머스 터너의 일기The Diary of Thomas Turner(1754~1765)』에 제빵용 틀에 소시지를 넣은 후 반죽batter을 부어 조리한 음식이 등장하지만 **구멍 속 두꺼비toad in the hole**라고 부르지는 않는다. 이 가난한 사람의 일요 오찬 요리가 처음 언급된 것은 『옥스퍼드 영어 사전』 1787년판이다. 여기서 '구멍 속 두꺼비'라는 요리는 '반죽으로 싸서 삶은 고기meat boiled in a crust'를 의미한다. 이 요리가 다소 입맛 떨어지는 이름을 얻은 것은 고기가 바삭한 반죽에서 튀어나와 있는 모습이 두꺼비toad가 늘 구덩이hole에서 머리를 내밀고 있는 것과 닮았기 때문이라고 전해진다. 1861년 비턴 부인은 구멍 속 두꺼비가 "스테이크와 콩팥kidney으로 만드는 가정적이고 풍미 좋은 요리지만, 남은 고기라면 뭐든 쓸 수 있다"라고 조금은 호전적으로 밝혔다. 소시지가 이 요리의 중심이 된 것은 제1차 세계대전 기간이었는데, 어쩌면 소시지를 터트리지 않고 익히려는 시도에서 시작되었을 것이다. 소시지를 넣은 구멍 속 두꺼비는 그 이래 쭉, 우리가 제일 좋아하는 버전으로 남아 있다.

호스래디시 소스

Horseradish Sauce

호스래디시 소스horseradish sauce는 호스래디시 뿌리horseradish root를 갈아서 크림 및 식초와 섞은 것이다. 이 얼얼한 소스 없이는 로스트 비프roast beef를 먹으려 하지 않는 사람들이 많다. 이 식물이 최초로 언급된 것은 서기 77~79년 사이 출간된 로마 학자 대 플리니우스(서기 23~79)의 『자연사Natural History』에서였다. 여기서 이 식물을 추천하는 것은 약용 특성 때문이다. 이 식물의 뿌리와 잎은 중세에도 여전히 약용으로 사용되었다. 겨자, 브로콜리, 양배추 같은 아시아 식물과 동일한 과에 속하지만, 호스래디시horseradish는 사실 무radish가 아니다. 비록 이런 이름이 된 것은 사람들이 이 식물을 더 작고 더 매우며 더 거친 무로 간주한 탓이지만 말이다. 그런 맥락에서, 이 이름은 무를 말 발굽horse's hoof으로 밟아 으깨는 옛 유럽인들의 야채 가공 방법과 관련 있었을지 모른다. 더 그럴싸한 주장으로는, 이 이름이 독일어 단어 메레티히Meerrettich를 '암말 무mare radish'로 오역한 데에서 생겼다는 이야기도 있다. 정확한 번역은 '바다 무sea radish'인데, 이 식물이 해안 지역에서 야생으로 자란다는 사실을 나타낸 것이다. 그러니 여기 존재하는 말horse이라고는, 근처 해변에서 밀려드는 그 유명한 하얀 말[바다의 신 포세이돈이 말을 창조했다는 신화와 관련해서, 파도를 흔히 말로 묘사한다]이 전부다.

4장

티타임

맛있는 차 한잔의 비밀

앨프레드 대왕이 아니라 알프레드 케이크 왕?

과거의 케이크들을 기념하며: 프티 마들렌

번 이야기: 샐리 런, 첼시, 핫 크로스

사랑, 전쟁, 그리고 베이크웰 타르트

레밍턴, 오스트레일리아가 사랑하는 케이크는 외국에서 탄생했다

에클스 케이크 제과사들의 격한 경쟁

왜 시녀 하나로는 절대 충분하지 않은가

가리발디: 대단히 혁명적인 비스킷

어떻게 일개 비스킷이 앤잭 스피리트를 유지시켰는가

배턴버그: 역사의 뒤안길로 사라진 왕실 케이크

CHAPTER 4

TEATIME

The Secret of a Nice Cup of Tea

Should It Really be Alfred the Cake?

In Remembrance of Cakes Past: The Petite Madeleine

The Story of the Bun: Sally Lunn, Chelsea and Hot Cross

Love, War and the Bakewell Tart

The Foreign Origins of the Lamington, Australia's Favourite Cake

The Bitter Rivalry of the Eccles Cake Makers

Why One Maid of Honour is Never Enough

Garibaldi: A Very Revolutionary Biscuit

How a Biscuit Helped Maintain the Anzac Spirit

The Battenberg: A Royal Cake Left Behind by History

삶에서 애프터눈 티라는 의식에 바친 시간보다 더 값진 시간은 거의 없다.

There are few hours in life more agreeable than
the hour dedicated to the ceremony known as afternoon tea.

헨리 제임스, 「여인의 초상The Portrait of a Lady」

차

Tea

차tea와 영국인 사이의 관계란 얼마나 열렬하면서도 꾸준한지, 서로가 없는 서로를 거의 상상할 수 없을 정도다. 『아스테릭스, 영국에 가다Asterix in Britain(1966)』에서 영국인들은 골족에게 로마인들과의 싸움을 도와달라고 청한다. 찻잎이 영국에 공식적으로 전해지기 1500년쯤 전이고, 영국인들은 뜨거운 물에 우유를 한 방울 넣어 마시는 습관을 갖고 있었다. 드루이드교 사제 파노라믹스가 뜨거운 물에 특별한 허브herb(차)를 넣자, 그의 마법 물약이 골족에게 원기와 활력을 주던 것과 같은 효과가 영국인들에게 발휘된다. 영국의 전통이라고 간주되는 차는 사실 세계에서 가장 널리 소비되는 뜨거운 음료다. 최초의 찻잎은 중국 윈난성의 카멜리아 시넨시스 나무에서 재배되었다. 인간은 여기서 이 잎을 먹거나 물에 끓이면 좋을지 모른다는 생각을 처음 떠올렸다.

수천 년 전까지 거슬러 올라가는 오래된 전설에 따르면, 차를 발견한 것은 중국 선종의 창시자 달마 대사였다. 이 이야기에 따르면, 달마 대사는 어느 날 아침 명상을 하다가 잠이 들었고, 9년간 쭉 수면 상태로 머물렀다. 마침내 잠에서 깼을 때, 그런 게으름을 부린 자기 자신을 벌하고자 즉시 스스로의 눈꺼풀을 잘라냈다. 그리고는 멀리 던져버렸는데, 그곳에 뿌리가 내려 차나무로 자라났다.

혹시 이 이야기 때문에 차를 영원히 멀리할 것 같다면, 충격이 덜한 다른 전설도 있다. 중국 황제 신농에 대한 이야기이다. 그가 물을 끓여 마시고 있는데 근처의 나무에서 잎 몇 장이 그릇에 떨어지더니 물빛의 색이 변했다. 우러난 것을 홀짝여보고 그는 좋은 의미로 놀랐다. 한 잔의 차tea는 이렇게 탄생했다.

영국에서 차가 유행하게 된 것은 1662년 찰스 2세와 결혼한 포르투갈 공주 캐서린 브라간사(1638~1705)가 도착하고 나서다. 그는 찰스의 궁정으로 들어간 후 자신이 가장 좋아하는 음료를 소개했고, 이는 곧 잉글랜드의 귀족과 부유한 계급 사이에서 인기를 얻었다. 그즈음 런던의 신문에 최초의 차 광고가 등장했고, 차가 배에 실려 영국으로 도착하기 시작했다. 앤 여왕(1665~1714)이 아침 식사의 단골 음료로 에일ale보다 차를 선택하자, 차 마시기는 한층 더 인기를 끌었다. 1750년쯤 되자 차는 영국의 모든 사회 계층에서 주요 음료로 자리 잡았다. 비록 제일 저렴한 차 1파운드가 숙련 노동자가 받는 주급의 3분의 1 정도 되는 매우 고가였음에도 말이다.

영국인들은 차를 마시는 고유한 방법도 두 가지 개발했다. 첫 번째는 우유를 더하는 독특한 취향을 활용한 것이었다. 17세기 및 18세기에 차를 담아내던 도자기 잔들은 너무 약해서 펄펄 끓는 차를 곧장 붓다 보면 종종 금이 갔다. 그렇기에 우유를 더해서 액체를 식히고 컵에 금이 가는 것을 막았다. 처음에는 고육지책이었던 이 방책은 곧 취향의 문제가 되었다. 이런 사연은 오늘날까지도 많은 사람이 잔에 차를 붓기 전에 우유를 먼저 따라 넣는 이유이기도 하다. 두 번째는 **애프터눈 티**afternoon tea의 발명을 통해서였다. 전해지는 바에 따르면, 1840년대 빅토리아 여왕의 시녀 중 하나이자 베드퍼드 7대 공작부인 아나는 점심 식사와 저녁 식사 사이 긴 공백 동안 느끼는 '가라앉는 느낌'을 극복하려고 오후 늦게 식사를 하자는 아이디어를 떠올렸다. 남자들은 클럽에서 술을 마시거나 사냥을 하거나, 혹시 중산층이나 그 아래 계층이라면 일을 하느라 집 밖에 있는 시간대였기에, 이것은 지극히 여성적인 의례였다. 특별한 찻잔과 함께 우아하게 차려진 케이크와 샌드위치로 축제 기분을 냈고, 끊임없는 뒷소문에 대한 놀라운 토론의 장이라는 역할도 했다. 1880년쯤 되자 차 마시는 행위는 큰 행사가 되었다. 사람들은 이 행사를 위해 한껏 차려입곤 했다. 애프터눈 티 댄스afternoon tea dance가 대단한 인기를 끌었는데, 그 현장에 오케스트라 연주까지 함께 하는 경우도 잦았다.

차는 미국인과 영국인 사이에 전쟁을 촉발시킬 정도로 중요했다. 미국 정착민들은 차에 아주 높은 세금을 부과하기로 한 영국 정부의 결정에 불만을 품고 보스턴 앞바다에 몇 톤이나 되는 차를 던졌다. 정착민들은 아득히 먼 땅의 지배자들에게 세금을 내야 하는 상황에 반발하면서, 차라리 직접 뽑은 대표자들에게 내겠다고 선언했다. 그들은 실제로 이 문제 때문에 전쟁을 일으킬 정도로 분노했는데, 바로 나중에 보스턴 차 사건Boston Tea Party으로 알려지게 될 일이다. 이 사건은 미국 독립 전쟁(1775~1783)으로, 마침내 독립하여 세계적 경제 강국 미국의 탄생으로 이어졌다.

| 얼 그레이 Earl Grey |

차는 네 종류로 분류된다. 발효시키지 않은 녹차green tea와 백차white tea, 반쯤 발효시킨 우롱차oolong tea, 완전히 발효시킨 홍차black tea다. 이 기본 종류에서 시작해 세계적으로 수천 가지 블렌드가 생산된다. 홍차 중 가장 인기 있는 종류는 맛이 아주 독특한데다 이름

Tea

도 좀 희한하다. 바로 **얼 그레이**Earl Grey다.

2대 그레이 백작Earl Grey 찰스 그레이Charles Grey(1764~1845)는 1830년에서 1834년 사이에 영국 총리였다. 이 무렵은 영국 정치에서 중요한 시기였다. 그레이 백작의 전임자는 철의 공작으로 불리던 웰링턴 초대 공작이었다. 신임 총리가 전임 총리의 강한 반대를 무릅쓰고 처음 공포한 것은 폭넓은 의회 개혁을 수행하겠다는 약속이었다. 거기에는 (인구 1400만 명 중) 남자 여섯 명에 한 명꼴로 투표를 허가하는 정책이 포함되었다. 이전에는 스무 명당 겨우 한 명이었다.

짧은 총리 재임 기간 중 그레이는 영국 제국 전역의 노예제도를 폐지하는 공훈도 세웠다. 그러나 그의 이름을 영원하게 한 것은 1834년 동인도 회사의 중국 무역 완전 독점의 철폐였다. 이로 인해 차 무역로가 개방되었고 대유행인 상품 딱 한 종류만 적재하는 선박인 티 클리퍼tea clipper의 시대가 시작되었다. 중국에서 차 수출 사업의 수익성이 갑자기 엄청나게 증가했고, 고마운 마음에 중국 대사는 총리에게 베르가모트 오렌지bergamot orange의 껍질 추출물이 함유된 새로운 차를 선물했다. 나아가 백작에 대한 경의의 표시로, 얼 그레이는 보통 차보다 더 잿빛을 띤다. 빌더스 티builder's tea[저렴한 찻잎으로 진하게 끓인 차. 흔히 노동 계급이 잠깐 쉴 때 마신다]와 나란히 두고 한 번 들여다보라. 무슨 말인지 알 것이다.

앨프레드 왕의 케이크

King Alfred's Cakes

혹시 여러분이 부엌일에 서툴러도 절대 걱정할 필요 없다. 왜냐하면 앨프레드Alfred가 잉글랜드 역사상 '대왕Great'이라고 불리게 된 전환점이 바로 요리의 대실패이기 때문이다.

그가 왕위에 오른 871년, 이미 침략군 데인인이 머시아, 이스트 앵글리아, 노섬브리아 왕국을 점령한 판국이었기에 그의 치세는 짧은 실패로 끝날 것이라고 예상되었다. 잉글랜드를 완전히 지배하려는 바이킹 세력에 맞선 사람이라고는 서쪽 나라 웨섹스의 비실비실한 21세의 왕뿐이었다. 이어지는 몇 년간 앨프레드는 공격과 뇌물을 섞어가며 노력했다. 그러나 무엇도 오래가지 못했고, 바이킹과 맺은 어떤 휴전도 즉시 깨졌다. 앨프레드는 치프넘의 군영에서 야간 급습을 당한 후 애슐리섬이라는 서머셋주의 작은 습지지역으로 후퇴했다. 877년 겨울 내내 이 지역 전체가 침수되었고, 길을 찾을 수 있는 사람은 토박이들뿐이었다. 앨프레드는 바로 이곳에서 피난처를 발견해서, 군대를 재편성 및 재조직하고 보급체계도 정비하며 데인인에 대한 반격을 준비했다.

그 시점까지 상황은 꽤나 절망적이었다. 습지로 처음 달아났을 때 왕은 신분을 숨기고 여행해야 했고, 바이킹 침략자의 눈을 피하려고 초라한 숙소에서 농민들과 함께 묵었다. 앨프레드 왕이라고 하면 영원히 떠오를 그 유명한 사건이 일어난 게 바로 이때였다. 왕이 도망길에 나선 지 얼마 안 된 무렵의 일이었다. 전해지는 바에 따르면 그에게 쉴 곳을 제공한 농부 아낙이 불 위에서 구워지고 있는 케이크 (아마 스콘scone의 초기 형태일 것이다)를 주의 깊게 지켜보라고 지시했다. 그러나 자신의 문제에 사로잡혀있던 앨프레드는 지켜보라는 지시를 깜빡했고 케이크는 몽땅 타버렸다. 농부 아낙은 그가 실제로 누구인지 몰랐기에, 지금 하고 있는 일에나 제대로 신경 쓰라며 욕을 했다. 이 사건은 젊은이가 백일몽에서 깨어나 정신을 차리게 했고, 바이킹에 대한 공격을 준비하고 계획할 때 전보다 더 주의를 기울이도록 했다. 겨울이 지나 봄이 왔을 때 그는 방패벽 뒤에서 싸우는 로마인들의 전술을 사용해 데인인 장군 구트룸을 향해 진군할 준비가 되어 있었다. 878년 5월 6일, 그는 과거에 천하무적이었던 적을 간신히 무너트렸다. 구트룸과 살아남은 군대는 치프넘의 요새로 달아났다. 그곳에서 앨프레드는 바이킹들을 포위했고, 14일 후 그들은 결국 항복했다.

시간이 흘러 앨프레드는 현명하고 유능한 통치자가 되었다. 그는 교육을 장려했고, 왕국 법체계를 수정했고, 군 구조를 개선했다. 그는 박식하고 경건한 사람이었고, 후일 가톨릭 교회에서 성인으로 시성되어 나라 전역에서 조각상과 스테인드글라스로 기념되었다. 그러나 우리는 이 위대한 군주와 치세 초 그 유명한 전환점에 대한 더 뜻밖의 기념비를 자연에서 발견할 수 있다. 유럽과 북미에 모두 존재하는 비식용 버섯 달디니아 콘센트리카Daldinia concentrica이다. 썩어가는 고목에서 자라며 불쏘시개로 사용된 역사를 지닌 이 검고 혹투성이 버섯의 보통명은 **앨프레드 왕의 케이크King alfred's cakes**다. 타버린 스콘 무더기와 무서울 정도로 비슷하기 때문이다.

마들렌

Madeleine

어머니는 '프티 마들렌petites madeleine'이라는 작고 통통한 케이크를 사오라고 시켰다. 그 케이크는 마치 골이 파인 가리비 껍질로 찍어내기라도 한 것처럼 보였다. 우울한 내일에 대한 전망으로 침울한 하루를 보낸 후 지쳐 있던 차라, 나는 곧 기계적으로 마들렌 한 조각을 떠서 먹었던 숟가락에 차 한 스푼을 얹어 입술로 가져갔다. 따뜻한 액체와 케이크 부스러기가 입천장에 닿자마자 전율이 온몸을 달렸다. 나는 동작을 멈추고 지금 일어나는 이 놀라운 변화에 집중했다. ⋯ 나는 삶의 우여곡절에 즉시 무관심해졌다. 삶의 재앙이 무해해지고, 삶의 덧없음은 착각이 되고⋯.

마들렌madeleine은 독특한 조개 모양 틀에 구운 작은 스펀지케이크 sponge cake로, 마르셀 프루스트(1871~1922)와 그의 『잃어버린 시간을 찾아서In Search of Lost Time』 덕분에 현재 세계에서 가장 쉽게 알아보는 케이크 중 하나이다. (위에 인용한 구절에서) 서술자는 마들렌을 먹은 후 무의식적 기억으로 향하는 (대단히) 긴 여행을 떠난다. 그런데 최초의 마들렌은 누구의 이름을 따른 걸까? 어떤 자료에 따르면 그는 퇴위한 폴란드 왕 스타니스와프 레슈친스키의 프랑스인 제과사였다고 한다. 암살 시도 때문에 프랑스로 망명할 수밖에 없었던 왕과 그 가족은 프랑스 북동지역 코메르시의 샤토 드 코메르시로 이주했다. 1755년 그의 제과사가 된 마들렌 폴미에Madeleine Paulmier는 추방된 왕의 기운을 북돋우려고 이 케이크를 발명했다고 한다.

 그러나 이 케이크는 전혀 다른 마들렌의 이름을 따랐을 공산이 더 크다. 마들렌Madeleine은 창녀 출신으로 예수의 제자가 된 막달라 마리아Mary Magdalen의 프랑스식 이름이기도 하기 때문이다. 마들렌이라는 이름의 수녀회가 몇 군데 있다는 사실은 이 케이크의 독특한 가리비 껍질 모양(프루스트 본인이 앞서 지적했듯이, 가리비는 가톨릭 순례자의 전통적인 상징이다)과 더불어, 이 케이크가 처음에는 더 종교적인 목적을 염두에 두고 구워졌음을 시사한다. 어쩌면 이것을 먹는 사람들에게, 우리 모두 막달라 마리아처럼 죄인이지만 하나님을 찾기 위한 희망찬 여정에 나선 순례자이기도 하다는 사실을 상기시키려고 했을 것이다.

번

Bun

미국에서 **번bun**은 달콤하건 짭짤하건 상관없이 모든 롤빵bread roll 종류를 뜻하는 포괄적인 이름이다. 반면 영국의 번은 훨씬 더 달고 기름지다. 빵의 부풀어 오른 모양을 의미하는 프랑스어 뷔뉴bugne 혹은 '부풀어오름'에서 비롯한 이 이름은 최소한 15세기부터 사용되었다. 번에는 여러 종류가 있다. 다음은 가장 흥미로운 세 가지다.

▌샐리 런 번 Sally Lunn Bun ▐

17세기 프랑스에서 신교도인 위그노교도는 가톨릭 교회에게 박해받았다. 그들 중 여럿이 배를 잡아타고 잉글랜드로 갔다. 숙련된 레이스 직인, 방직공, 상인으로 존경받던 위그노교도는 주로 비단 전문이었기에, 잉글랜드인들이 올리버 크롬웰의 청교도 정권(1649~1660)의 우울한 통제에서 벗어나자마자 잉글랜드 사회의 중요한 일원이 되었다. 위그노교도는 찰스 2세 치하에서 복고된 새 왕정을 사업, 금융, 물리적으로 지원하며 큰 영향력을 휘둘렀다(비록 많은 위그노교도가 후일 1688년 명예혁명에서 잉글랜드 국왕에 맞서 신교도인 오라네 공 윌리엄 편에서 싸웠지만 말이다. 이 일을 봤다면 처음 그들을 초대했던 찰스 2세가 무덤 속에서 탄식했을 게 틀림없다).

위그노교도의 영향력은 영국 요리법으로도 확장되었다. 새 정착민 중에 솔랑주 뤼용이라는 예쁜 아가씨가 있었는데, 서머싯주 배스로 이사 왔다가 곧 릴리퍼트 앨리(지금은 노스 퍼레이드 패시지라는 더 평범한 이름을 가진 좁은 거리)의 제과점에서 일자리를 찾았다. 그리고는 곧 폭신하고 동그란 티케이크teacake를 굽기 시작했는데, 장안의 화제가 되어서 아침 식사 시간이면 동네 사람들이 '솔리스Sollie's'의 케이크를 사려고 줄을 서곤 했다. 배스와 인근 브리스톨은 둘 다 여행자들을 위한 중심지였기에 소문이 금세 퍼졌고, **샐리 런 번Sally Lunn bun**은 조지 왕조 시대 잉글랜드 전역에서 큰 인기를 끌게 되었다. 오늘날 원조 레시피는 이제는 샐리 런스Sally Lunn's라는 이름의, 배스에서 가장 오래된 건물로 여겨지는 제과점의 소유권과 함께 상속된다. 여행자들은 찻집이자 박물관인 이 가게에서 여전히 샐리 런 번을 산다. 어떤 것들은 절대 변하지 않는다는 사실을 깨닫고 안도하면서.

| **첼시 번** Chelsea Bun |

번 중에서도 가장 인기 있는 축에 속하는 **첼시 번Chelsea bun**은 런던의 핌리코에 위치한 첼시 번 하우스Chelsea Bun House에서 1700년대 초부터 독점적으로 생산 및 판매되었다. 레몬 껍질lemon peel, 시나몬cinnamon, 기타 향신료로 풍미를 낸 반죽을 돌돌 말아서 굽고 글레이즈glaze를 바른 사각형 번square bun은 왕족과 평민 모두에게 똑같이 사랑받았다. '미친 왕' 조지 3세(1738~1820)도 단골 고객이었다. 궁전에서 근처 유원지로 가는 길에 종종 첼시 번을 사러 들렀기에, 이 제과점은 비공식적으로 로열 번 하우스Royal Bun House로 불렸다. 1840년 건물이 철거되며 원조 업장은 문을 닫았다. 그러나 첼시 번 하우스의 전설은 살아남았고, 이어서 등장한 리얼 올드 첼시 번 하우스Real Old Chelsea Bun House(물론 이 이름은 사실이 아니다)도 마찬가지로 인기를 끌었다.

이 제과점과 그 유명한 번은 후일 문학 작품에서 기념되었다. 1840년(폐점한 해) 찰스 디킨스는 『바너비 러지Barnaby Rudge』에서 고든 폭동(1780)에 대한 설명으로 이 제과점이 주목받게 했다. 로열 이스트 런던에서 자진해 나선 충실한 신교도들이 어떻게 '눈부시도록 질서정연하게 첼시 번 하우스로 행진한 후 근처 술집에서 어두워질 때까지 먹고 마시며 원기를 회복했는지' 묘사하는 구절을 통해서였다. 51권이라는 많은 작품을 남긴 작가 앤 매닝은 1855년 소설 제목을 『올드 첼시 번 하우스: 지난 세기의 이야기The Old Chelsea Bun House: A Tale of the Last Century』로 지었다. 한편 루이스 캐럴은 단편집 『얽히고설킨 이야기A Tangled Tale(1880)』의 한 단편에서 등장인물 중 하나가 이렇게 외치게 했다. "첼시 번Chelsea bun 하나 드세요, 아가씨! 젊은 숙녀들이라면 최고로 좋아하는 겁니다!" '풍부하고 음악적인' 목소리를 가진 남자 행상은 자기 상품을 보여준다.

말을 건 남자는 바구니에 덮은 눈처럼 흰 천을 솜씨 좋게 젖혀서 매혹적이고 친숙한 사각형 번들을 드러냈다. 계란을 듬뿍 넣어 갈색으로 구워진 번들이 햇빛 속에 반짝이며 유혹적으로 줄지어 있었다.

당연하게도 소설 속 젊은 숙녀는 몹시 마음이 동했다. 하지만 이에 굴복하기 전, 흉포한 숙모에게 끌려서 사라졌다.

| 핫 크로스 번 Hot Cross Bun |
핫 크로스 번hot cross bun은 많은 사람에게 부활절, 특히 성 금요일과

Bun

105

예수 그리스도의 십자가cross형을 보여주는 것처럼 느껴진다. 이 번은 부활절을 기념하여 만들어졌다고 한다. 엘리자베스 데이비드의 『잉글랜드의 빵과 이스트 요리English Bread and Yeast Cookery(1977)』에 따르면, 향신료가 든 달콤한 번sweet bun은 튜더 왕가 시대 이래로 쭉 인기였지만 특별한 행사가 있을 때만 허용되었다. 1592년 엘리자베스 1세의 치세에 다음 칙령이 런던 공설시장 감독관에 의해 공표되었다.

> 어떤 제빵사도 지금부터 어느 때든, 향신료를 넣은 케이크나 번, 비스킷, 기타 어떤 종류의 빵(정해진 크기에 맞지 않는 빵은 법으로 허용하지 않았다)도, 장례식이나 성 금요일이나 크리스마스가 아니라면, 자기 건물 안에서건 밖에서건, 만들거나 전시하거나 소매로 팔 수 없다. 그런 향신료 빵은 몰수해서 가난한 사람들에게 주기로 한다.

왜 그런 칙령이 내려졌는지 정확히는 알 수 없다. 하지만 성 금요일에 향신료가 들어간 번을 먹는 전통은 이때 시작된 것으로 보인다. 비록 '핫 크로스 번hot cross bun'이라는 단어가 처음 기록에 남은 것은 1733년이지만 말이다. 그래도 18세기 후반에는 이 관습이 꽤 잘 정착되었던 게 분명하다. 1791년 즈음 제임스 보즈웰이 『새뮤얼 존슨의 인생Life of Samuel Johnson』에서 언급한 것을 보면 말이다. 여기서 그는 1773년에 '그[존슨]와 함께 핫 크로스 번으로 성 금요일 아침 식사를 한 일'이 어땠는지 회고한다.

부활절에 특별한 음식을 먹는 전통은 사실 훨씬 더 오래전, 앵글

로색슨인의 시대까지 거슬러 올라간다. 그들은 새벽의 여신 이오스터Eostre를 숭배했는데, '동쪽east'과 '부활절Easter'이라는 단어가 여기서 유래했다. 색슨인들은 춘분을 축하하는 날에 이 여신에게 작은 케이크를 바쳤다고 한다. 이는 고대 그리스인과 로마인에게까지 거슬러 올라가는 관습으로, 두 문명 모두 신들에게 공물로 빵을 바치는 의식이 포함된 전통적인 봄맞이 축제가 있었다.

슈퍼마켓이 못 말릴 정도로 증가하면서 요즘은 핫 크로스 번이 일년 내내 판매된다. 그렇지만 향신료가 든 번이 여전히 특별한 기념일과 연결되는 곳이 영국에 딱 하나 있다. 비록 좀 특이한 방식이지만 말이다. 옥스퍼드셔주 애빙던에서는 대관식과 왕가의 기념일 같은 중요한 행사를 축하하기 위해, 지역 고위 공무원들이 주 의회회관 옥상에 모두 모여 아래의 광장에 운집한 대중에게 빵을 던진다 (두말하면 잔소리지만, 모두가 즉시 앞다퉈 달려들고, 문자 그대로 빵 싸움이 뒤따른다). 지금은 박물관인 주 의회회관에, 오랜 세월 던진 빵을 말려서 광택제를 바른 수집품이 전시되어 있다. 내가 그 빵 중 하나를 받아보고 싶을지는 잘 모르겠다.

빵 싸움bun fight이라는 용어는 사람들이 차려입고 음식을 대접받는 큰 행사를 조롱할 때 사용되는 표현이다. '싸움'이라는 요소에 초점을 맞출 때 이 용어는 조금 다른 의미로도 해석되어서, 참여자들을 제외하면 대체로 전혀 중요하지 않은 과열된 교환을 의미한다. 다른 말로 하자면, (또 다른 티타임 비유를 사용한) 찻잔 속의 태풍a storm in a teacup이다. 이 용어는 19세기 빅토리아 시대의 부유한 가정에서 공들여 차리던 애프터눈 티 afternoon tea까지 거슬러 올라간다. 이런 식사는 전통적으로 온갖 번bun, 스콘scone, 티케이크teacake로 구성되었는데, 공교롭게도 전부 던지기 좋은 모양이었다. 그러니 혹시 식사 손님이 어린이인 경우, 유모가 통제력을 잃기라도 하면 상황이 얼마나 심각해졌을지 쉽게 알 수 있을 것이다.

베이크웰 타르트

Bakewell Tart

더비셔주의 한 고요한 마을에서 두 디저트가 탄생했다. **베이크웰 타르트**Bakewell tart(쇼트크러스트 페이스트리shortcrust pastry로 만들었다)와 **베이크웰 푸딩**Bakewell pudding(퍼프 페이스트리puff pastry로 만들었다)이다. 전자는 세계적으로 유명해졌다. 후자는 그만큼 잘 알려지지는 않았지만 그런 (맛은 있어도) 실용적인 요리치고는 놀라울 정도로 낭만적인 역사를 가진다.

해던 홀은 베이크웰Bakewell에서 강을 따라 잠시 말을 달리면 나오는 위풍당당한 튜더 왕가 시대의 건축물로, 버넌 가문의 전통적인 거처였다. 딸이 남편을 손수 고르는 일이 허용되기 이전인 16세기에, 조지 버넌 경은 두 딸 마거릿과 도러시에게 훌륭한 남편감을 찾아주기로 결심했다. 둘 중 언니인 마거릿에게는 랭커셔주 방대한 장원의 소유자인 스탠리 경의 아들이라는 대단히 바람직한 짝을 골라주었다. 그러나 둘째 딸 도러시는 자기가 생각하는 짝이 있었고 아버지의 생각에 쉽게 동의하려 들지 않았다. 그는 아버지가 "그 아무것도 아닌 작자, 버섯mushroom 백작[버섯이 동사로 쓰일 때 '우후죽순처럼 늘어나다'는 의미가 있다. 존 매너즈의 아버지인 초대 러틀랜드 백작 토머스 매너즈는 신흥귀족이었다]의 둘째 아들"이라고 경멸하던 훨씬 낮은 귀족의 아들인 존 매너즈의 매력에 굴복했다. 사실, 조지 경은 기분이 너무 상한 나머지 연인들을 떼어놓기로 결심했다. 그는 도러시를 홀에 가두고 바깥세상과의 접촉을 금지했다.

그러나 사랑은 언제나 방법을 찾는 법이다. 레이디 도러시는 결국 달아나는 데 성공했다. 1563년의 어느 저녁, 다가오는 마거릿의 결혼식을 축하하는 연회가 열리고 있었다. 도러시는 다들 흥청망청 재미를 보는 틈을 타 들키지 않고 집을 빠져나가 정원에 숨어 있던 구혼자에게 갔다. 존 매너즈는 그들을 저 멀리 레스터셔주 에일스턴으로 순식간에 데려갈 준비가 된 말 한 쌍을 데리고 있었다. 거기서 두 사람은 몰래 결혼했다. 부부는 조지 경의 노여움이 결국 누그러져서 도러시가 아버지를 자기편으로 끌어들일 때까지 납작 엎드려 지냈다. 전해지는 바에 따르면 도러시는 달아나면서 사랑하는 고향과의 인연이 끊기지 않도록 제일 좋아하는 요리인 베이크웰 푸딩Bakewell pudding 레시피를 챙겨갔다고 한다. 그들의 도피에 관한 전설은 베이크웰 올세인츠 교회의 기념비에서 기념되고 있다. 이 이야기에 기초한 역사 소설『해던 홀의 도러시 버넌Dorothy Vernon of Haddon Hall(1902)』은 출간 당시 베스트셀러였다. 1924년에 나온 동명의 영화도 있다.

도러시가 베이크웰 푸딩 레시피를 소중히 여긴 것은 사실일 수 있다. 하지만 이 레시피가 인쇄된 것은 한참 뒤인 멕 도즈의 1826년 작『요리사와 주부의 안내서』였다. 이야기는 피크 디스트릭트를 배경으로 벌어진다. 19세기 초 베이크웰 중심가에 있는 분주한 여관 화이트 호스의 주인 그리비스 부인은 신참 보조 요리사에게 잼 타르트jam tart 레시피를 주고 만들게 시킨다. 미숙한 요리사는 크러스트 바닥에 잼을 바른 후 지시대로 아몬드와 계란 혼합물을 붓고 이를 휘젓는 대신 그대로 두었고, 그 결과 타르트로 만들려고 했던 것이 푸딩이 되었다. 이 새 푸딩은 바로 많은 여관 손님이 좋아하는 요리가 되었다. 그들이 레시피를 잉글랜드 방방곡곡으로 전하면서 그 명성은 급상승했다.

　제인 오스틴은 1811년 자신의 걸작 『오만과 편견Pride and Prejudice』을 집필할 당시 베이크웰에 머물렀다. 그가 묵은 곳이 화이트 호스 여관이라는 주장도 있으니, 그곳의 간판 푸딩을 먹었다고 하더라도 이상할 건 없다. 이 책에서 활달한 여주인공 엘리자베스 베넷은 명백히 베이크웰을 참고한 가상의 마을 램턴을 숙모 및 삼촌과 함께 방문한 후, 거절했던 구혼자 다시 씨에 대한 마음이 누그러지는 것을 느낀다. 그가 기분이 좋아진 것은 맛있는 푸딩 덕분이고, 이 마을에 머물렀기에 자신이 원하는 남편을 쟁취하려고 싸운 도러시 버넌 같은 단호함이 생겼을 수도 있다. 물론 책에는 안 나오지만 말이다.

　베이크웰 타르트Bakewell tart의 역사는 좀 더 평범하다. 그 기원은 '플라톤flathon' 혹은 플랜flan이 인기를 끈 15세기로 거슬러 올라간다. 계란과 아몬드를 혼합한 프랜지페인frangipane 필링은 더 일찍부터 유럽 전역에서 케이크와 타르트에 사용되었다. 베이크웰 타르트의 독특한 이름은 크러스트를 지나치게 굽는 과정('충분히 굽기bake well')이 아니라 처음 만들어진 장소에서 비롯했다(그래도 말장난을 못 보고 넘길 수는 없다. 이 마을의 방문객이라면 이것이 '베이크웰Bakewell 출신의 베이크웰well-baked(충분히 구워진) 타르트'라는 얘기를 못 들을 수 없다). 1845년 시인 출신 요리작가 일라이자 액턴이 이 요리의 레시피를 출간하며 "더비셔주뿐 아니라 몇몇 북부 주에서도 유명해서 명절이면 보통 상차림에 오른다"라고 썼다. 1861년 비턴 부인이 자신만의 레시피를 출간했고, 한 세기 후 미스터 키플링이 서구 세계 나머지 지역에 아이싱icing을 올린 **체리 베이크웰cherry Bakewell**의 찬란함을 소개했다

[영국 제과 브랜드 미스터 키플링Mr. Kipling은 베이크웰 푸딩에 아이싱과 체리를 올린 체리 베이크웰을 양산형으로 판매 중이다].

　이 마을 출신 가장 유명한 디저트는 베이크웰 타르트Bakewell tart이지만 베이크웰 푸딩Bakewell pudding도 여전히 맞수로 남아 있다. 타르트 애호가와 원조 푸딩 추종자 사이에서 끈질기게 계속된 대단히 고상한 전쟁은 오늘날까지도 벌어지고 있다. 그들의 본부는 각각 베이크웰 타르트 앤드 커피 숍Bakewell Tart and Coffee Shop과 올드 오리지널 베이크웰 푸딩 숍Old Original Bakewell Pudding Shop이다. 두 곳 모두 원조 레시피를 내화성 금고에 보관하면서 충성스러운 고객 및 패권을 두고 승부를 겨루고 있는데 부디 중산층다운 온화한 방식이기를 바랄 따름이다. 여러분도 가서 직접 먹어보면 어떨까?

레밍턴

Lamington

레밍턴Lamington은 작은 스펀지케이크sponge cake에 초콜릿 아이싱 chocolate icing을 입힌 후 곱게 썬 건조 코코넛desiccated coconut에 굴린 것으로, 오스트랄라시아[오스트레일리아, 뉴질랜드, 서남태평양제도 지역을 통칭한다] 전역에서 엄청난 인기를 끌고 있다. 그 기원에 대해서는 어떤 논란도 없다. 이 케이크는 확실히 오스트레일리아 출신이다. 비록 뉴질랜드의 딸기 버전이 더 낫다는 주장이 만연하지만 말이다(그들 사이에서 논란이라는 것이 사라지는 날이 과연 올까?).

이 케이크의 이름은 찰스 월리스 알렉산더 네이피어 코크런-베일리(1860~1940), 더 간단하게는 레밍턴Lamington 2대 남작으로 알려진 단 한 명에게서 왔다. 주로 학연 덕에, 그는 1885년 영국 수상 솔즈베리 경의 보좌관이 되었다. 1890년 정부는 프랑스의 식민지 확장을 막으려는 시도의 일환에서 그를 베트남과 시암(지금은 태국)으로 파견했다. 1896년에는 헨리 노먼 경의 후임으로 오스트레일리아의 퀸즐랜드 주지사가 되었다. 그렇지만 이 케이크의 이름은 기만적이다. 왜냐하면 이것을 만들어낸 사람은 남작도 그 부인도 아닌 그들의 요리사 아르망 갈라이기 때문이다.

최고의 요리들이 많이들 그랬듯, 레밍턴은 주방의 대실패를 재빠르게 해결하려던 필사적 시도에서 발명되었다. 예기치 못한 관저 손님을 위해 서둘러 케이크를 만들라는 요청을 받은 아르망 갈라가 바닐라 스펀지vanilla sponge를 살짝 태워버렸다. 다시 구울 시간은 없었기에, 실수를 감추려고 스펀지를 썰어서 초콜릿 소스와 코코넛에 굴렸다. 이 색다른 케이크를 손님들은 별미로 생각했다. 저명한 음식 작가 해나 매클러컨에게 보낸 편지에서 알 수 있듯이, 레밍턴 남작 부인은 요리와 관련된 모든 것에 열정적인 관심을 가진 것으로 유명하다. 이 결과물에 너무 만족한 나머지, 그는 요리사에게 앞으로 모든 손님들에게 이 케이크를 대접하라고 했다. 레밍턴Lamington의 레시피가 처음 알려진 것은 1902년 《퀸즐랜더 매거진Queenslander Magazine》에서였다. 한편 7년 후 촉촉한 케이크 및 디저트 전문가 에이미 쇼어가 『쇼어의 오스트레일리아 요리책The Schauer Australian Cookery Book』에 이 레시피를 포함시켰다.

레밍턴에 억지로 숟가락을 얹었던 게 뉴질랜드만은 아니다. 일부 스코틀랜드 역사가도 시류에 편승하려고 했다. 그들은 어떤 양털깎이의 레밍턴 출신 아내가 다른 여행하는 양털깎이를 위해 이 케이크를 만들었다고 주장하지만 이를 뒷받침하는 증거는 없다. 2006년 퀸즐랜드 내셔널 트러스트는 레밍턴을 주 상징물로 선언하는 한편, 7월 21일을 레밍턴의 날로 지정했다.

오스트레일리아에서 가장 인기 있는 티타임 케이크teatime cake인 레밍턴이, 지극히 인기 없었던 영국인 퀸즐랜드 주지사와 그의 프랑스인 요리사 덕에 확실히 오스트레일리아인의 것이 되었다니 묘한 일이다. 아이러니하게도, 레밍턴 남작은 자신의 영원한 유산이 된 케이크를 싫어했고 "그 지랄맞게 부풀어 오른 털북숭이 비스킷those bloody poofy woolly biscuits"이라고 묘사했다. 오스트레일리아의 국민 요리를 두고 하기에 꼭 틀린 말은 아니다.

에클스 케이크

Eccles Cake

잉글랜드의 전통 있고 대중적인 케이크와 번bun 여럿이 처음 만들어진 도시의 이름을 따랐다. 이를테면 옥스퍼드주의 **밴버리 케이크**Banbury cake와 랭커셔주의 **촐리 케이크**Chorley cake 같은 것들이다. 보통 그 인기는 지역 내에서만 유지된다. 반면 **에클스 케이크**Eccles cake 같은 경우는 멀리서 온 방문객에게 너무나 사랑받다 보니 그 레시피까지 나라 방방곡곡으로 퍼져 나갔다. 에클스 케이크가 인쇄물에 처음 등장한 것은 1769년 엄청난 인기를 끈 래펄드 부인의 요리책에서였다. 1818년쯤 되자 에클스 케이크는 해외로, 제국 전역으로 수출되고 있었다. 이로 인해 19세기 초 에클스Eccles라는 도시의 사업은 급속히 성장했다. 전부 민스미트mincemeat 혹은 (현대 버전에서는) 건포도를 채워 넣은 이 작고 달콤한 페이스트리pastry 덕분이었다.

그러나 최고의 에클스 케이크를 맛보려면 맨체스터 근처의 작은 마을로 찾아가야 한다. 18세기가 저물 무렵 이 마을의 제과사 제임스 버치는 에클스 케이크를 만드는 솜씨로 유명했다. 이 케이크는 너무나 인기를 끌었고, 1813년 전 고용인인 제임스 브래드번이 경쟁 제과점을 열었다. 버치는 곧 원조 에클스 케이크를 만든 사람은 '길 건너로 이사 갔다'고 주장하는 광고를 내걸기 시작했다. 그러자 브래드번은 '유일한 원조 에클스 케이크 가게, 절대 안 없어진다!'는 광고로 응수했다. 자기 가게야말로 원조라는 의미였다. 버치가 원래 가게를 브래드번에게 넘기고 길 건너편에 새 가게를 열었다는 것이다. 그들의 우스꽝스러운 경쟁은 결국 양쪽에게 득이 되었다. 누가 원조인지를 두고 끈질기게 계속된 논쟁을 벌인 경쟁 상품을 다 맛보려는 손님들이 두 가게를 모두 방문했기 때문이다.

메이드 오브 아너

Maid Of Honour

메이드 오브 아너maid of honour도 지역 역사와 관련된 케이크다. 커드 치즈curd cheese[발효시켜 신맛이 나는 우유를 적당히 몽글몽글해질 때까지 데운 후 물기를 빼서 만든 치즈. 코티지 치즈와 비슷하다]를 필링으로 사용한 이 작은 타르트는 런던에서, 특히 인접한 구역인 리치먼드와 큐 근방에서 유명하다. 이 지역에 전해지는 바에 따르면 이 케이크의 이름을 지은 것은 다름 아닌 헨리 8세였고, 당시 두 번째 아내였던 캐서린 아라곤의 시녀maid of honour 앤 불린에게 명예를 베풀기 위해서였다. 앤과 헨리가 리치먼드 궁전에서 처음 만났을 때, 앤은 다른 시녀 몇과 함께 이 케이크를 은쟁반에 담아서 먹고 있었다고 전해진다. 이 케이크는 곧 왕실 전체의 확고한 애호품이 되었다. 특히 왕이 좋아했는데, 이 지역에 전해지는 바에 따르면 그는 비밀을 지키기 위해 레시피를 궁전에 잘 보관했고, 창안한 요리사는 가둬두었다고 한다.

이 이야기대로라면, 한가락 하는 사람은 누구든 이 케이크를 먹어보고 싶었을 게 뻔하다. 리치먼드와 큐의 제과사들은 긴 세월에 걸친 실험 끝에 어찌어찌 왕가의 레시피에 도달했다. 그들의 케이크를 먹어보려고 사람들이 먼 곳에서 찾아오곤 했다. 애프터눈 티afternoon tea 관습이 점점 더 대중화되고 있는 상황에서 메이드 오브 아너는 완벽한 곁들이accompaniment였다. 1769년 런던에서 발행된 신문 《퍼블릭 어드버타이저Public Advertiser》에 이 케이크의 광고가 처음 등장했다. 1850년 로버트 뉴언즈가 자기 이름을 내건 가게를 열었고, 1860년 큐의 더 큰 부지로 이사했다. 그 장소에서 메이드 오브 아너 베이커리와 티룸이 후손들에게 여전히 운영되고 있다. 손님들은 왕이 좋아하던 케이크를 먹으며 근처에 있는 헨리 8세의 햄프턴코트궁에라도 방문한 듯한 기분을 누린다.

시녀가 되면 궁정에서 크게 선망받았다. 시녀는 잉글랜드 왕비를 모시는 귀족 혈통의 젊은 여성으로, 왕비의 수발을 드는 것은 보통 8명이었다. 궁정에서 이 위치는 젊은 여성에게 귀족 남편을 찾을 기회를 제공했다. 혹은 앤 불린처럼 야심에 찬 아가씨라면, 왕과 가까워진다는 훨씬 나은 기회도 줄 수 있었다. 그러나 앤은 헨리가 그저 시녀 한 명에 만족하기에는 욕심이 지나치다는 사실을 애초에 깨달았어야 했다. 그들의 결혼은 헨리가 또 다른 시녀 제인 시모어와 결혼하려고 날조된 기소로 앤을 처형한 1536년까지, 겨우 3년간 유지되었다.

가리발디

Garibaldi

19세기가 시작되었을 때 이탈리아는 전쟁 중인 국가들의 집합이었다. 이들을 하나의 나라로 이끈 공로자는 주세페 가리발디 Giuseppe Garibaldi(1807~1882)였다. 그는 최초의 국제적 혁명가이자 19세기의 체 게바라이며 또한 어떤 비스킷에 꽤 색다른 영감을 준 사람으로도 인정받는다.

젊은 시절 가리발디는 이탈리아 민족주의에 헌신하는 비밀 혁명 결사인 카르보나리Carbonari('숯꾼들')에 합류했다(더 알고 싶다면 「카르보나라」를 참고할 것). 그러나 1834년 실패한 혁명에서 수행한 역할 때문에 제노바 법정에서 궐석재판으로 사형 선고를 받자 남아메리카로 도피했다. 그는 우루과이 내전에서 투쟁을 계속했고, 수적으로 훨씬 우세한 부대에 맞서 힘겨운 돌격을 이끌어 용맹을 떨쳤다.

그렇지만 가리발디의 마음은 절대 조국에서 벗어나지 않았다. 1848년의 혁명은 결국 그를 조국 이탈리아로 유혹했다. 프랑스가 미래에 나폴레옹 3세가 될 자의 명령으로 군대를 로마로 보냈을 때, 가리발디의 공화주의 군대는 제국주의자들과 너무 많은 전선에서 싸우고 있었다. 그는 부하 4000명을 후퇴시키고 베니스로 북진할 수밖에 없었고, 그곳에서 미국으로 망명했다. 이 시기 자유의 투사라는 낭만적인 인지도가 나날이 높아졌는데, 이탈리아 망명객들이 그의 업적에 대한 글을 자주 썼던 영국에서 특히 그랬다.

1854년 3월 24일, 그 유명한 이탈리아 혁명가가 붉은 비단 셔츠,

판초, 솜브레로로 멋지게 차려입고 배편으로 타인사이드에 도착해 엄청난 열광 속에서 환영받았다. 그는 지역 유지들과 사귀기보다는 노동 계급과 어울렸기에, 대중적 명성은 한층 더 높아졌다. 가리발디는 잉글랜드에 머무는 겨우 한 달 동안 나라 곳곳을 돌았다. 수도에 도착했을 때는 수천 명의 런던 시민들이 그의 열차를 맞이하러 나인엘름스 역에 모였다. 그는 여러 신문에서 '이탈리아의 사자'이자 '누구보다 고귀한 로마인'으로 일컬어졌다. 이 이탈리아인 영웅이 지나가는 거리에 수천 명이 줄지어 서서 "밧줄을 가져와 교황의 목을 매달리라, 가리발디와 함께 일어서리라"라고 연호했다. 영국 기득권층은 이런 아첨에 함께하지 못했다. 그들이 보기에는 민중을 선동하는 테러범에 불과한 남자가 다시 한번 자신의 조국으로 돌아가자 그들은 크게 안도했다. 빅토리아 여왕은 이렇게 선언했다. "가리발디가, 신께 감사하게도, 가버렸다."

가리발디가 얼마나 인기였냐면, 몇몇 호텔은 그의 목욕물을 팔아서 돈을 벌기도 했다. 이탈리아식 카페 및 술집 수백 곳의 주인이 가게 이름을 그를 따라 바꾸었다. 그러나 1854년 4월 영국을 사로잡았던, 아이돌을 방불케 하는 광란을 가장 영속적으로 증명하는 것은 그를 기리는 비스킷을 구워낸 피크 프린Peek Frean이라는 제과 업체다. 이 업체는 자신들의 비스킷이 가리발디가 행군 중인 군대에 건넨 건포도빵raisin bread에 기초했다고 주장하면서, 오늘날에도 여전히 그 유명한 **가리발디 비스킷Garibaldi biscuit** 혹은 **스쿼시드 플라이 비스킷squashed fly biscuit**을 생산하고 있다.

앤잭

Anzac Biscuit

처음에는 그저 **납작 귀리 비스킷**rolled oat biscuit(오트케이크oatcake와 약간 비슷하다)으로 불리던 이 비스킷은 귀리, 골든 시럽golden syrup, 코코넛이라는 단순한 레시피로 만든다. 제1차 세계대전이 시작되자 오스트레일리아와 뉴질랜드 여성들은 이것을 엄청나게 구워서 오스트레일리아와 뉴질랜드 군인들에게 보내기 시작했다. 그들이 이 비스킷을 선택한 것은 오랜 여정에도 변질되지 않기 때문이다. 군은 비스킷 상자가 해당 연대에 확실히 도착할 수 있게 'ANZAC[제1차 세계대전 당시 오스트레일리아 및 뉴질랜드의 연합 군단]'이라는 스탬프를 찍었고, 그러다 보니 앤잭이라는 이름이 굳어졌다. 군인들은 자기 몫의 앤잭 비스킷Anazc biscuit을 열렬히 기다렸다. 평상시 배급 식량보다 근사했고 고향을 떠올리게 했기 때문이다.

이 레시피가 앤잭 크리스피Anzac crispies라는 이름으로 처음 등장한 것은 1921년 한 뉴질랜드 요리책에서였다. 비슷한 시기에 상업적 생산도 시작되었는데, 전직 오스트레일리아 군인 복지회RSL와 전직 뉴질랜드 군인 복지회RSA의 기금 조성을 위해서였다. 이제 이 비스킷 하면 매년 4월 25일 돌아오는 추모의 날인 앤잭의 날Anzac Day이 떠오르게 된 지 오래다. 이 날짜는 1915년 비운의 갈리폴리 전투가 시작된 날이다. 이때 1만 명 이상이 사망했지만, 그 와중에 보인 용기, 극기, 쾌활함은 이후 '앤잭 스피리트Anzac spirit'라고 불리게 되었다. 앤잭이라는 상표는 오스트레일리아 법에 따라 보호된다. 엄밀하

Anzac Biscuit

121

게 말하자면, 집에서 이 비스킷을 만들어도 오스트레일리아 정부의 허락 없이는 앤잭 비스킷Anzac Biscuit이라고 부를 수 없다는 의미다. 하지만 혹시 여러분이 그렇게 부르더라도 아무에게도 말하지 않을 것을 약속하는 바이다.

케이크를 받다take the cake는 미국식 표현이지만 영국에서도 흔히 사용되며, 상을 받을 정도로 터무니없다는 의미다. 예컨대 곡예비행사나 자동차 경주 선수라면 대담함으로 '케이크를 받을' 수 있다. 기록에 따르면 이 관용구는 19세기 후반 미국 남부 대농장에서 일하던 흑인 노예 사이에서 비롯했다. 그들은 커플이 팔짱을 끼고 헛간을 한 바퀴 돌며 행진하면 그 걷는 방식과 품위를 다른 사람들이 심사하는 게임을 고안했다. 우승한 커플은 상으로 케이크를 받았는데, 가장 대담하고 재미있다면 '쟤네가 케이크 가져갔다'는 환성을 들을 수 있었다. 이런 취미를 **케이크워크**cakewalk라고 불렀는데, 이는 식은 죽 먹기라는 뜻의 유명한 표현이기도 하다.

그렇지만 이 표현의 뿌리는 훨씬 더 옛날일 수 있는데, 사실 성서 시대로 거슬러 올라가는 것까지 가능하다. 선교사들이 아프리카의 많은 지역을 기독교로 개종시키면서, 성서를 가지고 가르치는 행위가 널리 퍼졌다. 성서는 지역주민 대부분이 한 번이라도 읽어 본 유일한 책일 공산이 컸다. 그러다 보니 그 영향은 엄청났다. 예를 들어 성서에 전투나 업무에서 가장 큰 성과를 낸 전사라고 평가받으면 살짝 구운 곡물로 만들고 꿀로 단맛을 낸 케이크를 상으로 받는 대목이 있는데, 아프리카계 미국인들이 케이크라는 보상을 도입한 것은 이 이야기를 배운 이후라는 가설은 상당히 설득력 있다. 그렇지만 케이크워크에 참여한 경쟁자의 대담함과 건방짐이 지나치다고 간주될 경우, 케이크 대신 비스킷을 상으로 받으면서 현실로 돌아올 수 있었다. 그들은 **비스킷을 받았다**taken the biscuit(너무 멀리 갔다).

배턴버그 케이크

Battenberg Cake

현 영국 왕족이 원래 독일 출신이며 그중 최초로 집권한 왕 조지 1세(1660~1727)는 영어를 하지도 못했다는 사실은 쉽게 망각된다. 20세기가 시작될 즈음 빅토리아 여왕과 독일인 남편 사이에서 탄생한 많은 자녀에 크게 힘입어 유럽과 러시아의 모든 왕족은 극도로 가까운 친척 지간이 되었다. 혈우병과 광증의 빈번한 발명으로 입증되었듯이 위험할 정도였다. **배턴버그 케이크Battenberg cake**는 분홍색과 노란색의 길쭉하고 달콤한 스펀지sponge에 마지팬marzipan[아몬드가루와 설탕으로 만든 페이스트]을 씌운 케이크다. 이는 1884년 빅토리아의 손녀였던 헤센 대공국의 빅토리아 공주가 사촌인 독일 왕자 배턴버그의 루이스Louis of Battenberg와 결혼한 것을 축하하기 위해 창안되었다. 케이크를 썰면 단면에 등장하는 분홍색과 노란색의 정사각형 넷은 각각 배턴버그 왕자 넷에 해당한다. 그러나 제1차 세계대전이 발발했을 때 독일 왕실과 영국 왕실 사이의 가까운 친족 관계는 극심한 골칫거리가 되었다.

배턴버그는 결혼하며 잉글랜드로 이주해서 해군에 입대했다. 결혼 이후 그의 해군 경력은 화려했다. 1914년 독일과 잉글랜드가 전쟁에 돌입한 시점에 자그마치 스무 개의 군사 표창을 받은 상태였고 해군 원수 지위로 승진해 있었다. 국민 사이에서 반독일감정이 증가하는 가운데 런던의 상류층 신사 클럽에서 그를 향한 노골적 적의가 커졌다. 당시 해군장관이었던 윈스턴 처칠은 배턴버그에게 사임을 강력히 권고했다. 그는 처음에는 주저했지만 곧 동의했고, 1914년 10월에 처칠에게 이런 서신을 썼다. "나를 풀어주기를 간청하네. 나는 무너지기 직전이고 그 무엇에도 머리를 쓸 수 없어." 그러나 11월 14일 처칠의 비서관이었던 해군 소장 호레이스 후드에게 쓴 편지에서는 상황을 여전히 억울해하고 있었다. "끔찍한 고통이었지만 선택의 여지가 없었다네. 정부가 뭐든 공식 성명으로 나를 확고히 지지할 생각이 없다는 게 명백해진 순간부터 말이지."

전쟁이 진행되면서 영국 왕실의 친독일감정에 대한 끈질긴 소문이 무성했고 그들의 인기는 하락했다. 국왕은 1917년 7월 17일이나 되어서야 왕가의 독일식 성인 작스-코부르크-고타를 공식 폐기하고 대신 지극히 영국적인 성을 채택했다. 그가 제일 좋아하는 성의 이름을 딴 윈저였다. 그는 부수적인 독일 작위들 역시 버리면서 영국에 대한 충성심을 대중에게 명쾌하게 내비쳤다. 같은 시기에 배턴버그Battenberg는 이름을 영국식으로 바꾸어 평판을 향상시키려고 시도했다. '배턴힐Battenhill'이라는 이름도 잠시 고려했지만 마운트배턴Mountbatten이 되었다. 왕의 다른 친척들도 비슷하게 처신했다. 영국 왕에게 충성하는 유럽 전역의 귀족 가문에서 '배턴버그'는 사라졌다. 남은 것은 지나간 시대를 떠올리게 하는 독특한 케이크뿐이다.

5장

패스트푸드

패스트푸드의 짧은 역사

햄버거: 독일의 간식에서 미국의 상징으로

솔즈베리 스테이크: 햄버거를 적군으로부터 구출한 유행식

검부터 꼬치까지: 케밥의 발흥

어쩌다 피시 앤드 칩스 먹기는 영국인들의 종교체험이 되었는가

장어 젤리: 여러분을 질겁하게 만들고도 남을 전통 런던 패스트푸드?

짖는 소시지는 무는 소시지보다 나쁘다

프렌치 프라이: 벨기에인들이 미국을 위해 해준 게 있다면?

FAST FOOD

A Quick History of Fast Food

The Hamburger: From German Snack to American Icon

Salisbury Steak: The Food Fad that Rescued
the Hamburger from the Enemy

From Swords to Skewers: The Rise of the Kebab

How Eating Fish and Chips Became
a Religious Experience for the British

Jellied Eel: Traditional London Fast Food
Guaranteed to Make You Squirm?

The Sausages Whose Bark is Worse than Their Bite

French Fries: What Did the Belgians Ever Do for Us?

야구 시합의 핫도그는 리츠 호텔의 로스트 비프를 능가한다.

A hot dog at the ballgame beats roast beef at the Ritz.

험프리 보가트

패스트푸드

Fast Food

패스트푸드fast food는 도시의 삶과 나란히 손잡고 나아간다. 직접 음식을 만들 공간이나 시간이 부족한 사람들의 삶 말이다. 도시를 발명한 게 로마인들이니, 이런 아이디어를 처음 떠올린 것도 십중 팔구 그들일 것이다. 로마의 도시에서 가난한 사람들은 보통 인술라insulae(라틴어로 '섬'), 즉 싸구려 자재로 지은 다층 아파트 건물에서 북적거리며 살았다. 고층 주거시설 역시 별로 새로운 개념은 아닌 셈이다. 여기서 직접 요리하면서 이웃을 불태우지 않을 가능성은 거의 없었고, 많은 사람이 끼니를 음식 행상에 의지해야 했다. 아침에 빠르게 먹을 요깃거리로는 와인에 적신 빵이 있었고 오후에는 야채 요리cooked vegetable와 스튜를 찾는 수요가 많았는데, 오늘날 우리가 패스트푸드로 인정할 만한 것들은 아니다. 그러나 그 이면에 있는 발상은 같다.

중세쯤 되자 모든 큰 마을과 도시 지역에 있던 수많은 행상이 엄청나게 다양한 요리를 제공했다. 고대 도시와 마찬가지로, 이들은 조리 시설이 없는 사람들을 위한 음식을 공급했다. 노동자, 가난한 사람, 여행자, 순례자였다. 영국 시골 지역 주민 대다수의 일상식이 완두콩 푸딩pease pudding처럼 단순한 음식으로 이루어진 시대였으니, 이들이 제공하는 음식이 매우 세련되어 보였을 것이다. 예를 들어 초서의 『캔터베리 이야기Canterbury Tales(1387~1400)』에서 순례자들은 끊임없이 간식 이야기를 하고, 길 가는 내내 패스티pasty와 구

Fast Food

129

운 양파부터 블랑망제blancmange 같은 과자류에 이르기까지 뭐든 우적우적 먹는다.

이런 종류의 음식은 훨씬 한정적이고 지루한 식사를 하던 시골 지역 주민들을 매혹시켰다. 도시의 꽤 낮은 계층조차 빠르게 제공되는 엄청나게 다양한 식사를 접할 수 있었다. 이 사실은 지금과 마찬가지로 도시 생활이 주는 즉각적인 만족감의 일부였다. 15세기의 인기 시인 「런던의 밑빠진 독London Lickpenny」은 '뜨거운 양족sheep's feet 과 굴'부터 '소 갈비와 여러 뜨거운 파이'까지, 서술자에게 온갖 음식을 권하는 노점상들의 외침을 여럿 잡아냈다. 이런 노점들은 오늘날 도심에 널려 있는 햄버거 가게, 프라이드 치킨 매장, 케밥 상점의 선조였다. 이런 노점들이 군중 속에서 두드러질 수 있는 방법은 주인의 목청과 독특한 후렴구뿐이었다. 그 결과, 행상들은 서로 상대의 목소리를 묻어버리려고 끊임없이 시끄럽게 구는 것으로 악명 높았다. 이를테면 조지프 애디슨은 1711년 《스펙테이터Spectator》에 이렇게 썼다. "이보다 더 외국인을 놀래고 이보다 더 시골 대지주를 위협하는 것은 없으니, 런던의 외침들이여." 노점상은 예술가들의 인기 주제이기도 했다. 1700년대 중엽쯤 되자 '런던의 외침들'을 그린 판화가 대유행했다. 주목할 수밖에 없는 그들의 외침은 기록과 수집의 대상 또한 되었다. 이를테면 18세기의 초급 독본에서 발췌한 이런 것이다.

"따끈한 양고기 만두mutton dumpling, 근사한 만두, 전부 따끈. 따끈한 양고기 만두." 이 남자가 외친다.
"무엇을 더 바랄 수 있을까, 파이 만들기,

아니면 푸딩 만들기의 번거로움을 피하고,

더불어 불도 아끼고?"

   노점상 외침의 현대 버전은 물론 광고 음악이다. 그 의도는 완전히 똑같다. 우리가 유혹적인 간식이나 조리 식품ready-cooked meal에 돈을 쓰게 하는 것. 이런 음식들이 전자레인지에서 눈 깜짝할 사이 데워져 튀어나올 수 있는 게 요즘 세상이다.

┃ 패스트푸드가 미국을 정복하다 Fast Food takes over America ┃

   (패스트fast 푸드 이야기를 하고 있으니) 대서양을 그냥 건너는 대신 뛰어넘어서 완전히 다른 대륙, 오늘날 패스트푸드의 고향이 틀림없는 곳에 도착한다. 바로 미국이다. 100년 전인 1912년 7월 7일, 오토매트Automat라는 패스트푸드 식당이 뉴욕에서 문을 열었다. 여닫이 창 뒤에서 이미 조리된 음식을 판매하고 손님들은 기계에 동전을 넣어 구매하는 혁명적인 카페테리아였다. 이곳은 정말이지 즉석에서 만족을 선사했는데, 그런 부류의 식당 중 최초는 아니었다. 첫 번째는 이곳의 주인인 조지프 혼과 프랭크 하더트가 1902년 필라델피아에 설립했다. 하지만 일대 선풍을 일으킨 것은 뉴욕의 오토매트였다. 수요가 얼마나 많았냐면, 어마어마한 줄이 빙빙 돌아 브로드웨이까지 내려갈 정도였다. 사실 음식을 얻기까지 보통 식당보다 더 오래 걸릴 수도 있었지만 팬들은 개의치 않았다. 음식이라는 것이 드디어 20세기로 들어섰으니 말이다. 수요를 감당하려고 나라 방방곡곡에 수많은 오토매트 식당이 설립되었다. 회사가 '어머니의 수고를 줄이자'는 슬로건을 내세우는 가운데 **포장음식takeaway food** 개념도 대중

화되었다. 독일 이민자들이 조리한 소시지를 반 세기째 팔고 있었으니 그런 발상이 새로운 것은 아니었지만 말이다. 얼마 지나지 않아 또 다른 형태의 장소가 인기를 끌자 오토매트는 패스트푸드의 역사에서 각주에 불과한 위치로 밀려났다. 바로 햄버거 식당이었다.

1940년 뉴햄프셔주 출신의 두 형제 딕과 맥 맥도날드Dick and Mac McDonald가 캘리포니아주 샌버너디노에 드라이브인 바비큐 식당을 열었다. 형제는 이윤 대부분이 햄버거에서 나온다는 사실을 깨달은 후, 1948년 햄버거, 프렌치프라이, 밀크셰이크, 코카콜라라는 단순한 메뉴를 모두 일회용 용기에 담아 제공하는 간이식당으로 재개점했다. 맥도날드 형제가 보기에 자신들의 접근 방식은 지극히 현대적이었다. 하지만 스스로 생각한 것과 달리, 그들은 메뉴를 과감하게 단순화했다는 점에서 남보다 뛰어난 핵심 상품 한 가지에 집중한 중세 음식 행상의 모델로 회귀하고 있었다. 그 결과 형제는 고객들이 주문하기를 기다릴 필요 없이 계속 햄버거와 프라이를 만들고 즉시 제공할 수 있었다. 그들의 햄버거는 불과 15센트로, 한 끼에 보통 드는 금액의 절반 정도였다.

그렇지만 맥도날드 햄버거를 세계적 현상으로 탈바꿈시킨 것은 맥도날드 형제가 아니라 원래 밀크셰이크에 주력하던 맹렬한 사업가 레이 크록이었다. 크록은 1954년 형제의 권리를 사들였다(당시 구두로 합의했던 로열티 지급은 후일 거부했다). 그러고는 두 가지를 도입했는데, 맥도날드를 세계적 선두 주자로 만든 게 바로 이것이었다. 먼저 헨리 포드의 자동차 공장에서 영감을 얻은 생산 라인으로, 이는 음식이 끊임없이 공급된다는 것을 의미했다. 또한 표준화 정책을 가차 없이 유지해서, 모든 지점이 반드시 정확하게 똑같은 음식을 정확하게 똑같은 방식으로 제공하게 했다. 이 방식이 너무나 성공적이었기에 다른 모든 패스트푸드 체인이 즉시 모방하기 시작했다. 그리하여 미국 패스트푸드는 세계 정복의 길에 나섰다.

비스트로bistro는 패스트-푸드 카페다. 혹은 최소한 1970년대에 울트라-패스트-푸드ultra-fast-food 매장이 우리의 중심가들을 지배하기 시작하던 때까지는 그랬다. 1815년 나폴레옹의 워털루 전투 패배 후 유럽 전역에서 온 군대가 파리를 점령하기 시작했다. 특히 러시아 출신이 많았다. 자연히 프랑스 카페들은 곧 새로운 손님들로 북적거렸고 영업은 대성황이었다. 가장 자주 들리던 외침이 "브위스트라Bweestra! 브위스트라!", 즉 러시아어로 "빨리! 빨리!"였다. 그러다 보니 이 단어는 곧 값싼 바, 작은 클럽, 카페를 연상시키게 되었다.

햄버거

Hamburger

햄버거hamburger는 흔히 미국의 간판 요리로 인정받는다. 미국인들의 연간 소비량은 140억 개 이상으로 추정된다. 그러니 햄버거의 고향이라는 사실이 얼마나 큰 사업을 의미하는지 알 수 있을 것이다. 이를 자처하는 곳이 위스콘신주의 시모어라는 작은 마을이다. 시모어에 있는 햄버거 명예의 전당은 버거의 역사를 기린다. 한편 마을에서 매년 열리는 당일치기 버거 축제에는 가두행진과 버거 관련 양념들이 주제인 대회가 포함되는데, 그중에는 그 유명한 케첩 슬라이드Ketchup Slide도 있다. 1989년 축제에서는 세계에서 제일 큰 햄버거가 만들어졌는데, 무게가 5500파운드나 되었다니 메스꺼울 정도다. 마을이 방문객들에게 알려주는 바에 따르면, 1885년 15세의 찰스 네이그린은 최초의 시모어 공진회 노점에서 다진 고기로 만든 완자patty를 팔았다. 후일 햄버거 찰리로 알려질 그는 곧 자기 미트볼이 안 팔리는 이유가 손님들이 돌아다니면서 먹기 힘들기 때문이라는 사실을 알아냈다. 그래서 찰리는 미트볼을 납작하게 만든 후 빵 두 쪽 사이에 끼워서 제공했고, 북부 주 사이에서 인기 있던 햄버거 스테이크hamburger steak를 따라 햄버거라고 불렀다.

찰스 네이그린은 남은 평생 군 공진회에서 햄버거를 팔았다. 그는 죽기 직전까지 이 패스트푸드의 발명자를 자처하며 지역의 유명인이 되었다. 그러나 이에 맞서는 주장도 있는데, 역시 1885년으로 거슬러 올라간다. 이 이야기에 따르면 소시지 제조업자 프랭크와 찰스

멘치스 형제는 공급업자의 실수로 돼지고기 대신 쇠고기를 받았다. 시간은 부족하고 재료는 한정적인 가운데, 그들은 쇠고기로 대신 요리한 후 샌드위치를 만들어서 에리 군 공진회에서 판매하기로 결정했다. 그리고는 이 새로운 음식을 고향인 뉴욕주 햄버그Hamburg를 따라 햄버거 샌드위치hamburger sandwich라고 불렀다.

한편 이에 맞서는 각종 반론도 있다. 1895년 코네티컷주 뉴헤이븐의 식당 루이스 런치가 미국 최초의 버거를 만들었다는 것은 무려 미국 의회 도서관이 인정하는 주장이다. 그러나 저명한 햄버거 역사가들(그렇다, 그런 사람들이 실제로 있다)은 이에 열렬히 반대했고, 대신 1904년 세인트루이스에서 열린 만국박람회에서 텍사스주 애선스 출신의 요식업자 플레처 데이비스가 운영한 올드 데이브스 햄버거 좌판을 들고 나왔다. 그들의 주장은 제법 설득력이 있는데, 사실 텍사스주 의회는 2006년 11월 애선스를 '햄버거의 발상지'로 승인했다.

그 인간들이야 자기들끼리 논쟁하도록 놔두고, 우리는 대신 북부 유럽인에게로 눈을 돌려 보자. 1300년대 초 칭기즈칸이 대륙 전역을 휩쓴 이래, 그들은 다져서 소금에 절여 보존한 스테이크를 내내 먹어왔다. 19세기 미국으로 온 독일 이민자들은 1847년 대서양 횡단 운항을 시작한 함부르크Hamburg-아메리카 노선의 배를 이용했다. 이민자들은 선호하는 레시피들을 챙겨왔는데, 다진 고기와 빵으로 쉽고 빠르게 만드는 그들의 레시피를 찾는 수요가 곧 모든 대서양 연안 지역의 분주한 항구에서 생겼다. 햄버거Hamburger라고 일컬어지던 함부르크 노선 편으로 도착하는 승객들이 제일 좋아하던 간식은 다진 고기를 브뢰첸Brötchen(독일어로 '롤빵')이라는 동그란 빵 round bun에 끼운 것이었다. 그렇지만 이 간식은 곧 뉴욕 주민들에게,

그것을 먹던 승객들의 별명을 따라 햄버거hamburger라고 불리게 되었다. 우리가 이 사실을 아는 것은 (어떤 '공식' 주장보다도 한참 전인) 19세기 즈음 뉴욕항의 음식 행상들이 새로 도착한 독일인 승객들과 선원들을 끌려고 '함부르크 식으로 요리한 스테이크'를 광고했기 때문이다. 『옥스퍼드 영어 사전』은 1802년 이미 **햄버그 스테이크**Hamburg **steak**를 소금에 절인 일종의 쇠고기로 정의했다.

햄버그 스테이크가 얼마나 빨리 미국 전역으로 퍼졌는지를 보면, 빵 사이에 고기를 끼울 생각을 한 사람이 딱 한 명이었을 리는 없다. 결국 다시 잉글랜드로, 그리고 더 일찍이 1762년으로 돌아가보자. 존 몬터규도 동일한 아이디어를 냈지만 영국 귀족층은 그 독창성을 절대 알아주지 않았다. 사실 미국에서 휴대 음식 산업이 폭발적인 활력을 얻은 것은 나라가 팽창하며 발달한 철도 및 도로망 덕분에 여행객들이 더 먼 거리에 더 쉽게 접근할 수 있었기 때문이다. 그 팽창에 연료를 공급했던 그 유명한 고기 끼운 빵을 추적할 때 등장하는 인물은 미국인 한 명보다 함부르크항을 떠나 멋진 신세계로 향한 북부 유럽인 출신 이민자들 여럿일 공산이 크다.

솔즈베리 스테이크

Salisbury Steak

기본적으로 빵bun 없는 햄버거라 볼 수 있는 솔즈베리 스테이크 Salisbury steak는 19세기의 앳킨스 박사라고 볼 수 있는 한 괴짜의 발명품이다. 바로 J. H. 솔즈베리J. H. Salisbury 박사(1823~1905)다. 숙달된 의사이자 화학자인 솔즈베리는 1861년 미국 남북전쟁이 발발하자 군의관으로 참전했다. 그는 어느 정도 시간이 지나자 야전병들이 앓는 주요 건강문제는 총탄이 아니라 설사라는 사실을 알아차렸다. 그의 견해에 따르면, 바로 형편없는 식습관 탓이었다(비록 나라면 가장 그럴싸한 원인은 적을 코앞에 둔 불안이라는 데에 돈을 걸겠지만 말이다). 솔즈베리는 건강한 식습관은 건강한 육체와 직결된다고 믿었다. 물론 요즘은 식습관이 건강에 얼마나 중요한지 모두 안다. 그러나 1861년으로 돌아가면 급진적인 생각이었다. 솔즈베리의 결론은 처음에는 수상쩍게 여겨졌다. 그가 추천한 다짐육 스테이크minced steak, 양파, 커피의 규칙적 섭취가 사병들의 건강을 엄청나게 개선시킨다는 사실이 명백해지기 전까지는 말이다(아니면 그 무렵쯤 되자 전투의 두려움이 저절로 극복되었을 수도 있다).

솔즈베리는 또한 (다소 덜 현명하지만) 야채와 탄수화물 식품 때문에 소화기에서 생산되는 물질이 세포를 오염 및 마비시키며, 따라서 심장질환, 종양, 결핵, 정신질환으로 이어질 수 있다고 믿었다. 그는 우리의 치아는 주로 '육식 치아'이며 우리의 소화기는 살코기를 소화시키도록 고안되었고, 따라서 과일과 야채, 지방과 탄수화물은 식단의 삼분의 일에 그쳐야 한다고 주장했다. 탄수화물은 천천히 소화된다. 따라서 위에서 발효되어 초, 산, 알코올, 효모를 만들어내는데, 하나같이 몸에 해로운 것들이었다. 솔즈베리의 추종자들이 번창했다. 1888년 즈음 그는 자신의 특별 레시피를 매일 세 번, 대량의 뜨거운 물과 함께 먹어서 소화기를 씻어내라고 처방했다. 류머티즘, 통풍, 대장염, 빈혈에 대한 '고기 치료약'이었고 지금은 솔즈베리 스테이크Salisbury steak라고 불린다.

그러나 제1차 세계대전의 발발이 없었다면 솔즈베리 스테이크가 오늘날까지 이름을 남기지는 못했을 것이다. 전시에 영어권 국가 대부분은 조금이라도 독일어처럼 들리는 이름은 몽땅 바꾸기 시작했다. 영국 왕실까지 성을 바꾸는 가운데 미국이 사랑하는 요리인 햄버거 스테이크hamburger steak는 연합군 사이에서 솔즈베리 스테이크로 대신 알려지게 되었다. 이 용어는 이후 전 세계 영어권 국가로 퍼져나갔다.

말을 다지지 마not to mince your words는 분명히, 솔직하게, 눈치 보지 말고 정직하게 말하라는 것이다. '마not to'에서 알 수 있듯이, 이 관용구는 늘 부정적 의미로 사용된다. 어쨌거나 남들이 '말을 다진다'고 불평하는 사람은 절대 본 적 없지 않은가(확실히 누구든 아첨을 약간 곁들이거나 진실을 아끼는 편이 받아들이기 쉽다). 이 표현이 최초로 기록에 남은 게 조지프 홀의 『양심의 문제Case of Conscience(1649)』였으니, 그만하면 꽤 오래된 격언인 셈이다. 우리가 듣는 어떤 것들은 불쾌하고 받아들이기 힘들어서, 어쩌면 더 '소화하기 쉽게' 만들 필요가 있을 수 있다. 그런 의미에서 푸주한이 뼈와 연골이 가득하기 일쑤인 값싼 부위의 고기를 다져서 더 삼키기 쉽게 만드는 비유를 사용한 것이다. 전통적으로 '말을 다지지 않는' 사람은 자기 말이 주는 충격을 완화하려는 노력을 전혀 기울이지 않는 사람으로 간주된다.

케밥

Kebab

전해지는 바에 따르면 **케밥**kebab은 중세 터키 병사들의 모닥불 위에서 탄생했다. 그들은 고기를 칼로 꿴 후 불로 구웠다고 한다. 그렇지만 꼬치에 꿰어 굽는 고기에 대해서라면 이야기는 훨씬 더 옛날까지 거슬러 올라간다. 호메로스부터 아리스토파네스까지 고대 그리스인들은 케밥의 더 이른 형태인 오벨리스코스obeliskos('작은 꼬챙이'를 의미한다. 이 단어는 런던의 빅토리아 제방에 있는 '클레오파트라의 바늘'처럼 가느다란 기념비를 뜻하는 '오벨리스크obelisk'의 어원이기도 하다)에 대한 글을 썼다. 그렇지만 이 요리는 그보다도 더 오래되었다. 누가 뭐래도, 생각해보면 고기를 모닥불 위에서 굽는 요리법은 선사 시대에 인간이 불 피우는 방법을 처음 발견한 날까지 거슬러 올라갈 수밖에 없다.

그렇지만 로스팅roasting, 토스팅toasting, 베이킹baking 등 서양 요리 기술 대부분이 여러 세기 전부터 있었던 반면, 케밥 스타일의 고기 굽기가 서유럽에 널리 알려진 것은 약 30년 전의 일이다. 이는 이 요리의 성격이 서양과 동양의 식문화 및 생활 방식의 차이를 반영하기 때문이다. 날씨가 더 서늘한 유럽에서는 로스팅용 고기를 큰 덩어리로 보관하기 더 쉬웠다. 반면 냉장보존 이전 시대에 근동 지역의 보다 무더운 기온은 고기를 훨씬 더 빨리 변질시켰다(유대교에서 돼지고기, 갑각류, 조개류를 금지하는 것은 사막에 사는 유목민에게는 지극히 타당한 규칙에서 시작되었다). 그러니 더 작게 써는 편이 실용적이었을 것이다. 뿐만 아니라, 더 뜨겁고 건조한 근동에는 장작을 만들 만한 나무가 별로 없어서 오랫동안 연료가 부족했던 반면 유럽에서는 남 아돌았다. 그러다 보니 유럽 전통 요리는 베이킹과 로스팅처럼 연료 를 훨씬 많이 사용하는 방법으로 이루어졌던 반면, 근동 요리는 그 릴링grilling과 프라잉frying처럼 빠른 조리법에 주력했다.

'케밥'이라는 단어에는 흥미로운 역사가 있다. 이는 카바바 kababba라는 고대 아랍 단어에서 비롯했는데, 그 의미는 고기를 (그 릴에 구운 게 아니라) 볶았다는 것이다. 아랍어 사전은 케밥을 고깃덩 어리에 약간의 액체를 넣어 함께 볶은 요리로 서술한다. 반면 그릴 에 구운 고기에 해당하는 아랍어 단어는 시와shiwa였다. 터키인들 은 두 단어를 모두 가져다가 합쳐서 **시시 케밥**shish kebab이라는 단어 를 만들었다. 이때 카밥kabab의 액체라는 요소는 고기의 즙을 더 풍 부하게 하면서 불 위에서 구울 때 뻣뻣해지는 것을 방지하는 양념액 marinade으로 바뀌었다.

이제 이 용어는 아랍 문화 및 요리의 중심이 되었다. 페르시아의 시가에서 누군가의 마음을 찢어놓는다는 의미로 사용되는 지가르 카밥 카르단jeegar kabab kardan을 직역하면 '간을 그릴에 굽다to grill liver'이며, 한편 이란에서 '부엌'에 해당하는 단어 카밥 카네kabab khaneh를 직역하면 '그릴 하우스' 혹은 '케밥 하우스'다.

| 되네르 케밥 Doner Kebab |

케밥에는 다양한 형태가 있지만 가장 잘 알려진 것은 시시 케밥과 되네르 케밥이다. 케밥 가게의 손님은 술이 더 오를수록 **되네르 케밥** **doner kebab**을 주문하는 경향이 있다. '회전 구이rotating roast'라고 번역되는 이 요리는 오스만 제국이 유럽으로 확장하면서 생겨났다. 그들은 큰 덩어리의 고기를 불 위에서 구울 때 다 익은 겉면을 가늘게 저며내면서 그 아래 있는 날고기를 익히게 하는 유럽인의 습관을 받아들였다. 유럽 전역의 중심가에서 현대적인 케밥 식당을 운영하는 오스만 제국의 후예들은 고기를 정확히 이 방식으로 약불에서 서서히 굽는다.

세워서 구워지는 고기는 어디서든 팬들에게 '코끼리 다리'로 불리며 사랑받는다. 이 기술 이면에 있는 것은 19세기 셀프 베이스팅self-basting 방법을 현대화했다는 발상이다. 이 기술은 구울 때 방울방울 흐르는 지방dripping fat이 고기를 수평으로 구울 때보다 더 오래 남아 스며들게 하기 위한 것이다. 일반적인 되네르 케밥doner kebab의 잿빛 고기는 확실히 품질이 좋지 않다. 그러나 이 이름이 1846년 시에라네바다산맥에서 눈에 갇혀 굶주린 끝에 식인이라는 최후의 수단에 의지한 미국 개척자들인 (조지 도너가 이끌던) 악명 높은 도너 무리Donner Party에서 왔다는 주장은 악의적인 헛소문에 불과하다. '카밥kabab'이라는 단어가 현대 유럽의 대로변 및 갓길 전역에서 '케밥kebab'으로 진화한 사연이나 이유는 기록된 바 없다. 하지만 짐작건대 새벽 2시에 라거lager 8잔을 마신 후라면 그쪽이 더 발음하기 쉬웠기 때문일 것이다.

피시 앤드 칩스

Fish And Chips

16세기 중엽까지 금요일에 육식은 교수형에 처해질 수 있는 범죄였다. 그러나 영국인들은 불편함을 즐거움으로 바꾸는 천재성을 발휘했다. 금요일에 육식을 금지하는 법은 국민적인 관습인 금요일에 **피시 앤드 칩스**fish and chips 먹기로 귀결되었다.

이 법은 신자들이 금요일에 육식을 금지하는 기독교적 전통에서 유래했다. 예수 그리스도는 성 금요일에 처형되었다. 수백 년 동안 기독교인들은 매주 금요일마다 고기를 거부하는 것으로 그의 희생을 기리고 자신의 죄를 속죄해왔다(그건 그렇고, 누군가 우울해 보일 때 사용하는 **금요일 표정**Friday-faced이라는 표현 역시 여기서 비롯했다). 도처에 존재하는 배고픈 기독교인들에게는 다행스럽게도, 교회는 채식을 선택한 숱한 사람들과 마찬가지로 생선은 고기로 치지 않는다. 이제 나라 전역에서 금요일마다 피시 앤드 칩스 가게 앞에 엄청난 줄이 생기는 이유를 알 수 있을 것이다. 비록 육식을 하지 않는 행위로 뭐라도 기리거나 속죄하고 있다는 사실을 아는 사람은 많지 않겠지만 말이다.

생선과 기독교 사이에는 오랜 관계가 있다. 사도 중 몇몇이 어부였다는 사실 때문만은 아니다. 과거 기독교 개종이 사형에 처해질 수 있었던 시절, 이 종교의 비밀 표식은 단순하게 그린 물고기였다. '생선'에 해당하는 그리스어 단어는 '예수 그리스도, 하나님의 아들이자 구세주'로 판독되는 어크로스틱acrostic[어크로스틱은 각 행의 첫 글자를 연결하면 특정한 어구가 되는 시나 글을 말한다. 'Ἰησοῦς(예수) Χριστός (그리스도) Θεοῦ(하나님의) Υἱός(아들) Σωτήρ(구원자)'에서 각 단어의 첫 글자만 따온 ΙΧΘΥΣ은 그리스어로 생선이라는 의미다]이기도 했다. 보다 실용적인 가설에 따르면 교회가 이 법을 만든 것은 순수하게 생선 판매를 촉진하기 위해서였다지만, 슬프게도 뒷받침할 증거는 전무하다.

반죽batter을 입혀서 튀긴 생선fried fish은 원래 유대인의 요리였는데, 19세기 초 많은 유대인이 정착한 런던의 이스트엔드 구역에서 점점 더 인기를 얻게 되었다. 찰스 디킨스는 『올리버 트위스트Oliver Twist(1839)』에서 생선튀김 가게fried fish warehouse를 언급했다. 헨리 메이휴는 런던에 대한 네 권짜리 방대한 조사집에서, 이 도시에는 이미 피시 앤드 칩스 판매상이 300곳 정도 있다고 추정했다.

썰어서 튀긴 감자fried chipped potatoes는 더 이전까지, 아마도 18세기 후반까지 거슬러 올라간다. 감자튀김 판매상은 전통적으로 아일랜드인이었다(아일랜드가 이 채소에 얼마나 의존했는지 더 많이 알고 싶다면 154*페이지 「어떻게 감자가 수백만 명의 사람들을 죽였나」를 참고할 것). 전에는 감자로 만든 패스트푸드 중 가장 대중적인 요리는 껍질째 구운 통감자baked potato였다. 그러나 19세기에 특히 스코틀랜드와 잉글랜드 북부사람들이 튀긴 것에 맛을 들이면서 감자튀김이 널리 퍼졌다. 랭커셔주의 직물 공업 도시에서는 완전히 대유행했다. 꽤 흥미롭게도, 이 주전부리를 인쇄물에서 처음 '칩chips'이라고 부른 사람도 다시 한번 디킨스였다. "버석거리는 감자칩, 기름 몇 방울로 간신히 튀긴." 『옥스퍼드 영어 사전』에 『두 도시 이야기A Tale of Two Cities(1859)』의 문장이 인용된다.

영국 북부에서 퍼져 내려가던 감자튀김chips 가게의 물결과 영국 남부에서 치고 올라가던 생선튀김fried fish 가게의 물결은 결국 합쳐졌다. 1860년 조지프 말린이라는 유대계 이민자가 런던의 이스트엔드 구역 클리블랜드가에 '유대식'으로 튀긴 생선을 감자튀김과 함께 파는 가게를 처음으로 열었다. 이 새롭고 저렴한 '패스트푸드'에 대한 수요는 너무나 컸고, 말린은 곧 런던 전역에 피시 앤드 칩스 가게를 개점했다. 1863년 미스터 리스 치피mr Lee's chippy가 랭커셔주 올덤의 시장에서 영업을 시작했고, 곧 체인점이 생기며 영국 북부 전역으로 확장되었다.

그러나 1877년 증기력으로 움직이는 저인망 어선이 등장하며 업계에 진정한 변혁이 일어났다. 이는 피시 앤드 칩스 가게 주인들이 생선을 더 싼값에 훨씬 많이 살 수 있게 했다. 19세기가 저물 무렵, 피시 앤드 칩스 가게는 증기 기관차와 노동 계급의 빈곤 못지않은 영국 문화의 일부가 되었다. 1925년 즈음에는 가게 3만 5천 곳이 있었는데, 여기서 소비되는 양이 영국 제도에서 포획되는 전체 생선의 3분의 2에 해당했다. 에세이 작가이자 영국 빈곤 문제 전문가였던 조지 오웰은 자신의 책 『위건 부두로 가는 길The Road to Wigan Pier(1937)』에서, 피시 앤 칩스를 가정의 위안 중 으뜸으로 꼽으며 생선은 "혁명을 전복했다[오웰은 빈곤한 대중이 설탕을 넣은 차와 피시 앤드 칩스 등에 안주하며 체제에 순응하게 된다고 탄식했다]"라고까지 말한다(그리고 어쩌면 그 과정에서 '위안음식comfort food[누군가에게 감정적인 가치를 가진 음식이다. 보통 어릴 때 즐겨 먹던 것인데 힘들거나 지칠 때 습관적으로 찾게 된다]' 개념을 창안했을 것이다).

정부는 피시 앤드 칩스에 주목하고 있었던 게 분명하다. 왜냐하면 제2차 세계대전 중 국민 사기에 필요하다는 판단으로 배급에서 제외된 몇 안 되는 음식 중 하나였기 때문이다(영국이 생선이나 감자를 수입하지 않아도 된다는 사실도 한몫했다). 우리가 인도식, 이탈리아식, 중국식 포장음식takeaway에 열광하면서 옛날식 튀김 가게의 수가 감소했다. 하지만 여전히 9000곳 가까이 영국에 남아 있는데, 이는 영국 내 맥도날드 지점의 7배 이상이다. 현재 피시 앤드 칩스는 금요일에 판매되는 모든 포장 음식의 20퍼센트에 해당한다. 영국 전역에서 해마다 2억 5000끼 이상 소비되는 것으로 추정되니 가히 국민 관습이라고 할 수 있을 것이다. 지금도 이 요리는 찬양받아 마땅하다.

장어 젤리

Jellied Eel

헨리 1세(1068~1135)는 먹은 것 때문에 죽은 유일한 잉글랜드 왕이다. 그는 '칠성장어lamprey(장어eel)를 과다하게' 탐닉한 끝에 식중독의 희생자가 되었다고 한다. 런던의 전통 패스트푸드인 **장어 젤리 jellied eel**를 한 번이라도 먹어봤다면 왜 그랬는지 이해하고도 남을 것이다.

장어는 현재 영국에서 멸종위기종이지만 한때는 템스강에 너무나 흔했고 상류에 있는 런던까지 그물을 쳤을 정도였다. 그러다 보니 이는 가난한 사람들의 주요 요리가 되었는데, 이스트엔드에서 특히 그랬다. 장어를 잘게 썰어서 육수에 삶은 후 식게 두면 굳어서 젤리가 되었다(장어에는 천연 젤라틴이 풍부하다. 비록 그 사실 때문에 이 음식에 조금이라도 더 매력이 생기는지는 확신할 수 없지만 말이다). 장어에 페이스트리 뚜껑pastry lid을 덮어 조리한 **장어 파이eel pie** 역시 대중적인 요리였다. 템스강 트윅커넘 인근에는 장어 파이 섬Eel Pie Island이라는 곳까지 있다(장어 파이 섬 호텔Eel Pie Island Hotel이 있던 곳은 한때 재즈 및 록 밴드의 성지로 유명했다). 이런 이름이 붙은 것은 이 요리와 예전에 그곳에서 행해진 장어 낚시를 기념하기 위해서였다. 그렇지만 요즘 장어 요리는 젤리로든 파이로든 식당 메뉴에서는 거의 보이지 않는다. 예전에는 런던에 100곳 이상의 장어 파이 앤드 매시eel-pie-and-mash[장어 파이와 매시드 포테이토가 같이 나오는 요리로 19세기 런던 노동 계급이 즐겨 먹었다] 가게와 훨씬 더 많은 노점상이 있었다. 얼마 안 되는 남아 있는 곳들은 이제 비프 파이beef pie, 매시드 포테이토mashed potato, 리커liquor(일종의 파슬리 소스parsley sauce)로 변성한다. 장어 젤리 jellied eel를 두 입 이상 먹을 정도로 용감한 사람은 드물지만, 그럼에도 이 별미는 여전히 진정한 런던 사람들의 기호품으로 남아 있다.

핫도그

Hot Dog

핫도그hot dog는 매우 현대적인 간식처럼 느껴지고 그 이름이 등장한 것은 20세기의 일이다. 그러나 다른 이름인 **프랑크푸르터**frankfurter로는 훨씬 긴 역사를 가진다.

독일 출신 이민자들은 미국에 올 때 좋아하는 소시지를 함께 가져왔다. 그들이 중세 이래로 먹어온 소시지였다. 사실 프랑크푸르트Frankfurt는 1987년 프랑크푸르터의 500번째 생일을 축하하기도 했다. 이 간식은 막시밀리안 2세가 신성 로마 제국 황제로 즉위한 1564년 즈음에는 축하의 의미로 프랑크푸르트 사람들에게 나누어줄 정도로 자리를 잡았다. 그렇지만 '소시지'와 '개dog'가 결부된 것은 보다 최근인 19세기로 거슬러 올라간다. 프랑크푸르트의 솜씨 좋은 푸주한 요한 게오르크 라너(1772~1845)는 새로운 레시피를 만들고는, 그 독특한 모양의 매끄러운 갈색 소시지를 '닥스훈트' 혹은 '작은 개'라고 불렀다(물론 역으로 생각해볼 수도 있다. 어쩌면 닥스훈트가 '소시지 개'라는 별명을 얻은 것은 프랑크푸르터와 너무 닮아서였을 것이다).

그러나 프랑크푸르터가 진정한 역량을 발휘한 것은 미국으로 온 이후였다. 나라 방방곡곡에 정착한 독일인들이 새 이웃들에게 자신이 좋아하는 요리를 소개하면서 프랑크푸르터가 대단한 인기를 끌게 되었다. 미국의 모든 주마다 소시지를 롤빵roll에 처음 넣었다고 자처하는 사람들이 있다. 그중 최소한 두 버전에 고객이 뜨거운 소시지를 먹다가 데지 않도록 하얀 장갑을 빌려주던 프랑크푸르터 행상이 등장한다. 그러나 손님들이 장갑을 그냥 가져가 버렸기에 대신 빵을 주기로 결정하면서 핫도그가 발명되었다는 것인데 별로 그럴싸한 이야기는 아니다. 소시지를 롤빵에 넣는다는 발상을 처음 떠올린 사람이 실제 누구였는지는 논쟁의 소지가 있다. 반면 프랑크푸르터가 어떻게 대성공을 거두었고 그 뒤에 있던 사람은 누구였는지에 대해서는 의심의 여지가 거의 없다. 1882년 또 한 명의 약삭빠른 독일인 크리스티안 폰 데어 아히(1851~1913)가 세인트루이스 브라운스타킹 야구 팀을 사들였을 때 처음 떠올린 아이디어 중 하나는 푯값을 단돈 25센트로 책정하는 것이었다. 덕분에 경기장은 확실하게 만석이 되었고, 사람들은 푯값보다 훨씬 많은 돈을 그가 파는 맥주와 프랑크푸르터에 쓰곤 했다. 이 현상은 오늘까지 이어지는 야구라는 스포츠와 핫도그 사이의 오랜 제휴관계를 탄생시켰다.

널리 믿어지는 바에 따르면, '핫도그'라는 용어는 사실 1901년 뉴욕 양키즈와 자이언트 사이의 야구 경기 도중 만들어졌다. 쌀쌀한 날이었고, 영업권을 가진 해리 스티븐스는 닥스훈트 소시지를 구할수 있는 만큼 몽땅 사들이기로 결심했다. "아주 따끈hot합니다! 닥스훈트 소시지dachshund sausage를 아주 따끈할 때 사세요!" 행상들은 이렇게 외치며 팔고 다녔다. 행상들을 관찰하던 신문 만화가 T. A. 도건은 긴 롤빵 속에 들어 있는 닥스훈트를 스케치했다. 그런데 '닥스훈트dachshund'의 철자를 몰라서 대신 '핫도그hot dog'라고 썼다고 한다. 이 용어는 곧 유행했다.

실제 개가 빵 속에 들어 있다는 발상으로 재미를 본 사람이 도건이 처음은 아니었다. 이는 그보다 6년 전 예일대학교 학생 자선행사에서 선보인 이 풍자시에 등장한다.

"개의 기쁨은 짖기와 물기."
격언에 따르면 그러하다지,
그러나 나의 기쁨은 개를 물기
빵 속에 들어 있을 때 말이지만.

　당시에는 싸구려 소시지에 좋은 부위의 고기가 들어가는 법이 없었고 사실 개고기가 쓰인다고 믿는 사람도 많았다. 이 시는 그런 의혹을 반영했다. 그래도 뭐가 들었건 핫도그 맛은 분명 나쁘지 않았고 소비는 절대 줄어들지 않았다. 프랑크푸르터 제조업자들은 처음에 이 용어를 피하려고 했다. 하지만 제2차 세계대전 중 반독일 감정이 고조되자 '핫도그[제1차 세계대전 중 닥스훈트(그러니까, 실제 개)의 이름은 '리버티 펍liberty pup'으로 바뀌었다-지은이]'가 선호되며 '프랑크푸르터'는 사라졌다. 그래서 탄생한 이 이름으로, 핫도그는 미국의 상징으로 급속히 도약해 오늘날에 이르렀다.

프렌치프라이

French Fries

칩chips, 혹은 미국에서 부르듯 **프렌치프라이**French fries는 구세계와 신세계 사이의 완벽한 균형을 보여준다. 아메리카가 감자를 공급했고, 16세기 스페인 탐험가들이 이를 수입했다. 초기의 표본은 토마토와 마찬가지로 알약, 연고, 물약의 재료로서 의료용으로 소량만 사용되었다. 그러던 중 유럽에서 완벽한 조리법이 발견되었다. 벨기에 역사가들은 리에주 인근 뫼즈계곡 거주자들이 1680년부터 감자를 채 썰어서 기름에 튀겼다는 증거를 발견했다. 자국의 폼므 프리트pommes frites를 사랑하는 프랑스인들조차 이 레시피의 원조가 벨기에인Belgian이라는 사실은 인정한다. 그러다 미국이 레시피를 역수입하며, 그들의 (그리고 그 후로는 우리의) 역사상 가장 사랑받는 곁들이side dish가 탄생했다.

그렇다면 왜 벨지언 프라이Belgian fries라고 부르지 않는 걸까? 전해지는 바에 따르면, 프렌치프라이라는 이름을 붙인 것은 제2차 세계대전이 끝날 무렵 벨기에에 주둔하던 미군이었다. 가늘게 썬 바삭바삭한 감자튀김에 마요네즈를 곁들인 요리는 길모퉁이마다 살 수 있는 벨기에 명물이었다. 어리벙벙한 미군들이 프랑스어French를 하는 벨기에인들을 프랑스인으로 착각한 탓에, 이 별미는 '프렌치'라는 잘못된 이름으로 불리게 되었다.

그렇지만 진짜 이야기는 좀 더 거슬러 올라가서, 미국의 위대한 영웅 중 한 명이자 미합중국 건국의 아버지이고 헌법의 입안자인 토머스 제퍼슨과 함께 시작된다. 치즈를 먹는 항복자 원숭이[프랑스인에 대한 멸칭으로, 1995년 미국 TV 애니메이션 〈심슨 가족〉의 한 에피소드에서 처음 등장했다]라는 낙인이 찍히기 한참 전, 프랑스와 미국이 대단히 가까웠던 시절의 이야기다. 프랑스는 영국에 맞서 미국 독립 전쟁을 도왔다. 그 후 1784년부터 1789년까지 제퍼슨은 프랑스 대사로 행복한 5년을 보냈다. 그 시절 프랑스 문화와 요리를 사랑하게 된 제퍼슨은 하인들에게 프랑스식 태도를 공부하도록 독려했다. 그 결과, 대사는 신세계에 도입하고픈 다양한 아이디어와 함께 미국으로 귀국했다.

1801년 그는 대통령이 되자 프랑스인 요리사 오노레 쥘리앙을 백악관에 고용했는데, 그 결과물인 연회는 아주 상세하게 보도되며 대중의 마음을 사로잡았다. 그런 연회 중 하나에서 제퍼슨이 어떤 음식을 소개하며 '프랑스 방식으로 튀긴 감자potatoes fried in the French manner'라고 불렀는데, 이는 이후 '프렌치프라이French fries'로 짧아졌다.

이 용어는 그 이후로 미국에서 쭉 사용되었다. 그러다 몇 년 전인 2003년 이라크 침공 결정이 내려졌다. 프랑스가 이에 반대한 결과, 일부 미국인 사이에서 프랑스적인 모든 것에 대한 열정이 크게 사그라들었다. 제1, 2차 세계대전 중 영국 및 미국에서 독일어로 들리는 것들의 이름을 고쳤던 경험에 영감을 받아, 요식업자들은 프랑스어로 들리는 다양한 음식의 이름을 새롭게 바꾸었다. 옛날부터 있었던 평범한 감자튀김은 갑자기 **프리덤 프라이**freedom fries로 변신했다.

바비큐barbecue라는 단어가 잉글랜드에서 처음 사용된 것은 1600년대 중반 취침할 때 눕는 목제 틀을 설명하기 위해서였다. 세월이 흐르며 이 용어는 생선을 보존하기 위해 늘어놓고 말릴 때 사용하는 틀을 의미하게 되었다. 뱃멀미를 앓던 여왕을 의미하는 프랑스어에서 마멀레이드 marmalade의 어원을 찾았던 것과 마찬가지로, '바비큐'는 통째로 익힌 짐승을 일컫는 프랑스어 바르브 아 케barbe à queue('수염부터 꼬리까지')에서 왔다고 추정하고픈 유혹이 든다. 그러나 슬프게도 이것은 사실이 아니다. 이 용어는 실제로는 카리브해 지역의 아라와크족이 고기를 굽는 목제 그릴을 일컫는 데 쓰던 단어를 차용한 스페인어 바르바코아barbacoa에서 도출되었다. 그들은 큰 짐승을 이 틀에 얹어 화톳불 위에서 굽곤 했다. 영국인들은 곧 이런 방식에 이상하게 집착했고, 그 결과 쌀쌀한 여름 오후에 설익은 갈비와 타버린 닭고기를 먹게 되었다.

항공우주공학에는 이 단어의 흥미로운 현대화 버전이 있다. 태양에서 오는 열이 표면 전체에 골고루 퍼지도록 우주선이 회전할 때, '바비큐 묘기 barbecue manoeuvre' 실행 중 혹은 '바비큐 모드barbecue mode'에 있다고 한다. 그렇지만 우주비행사가 느낄 수밖에 없는 메스꺼움을 고려한다면, 나는 이런 상황을 되네르 케밥doner kebab 묘기 또는 모드라고 부르고 싶다.

6장

식전주와 전채

먹는 게 남는 것: 식전주의 병약한 역사

어머니의 몰락에서 사업의 구세주까지: 진토닉 이야기

젓지 말고 흔들어서: 마티니

블러디 메리: 잔혹한 잉글랜드 여왕에게 건배?

웨이터, 내 카나페에 모기가…

…그리고 내 오르되브르에는 별채가

바삭바삭한 반격

후무스: 왕의 요리는 아니지만

즐거움의 스모가스보드

타파스 뚜껑 열기

APERITIFS AND APPETIZERS

Eating's Cheating: The Sickly History of the Aperitif

How Mother's Ruin Became the Sahib's Saviour:
The Story of the Gin and Tonic

Shaken Not Stirred: The Martini

The Bloody Mary: Drinking to a Brutal English Queen?

Waiter, There's a Mosquito in My Canapé···

···And an Outhouse in My Hors d'Oeuvre

a Crisp Riposte

Hummus: Not a Royal Dish Shocker

a Smorgasbord of Delights

Taking the Lid off Tapas

"드라이 마티니, 한 잔. 깊은 샴페인 고블렛[받침이 달린 잔]에 담아서."

그가 말했다. "위, 므시외."

"고든스 진 3메저 [칵테일 제조에 사용하는 계량 용기를 말한다.

영국에서 1메저는 25ml 혹은 35ml에 해당된다],

보드카 1메저, 키나 릴레 1/2메저. 얼음처럼 차가워질 때까지 잘 흔든 후,

가늘게 썬 레몬 껍질을 큰 조각으로 더해서. 알았죠?"

"물론이죠, 므시외." 이 아이디어에 바텐더는 기뻐 보였다.

"어이쿠, 엄청난 술이구먼." 라이터가 말했다.

본드는 웃었다. "내가… 음… 집중할 때는, 저녁 식사 전이라면 한 잔 이상은

절대 안 마셔. 하지만 그 한 잔은 크고 아주 독하고 아주 차가우며

아주 잘 만들어져야 하지." 그가 설명했다.

"A dry Martini," he said. "One. In a deep champagne goblet."
"Oui, monsieur." "Three measures of Gordon's, one of vodka, half a
measure of Kina Lillet. Shake it very well until it's icecold, then add a
large thin slice of lemon peel. Got it?" "Certainly, monsieur." The barman
seemed pleased with the idea. "Gosh, that's certainly a drink," said Leiter.
Bond laughed. "When I'm… er… concentrating," he explained, "I never
have more than one drink before dinner. But I do like that one to be large
and very strong and very cold and very well-made."

이언 플레밍, 「카지노 로열Casino Royale」

식전주

Aperitif

식전주aperitif는 '식욕appetite을 자극하는 알코올 음료'를 뜻하는 프랑스어 용어에서 왔다. '열다'라는 의미의 라틴어 동사 아페리레 aperire에서 도출된 이 용어는, 처음에는 고대 그리스·로마 시대부터 19세기까지 의학에서 통용된 체액론에 기초한 요법을 의미했다. 이 주장에 따르면 인체는 네 가지 기본 물질(체액)로 이루어져 있다. 모든 병은 이 물질 중 하나가 과잉 혹은 결핍된 결과이고, 신체 내부에서 그 균형을 회복시키면 치료할 수 있다. 그러다 보니 예를 들어 환자가 열이 난다면 혈액이 너무 많다는 의미이므로 사혈을 해야 했다. 만일 식욕이 없다면 뭔가 쓴 것으로 자극해서 담즙의 흐름을 촉진하고 소화를 도와야 했다. 이런 환자에게 처방된 약이 강한 맛의 약초herb와 향신료spice로 풍미를 낸 독주liquor였다. 시간이 흐르면서 더 많은 알코올이 더해지며 이 약의 쓴맛은 수그러들었다. 그러자 곧 건강한 사람들도 이 술을 식사 전의 식욕 자극제로 선호하기 시작했다.

뒤보네Dubonnet와 베르무트vermouth같은 술의 강한 약초 맛은 의도적이었다. 여러분은 취하지 않을 것이다, 상태가 더 나아질 것이다. 바로 나와 미스터 제임슨Mr Jameson[아일랜드의 유명 위스키 제임슨을 말한다]이 진심으로 지지하는 견해다. 식전주 마시기는 곧 유럽 여러 지역에서 전통이 되었고, 이후 신세계로 퍼져나갔다. 식전주라는 발상은 저녁 식사에 앞서 약을 섭취한다는 의미로 기꺼이 받아들여졌다. 영국과 미국에서 선호하는 식전주(각각 진토닉gin and tonic과 마티니Martini)에는 호각을 적절히 축여서wetting your whistle(아래 박스를 참고할 것) 식욕을 돋우고도whetting your appetite 남을 도수의 알코올이 함유되었다.

호각 축이기wetting your whistle와 **식욕 돋우기**whetting your appetite는 발음이 유사하다 보니 자주 혼동된다. 하지만 실제 의미상으로는 꽤 다르다. 한 주장에 따르면 '호각을 축이다'에서 '호각whistle'의 기원은 예전에 영국 펍에서 술꾼에게 줬던, 손잡이에 호각을 넣어 구운 머그라고 한다. 술꾼들은 술이 더 필요할 때마다 호각을 불면 맥주를 받을 수 있었다. 이런 세심한 서비스가 있는 펍이라니 나라도 가서 마시고 싶은 곳이다. 그러나 슬프게도 이런 펍이나 이런 스타일의 술잔은 한 번도 있었던 적이 없다. '호각'은 입 또는 목구멍을 의미하며, 입이 건조하면 휘파람을 불기 힘들다는 사실로 말장난을 한 것에 불과하다. 반면 '식욕을 돋우기' 위해 노력한다고 할 때 숫돌로 도구를 버린다고 암시된다. '돋우다'는 그야말로 '벼리다sharpen'라는 의미고, 따라서 '식욕을 돋우기'는 '식욕을 벼리기sharpening your appetite'다. 이 표현이 처음 등장한 것은 토머스 섀드웰의 희곡 「앨세이셔의 재판관The Squire of Alsatia」이다. "우리 벼려보세나, 와인 좀 가져오게나. 어서, 나는 벼리기를 즐기지." 종류 불문 식전주aperitif를 의미하는 속어 **샤프너**sharpener[직역하면 '벼리는 도구' 또는 '숫돌']도 같은 접근방식에서 나온 말이다.

진토닉

Gin and Tonic

현재 영국 중상류층이 가장 선호하는 술인 진gin에는 별명인 '어머니의 몰락mother's ruin'이 암시하듯 약간 어두운 역사가 있다. 이 술은 원래 17세기 초 네덜란드에서 만들어졌다. 네덜란드 출신인 오라녜 왕가의 윌리엄이 1689년 새로운 왕으로 즉위한 후 영국에서 대중화되었다. 진(이 이름은 술의 풍미를 위해 사용된 열매인 '주니퍼juniper'를 뜻하는 네덜란드어 에너버르jenever가 변형된 것이다)은 처음에는 강력한 위장약으로 홍보되었다. 그러나 진을 마시면 맥주보다 더 빠르고 저렴하게 나가떨어질 수 있다는 사실이 곧 발견되었다. 정부가 무면허 진 제조를 허용하자 진 상점 수천 곳이 잉글랜드 전역에서 생겨났다. 이 상점들은 너무 초라했던 나머지 조롱의 의미로 진 궁전gin palace이라고 불렸다.

지금은 상상하기 어렵지만 당시에는 진 생산에 규제가 전무했다. 주니퍼 열매보다 싸게 구할 수 있는 테레빈유turpentine가 섞이며 술의 품질이 떨어졌고, 마시는 사람의 위장을 달래주기는커녕 건강에 치명적인 영향을 주기 시작했다. 이 술이 불러일으킨 사회적 타락은 윌리엄 호가스의 유명한 판화 〈진 레인Gin Lane〉(1711)에 영원히 남았다. 이 그림은 음탕하고 만취한 대혼란에 빠진 런던 거리를 보여주는데, 그 한복판에서 어떤 여자가 수유 중이던 아기를 떨어뜨리고 있다. 같은 시기에 일부러 대조적으로 그린 자매 판화 〈비어 앨리Beer Alley〉는 행복한 고주망태들의 애국적인 장면을 보여준다. 1730년 즈음 진 생산량이 맥주 생산량의 6배로 증가하며, 진이 영국 노동 계급의 완전한 도덕적 붕괴를 불러일으키고 있다는 현실적인 우려가 대두되었다. 호가스의 그림은 느슨한 규제를 조이려는 운동가들에게 사용되었다. 1736년 진 조령Gin Act은 진 판매자에게 높은 세금을 부과하려고 했지만, 값이 뛰자 거리마다 폭동이 발생했다. 1751년 2차 진 조령은 보다 성공적이었다. 이 법은 증류소에서 면허를 가진 소매상에게만 진을 판매하도록 강제했고, 진 상점을 지방 치안판사의 사법권 아래에 두었다.

런던에서 새로 정리된 레시피는 곧 세계적으로 사랑받았다. 그 사랑이 얼마나 컸던지, **런던 드라이 진**London dry gin은 오늘날에도 진의 주종으로 남아 있을 정도다. 영국 제국이 지구촌 전역으로 확장되면서 정착민들은 잉글랜드의 맛을 느끼고 향수병을 몰아내기 위해 (맥주보다 훨씬 부피가 작은) 진을 가져갔다.

이 영토 중 여럿에서, 특히 인도와 동아시아에서 말라리아가 반복적으로, 그리고 종종 치명적으로 발병했다. 이 병은 모기에 물리면 생기는데 효과적인 약은 단 하나였다. 과거 16세기 예수회 선교사들은 페루의 케추아족이 기나나무cinchona 혹은 키니네나무quinine의 껍질을 갈아 지독한 쓴맛을 완화하려고 달콤한 물과 섞어서 경련과 발열 치료에 사용하는 것을 목격했다. 17세기 초 유난히 치명적인 말라리아가 발생해 최소한 교황 한 명과 추기경 예닐곱 명이 사망했을 때, 그들은 이 증상을 다스리고자 이 치료법을 로마로 수입했다. 나무껍질은 단순히 증상을 완화할 뿐 아니라 병을 완치시키기도 한다는 사실이 밝혀졌다. 그 이래로 누구든 말라리아 지대에서 시간을 보내려 한다면, 날마다 키니네를 복용하도록 강력히 권고받는다.

인디언 토닉워터 Indian tonic water(토닉은 '치료약'이라는 의미다)는 이 과정을 더 쾌적하게 하도록 고안되었다. 최초의 레시피는 그냥 키니네 quinine를 탄산수carbonated water에 녹인 것이었다. 그러나 지독히 쓴 맛 때문에 동인도회사의 해외 주재원들은 토닉워터를 진과 함께 복용하기 시작했다. 당시 그들은 이것을 **선다우너**sundowner[해 질 무렵에 마시는 술]로 마시곤 했다. 해질녘은 모기의 피해가 극심해지는 시간이었기 때문이다. 그들의 삶에서 이 새로운 식전주aperitif를 들이켜는 습관이 지극히 필수적인 부분이 되다 보니(그들은 영국으로 귀국하면서 이것을 가져오기에 이르렀다). 원래는 진이 약에 불과했다는 사실이 잊혀버렸다.

마티니

Martini

젖은 옷은 벗고 드라이 마티니를 마시도록 해요.

                         – 메이 웨스트

미국인이 선택한 식전주aperitif는 진gin과 베르무트vermouth를 섞고 보통 올리브로 장식하는 **마티니**Martini다. 베르무트가 들어간다는 것은 이 술이 최소한 약 비슷한 것으로 출발했다는 사실을 나타낸다. (1896년부터 시작된) 최초의 광고는 지친 남편에게 회복제로 마티니를 권하는 아내를 보여준다.

그렇게나 독한 술이니 처음 발명한 것은 누구고 이름은 어디서 왔는지 아무도 기억하지 못하는 것도 당연하다. 미국인들은 어떤 친절한 바텐더가 캘리포니아주 마르티네즈Martinez로 가는 지친 여행자를 위해 특별히 독한 각성제pick-me-up를 만들어주었다고 이야기한다. 영국인들은 이 술의 이름이 1880년대 제국 건설기에 표준 육군 지급품이었으며 노새가 걷어차는 듯한 반동으로 악명 높던 마티니-헨리Martini-Henry 소총에서 왔다고 주장한다. 한편 이탈리아인들은 이 술의 이름을 추적하면 1863년부터 마티니 로소 베르무트Martini Rosso vermouth를 판매했던 주류 제조업체 마티니 앤드 로시Martini & Rossi가 등장한다고 주장한다. 그러니 누가 알겠는가, 이들 중 하나라도 그 이름에 기여했을지 아니면 셋 다 그랬을지 말이다. 그래도 확

실한 것은 최초로 출간된 마티니 레시피가 미국에서 나왔다는 사실
이다. 해리 존슨의 『개정 신판 도해 바텐더 안내서New and Improved
Illustrated Bartender's Manual(1888)』에서였다.

마티니는 금주법으로 주춤하기는커녕 미국 전역의 주류 밀매점
에서 인기를 더해갈 뿐이었다. 베르무트의 강한 맛은 진 밀조자들이
자기 집 욕조에서 손수 만든 진의 조악함을 가려주었다. 1933년 알
코올을 금지하는 법이 폐지되었을 무렵, 이 술은 세련된 사람들이,
특히 F. 스콧 피츠제럴드, 도러시 파커, 그리고 할리우드의 대부분이
선택한 술이 되어 있었다.

1930년대 이래로 마티니는 계속 더 강해졌다. 베르무트 비중은 시
간이 갈수록 줄어들었다. 한때는 술의 3분의 1이었는데, 지금은 5분
의 1 또는 6분의 1에 가깝고, 그냥 꽉 닫은 베르무트 병을 얼음과 진
icy gin을 담은 잔 위에서 흔들면 그만이라는 순수주의자까지 등장했
다. 그래도 핵심은 여전하다. 한 잔 이상 마시고 싶다면 술이 세야 한
다는 사실이다. 냉전이 최고조에 달했던 시절 소련 서기장 니키타 흐
루쇼프에게 유난히 독한 마티니 한 잔이 대접되었을 때, 그는 이것을
"미국에서 가장 치명적인 무기"라고 불렀다. 그러니 제임스 본드가
선택한 술이 마티니라는 사실이 별로 놀랄 일은 아닐 것이다. 비록
본드답기 위해서는 레시피를 손수 바꿀 수밖에 없었지만 말이다.

미키 핀Mickey Finn은 약을 탄 술이다. 보통 사람을 무력하게 만들어 범죄의 대상이 될 수 있게 한다. 이 이름은 위스키 로우에 위치한 팜 가든 레스토랑 앤드 론 스타 살룬이라는 너저분한 시카고 업소의 주인을 따랐다. 안내데스크 옆의 꾀죄죄한 야자나무 화분 때문에 이런 이름이 생긴 이 업소는 소매치기와 좀도둑의 안식처였는데, 대부분 핀 본인이 훈련시킨 자들이었다. 술에 클로랄 수화물chloral hydrate(의식을 잃게 만드는 약물)을 타고, 의식을 잃은 피해자를 약탈한 후 길에 내다 버리는 것은 핀이 가장 선호한 수법 중 하나였다. 아니나 다를까 팜 가든은 얼마 못 가고 1903년 문을 닫았다. 그렇지만 핀은 감옥에서 나와서 다시 바텐더 일자리를 구했고, 거기서 다른 부정직한 건달들에게 자신의 기술을 전수했다. 그러니 어디서든 여러분의 술에서 시선을 떼지 말도록, 누가 지켜보고 있는지 모를 일이니 말이다.

블러디 메리

Bloody Mary

완벽한 숙취해소제로 일컬어지는 **블러디 메리**Bloody Mary는 보드카, 토마토 주스, 그리고 고춧가루cayenne pepper나 후춧가루, 타바스코 소스나 우스터 소스 같은 강한 조미료로 만들어진다. 이 술의 이름은 저항하는 신교도를 끈질기게 추적해 거의 300명을 화형시켜서 '블러디 메리'라는 애칭으로 기억되는 가톨릭 여왕 메리 1세(1516~1558)를 따랐다고 한다. 아마 토마토 주스의 빛깔이 그가 흘리게 한 피blood와 비슷해서 나온 이야기 때문일 것이다. 그러나 보드카와 토마토를 섞은 술이 처음 블러디 메리라고 불린 게 1921년 파리였다는 것을 알고 나면, 이 술과 여왕의 관련성은 약간 희박해진다. 프랑스인들이 새 칵테일의 이름을 잉글랜드 여왕을 따라 지었다니, 내가 보기에는 의심스러운 소리다. 사실, 평범한 프랑스인 바텐더가 메리 여왕이 누구였는지 알기나 했을지부터 의심스럽다. 시기적으로는 영화배우 메리 픽퍼드Mary Pickford(1892~1979)가 더 유력한 후보일 것이다. 전에 다른 붉은빛 칵테일도 그의 이름을 따른 적이 있었다[화이트 럼, 파인애플 즙, 그레나딘 시럽, 마라스키노로 만든 메리 픽퍼드Mary Pickford라는 칵테일을 말한다].

1939년 뉴욕의 가십 칼럼니스트 루셔스 비브가 쓴 글은 이 술을 일찌감치 언급한 글 중 하나였다. "조지 제슬의 최신 각성제가 이 도시 칼럼니스트들의 주목을 받고 있으니, 그 이름은 블러디 메리다. 반은 토마토 주스, 반은 보드카." 거의 30년 후인 1964년《뉴요커New

Yorker》에 실린 이야기에 따르면, 너무나도 짜릿한 이 칵테일을 온전한 형태로 발명한 것은 페르디낭 프티오라는 프랑스인 요리사였다. 잡지는 프티오의 말을 인용한다.

> 오늘 블러디 메리에 착수했다. 제슬은 그 술을 자기가 창조했다고 말했지만, 사실 내가 인계받았을 때는 보드카와 토마토주스를 섞은 것에 불과했다. 셰이커 바닥에 소금을 듬뿍 네 번, 후춧가루를 두 번, 고춧가루를 두 번, 우스터 소스를 약간 뿌렸다. 그리고는 레몬즙 조금과 얼음을 부숴서 더하고는, 보드카 2온스와 걸쭉한 토마토주스 2온스를 넣어 흔들고, 거르고, 부었다. 우리는 이곳 킹 콜 룸[미드타운 맨해튼에 위치한 세인트 레지스 호텔의 고급 칵테일 라운지]과 기타 식당 및 연회장에서 블러디 메리를 하루에 100잔에서 150잔 제공한다.

이 술을 프티오가 발명했다는 이야기를 뒷받침하는 다른 설명도 있다. 뿐만 아니라 더 이전인 1921년에는 파리에서 일하고 있었으니, 어쩌면 퀸 메리Queen Mary[무성영화 시대를 대표하는 배우 메리 픽퍼드는 종종 퀸 메리라고 불렸다]와 친하게 지낸 바텐더라는 믿기 힘든 이야기의 주인공이 바로 프티오였을 수도 있다.

진gin과 마찬가지로 블러디 메리Bloody Mary도 완벽하게 건강한 아침 식사라고 홍보되었다. 이 사실을 염두에 두고, 나는 최근 요하네스버그 공항에서 연결 편을 기다리는 사이 이 건강한 아침 식사를 12잔 연달아 시음했다. 여러분도 아시다시피 엄밀하게 이 책을 위한 연구 목적으로서 말이다. 그리하여 여러분에게 이 조언을 남긴다.

친애하는 독자들이여, 직접 시도하지는 마시기를.

카나페

Canapé

프랑스인들이 18세기 이래 소비해온 **카나페**canapé는 전통적으로 페이스트리pastry나 토스트나 크래커cracker라는 작은 받침에 뭐든 더 흥미로운 각종 음식을 얹은 구성이었다. 이는 식전주aperitif와 마찬가지로 식욕을 자극하게 고안되었다. 카나페는 대체로 짭짤하거나 매콤해서 들고 있는 사람이 술을 더 많이 마시게 부추기며, 충분히 작아서 한 입에 먹어치울 수 있다. 그리고 한 손으로 들고 먹게 고안되었는데, 술 마시는 손을 먹는 내내 자유롭게 유지하는 게 가장 중요하기 때문이었다. 아마 가장 유명한 카나페는 아주 가벼운 퍼프 페이스트리puff pastry에 버섯이나 새우 등을 채운 볼로방vol-au-vent일 것이다(이 이름을 직역하면 '바람에 나부끼다'이다).

'카나페'라는 단어에는 신기한 역사가 있다. 고대 그리스에서 코노프스konops는 모기였고, 모기가 들어오지 못하게 침상 둘레에 치는 커튼, 즉 모기장의 초기 형태는 코노피온konopion이라고 불렀다. 이는 이후 로마인들이 코노페움conopeum으로 변형했고, 중세 라틴어에서 카노페움canopeum이 되었다가, 중세 영어에서 커튼이라는 뜻의 카노페canope가 되었고, 결국 현대어 '캐노피canopy'로 귀결되었다. 반면 프랑스인들은 같은 언어적 뿌리를 가진 카나페canapé를 커튼보다 침상을 말할 때 사용했다. 틀림없이 누군가 짭짤한Savory 음식이 얹혀 있는 토스트가 쿠션에 덮여 있는 소파(카나페)처럼 보인다는 농담을 하다가, 이 단어에 추가적 의미가 생겼을 것이다.

오르되브르

Hors d'Oeuvre

오르되브르 hors d'oeuvre는 카나페canapé의 성인 버전으로, 똑같이 정교하지만 좀 더 튼실하다. 20세기로 접어들 무렵, 오르되브르 카트는 유럽 전역의 큰 식당에서 친숙한 모습이 되었다. 카트에는 온갖 다양한 빛깔의 테린terrine과 몰드mould[테린과 몰드 둘 다 다양한 재료를 틀에 넣어 젤라틴 등으로 굳힌 요리다], 정교하게 장식된 파이, 샐러드와 타르트로 가득한 것이 이 책의 표지와 크게 달라 보이지 않았다. 손님들은 메뉴를 읽으면서 맛있을 것 같은 음식을 선택하는 대신, 어느 요리가 가장 유혹적으로 보이는지 실제로 살피면서 몇 가지를 조금씩 시식해볼 수 있었다.

더 이전인 1596년에 처음 사용되었을 때, 오르되브르(프랑스어를 직역하면 '작업 이외')는 건축가의 주 설계에 포함되지 않은 일종의 별채를 일컫는 건축 용어였다. 이 단어가 영어로 차용된 1700년대 즈음에는 '일상적인 것을 벗어난 무언가'로 의미가 바뀌었지만, 얼마 지나지 않아 '주요 식사 이외의 무언가'라는 현대적이고 음식과 관련된 의미를 획득했다. 이 표현이 파리에서 흔해진 시기는 프랑스 혁명 이후 귀족에게 고용된 처지에서 자유로워진 위대한 요리사들이 직접 식당을 열기 시작한 19세기 초였다. 오르되브르는 수많은 새 고객들에게 그들의 요리 기술과 전문 지식을 선보이는 이상적인 방법이었다. 고급 요리를 프랑스가 수 세기에 걸쳐 독점하고 있다는 사실이 꽤 짜증 날 수 있지만 해결책이 하나 있다. 이다음에 카나페

나 오르되브르hors d'oeuvre가 나오면 이것 하나만 기억하자. 이 단어
는 사실 '영국 해협 건너의 친구들은 집 밖에서 소파를 먹고 있다'라
는 의미인 것을.

감차집

Crisps

1853년 8월 24일, 조지 '스펙' 크럼(1822~1914)은 뉴욕주 새러토가 스프링스의 문스 레이크 하우스에서 총괄 셰프로 일하고 있었다. 그때 한 고객이 프렌치프라이가 너무 굵어서 '바람직하지' 않다고 불평했다. 이 말이 너무나 짜증 났던 나머지, 크럼은 감자를 최대한 가늘게 썰어서 주기로 했다. 그런데 너무나 놀랍게도 고객은 기뻐했다. **새러토가 감자 칩**Saratoga Potato Chips 혹은 우리 영국에서 **크리스프스**crisps라고 불리는 음식은 다른 손님들에게도 대단한 인기였다. 얼마 지나지 않아 크럼은 새 레시피에서 얻은 수익으로 직접 식당을 차릴 수 있었다.

후무스

Hummus

후무스hummus는 익혀서 으깬 병아리콩chickpea으로 만든 디핑 소스로, 중동에서 매우 인기 있다. 사실, 이 단어는 아랍어로 '병아리콩'을 뜻한다. 병아리콩은 수천 년 동안 소비되었고, 고대 로마에서는 흔한 길거리 음식street dish이었다(플루타르크에 따르면, 로마의 유명한 웅변가 키케로Cicero의 이름은 코에 병아리콩을 닮은 모양의 사마귀가 있었던 한 선조를 따른 것이었다고 한다. 라틴어로 병아리콩은 치체르cicer다). 참깨, 마늘, 레몬즙, 올리브유 등 후무스의 다른 재료 역시 고대부터 재배된 식물에서 나온다. 그것들을 처음으로 한데 섞어서 이 요리를 만든 사람이 누구인지는 아무도 모른다. 그러나 케밥kebab과 마찬가지로, 후무스가 긴 역사를 가졌다는 사실은 분명하다. 그렇기에 이 음식을 처음으로 만든 사람이 12세기 사자왕 리처드의 훌륭한 적수였던 살라딘이라는 전설은 사실일 가능성이 극히 낮다. 아마 이 평범한 농민 음식의 명성을 한두 단계 높이려는 낯 두꺼운 노력의 일환일 것이다.

스모가스보드

Smorgasbord

스웨덴인들은 중세 이래로 스모가스보드를 만들어 왔다. **스모가스보드**smorgasbord는 원래 오르되브르hors d'oeuvre의 스웨덴 버전이었지만, 지금은 온갖 뷔페 스타일 요리로 이루어졌다. 비슷한 것으로 노르웨이에는 콜드트보르드koldtbord가 있고, 콜데 보르드kolde bord가 있으며, 핀란드에는 보일레이파포위타voileipapoyta가 있다. 이 용어들은 '차가운 식탁cold table'으로 번역할 수 있다. 단 스웨덴 용어는 예외인데, 대충 '오픈 샌드위치들smörgås의 식탁bord'으로 번역된다.

과거 14세기 스웨덴에서, 상류층은 보조 식탁에 차가운 전채 appetizer를 다양하게 차려내는 관습이 있었다. 빵과 버터가 늘 곁들여졌는데, 손님들은 앉아서 제대로 식사하기 전 이것들을 선 채로 먹곤 했다. 17세기 즈음 음식이 보조 식탁에서 주 식탁으로 옮겨졌고, 차가운 요리뿐 아니라 뜨거운 요리도 차려졌다. 그리하여 전채로 시작했던 것이 이제 그 자체로 한 끼가 되었다. 오늘날 스웨덴에서는 전통 크리스마스 만찬Christmas dinner인 율보르드julbord(직역하면 '크리스마스 식탁')를 비롯해, 제일 으리으리한 식사도 여전히 이 방식으로 차려진다.

스모가스보드가 영어권 세계에 상륙한 것은 1939년 뉴욕 만국박람회에서 스웨덴관의 스리 크라운 식당이 처음 선보였을 때다. 얼마 지나지 않아 뉴욕과 런던의 유행에 민감한 식당에서 이것을 나름의 방식으로 제공하기 시작했다. 이제는 이 단어가 영어에 너무나 확고히 자리 잡아서, 음식에 적용될 뿐만 아니라 물건들이 줄지어 있다는 의미로 비유적으로 사용되기도 한다. 이 책은 여러 항목의 스모가스보드smorgasbord라는 식으로 말이다. 부디 마음껏 드시기를.

타파스

Tapas

많은 문화에는 술을 마실 때마다 뭔가 한 입 먹어야 한다는 규칙이 있다. 스페인은 이런 생각을 하나의 요리 스타일로 발전시켰다. 바로 **타파스**tapas다. 촉촉한 올리브부터 매콤한 초리소chorizo나 오징어 링 튀김rings of battered squid까지, 온갖 가벼운 간식이나 전채 appetizer로 이루어진 타파스는 이제 스페인, 영국, 미국 전역의 엄선된 바나 식당에서 제공된다.

타파스는 동이 틀 때 시작되는 전통적인 스페인 노동시간에 맞춰 진화되었을 수 있다. 노동자들은 하루 중 가장 뜨거운 시간대인 오후 1시에 그날의 주요 식사를 한 후, 일터로 돌아가기 전 그늘진 곳에서 두어 시간 낮잠을 자며 점심 식사를 소화시키곤 했다. 그 후 저녁이 한창일 무렵부터 밤늦게까지 서로 어울리며 와인을 마시고 작으면서 먹기 편한 다양한 음식을 오물거리곤 했다.

아주 그럴싸한 이야기다. 그러나 여러분이 짐작하다시피, 더 나은 이야기도 있다. 알폰소 10세(1221~1284)는 카스티야, 레온, 갈리시아 연합왕국의 아주 인기 있는 통치자였다. 전해지는 바에 따르면, 어느 날 그가 병에 걸리자 궁정 의사는 힘을 기르려면 식사 사이사이에 간식을 조금씩 먹으라고 조언했다. 결국 회복된 후에도 왕은 이식이요법을 계속했다. 식간에 뭔가 먹으면 온종일 마시는 와인의 영향이 중화되니 몸에 좋을 수밖에 없다는 생각으로 실행한 것이다. 그는 국민 역시 와인을 몸에 이로운 정도 이상으로 소비하고 있으리

라고 판단했고, 자기 왕국의 술집이나 여관에서 와인을 팔려면 잔마다 소량의 간식을 제공해야 한다는 법을 통과시켰다. 이 법을 지키기 위해 와인과 함께 얇게 썬 빵이나 치즈, 햄이 제공되었는데, 손님들은 술에 파리가 들어가지 않도록 이 음식들을 잔 위에 덮어두었다. 잔이 다 비워졌다면 음식도 다 먹은 것이었고, 이 과정은 처음부터 다시 시작되었다. 가끔은 밤새 계속되었고, 이렇게 라 타파la tapa라는 관습이 탄생했다.

세계 최초의 타파스 바는 1670년 세비야에서 한 지방 귀족이 오래된 수녀원 식당을 사들여서 상인들에게 현재와 같은 형식의 타파스를 제공하기 시작했을 때 문을 열었다. 이 타파스 바는 개점 이래로 엘 링콘시요El Rinconcillo라는 이름을 유지하고 있다. 1860년 현재 주인의 선조들에게 매각되었지만, 여전히 세비야 구시가의 필수적인 부분이다. 타파tapa라는 단어는 '뚜껑'이라고 번역할 수 있다. 아마 그 기원을 추적하면 와인에 절은 국민에 대한 알폰소 왕의 걱정, 이에 뒤이어 탄생한 음주 관련 법, 술에 벌레가 들어가지 못하도록 와인을 음식으로 덮어놓던 스페인 노동자들이 등장할 것이다. 이 사실이 의미하는 바는, 프랑스인들은 소파를 먹는 반면, 스페인인들은 뚜껑을 먹는다는 것이다.

시간이 흐르며 타파스는 더 세련되어졌고, 엄청난 가짓수의 요리로 찾아볼 수 있다. 오늘날 많은 사람이 온갖 종류의 '타파스' 스타일 음식에 도전하는데, 나와 함께 식사하고 있다면 특히 그렇다. 꼭 스페인 식당이 아니더라도, 다음에 식당에 방문했을 때 다른 음식은 빼고 전채starter만 반 다스 주문해 보시기를. 여럿이 함께 식사를 나눠 먹을 수 있는 훌륭한 방법이다.

7장

수프와 첫 코스

부야베스는 신의 음식이었을까?

비시수아즈: 다른 이름은 불가능한 수프

가스파초: 함께일 때 우리는 더 강하다

양파 수프를 발명한 것은 누구였을까?

제니 린드 수프: 어쩌다 스웨덴의 나이팅게일이
요리에 영감을 주었을까?

뷔페: 우아한 식사부터 긴급 재급유까지

새우 칵테일: 아니라고 말하려던 세련된 주전부리

새우 병조림: 식품 보존의 짧은 역사

이맘 바일디는 왜 터키인의 기쁨이었나

푸아그라: 무화과는 어떻게 간을 진미로 변신시켰나

CHAPTER 7

SOUPS AND STARTERS

Was Bouillabaisse a Food of the Gods?

Vichyssoise: a Soup by No Other Name

Gazpacho: Together We're Stronger

Who Invented Onion Soup?

Jenny Lind Soup: How the Swedish Nightingale Inspired a Dish

The Buffet: From Elegant Dining to Pit-stop Refuelling

Prawn Cocktail: The Sophisticated Snack that's All about Saying No

Potted Shrimps: A Short History of Food Preservation

Why Imam Bayildi was a Turk's Delight

Foie Gras: How the Fig Transformed Liver into a Delicacy

음식의 세계에서 수프보다 더 다정하고 융통성 있는 친구가 있을까?
당신이 아플 때 달래주는 것은 누구인가? 가난할 때 떠나기를 거부하며 부족한 재료를 늘
려서 따뜻한 음식과 격려를 안겨주는 것은 누구인가? 겨울에는 따뜻하게, 여름에는 시원
하게 해주는 것은 누구인가? 그러면서도 가장 부유한 식탁의 명예가 되고
가장 까다로운 손님에게 깊은 인상을 줄 수도 있는 것은 누구인가? 수프는 충실하게
최선을 다한다, 주어진 형편이 아무리 품위 없어도 말이다. 가난하고 병들었을 때
주위에 잡아챌 스테이크가 걸려 있는 법은 없다, 안 그런가?

Do you have a kinder, more adaptable friend in the food world
than soup? Who soothes you when you are ill? Who refuses to leave you
when you are impoverished and stretches its resources to give a hearty
sustenance and cheer? Who warms you in the winter and cools you in the
summer? Yet who also is capable of doing honor to your richest table and
impressing your most demanding guests? Soup does its loyal best,
no matter what undignified conditions are imposed upon it.
You don't catch steak hanging around when you're poor and sick, do you?

주디스 마틴, 「미스 매너스」

부야베스

Bouillabaisse

아마도 세계에서 가장 유명한 생선 수프fish soup일 **부야베스 bouillabaisse**는 사실 생선 스튜fish stew다. 재료를 한꺼번에 넣고 끓이는 냄비 요리이자 프랑스 남부 마르세유의 간판 요리다. 마르세유 사람들의 이야기에 따르면 이 요리를 발명한 것은 사랑의 여신 비너스였다. 그는 나가서 마르스(도시의 보호자)와 어울리려고, 남편 불카누스를 달래서 잠들게 하기 위해(아마 그때는 프랑스 영화라는 게 아직 없었던 모양이다) 이 수프를 대접했다.

자고로 제대로 된 요리사라면 자기 나름의 부야베스가 있는 법이다. 딱 하나 변함없이 요구되는 것은 생선의 신선함뿐이다. 어종은 그날 아침 무엇이 잡혔는지에 따라 달라지지만, 그래도 전통적인 부야베스라면 라스카스rascasse 혹은 쏨뱅이scorpionfish[영어로는 scorpionfish, 직역하면 전갈어다]를 포함해 최소한 세 종류는 들어가야 한다. 이 생선이 이렇게 무시무시한 이름으로 불리는 것은 독가시라는 무기를 가진 탓이다. 이 스튜의 이름은 생선보다는 조리법과 직접적인 관계가 있다. 프랑스어 동사 부이이bouillir('끓이다')와 아베세 abaisser('온도를 낮추다')에서 비롯했기 때문이다. 이 요리를 개발한 것은 마르세유 어부들이다. 그들은 부둣가에 솥을 걸어 바닷물을 담고 허브herb와 야채 몇 가지를 더하고는 자기들이 인근 카페에서 와인을 몇 잔 걸치는 사이 화톳불에 끓게 두었다. 그러다 마지막 순간, 안 팔린 생선이라면 무엇이든 던져 넣었는데, 보통은 작거나 모양이 나쁜 것이었다.

　최초로 출간된 부야베스bouillabaisse 레시피는 1790년 주르댕 르쿠안트의 『건강한 요리La Cuisine de santè』였다. 그는 이 요리를 마텔로트 드 푸아송matelote de poisson ('뱃사람 스타일 생선 스튜')이라고 불렀고, 어부가 제방에 도착하면 이미 생선을 넣을 솥에 물을 끓이고 있는 아내와 만난다고 설명했다. 이제 중요한 것은 그저 구할 수 있는 가장 신선한 생선을 구하는 일이다.

　프랑스에는 이와 비슷한 요리가 또 있다. 약불에서 오래 끓이는 고기 스튜로, 런던 스미스필드 시장의 식육 상인에게도 인기를 끌게 된다. **포토푀**pot au feu(직역하면 '불에 올린 냄비')는 부야베스와 마찬가지로, 상품성이 없거나 팔다 남은 것이라면 무엇이든 사용해 만들 수 있으며 여럿이 나눠 먹는다. 사실 발상지인 마르세유에서, 부야베스는 보통 최소한 10인용으로 만들어진다. 스튜 양이 많으면 많을수록 더 다양한 생선이 들어갈 수 있고 요리가 더 맛있어진다는 생각 때문이다.

비시수아즈

Vichyssoise

리크leek[대파와 비슷하지만 단맛이 더 강한 채소]와 감자로 끓인 뜨거운 수프는 북유럽 국가 대부분에서 기본적인 겨울 요리다. 그러나 다진 차이브chive를 뿌리고 차갑게 내는 방식으로 이 수프를 고전적인 여름 요리로 바꾼 사람은 루이 디아라는 프랑스인 요리사다. 현명하게도 제1차 세계대전 중 뉴욕에 근거지를 두었던 디아는 비시Vichy(그의 창조물의 이름이 여기서 왔다)에서 멀지 않은 부르보네 출신이었다. 이 요리에 영감을 준 것은 소년 시절 어머니가 차려주던 뜨거운 수프의 추억이다. 제2차 세계대전이 발발하고 비시가 나치 지배하 프랑스의 새로운 수도로 선택되었을 때, 해외에 거주하던 프랑스인 요리사 중 일부가 이 수프를 크렘 골루아crème gauloise[직역하면 '프랑스의 크림']로 바꿔 부르려고 시도했다. 그러나 제1차 세계대전에서 독일어처럼 들리는 여러 음식 이름이 바뀌었던 것과는 달리, 이번만큼은 **비시수아즈**vichyssoise라는 이름을 지울 수 없다는 사실이 밝혀졌다.

가스파초

Gazpacho

스페인은 노골적인 가톨릭 국가로 보인다. 그러니 (타리크 이븐 지야드 장군이 이베리아반도를 점령하기 위해 모로코에서 출정한) 기원전 711년부터 (아라곤의 페르난도 2세가 그라나다에서 마지막 이슬람 주둔군을 물리친) 서기 1492년 사이에, 스페인과 포르투갈 대부분이 이슬람 문명에 속했다는 사실을 알면 놀랄 것이다. 1200년 즈음 해당 지역 거주민 700만 명 중 500만 명 이상이 이슬람교에 귀의했던 것으로 추정된다. 가톨릭교는 이 지역을 다시 장악하고 나자, 이슬람교가 750년 이상 미친 영향을 근절하기로 결정했다. 그리하여 스페인 종교재판이 시작되어, 몰래 이슬람교(사실은 가톨릭이 아닌 모든 종교) 예배를 계속하는 사람을 색출했다. 종교재판은 무자비할 정도로 효율적이었다. 1540년에서 1700년 사이 10만 4000명 이상의 소위 이단이 검거되었고, 기둥에 묶여서 화형되거나 국외로 완전히 추방되었다.

이 무관용 정책은 다행히 무어인의 건축양식까지는 확장되지 않았다. 역사적 건물은 파괴되는 대신 교회(코르도바의 메스키타)나 왕궁(그라나다의 알람브라 궁전)으로 바뀌었고 원래의 이름도 지켜졌다. 그러나 아마 현대 스페인에서 무어인의 영향을 가장 강하게 볼 수 있는 것은 요리일 것이다. 가장 유명한 사례가 **가스파초**gazpacho다. 빵, 토마토, 홍고추, 마늘, 올리브유를 한꺼번에 퓌레purée로 만들어서 차갑게 내는 가스파초는 스페인 남부 안달루시아의 건조하고 무더워서 사막 같은 환경에 완벽한 음식이다. 이 요리는 무어인들이 북아프리카에서 가져온 마늘을 넣은 수프에서 비롯했다. 이름의 어원은 '잔여물' 혹은 '조각'을 의미하는 무어어 카스파caspa라고 여겨진다. 이는 수프에 든 빵과 채소의 작은 조각을 암시하는 말일 수 있다. 그러나 이 수프는 시골 노동자들을 위해 대량으로 만들어졌고, 공동 그릇에 자기 빵을 담근 후 자리에 앉아서 먹으면 그사이 다른 사람에게 순서가 가는 식이었다. 그렇다면 이 어원이 암시하는 것은 빵에서 떨어지고 공동 그릇에 남게 된 빵조각들이라고 볼 수도 있을 것이다.

그렇지만 오늘날 우리가 가스파초라고 생각하는 요리의 핵심 재료가 레시피에 더해진 것은 무어인들이 추방된 이후에야 가능했다. 토마토는 언제나 우리 식사의 일부였던 느낌이지만 16세기까지는 유럽에 소개되지 않았다. 1521년 코르테스가 남아메리카에서 가져왔고, 스페인에서 널리 먹게 된 것은 1600년대 초가 되어서다. 이를 무어인들의 원래 수프 재료에 더하는 것으로, 스페인은 자신만의 가스파초를 만들었다.

양파 수프

Onion Soup

저명한 지중해 음식 전문가 엘리자베스 데이비드는 전형적인 '프랑스식' **양파 수프**onion soup에 둥둥 뜬 "흠뻑 젖은 빵, 늘어진 치즈, 반만 익은 양파"에 좋은 인상을 받지 못했다[엘리자베스 데이비드는 20세기 중반을 대표하는 영국 요리 작가다. 『프랑스 지방 요리French Provincial Cooking(1960)』의 이 인용구는 오늘날에도 영국 요리 작가가 양파 수프에 대한 글을 쓸 때 찬성의 의미로든 반대의 의미로든 자주 언급된다]. 캐러멜화된 양파를 쇠고기 육수로 끓여 전통적으로 크루통crouton 및 그뤼에르Gruyère 치즈 간 것과 함께 내는 이 수프에는 숱한 아류가 있는데, 그 중 일부는 다른 음식보다 맛이 더 좋다. 그러나 논쟁의 여지는 있을지언정, 원조 자체도 아류다. 이런 수프를 프랑스인들이 처음 떠올렸을 리는 절대 없다.

싸고 맛있고 키우기 쉬운 양파는 세계 곳곳 많은 수프의 기본이 된다. 예를 들어 페르시아인들이 그들의 방식으로 간단한 양파 수프를 만든 것은 기원전 250년 아르사케스 왕이 시리아 왕에 맞서 군사를 일으킨 때로 추정된다. 양파는 페르시아의 어쉬-에-나즈리âsh-e-nazri 혹은 **서약의 수프**pledge soup의 기본 재료이기도 하다. 전통적으로 이 수프는, 예를 들어 아픈 아이나 긴 여행을 떠나야 하는 자녀 등 도움이 필요한 가족이 있을 때 만드는 음식이다. 이 수프에는 아이의 회복이나 여행자의 안전한 귀환을 바라는 기도가 곁들여진다. 그밖에 들어가는 다양한 재료는 친척이나 친구, 이웃이 동일한 양으로 기부한다. 부유한 사람은 잘난척하는 것처럼 보이지 않고, 가난한 사람은 열등감을 느끼지 않기 위해서다. 모두가 수프soup를 만드는 데 기여하며, 모두 먹고도 남을 정도로 만들어서 가난한 사람과 집 없는 사람에게도 나눠줄 수 있게 주의한다. 그들의 기도가 응답받아서 아이가 회복되거나 여행자가 안전하게 돌아올 경우, 해마다 같은 날 신에게 감사를 표하는 의례로 이 수프를 만든다.

　페르시아인과 고대 그리스인 둘 다 양파가 인간에게 용기와 행운을 준다고 믿었고, 보병은 양파 수프에 건빵dried bread을 쪼개 넣은 것으로 연명했다. 프랑스인들이 수프에 크루통crouton을 띄워 먹은 것보다 수천 년 전의 일이다.

제니 린드 수프

Jenny Lind Soup

레오폴드 블룸은 의식의 흐름 기법을 사용한 제임스 조이스의 소설 『율리시스Ulysses(1922)』의 주인공이다. 그는 오먼드 호텔에서 점심을 먹으며 **제니 린드 수프**Jenny Lind soup를 꿈꾼다. "제니 린드 수프. 육수stock, 세이지sage, 날계란, 크림 반 파인트. 꿈속의 크림 같은." 도배풀 같은 이 걸쭉하고 칼로리 높은 수프는 콜레스테롤을 신경 쓰는 시대에는 더 이상 대중적이지 않다. 그러나 과거 19세기에는 거의 제니 린드 본인 못지않게 찾는 사람이 많았다.

'스웨덴의 나이팅게일' 제니 린드Jenny Lind는 1820년 스웨덴에서 출생했고 1887년 잉글랜드 멜버른에서 사망했다. 그가 고양이에게 불러주던 노래를 우연히 들은 스웨덴 왕립 오페라단의 주역 무용수가 왕립 극장 부속학교 오디션을 주선한 것은 겨우 아홉 살 때의 일이었다. 그 무용수의 도움으로 린드는 학교에 받아들여져 공부했고, 열 살 때부터 무대 위에 등장하기 시작했다. 그는 고작 열여덟의 나이에 왕립 오페라단 공연에서 프리마돈나(여성 주역 가수)로 데뷔하여 우레 같은 박수와 즉각적인 찬사를 받았다. 이후 수년 동안 그는 유럽 전역에서 공연하며 관객들뿐 아니라 동료 예술가들의 상상력을 자극했다. 그중에는 같은 스칸디나비아인인 한스 크리스티안 안데르센(1805~1875)도 있었다. 그의 동화 중 세 편이 린드에게 영감을 받았다고 전해지는데, 그중 「나이팅게일」은 린드에게 그 유명한 별명을 선사했다. 그는 린드를 향한 사랑에 빠진 숱한 남자 중 한 명이

기도 했다. 비록 그에 대한 린드의 감정은 순수하게 플라토닉했지만 말이다.

린드는 아름다운 목소리뿐 아니라 용기로도 유명했다. 그는 경력 내내 무대 공포증에 시달렸지만 번번이 극복하곤 했다. 또한 인정으로도 이름 높았는데, 공연을 하지 않을 때면 선행과 남을 돕는 데 많은 시간과 돈을 바쳤다.

사실 당시 미국에서는 거의 무명이었던 린드가 전설적인 흥행사 P. T. 바넘의 순회공연 제안을 받아들인 것은 거의 자선 목적이었다. 1850년 1월 9일 그는 150회의 공연으로 이루어진 순회공연에 합의했다. 한 회당 1000파운드를 받는 계약이었는데, 당시로서는 상상하기 힘든 금액이었다. 그렇지만 그는 욕심을 부렸던 게 아니라 스웨덴에 새로운 학교를 세울 기금을 마련할 돈이 필요한 것이었다. 바넘이 공연에 앞서 벌인 홍보는 군중 4000명 이상이 유럽의 스타를 잠깐이라도 보려고 부둣가에서 기다리게 했고, '린도마니아 Lindomania'라는 표현이 그가 단 하나의 음을 내뱉기도 전에 탄생했다. 곧 '제니 광풍'이 미국을 휩쓸었다. 이 나이팅게일의 노래를 듣겠다는 수요가 얼마나 대단했던지, 바넘은 린드의 매니저 존 제이와 재협상해서 계약에 이윤 분배를 포함할 수밖에 없었다. 이 조치 덕에 린드는 최종적으로 2만 5000파운드 이상을 벌었다.

제니 린드Jenny Lind와 그의 전설적인 목소리가 너무나 매력적이었던 나머지 많은 것이 그의 이름을 따랐는데 그중에는 기관차, 배, 요람도 있었다. 그는 여러 장소의 이름으로도 영원히 남았고, 스웨덴 지폐에 초상이 등장하기도 한다. 그러나 더 특이한 기념물은 그를 위해 특별히 만들어진 이 수프다. 그는 크림과 계란이 혹사되는 성대를 달래준다고 믿었기에, 중년이 된 이후 공연할 때마다 이 수프를 먹곤 했다(그리고 수익금을 늘 자선단체에 기부했다). 그를 동경하며 그와 같은 목소리를 원했던 모든 사람도 그 수프를 강박적으로 먹었다.

뷔페

Buffet

뷔페buffet라는 단어는 이제 전채starter건 전체 식사건 상관없이, 다양한 요리를 당사자가 직접 가져와서 먹는 식사를 의미한다. 이는 18세기 프랑스에서 스웨덴의 스모가스보드smorgasbord와 비슷한 방식으로 발전했다. 음식은 특별히 만든 긴 진열장 위에 차려졌는데, 아래쪽 서랍에는 접시, 날붙이류, 가장 중요하게는 와인이 들어 있었다. 이 관행은 곧 유럽 전역으로 퍼져 나갔고, 잉글랜드에서는 19세기 후반 대중화되었다.

뷔페라는 이름은 파리의 신사 겸 술꾼 겸 노름꾼으로, 전반적으로 게으름뱅이였던 피에르 알퐁스 뷔페Pierre Alphonse Buffet(1692~1756)를 따랐다고 전해진다. 샌드위치Sandwich 경처럼 그 역시 카드게임에 열정을 갖고 있었고, 기억되는 방식 또한 마찬가지다. 뷔페 역시 카드게임 도중 식사라는 사소한 문제로 방해받는 것을 질색했다. 그는 하인들에게 요리를 보조 식탁 위에 두도록 명해서, 자신과 손님들이 먹고 싶은 것을 먹고 싶을 때 직접 먹을 수 있게 했다. 조금 다른 버전의 이야기도 있다. 그는 카드게임에 식탁을 걸었다가 잃는 바람에 대신 보조 식탁을 사용할 수밖에 없었고, 그리하여 뷔페라는 것이 발명되었다고 한다. 그렇지만 내가 찾을 수 있었던 피에르 알퐁스 뷔페에 대한 기록이라고는 이 이야기의 이런저런 버전이 전부였다. 내가 보기엔 프랑스인들이 지어낸 이야기 같다.

뷔페는 사실 상에 내갈 음식을 얹어두는 일종의 사이드보드

sideboard다. 그러나 슬프게도 카드게임을 즐기던 므시외 뷔페Buffet는 존재하지 않았다(혹은 프랑스 요리와는 무관했다). 왜냐하면 이 단어는 '의자'에 해당하는 고대 프랑스어 뷔페bufet에서 비롯했기 때문이다(비슷한 발음으로 '먹다'는 의미인 부페bouffer에서 비롯한 게 아니다). 초기 프랑스어에서 뷔페라는 용어는 예술적, 미식적 위엄을 보여주는 제법 고급스러운 느낌이었다. 반면 영어에서는 이 용어의 격이 다소 떨어졌다. 이제 우아하게 오물거리는 귀족들은 더 이상 없다. 영어에서 이 용어는 카페테리아나 열차 식당칸 뷔페에서 스트레스로 지친 노동자들이 (비닐에 싸인 흐물흐물한) 마지막 샌드위치sandwich를 놓고 다투는 의미가 되었다.

새우 칵테일

Prawn Cocktail

여러분도 알다시피 고고학자들이 전부 인디애나 존스는 아니다. 그들이 고대의 패총(쓰레기 더미)을 샅샅이 뒤져 발견한 것은 각종 패류 및 갑각류가 선사 시대 이래로 해변 지역에서 즐겨 먹는 간식이었다는 사실을 보여주는 증거였다. 게다가 최소한 2000년 동안 그것에 매콤한 소스를 뿌려 먹었다. 고대 로마 레시피 중 새우에 톡 쏘는 화이트 와인 식초와 계란 노른자로 만든 소스를 뿌려서 내는 게 있는데, 흔히 서기 1세기 로마의 미식가이자 최초의 요리책을 쓴 아피키우스의 것이라고 이야기된다. 전해지는 바에 따르면 아피키우스는 새우를 어찌나 좋아했던지, 리비아에 유독 크고 단 새우가 있다는 소리를 듣자마자 배를 전세 내서 찾아갔다고 한다. 그러나 선상으로 처음 가져다준 것들은 너무나 실망스러웠고, 그는 해안에 발을 디디지도 않은 채 즉시 배를 돌렸다.

1970년대에는 세련된 만찬이라면 으레 **새우 칵테일**prawn cocktail로 시작했다(그리고는 비프 웰링턴beef wellington과 치즈케이크cheesecake가 이어졌다). 새우 칵테일은 기본적으로 오래된 요리지만 오늘날 우리가 알아보는 형태는 20세기 초 미국 레시피에서 온 훨씬 최근의 창조물이다. 영어권 세계에서는 '슈림프shrimp'와 '프론prawn'을 서로 바꿔 사용할 수 있는데, 그러다 보면 약간 혼란이 생길 수 있다. 미국인들은 '슈림프'를 보리새웃과Penaeidae와 도화새웃과Pandalidae의 크고 작은 모든 갑각류를 말할 때 사용한다. 반면 영국인들은 이를 더 작은 품종을 말할 때 사용하고(이 단어는 '줄어들다'라는 뜻의 중세 영어 슈림페 shrimpe에서 비롯했다. 아마 이 단어가 비공식적으로 키가 작다는 뜻이 있는 것은 이 때문일 것이다), '프론'은 더 큰 품종을 말할 때 사용한다. 따라서 프론 칵테일은 미국의 **슈림프 칵테일**shrimp cocktail의 영국 영어 버전인 셈이다.

미국 요리책들을 조사해보면 토마토 기반의 매콤한 소스(보통 케첩에 호스래디시, 타바스코 소스, 고춧가루를 섞는다)를 뿌린 갑각류를 작은 컵에 담아서 전채appetizer로 내는 것이 20세기 초반 상당히 대중적이었다는 사실이 확인된다. 그러나 이 요리가 광풍을 일으킨 것은 1920년대 금주법 시대였다. 알코올이 법으로 금지된 판국이다 보니, 칵테일을 주문한다는 것은 진정으로 짜릿한 일이다. 비록 새우 몇 마리가 화려한 잔에 담긴 것에 불과해도 말이다. 이는 공권력을 비웃는 안전한 방법이었다. 비슷한 맥락에서 **과일 칵테일**fruit cocktail도 반항적인 손님들의 또 다른 인기 있는 초이스였다(금주법 시대에 맞선 다른 방법에 대해서는 「시저 샐러드」를 참고할 것).

심장의 꼬막을 데우는warm the cockles of your heart[마음을 훈훈하게 한다는 의미] 존재는 행복과 선의의 반짝임을 일으킨다. 유명한 런던 토박이 cockney 요리인 **꼬막 피클**pickled cockle의 주재료이기도 한 흔해빠진 조개 shellfish가 이 관용구와 무슨 관계일까? 꼬막cockle은 한때 영국제도 해안 지역 많은 사람의 식단에서 주요 부분이었다(그렇기에 몰리 말론은 아름다운 도시 더블린 방방곡곡으로 손수레를 밀고 다니며 외쳤다. "꼬막이랑 홍합mussel, 살아 있어요, 살아 있어요, 오![아일랜드의 비공식 국가 격인 노래 '몰리 말론'의 가사에서 인용. 어부의 아내 몰리가 더블린에서 조개 행상을 하는 모습을 그렸다]"). 꼬막은 대충 심장과 비슷한 형태이고 껍질에는 골이 패 있다. 그러다 보니 외과 의사와 해부학자가 심장 같은 형태와 골이 팬 듯한 결을 보며 꼬막을 떠올렸을 수도 있지만 뭔가 부실하게 느껴진다. 더 그럴싸한 추론은 중세 라틴어에서 심장의 심실을 의미하는 용어 코클레아이 코르디스cochleae cordis에서 나온다. 코클레아이와 코클cockle의 발음이 상당히 비슷하다는 걸 생각하면, 이 관용구는 라틴어를 일부러 비튼 의사들 사이의 농담으로 시작되었을 수도 있다. 라틴어에서 코클레아cochlea는 사실 달팽이에 해당한다. 현대 해부학에서는 이 용어를 속귀에 사용하는데, 그 구조가 달팽이와 비슷하기 때문이다. 그렇다면 심방 역시 같은 이유로 그렇게 불렀을 수 있다. 그러니 만일 이 어원이 옳다면, 우리는 사실 누군가의 심장의 달팽이들을 데운다고 말하고 있는 것이다. 이런 이야기를 하다 보면 프랑스인들이 사랑하는 전채starter를 생각하지 않을 수 없다. 마늘 버터garlic butter를 곁들인 **달팽이**escargot 말이다. 어쨌거나 프랑스인들은 매년 2만 5000톤의 달팽이를 먹는 것으로 추정되는데, 달팽이 약 5억 마리에 해당한다. 많은 프랑스 요식업자의 심장을 따뜻하게 하리라고 보장하는 통계다.

새우 병조림

Potted Shrimps

새우 병조림potted shrimps은 영국식 전채starter의 원형으로, 원칙적으로는 랭커셔주 모어컴에서 잡은 작은 곰새우brown shrimp로 만든다. 새우(「새우 칵테일」 역시 참고할 것)에 메이스mace, 고춧가루, 육두구nutmeg로 맛을 낸 후, 작은 병에 담고 정제 버터를 두툼하게 한 층 덮어 보존한다. 포크 파이pork pie와 마찬가지로, 이 음식은 옛 요리 기술의 매력적인 잔재다. 포크 파이의 기원인 중세의 파이는 바로 먹는 것이라기보다는 주로 보존을 위한 방법이었다. 두꺼운 크러스트pastry crust는 식용이라기보다는 유해물질을 막는 방벽으로 기능했다. 그렇기에 내부 음식은 살균된 용기 안에서 조리된 셈이었고 오랫동안 신선하게 남아 있었다. 물론 이 기술은 세심한 과학적 실험의 결과로 탄생한 게 아니라 순수한 시행착오의 결과였다. 설계상 유일한 결점은 조리 도중 내용물이 수축되어 파이 뚜껑과 내용물 사이에 틈이 생기는 것이었다. 이 틈을 메우려고 뚜껑의 구멍에 끓는 (따라서 살균된) 육수나 기름을 붓는다. 시간이 지나면 굳어서, 이를테면 포크 파이의 젤리가 된다. 이것은 매우 빨리 상하는 음식을 보존하고 수송하는 믿음직스러운 방법이 되었다.

16세기가 끝나갈 즈음 페이스트리pastry는 (훨씬 더 경제적이고 재사용이 가능한) 병으로 대체되기 시작했다. 조리된 재료를 병에 담고 그 위로 지방을 녹여 부으면 보존되었다. 보존 기간은 한 달부터 한 해 이상까지 광범위했다. 이 통조림의 선조는 냉장고보다 300년 앞서 식품 보존 수단으로 대단한 인기를 끌었다. 그렇지만 아무나 할 수 있는 방법은 아니었다. 해나 글라세의『조리의 기술The Art of Cookery』에 어떻게 '상하기 시작한 새고기 병조림potted birds을 구할 것인가'을 두고 몇 가지 무시무시한 조언이 있다. 기본적으로 새고기를 끓는 물에 30초 동안 담갔다가 소금salt과 후추pepper를 더한 후 다시 병조림으로 만드는 것인데, 식중독을 보장하고도 남는 조언이다. 통조림용 깡통이 탄생하며 병조림은 서서히 유행에서 벗어났다. 오늘날 병조림의 유일한 잔재는 두꺼운 젤리 층이 있는 프랑스식 테린 French terrine이나 버터로 밀봉한 새우 병조림potted shrimps 등 특별한 별미뿐이다.

이맘 바일디

Imam bayildi

가지에 토마토, 마늘, 양파를 채운 후 올리브유에 지진 **이맘 바일디** **Imam bayildi**는 터키에서 가장 인기 있는 전채starter 중 하나다. 흥미롭게도 재료와는 아무 관계없는 이 이름은 '기절한 이맘'이라는 뜻이다. 이맘은 아랍 세계에서 가장 중요한 종교적 지위 중 하나로 인정된다. 이맘은 모스크의 지도자로서, 이슬람교 예배 중 기도를 이끈다. 그는 공동체의 지도자로도 여겨질 수 있다. 그러나 종교적 지도자가, 심지어 기절한 종교적 지도자가 중동의 전채 요리와 무슨 관계란 말인가?

터키에서 전해지는 바에 따르면, 옛날 옛적 어느 날에 음식을 좋아하기로 유명했던 이맘이 친구들과 가족들에게 깜짝 결혼을 발표했다. 그와 결혼할 문제의 숙녀는 유명한 올리브유 상인의 딸이었다. 그러다 보니 아버지는 딸의 지참금의 일부로 신랑에게 커다란 올리브유 항아리 열두 개를 주었는데, 각 항아리는 성인 남성이 들어가고도 남을 크기였다.

결혼식 후 얼마 지나지 않은 어느 날, 뛰어난 요리사로 밝혀진 젊은 신부는 남편에게 가지에 소를 채워서 엄청난 양의 올리브유로 조리한 특별 요리를 선보였다. 이맘은 이 요리가 너무 만족스러웠던 나머지 아내에게 하루도 빠짐없이 매일 만들어달라고 부탁했다. 아내는 그렇게 했다, 물론 올리브유가 다 떨어질 때까지. 그러자 아내가 맞닥뜨린 것은 올리브유가 다 떨어졌다고 남편에게 알려야 하는 난제였다. 이야기는 이맘이 너무나 충격받아서 기절하는 것으로 마무리된다.

푸아그라

Foie Gras

프랑스 전통 진미 푸아그라foie gras(직역하면 '지방간')는 인공적으로 살찌운 거위나 오리의 간liver으로 만든다. 이 제조 기술을 개발한 것은 옛날 옛적 기원전 2500년의 고대 이집트인들로 추정된다. 그들은 긴 비행을 준비하는 캐나다 기러기의 간이 과식으로 비대해진 것을 목격하자, 가금류에 무화과fig를 강제로 먹여 동일한 효과를 얻으려고 시도했다. 제6왕조 때 왕국에서 두 번째 세력가인 메레루카 재상의 묘에 강제 급식을 당하는 거위의 석조가 있다. 그런 풍습이 기원전 2300년 즈음 이미 널리 퍼져 있었다는 의미일 것이다.

이집트에서 시작된 거위 비육은 지중해 지역으로 퍼져 나갔고, 로마의 논평가들이 기록으로 남겼다. 예를 들어 대 플리니우스는 미식가 아피키우스가 이 방법을 다른 동물들에게도 적용하려고 시도했던 것을 서술한다. "아피키우스는 거위 간의 크기를 늘리는 인위적인 방법을 암퇘지에게도 똑같이 사용할 수 있다는 것을 발견했다. 이 방법은 돼지에게 말린 무화과를 욱여넣고, 지방이 충분히 붙으면 꿀을 섞은 와인으로 흠뻑 적셔서 즉시 도살하는 것이다(『박물지 Natural History』, 77~79)".

로마인들은 지방간으로 만든 요리를 예쿠르 피카툼iecur ficatum 혹은 '무화과 간fig liver'이라고 불렀다. 요즘은 프랑스 거위와 오리가 무화과 대신 옥수수를 강제로 급식당한다. 그러나 흥미롭게도 간을 뜻하는 프랑스어 단어 푸아foie의 어원이 피카툼ficatum('무화과')이라는 사실은 동물의 간이 이런 관행과 얼마나 밀접하게 연관되어 있는지 보여준다. 연간 2만 5000톤 이상으로 추정되는 푸아그라를 생산하는 프랑스는 이제 세계에서 가장 주요한 생산자다(2위인 헝가리와 간발의 차이이긴 하다). 그들은 이 새들이 자라면서 매일 과도한 양의 옥수수가 깔때기를 통해 목구멍으로 밀어 넣어지는 것을 즐기게 된다고 주장한다. 샤를 제라르는 1877년 출간된 『옛 알자스의 식탁 Ancienne Alsace à table』에서 약간 다른 통찰을 보여준다(이 지점에서 동물 애호가들은 눈을 돌려야 할 것이다). "거위는 아무것도 아니지만, 인간에 의해 경이로운 생산물을 산출하는 도구로 만들어졌다. 일종의 살아 있는 온실이고, 그 안에서 미식의 최고 열매가 재배된다." 이제 괜찮다, 다들 다시 봐도 된다.

8장

샐러드와 야채 요리

시저가 내 샐러드에 뭘 어쨌다고?

시드니 스미스: 열정적인 운동가이자 샐러드 제작자

월도프 호텔부터 폴티 타워즈까지: 샐러드의 계보

코울슬로: 샐러드를 차갑게 해드릴까요 아니면 양배추를 넣어드릴까요?

로버트 H. 콥: 샐러드 제조기부터 할리우드 명예의 거리까지

니스 샐러드의 올바른 재료는 무엇일까?

사워크라우트와 뱃사람의 병

뜨거운 완두콩 푸딩: 중세에 보통 사람들은 무엇을 먹었을까?

에그 플로렌틴과 시금치를 사랑했던 사악한 이탈리아 출신 왕비

베이크드 빈을 프랑스인들이 발명했을까?

감자의 비상과 추락

그라탱 도피누아: 왕자에게 어울리는 요리라…

…그리고 예언자를 유혹한 요리라니(얀손의 유혹)

콜캐넌: 어떻게 으깬 감자 한 숟갈로 남편을 얻을 수 있었나

최초의 스페인식 오믈렛을 만들려고 깬 계란들

SALADS AND VEGETABLES

What Did Caesar Do for My Salad?

Sidney Smith: Impassioned Campaigner and Salad Dresser

From the Waldorf Hotel to Fawlty Towers: The Descent of a Salad

Coleslaw: Do You Prefer Your Salad Cold or with Cabbage?

Robert H. Cobb: Salad Maker to the Stars

What are the Right Ingredients for a Nice Salad?

Sauerkraut and the Seaman's Disease

Pease Pudding Hot: What Did Ordinary Folk Eat in the Middle Ages?

Eggs Florentine and the wicked Italian Queen Who Loved spinach

Did the French Invent Baked Beans?

The Rise and Fall of the Potato

Gratin Dauphinois: A Dish Fit for a prince···

···And One that Enticed a Prophet (Jansson's Temptation)

Colcannon: How a Spoonful of Mash Could Win You a Husband

The Eggs that were Broken to Make the First Spanish Omelette

파이프의 늙은이가 있었지.
삶을 지독히도 혐오했던.
사람들이 발라드를 불러주었고,
그러고는 샐러드를 먹였지,
그리하여 파이프의 늙은이는 치유되었다네.

There was an Old Person of Fife,
Who was greatly disgusted with life.
They sang him a ballad,
And fed him on salad,
Which cured that Old Person of Fife.

에드워드 리어

내 말은, 혹시 어떤 사람이 감자를 진정으로 좋아한다면,
제법 괜찮은 부류의 사람이라는 것이다.

What I say is that, if a fellow really likes potatoes,
he must be a pretty decent sort of fellow.

A. A. 밀른

시저 샐러드

Caesar Salad

물론 이 이름을 들으면 떠오르는 것은 토가 차림의 까다로운 황제다. 로마 시민을 기쁘게 할 여흥이라는 이유로 기독교인 한두 명을 사자들에게 던져주기 전에 꾸역꾸역 빈약한 점심을 먹고 있는 모습 말이다. 그러나 여기서 밝혀지는 것은 그 대신 **시저 샐러드**Caesar salad가 100년도 채 되지 않았으며, 멕시코라는 의외의 장소에서 비롯했다는 사실이다.

시저 카르디니Caesar Cardini(1896~1956)는 이탈리아에서 태어났고 제1차 세계대전이 시작되자 형제 셋과 함께 미국으로 이민 갔다. 1917년부터 1933년까지는 일각에서 '고귀한 실험'이라고 한 금주법 시대였다. 이 시기에는 미국 내 알코올의 판매, 제조, 운송이 금지되었다. 미국 국민의 도덕성과 행실을 개선한다는 명목이었지만, 실상은 조직범죄의 엄청난 증가를 부추길 따름이었다. 시저와 동생 알렉스는 사람들이 그저 술 한두 잔을 마시기 위해 천 리 길을 마다하지 않는다는 사실을 깨달았고, 여기서 합법적인 사업 기회를 발견해 붙들었다. 그들은 1924년 로스앤젤레스를 떠나 멕시코 국경 너머 얼마 떨어지지 않은 곳으로 이주해 티후아나에 식당을 차렸다. 주말 파티를 열망하는 남부 캘리포니아 주민들에게 확고한 인기를 누리는 도시였다.

독한 술과 맛있는 이탈리아 음식이라는 카르디니 형제의 조합은 대성공이었다. 그들의 식당에서 독립기념일 축하 파티를 즐기려는 사람들이 얼마나 많았던지, 시저의 딸 로자에 따르면 얼마 지나지 않아 술 취한 손님들에게 먹일 재료가 바닥났다고 한다. 그는 주방에 남아 있는 것은 무엇이든 던져 넣어 샐러드를 만드는 것으로 대응했다. 양상추lettuce, 크루통crouton, 파르메산 치즈Parmesan cheese, 계란, 올리브유olive oil, 레몬즙lemon juice, 후추black pepper, 우스터 소스worcestershire sauce 등이었다. 그는 샐러드를 식탁으로 가져오고, 손님들 앞에서 극적인 몸짓과 함께 걸쭉한 드레싱dressing을 잘 섞어서 이파리 하나하나에 골고루 묻게 했다. 아마 요리의 단순함을 채우려는 노력이었을 것이다.

이야기는 계속되는데, 이 요리는 비행기를 타고 와서 주말 파티를 즐겼던 할리우드 스타들에게 엄청난 인기를 끌었다. 알렉스는 그들을 기리는 의미로 '비행사 샐러드aviator salad'라는 이름을 붙였다고 한다. 후일 카르디니 형제의 식당이 커머셜 호텔 1층에 자리를 잡자 여유가 생겼고 샐러드의 이름은 시저Caesar를 따라 개명되었다. 이 샐러드는 당대의 스타들 사이에서 확고한 애호품이 되었고, 그들은 세계 어느 곳을 가든 이 요리를 요청했다.

시저 샐러드Caesar salad가 로마 시대부터 있지는 않았지만, 로마인들이 잎채소를 날로 먹는 데 남부럽지 않은 열정을 가졌던 것은 사실이다. 이들의 샐러드는 현대의 샐러드와 퍽 비슷해서 루콜라rocket, 물냉이watercress, 아욱mallow, 수영sorrel, 명아주goosefoot, 쇠비름purslane, 치커리chicory, 근대beet greens, 셀러리celery, 챠빌chervil, 바질basil, 기타 신선한 허브 중 엄선된 잎채소로 구성되었다. 우리가 사용하는 샐러드라는 단어 자체가 라틴어 단어 살라타 헤르바salata herba, 직역하면 '소금을 뿌린 허브salted herbs'에서 비롯했다. 그렇다면 줄리어스 시저Julius Caesar와 시저 카르디니는 풍미가 강한 드레싱을 선호하는 비슷한 입맛을 가졌다고 볼 수 있을 것이다. 샐러드에 즉석으로 드레싱을 뿌리는 방식 덕분에 시저 카르디니는 부자가 되었고, 그의 유명한 창조물은 1948년 결국 상표로 등록되었다. 오늘날 점점 늘어만 가는 오일 및 드레싱의 영역에서, 카르디니 회사는 미국에서 가장 사랑받는 제조사로 남아 있다.

시드니 스미스 샐러드

Sidney Smith Salad

시드니 스미스Sidney Smith(1771~1845)는 작가이자 출판인이었고, 마지못해 성직자 노릇도 했다. 그는 19세기 초에 엄청난 인기인이 되었다. 그는 톡톡 튀고 불경스러운 사람이었지만 여성의 교육이나 노예제 폐지 등 많은 진지한 일을 위해 열정적으로 활동했다. 스미스는 그 유명한 윤리학 순회강연으로 정치가들과 목사들 둘 다의 존경을 받았다. 비록 그 강연의 목적은 좀 더 금전적인 것이었지만 말이다. 그는 강연으로 집에 가구를 갖출 돈을 벌겠다는 소기의 목적을 달성하자마자 원고를 불에 던졌다.

스미스는 런던에서 다른 재주꾼들과 재담을 교환하고《에든버러 리뷰Edinburgh Review》에 기고할 글을 쓰면서 계속 높아지는 유명세를 즐기기보다는, 자기 시간 대부분을 요크셔주의 황무지에서 목사관에 딸린 농장을 운영하는 데에 쓸 수밖에 없었다(1808년 모든 교구 목사는 자기 교구에서 살아야 한다는 법이 통과되었다). 그가 남긴 여러 경구는 오늘날에도 여전히 인구에 회자된다. 그러나 그의 이름을 가장 확고히 남긴 것은 약간 다른 종류의 글 때문인데, 아마 본인이 알았다면 재미있게 생각했을 것이다. 시드니 스미스는 샐러드를 지독히 좋아했다. 얼마나 좋아했냐면, 제일 좋아하는 드레싱 레시피로 시를 지을 정도였다.

샐러드를 위한 레시피

이 소스를 만들라고 그대의 시인이 애원한다네

삶은 계란 노른자 두 개를 찧고,

삶은 감자 두 개를 체에 내리면,

매끄러움과 보드라움을 샐러드에 준다네,

양파가 티끌처럼 그릇 안에 숨도록,

그러면 반쯤 의심쩍어도, 전체에 활기를 준다네

톡 쏘는 겨자를 딱 한 숟갈만,

너무 빨리 톡 쏘는 소스는 믿지 말지어니,

그러나 실수로 여기지 말지니, 그대 허브의 인간이여,

소금을 두 숟갈 더하고,

루카산 갈색 올리브유를 네 숟갈,

더불어 시내에서 입수한 식초를 두 숟갈,

그리고, 마지막으로, 향기롭게 잘 섞인 것에

안초비 소스를 마법처럼 살짝

오, 푸르른 영광이여! 오 허브의 별미여!

죽어가는 은둔자라도 먹도록 유혹할지니,

찰나의 영혼을 다시 세상으로 돌려,

손가락을 샐러드 그릇으로 쑤셔 넣으니

고요히 충만하도다, 식도락가라면 말할 것이다.

"운명은 나를 해칠 수 없노라, 오늘은 식사를 했으니까."

이 시는 1871년 처음 출간된 매리언 할런드의 『가정의 상식Common

Sense in the Household』에 재수록되었다. 이 책은 그를 누구나 아는 이름household name[책 제목에 사용된 household는 '가정'이라는 의미지만 household name은 '누구나 아는 이름'이라는 의미가 된다]으로 만들었고 결국 1000만 부 이상 팔렸다. 덕분에 **시드니 스미스 샐러드 드레싱**Sidney Smith **salad dressing**은 미국 전역에서 유행했고, 그의 시는 나라 전역의 가정 요리사들에게 낭송되었다.

월도프 샐러드

Waldorf Salad

사과와 셀러리를 다지고 포도 및 호두와 섞어서 매끄러운 마요네즈 드레싱으로 버무린 **월도프 샐러드**Waldorf salad는 1893년 뉴욕의 월도프 호텔Waldorf Hotel(지금은 월도프 아스토리아 호텔)에서 만들어졌다. 일설에 따르면 이 상징적인 샐러드는 사과 모양의 회사 로고를 가진 20세기 초의 식당 체인 월도프 런치 시스템Waldorf Lunch System에서 처음 고안되었다고 한다. 그러나 이 레시피가 처음 등장한 것은 더 이른 1896년 『월도프 호텔 '오스카'의 요리책The Cook Book by 'Oscar' of the Waldorf』에서였다. 크리스마스 요리책 열풍을 일으킨 최초의 책 중 하나가 틀림없는 이 책에 따르면, 이 호텔의 지배인 오스카 처키가 총괄 셰프를 설득해서 호텔 메뉴에 자신이 제일 좋아하는 샐러드를 포함시켰다고 한다.

세월이 가며 이 샐러드는 미국에서 가장 인기 있는 요리 중 하나가 되었다. 콜 포터의 뮤지컬 〈애니씽 고즈Anything Goes〉의 넘버 중 〈당신이 최고야You're the Top〉에서, 가수는 자신의 연인을 세상의 모든 좋은 것에 비유한다. "모나리자의 미소, 프레드 애스테어의 댄스 스텝, 미키 마우스, 마하트마 간디⋯ 그리고 월도프 샐러드." 이 샐러드가 덜 알려진 영국에서 문화적으로 가장 유명해진 순간은 1979년 〈폴티 타워즈Fawlty Towers〉에서였다. 존 클리스가 연기하는 무능한 호텔 주인은 미국인 손님이 연거푸 요청하는 샐러드를 내놓지 못해서 그를 한 회 내내 짜증 나게 만든다. 이 에피소드는 폴티가 이렇게

물으면서 끝난다. "그건 그렇고 월도프 샐러드Waldorf salad라는 게
도대체 뭔데? 폭발한 호두walnut?"

코울슬로

Coleslaw

주로 채친 양배추와 당근을 마요네즈로 무쳐서 만드는 **코울슬로** coleslaw가 미국에서 처음 탄생한 것은 17세기 후반에서 18세기 초반 네덜란드 이민자들이 밀려 들어온 때였다. 정말이지 네덜란드 출신 정착민들이 얼마나 많았던지, 오늘날의 뉴욕은 원래 뉴암스테르담이라고 불렸다. 식민지 주민들은 좋아하는 샐러드 콜슬라 koolsla(네덜란드어 콜kool은 '양배추cabbage', 슬라sla는 '샐러드salad'를 의미한다)의 레시피를 가져왔는데, 이후 두 세기 동안 영어화되어 '코울슬로'가 되었다. 그러나 처음에는 이것이 '코울슬로'냐 아니면 '콜드 슬로cold slaw'냐를 두고 어느 정도 혼란이 있었다. 영어가 미국 공통어가 되며 사람들은 본래의 어원인 양배추를 알아보지 못했고, 콜kool을 '차갑다cool'는 의미라고 믿었다. 그러니 이는 '양배추' 샐러드가 아닌 '차가운' 샐러드일 수밖에 없었다. 이런 생각을 보여주는 1794년 기록이 있다. "네덜란드인에게 차가운 양배추cold slaw라고 불리는, 채친 양배추 한 덩어리." 그렇지만 이 요리가 19세기 초에 대중화된 잉글랜드에서는 꽤 빠르게 올바른 용어를 채택했다. 배춧속 식물 Brassica을 의미하는 '콜cole'이라는 용어가 이미 양배추를 떠올리게 했기 때문이다.

콥 샐러드

Cobb Salad

로버트 H. 콥Robert H. Cobb은 1936년 미국 야구 명예의 전당에 최초로 입성한 전설적인 야구선수 타이 콥Ty Cobb의 사촌으로, 할리우드 황금기의 대명사인 1926년 캘리포니아주 로스앤젤레스에 설립된 유명한 식당 체인 브라운 더비Brown Derby의 공동 설립자였다. 윌셔 대로에 지어진 첫 번째 브라운 더비 식당은 사실 더비햇derby hat(다시 말해 중산모) 모양이다. 영감을 준 것은 콥의 사업 파트너이자 글로리아 스완슨의 남편이었던 허버트 섬본으로, 훌륭한 요식업자라면 "모자에서 꺼낸 음식을 차려내야 하는 상황에서도 성공할 수 있어야 한다"라는 섬본의 발언에 반응해 나온 디자인이었다. 식당은 즉각적인 성공을 거두었다. 그 별난 형태는 로스앤젤레스 전역에서 식사 손님을 끌어들였고, 곧 도시 곳곳에 브라운 더비 식당의 체인점이 생겼다.

그렇지만 로버트 콥은 주로 위대한 **콥 샐러드**Cobb salad로 기억된다. 전해지는 바에 따르면, 1937년의 어느 늦은 밤, 흥행업자이자 할리우드 대로의 전설적인 그로먼스 차이니스 시어터의 소유주인 친구 시드니 그로먼이 그를 찾아왔다. 요리사들이 이미 퇴근한 상황에서 그로먼은 약간 출출했는데, 콥이 일단 있는 걸로 뭔가 만들어주겠다고 제안했다. 그는 냉장고를 뒤져서 양상추, 토마토, 아보카도, 베이컨, 닭고기, 로크포르 치즈Roquefort cheese를 꺼내 모두 잘게 다지고는 완숙 계란hard-boiled egg을 더한 후 결과물인 요리를 친구에게 차려 냈다. 그로먼은 이 야식이 너무나 마음에 들었고 브라운 더비에서 식사할 때면 이것을 늘 주문했다. 이 이야기는 곧 할리우드 전역으로 퍼졌다.

그렇지만 콥의 아내가 하는 이야기는 다르다. 그의 남편은 길고 고통스러운 치과 진료 끝에 주린 배로 돌아온 후, 총괄 셰프에게 뭐라도 먹을 수 있는 요리를 부탁했다고 한다. 요리사는 상사가 좋아하는 재료를 골라서 부어오른 입으로도 먹기 쉽도록 잘게 다졌다. 결과물인 샐러드를 콥은 너무나 좋아했고 자신이 소유한 모든 식당의 메뉴에 추가했다. 어느 이야기가 맞는지는 몰라도, 이제 이 요리를 전 세계의 식당 메뉴에서 발견할 수 있다는 사실은 분명하다.

니스 샐러드

Nice Salad

이름만 봐도 알다시피 **살라드 니수아즈**salade Niçoise는 남프랑스의 니스Nice에서 탄생한 샐러드로, 그 지역에서 구할 수 있는 재료인 안초비, 마늘, 토마토, 블랙 올리브, 케이퍼에 비네그레트 드레싱 vinaigrette dressing을 뿌려 만든다. 니스는 프랑스에서 두 번째로 방문객이 많은 곳이며, 해안 도시이다 보니 요리에 생선이 두드러지게 등장한다. 마르세유와 비슷하게, 이곳도 생선 스튜fish stew인 부야베스bouillabaisse로 유명하다. 한편 안초비가 등장하는 몇몇 요리들도 인상적인데, 예컨대 짭짤한 타르트savory tart인 피살라디에르 pissaladière(혹시 궁금해할까 봐 말인데, 이 단어의 어원은 피살라pissalat, 즉 '소금에 절인 생선'이다)가 있다. 정말이지 생선이 이곳에서 얼마나 널리 쓰이는지 이런 속담까지 생겼을 정도다. "생선은 바닷속에서 태어나 기름 속에서 죽는다(올리브유olive oil는 지중해 지역 어떤 요리에나 있다)." 소문에 따르면, 유명한 러시아인 안무가 게오르게 발란친 (1904~1983)이 니스에서 해변을 따라 조금만 가면 있는 몬테카를로에 근거지를 두고 지냈을 때 이 요리를 개발했다고 한다. 그렇지만 발란친이 위대한 안무가이긴 했어도, 야채나 생선에도 마찬가지의 재능을 가졌다는 이야기는 없다. 이 샐러드는 사실 남프랑스 전통 요리다. 유일하게 논쟁이 되는 부분은, 정확히 어떤 재료가 포함되어야 하느냐다. 감자, 참치, 껍질콩은 순수주의자에게 달갑지 않은 침입자로 간주된다.

사워크라우트

Sauerkraut

사워크라우트sauerkraut는 전형적인 독일 요리다. 이름의 의미는 '양배추 피클pickled cabbage'(직역하면 '시큼한 양배추')이고, 이 요리가 어떤 것인지 정확히 보여준다. 다행히도 그 역사는 조금 더 복잡하다. 고대 그리스인들은 올리브 피클pickled olive을 극도로 편애했다. 피클 만들기는 최소한 기원전 3세기까지 거슬러 올라간다. 사워크라우트 역시 고대부터 있었을 것이라고 흔히 생각된다. 그러나 고대에는 피클이 재료를 소금물(절임액brine)에 더하는 '습식'이었던 반면, 사워크라우트는 건식으로 절여진다. 소금에 의해 수분이 모두 배출된 양배추는 이후 발효하면서 보존되고 맛이 든다. 로마인들은 양배추에 건강에 좋은 특성이 많다고 믿으며 큰 애정을 보였다. 비록 그 사랑을 직접 먹기보다는 오래가는 소먹이를 만드는 데 발휘했지만 말이다.

사워크라우트는 16세기 즈음 독일에서 처음 만들어졌다. 출판물에서 처음 언급된 것은 그보다 한 세기 후였다. 도대체 어떤 얼빠진

농부가 양배추를 이런 방법으로 처음 먹어보려고 했을지는 모르겠다. 그러나 습식 피클과 달리 이 방법은 양배추에 들어 있는 비타민 C가 상당 부분 보존되는 장점이 있었다. 17세기 농부의 식단은 안 그래도 한정적이었지만 겨울에는 한층 더 심해졌다. 사워크라우트는 그가 실제로 봄까지 생존할 수 있을지의 길목에서 생사가 갈린 차이를 가져왔을 것이다. 비타민 C가 필수 영양소로 인정된 것은 3세기 지난 1932년이 되어서였다. 그렇지만 그것이 결핍되었을 때 어떤 결과를 불러일으키는지는 전부터 알려져 있었다.

비타민 C가 부족한 식단으로 인해 발생하는 괴혈병에 최초로 주목한 사람은 기원전 4세기의 히포크라테스였다. 장거리 항해에는 보통 신선한 야채가 부족했고, 승객 및 승무원 다수가 흔히 이 병으로 사망했다. 15세기 대항해 시대가 시작되자 이는 유럽에서 심각한 문제가 되었다. 예를 들어 마젤란은 태평양을 건너며 이 병으로 승무원의 80퍼센트를 잃었다.

영국에서 대중이 처음으로 괴혈병에 주목한 것은 1740년대 조지 앤슨 준장이 이끄는 함대가 태평양으로 나선 임무가 재앙으로 돌아왔을 때였다. 그는 여섯 척의 함선 중 한 척을 제외한 전부와 전체 승무원의 3분의 2(최초의 2000명 중 700명이 살아남았다)를 잃었는데, 주로 괴혈병 탓이었다. 그들의 증상은 원정대의 목사 리처드 월터에 의해 생생하게 설명되었다. 그는 공식 항해 기록에서 검게 변한 피부, 궤양, 호흡 곤란, 사지 경직, 부패한 잇몸 조직의 과증식을 묘사했고, 환자의 입김에서 악취가 난다고 서술했다. 그러나 그중에서도 최악은 아마 환자들이 겪는 망상과 광기였을 것이다. 월터는 앤슨의 선박에서 환자들의 흐느낌과 울부짖음이 메아리치던 모습을 묘사했다.

바다를 지배하겠다고 결심한 영국 해군은 괴혈병 근절에 집착하게 되었다. 괴혈병 예방약으로서의 사워크라우트sauerkraut 지지자 중 가장 유명한 사람은 제임스 쿡(1728~1779) 선장이었다. 그는 부하들에게 자신이 '사워 크라우트sour crout'라고 부르는 것을 먹이려고 엄청나게 공들여 설득했다. 쿡 선장은 부하들과 함께 사워크라우트를 먹으면서 얼마나 맛있는지 일부러 열변을 토했다. 쿡이 일지에 기록한 바에 따르면, 그는 선원들이 뭐든 "평범한 방식에서 벗어나 있다면 자신들에게 아무리 유익해도" 본능적으로 혐오한다는 사실을 알아차렸다. 반면 "그들의 상급자들이 높이 평가한다면… 세상에서 제일 훌륭한 것이 된다".

그 결과, 쿡의 첫 번째 항해 중 선의가 보고한 괴혈병은 다섯 건에 불과했고 그로 인한 사망자는 없었다. 이후 두 번의 항해에서도 쿡의 훌륭한 관리 혹은 행운이 계속되어 괴혈병 사망자는 여전히 보고되지 않았다. 그 결과 그는 영국인들에게 바다 대역병의 정복자라는 찬사를 받았다. 그의 승리는 윌리엄 볼스의 시 「발견의 영혼The Spirit of Discovery(1804)」에 나타났다.

웃어라, 눈부신 건강이여! 이제 병들어 침몰하는 뱃사람은
더 이상 없으니,
병들어 초췌한 눈과 허약한 뼈대를 가진 사람 말이지.
앞이 안 보이는 고통스러운 갈망은 더 이상 없도다,
푸르른 들판과 언덕이 보고파 미친 듯이 외치는 사람 말이지.

레몬은 고대 이래로 알려진 훨씬 좋은 괴혈병 예방약이었다. 그러나 18세기에 레몬은 현실에서 훨씬 구하기 쉬운 양배추와 달리 수입품이라 공급이 극히 불안정했고 값도 비쌌다. 19세기에는 이 병과 싸우기 위해 라임 즙lime juice을 농축한 음료가 영국 해군의 일일 배급에 포함되었다. 그러다 보니 라임 하면 영국 선원을 떠올리게 되었고 결국 라이미Limey라는 별명이 붙었다. 오늘날에도 이 별명은 뱃사람뿐 아니라 온갖 영국인에게 적용되는데, 특히 미국인들이 즐겨 부른다. 반면 독일 해군은 자국의 국민 요리를 계속 먹어서 크라우트kraut라는 별명을 얻었다. 한편 20세기 초 제1차 세계대전이 발발하고 여러 음식의 개명이 빈발하는 가운데, 사워크라우트sauerkraut의 이름은 미국 제조사들에 의해 잠시 **리버티 캐비지**liberty cabbage라고 바뀌기도 했다.

완두콩 푸딩

Pease Pudding

수백 년 동안 영국 전통 농민 식단의 기초는 흔해빠진 완두콩pea 이었다. 라틴어 피숨pisum에서 도출된 이 단어는 처음에는 '피스 pease'라고 영어화되었고, 최종적으로 단수형인 '피pea'로 진화했다. **완두콩 푸딩pease pudding**은 건조 후 껍질을 벗기고 반으로 쪼갠 노란 완두콩으로 만든다. 색깔과 식감이 후무스hummus와 비슷한 이 요리 는 여러 세대 동안 시골에서 일상적으로 먹는 식사의 일부였다. 완 두콩은 재배하기 쉬웠다. 또한 렌즈콩lentil 등 다른 콩과 더불어 솥 하나만 쓰는 농민들의 요리에 안성맞춤인 재료였는데, 말리면 오래 보존할 수 있다는 점 때문에 더욱 그랬다.

누르스름한 진흙 같은 게 한 솥 가득 있으면 별로 맛있어 보이지 는 않는다. 그러나 중세 잉글랜드의 하층 계급은 사실 귀족들보다 더 건강한 식사를 했다. 농민식은 주로 집에서 재배한 재료로 구성 되었다. 자기 땅에서 키운 신선한 허브류와 야채류, 그 지역의 나무 에서 딴 견과류와 과일류, 약간의 고기(사냥한 것은 아니었다. 밀렵을 하 다간 손이 잘리거나 죽을 수 있었다), 통곡물로 만든 빵wholegrain bread과 유제품류dairy products가 그것이다. 반면 상류층은 땅에서 나온 것은 가난한 자들이나 먹어야 한다며 대부분의 야채류를 업신여겼다. 그 리고 더 정제된 것으로 간주되는 흰 빵만 먹었다(문자 그대로만 따진다 면 더 정제되긴 했다). 그들은 고기와 생선을 잔뜩 먹었고, 십자군 전쟁 으로 동방과의 교역이 개시된 후에는 모든 것에 향신료를 듬뿍 뿌리고 싶어 했다. 두말할 나위 없이 이런 습관은 각종 건강 문제를 불러일으켰는데, 그중에는 피부병, 구루병, 괴혈병도 있었다.

이런 상황을 고려하면 영양가가 풍부한 완두콩pea이 조금은 더 매력적으로 보이기 시작한다. 완두콩은 전통적인 스웨덴 야채이니 영국으로 소개한 것은 아마 바이킹들이었을 것이다. 이후 자주 조리되었는데, 보통 소금에 절인(저장된) 베이컨을 곁들인 완두콩 푸딩pease pudding 형태였다(**완두콩 죽**pease porridge 혹은 **완두콩 수프**pease pottage라고도 불렀다). 이 요리는 오늘날에도 여전히 만들어진다. 이제 잉글랜드 남부에서는 거의 입에 오르지 않지만 북부에서는 여전히 인기다. 이 지역에서는 **으깬 완두콩**mushy peas을 다른 기호품처럼 통조림 형태로 구매할 수 있다. 2세기 전만 해도 완두콩 푸딩은 여전히 잉글랜드적 생활 방식에서 중요한 일부였고, 아이들은 이것에 대한 동요를 부르곤 했다. 그 동요가 처음 출간된 것은 1760년 존 뉴베리의 『마더 구스의 노래Mother Goose's Melody』였다.

뜨거운 완두콩 죽, 차가운 완두콩 죽,
솥 안의 완두콩 죽, 아흐레 묵은.
누구는 뜨거운 걸 좋아하고, 누구는 차가운 걸 좋아하지,
누구는 솥 안의, 아흐레 묵은 걸 좋아하지.

에그 플로렌틴

Eggs Florentine

형용사 플로렌틴Florentine은 그냥 '플로렌스Florence[영국인들은 피렌
체를 흔히 플로렌스라고 부른다]풍'이라는 뜻이다. **플로렌스풍의 송아지고기
veal florentine나 에그 플로렌틴eggs florentine**처럼 음식에 적용되면, 뭔
가 시금치spinach로 받쳐 요리했다는 의미다. 명사로 사용된 플로렌
틴은 음식의 맥락에서 처음에는 짭짤하거나 달콤한 파이 종류를 뜻
했다. 예를 들어 베드퍼드셔 **애플 플로렌틴apple florentine**은 독특하게
도 에일ale을 더한 사과 파이로, 과거에는 크리스마스 별미였다. 요
즘 **플로렌틴florentine**을 명사로 사용하는 경우는 견과류와 말린 과일
로 만들고 한 면에 초콜릿을 입힌 일종의 비스킷에 한정된다.

플로렌스풍 시금치 요리의 기원은 플로렌스 사람으로, 유럽 르네
상스 문화에 큰 영향을 준 사람이기도 하다. 카트린 드 메디시스는
1519년 플로렌스에서 출생했다. 양친은 딸이 태어나고 몇 주도 안
되어 사망했지만(아버지는 매독이었고, 어머니도 아마 남편에게 감염된 매
독 탓으로 죽었을 것이다), 외로운 어린 시절은 카트린을 더 강하게 만
들었을 뿐이다. 메디치 가문은 교황에게 총애받는 세도가였다. 그래
도 왕족은 아니었고, 메디치가 사람들은 능력과 야심으로 권력으로
향하는 길을 헤쳐나갔다. 카트린 역시 예외가 아니었다. 그는 겨우
열네 살의 나이로 프랑스 왕세자 앙리와 결혼했고, 1547년 남편의
아버지 프랑수아 1세가 사망하자 프랑스 왕비가 되었다.

그렇지만 그의 결혼생활은 불행했다. 정부인 디안 드 푸아티에를

더 좋아하는 앙리가 그에게 총애를 쏟으며, 아내는 사실상 고립 상태로 살게 했기 때문이다. 그 결과, 카트린은 13년이 지나 앙리가 사망한 후 열 살짜리 아들 프랑수아를 대리해 섭정에 오르기 전까지는 진정한 권력을 갖지 못했다. 1560년 장남인 프랑수아가 사망하자 차남 샤를을 대리해 통치했고, 1574년에는 막내 앙리를 대리했다. 카트린은 투사였고 아들들보다 거의 오래 살 뻔했다. 앙리는 1589년 어머니가 사망한 지 1년도 지나지 않아 암살되었다. 카트린은 정치적 묘책과 한때 그가 지지했던 위그노교도에 대한 박해로 악명을 떨쳤다. 특히 1572년 성 바르톨로메오 축일의 학살을 승인해서, 수천 명의 위그노교도들이 학살되거나 해외로 강제 망명하게 했다. 후대의 위그노교도 작가들은 그가 적들을 일격에 쓰러뜨리기 위해, 또 한 명의 플로렌스 출신 유명 인사 마키아벨리(1469~1527)의 냉소적인 전략을 채택했다고 비난했다.

이탈리아에 대한 향수에 젖은 카트린은 고향의 맛을 그리워하며 플로렌스에서 요리사들을 수입했다. 물론 다루기 힘든 조신에게 독약을 보내는 성벽 탓에 '마담 세르팡Madame Serpent[세르팡은 뱀이라는 의미다]'으로 유명했으니, 왕실의 주방을 자기 시종들에게 맡기는 편이 더 안전하다고 느꼈을 것이다. 그렇지만 많은 혁신도 이루었는데, 예를 들어 식탁예절과 포크를 프랑스에 도입한 사람이 바로 카트린이었다. 그의 요리사들이 만든 다양한 이탈리아 요리 중 그가 가장 좋아하는 야채인 시금치spinach 요리도 있었다. 이 요리는 플로렌스풍florentine 시금치로 불리며 크게 유행했는데, 그러다 나중에는 그냥 플로렌틴이라고만 해도 시금치를 암시하게 되었다. 이 단어를 둘러싼 세련되고 이국적인 분위기는 후대 요리사들의 마음을 명백

히 사로잡았다. 그들은 (시금치라는 의미는 뺀) '플로렌틴'이라는 단어
를 종류 불문 특별한 축하 파이pie라면 그것에 무조건 붙이곤 했다.
그렇게 함으로써 비록 사악할지언정 굉장히 교양 있고 재능 있는 사
람들을 배출한 도시를 떠올렸고, 모든 훌륭한 요리에는 살짝 사악한
부분이 필요하다는 사실 역시 인정한 것이다.

베이크드빈

Baked Beans

누구든 멜 브룩스의 코믹 서부극 〈불타는 안장Blazing Saddles〉을 본 적이 있다면 이것이 뼛속까지 미국 요리라고 확신했을 것이다. 카우보이들이 모닥불을 둘러싸고 앉아 **베이크드빈baked beans**을 먹으면서 엄청난 방귀를 뀌는 고전적인 장면 말이다. 이런 확신을 뒷받침하는 것은, 베이크드빈이 콩을 곰 기름과 메이플 시럽으로 조리한 미국 원주민 요리에 기초한다는 몇몇 음식사가의 가설이다. 반면 프랑스인들은 이 요리가 그들의 고전적인 콩 스튜 **카술레cassoulet**에서 비롯했을 수 있다고 주장한다. 1775년부터 1783년의 미국 독립 전쟁에서 함께 싸우며 이 요리를 미국에 소개했다는 것이다. 그러나 미국식 레시피에서 필수인 흰강낭콩haricot bean이 미국 원산이라는 것과 대부분의 문화에서 독자적으로 콩 스튜 레시피를 발전시켜왔다는 사실을 감안한다면, 프랑스인들의 주장은 좀 부실해 보인다.

분명한 것은 미국이 독자적으로 베이크드빈을 만들어왔다는 사실이다. 이 요리의 이름은 도자기나 무쇠 냄비에 담아서 오븐에 굽는 전통 조리방식을 상기시킨다. 미국 북동부 여러 주 벌목장의 빈홀bean-hole 조리법은 불구덩이를 사용했다. 구덩이를 파서 돌로 안을 두른 후 불을 지피고 콩 냄비를 밤새 묻어두어 조리하는 방법이었다. 역사적으로 미국 베이크드빈의 '수도'는 보스턴이었다. 이 도시에서 당밀molasse을 끼얹어 약불에서 오래 익힌 콩이 얼마나 인기였는지, '빈타운Beantown'이라는 별명이 붙을 정도였다.

통조림이 발명되었을 때 콩 통조림은 최초의 간편식 중 하나가 되었다. 1860년대 미국 남북전쟁 기간에 미 육군은 솔트포크salt pork와 콩을 토마토 스튜stewed tomato로 조리한 통조림[1880년대에 상업화된 포크 앤 빈즈pork and beans 통조림은 미국 통조림의 고전으로 불린다. 레시피는 제조사마다 약간씩 다르지만 흰강낭콩, 토마토 소스, 솔트포크는 공통적으로 들어가는 게 보통이다. 솔트포크는 삼겹살 등 기름기가 많은 돼지고기를 소금으로 절인 보존식으로 훈제는 하지 않는다는 점에서 베이컨과 다르다]으로 연명했다. 1895년 헨리 하인즈가 미국에서 베이크드빈을 출시했고 9년 후 영국으로 가져왔다. 베이크드빈은 즉시 영국 식단의 기본 식품이 되었다. 처음에는 이 제품에 작은 돼지고기 조각이 들어 있었다. 그러나 제2차 세계대전의 배급 제도가 여기에 종지부를 찍었고 다시는 돼지고기가 돌아오지 않았다. 그래도 몇몇 브랜드에는 작은 돼지고기 소시지가 들어 있어서 원래 레시피를 상기시킨다.

활발하고 활기차게 행동하는 사람에게 흔히 **콩으로 꽉 찼다**full of beans는 표현을 사용한다. 먹이를 막 먹은 말이 활발하게 뛰고 있는 모습이 떠오르는 **귀리를 느끼다**feeling his oats도 비슷한 표현이다. 이 표현은 첫 번째 관용구의 기원이 무엇인지 알려주는 단서가 된다. 기록에 따르면 로마인들은 말먹이로 사용하는 콩을 '호스빈horse bean'이라고 불렀다. 그러니 잘 먹어서 기운 넘치는 말을 '콩으로 꽉 찼다'고 간주했을 것이다.

감자

Potato

토마토를 두고도 비슷한 이야기를 했지만(「가스파초」를 참고할 것), 감자가 영국 요리의 기본 재료가 아니었던 시대를 상상하기는 어렵다. 그러나 모든 야채 중 가장 다재다능한 이 뿌리채소는 16세기 이전까지 유럽에 소개되지 않았다. 처음에 많은 유럽인은 감자에 독이 들었을 거라 믿으며 수상쩍게 보았다. 공평하게 말하자면 어느 정도 정당화하지 못할 이유도 없다. 감자는 벨라도나deadly nightshade와 같은 과에 속하며 날로 먹으면 유독하니 말이다. 실제 프랑스 의회는 1748년 이 작물이 특히 한센병을 일으킨다는 믿음에 근거해 재배를 금지했다. 기근이 반복되던 1770년대에 프로이센의 프리드리히 2세가 감자를 마차 여러 대에 실어서 보냈는데 굶주린 농민들에게 거절당하기도 했다. 그러나 곧 그런 태도가 바뀌기 시작했는데… 한 남자의 노력 덕분이었다.

| 감자의 대변자 파르망티에 Parmentier |

앙투안 오귀스탱 파르망티에Antoine-Augustin Parmentier(1737~1813)는 종군 약제사였는데, 7년 전쟁(1756~1763)에서 자그마치 다섯 번이나 프로이센 군대의 포로가 되었다. 포로 시절 파르망티에와 동료 전쟁포로들은 감자로 구성된 식사로 연명할 수밖에 없었다. 시간도 남아도는 판에, 그는 과학자답게 이 인기 없는 음식을 상세히 연구하기 시작했다. 후일 브장송 아카데미의 후원으로 '기근의 재앙을 줄일 수 있는 식품'을 찾는 대회가 열렸을 때, 파르망티에는 「감자의 화학적 설명」이라는 논문을 제출해 1등 상을 수상했다.

이후 파르망티에는 유럽 방방곡곡에서 이 하찮은 감자가 값싸고 영양가가 풍부하며 믿을만한 작물이라고 홍보하며 여생을 보냈다. 1785년 그는 마침내 프랑스에서 재배를 장려하도록 루이 16세 (1754~1793)를 설득했다. 왕은 그가 파리 인근의 왕실 소유지 100에이커에 감자를 심도록 허락했다. 파르망티에는 중무장한 보초들을 고용해 작물을 보호하게 했다. 이 희한한 움직임은 그 지역 농부들의 호기심을 일으켰다. 농부들은 이 귀중한 작물에 대해 더 알고 싶어서 애가 타게 되었다. 혼란에 빠진 주민들 사이에서 소문이 퍼져나가자 파르망티에가 취한 조치는 절묘했던 것으로 이후 밝혀졌다. 그는 무장한 보초들을 해고했다. 그가 예상했던 대로, 프랑스인들은 밭으로 몰려와서 감자를 캐내 자기 농장, 작은 농지, 텃밭에 심었다.

그 후 감자 재배 풍습은 대륙 방방곡곡으로 신속하게 퍼졌다. 1789년 프랑스 혁명이 시작될 즈음에 감자는 모든 프랑스 가정의 식사에서 기본 재료였다. 여기에는 곧 단두대에 서게 될 운명인 왕과 그 왕비 마리 앙투아네트의 가정도 포함되었는데, 그들은 둘 다 감자를 사랑하는 것으로 유명했다(그 사랑이 얼마나 컸던지, 마리 앙투아네트는 가장무도회에서 감자꽃potato flower을 단 머리장식을 착용하기도 했다). 그리하여 프랑스에서 앙투안 오귀스탱 파르망티에의 이름은 감자라는 말과 동의어가 되었다. 사실 감자를 기본으로 하는 레시피 여럿이 그의 이름을 따라 불리는데, 그중에는 일종의 프랑스식 코티지 파이cottage pie 혹은 셰퍼드 파이shepherd's pie인 **아시 파르망티에**hachis **Parmentier**도 있다. 이제 다음번에 슈퍼마켓에서 파르망티에 감자 봉지를 집어 들 때, 여러분은 그가 정확히 어떤 사람이었는지 알고 있을 것이다.

감자는 어떻게 백만 명을 죽였는가

그러나 한 유럽 국가는 감자의 위대함을 이미 눈치채고 있었다. 바로 아일랜드였다. 영국 탐험가 월터 롤리 경(1552~1618)은 아메리카 대륙 탐험으로, 또한 제일 좋은 망토를 엘리자베스 1세가 밟고 건너도록 웅덩이에 던진 것으로 유명하다. 그는 아일랜드에 감자를 소개했고, 머틀 그로브에 있는 자신의 아일랜드 영지에도 심었다. 전해지는 바에 따르면 그는 그 지역의 상류층을 코스마다 감자가 나오는 연회에 초대했다. 불행히도 그의 요리사들은 이 야채에 대해 아는 바가 없었기에, 덩이줄기는 던져버리고 대신 줄기와 잎을 삶아서 식탁으로 가져갔다. 이 유독한 요리는 즉시 그의 고귀한 손님들을 지독히 아프게 만들었다.

감자가 사회의 상층에서 하층로 내려온 프랑스에서와 달리, 아일랜드에서 그 인기는 하층부터 치고 올라오며 상승했다. 비가 지나치게 잦은 아일랜드의 기후는 번성할 수 있는 작물이 드물다는 것을 의미했다. 17세기 이전 이곳의 농민들은 귀리oat에 극도로 의존했다. 에이커당 산출물의 칼로리가 2~4배 더 높고 조리도 훨씬 간단한 감자는 순식간에 이 나라의 주요작물 자리를 차지했다. 아일랜드인들은 전문가적인 감자 요리 기술로 유명해졌다. **껍질째 구운 통감자 baked potato**는 18세기 런던에서 인기 있는 길거리 간식이었는데, 아일랜드인이 요리하고 판매한다면 금상첨화였다. 비록 19세기에는 또 하나의 아일랜드식 감자 별미인 튀김chips의 인기에 밀렸지만 말이다.

　문제는 아일랜드인들이 계란을(혹은 감자를) 몽땅 한 바구니에 담은 것이었다[바구니를 떨어뜨리면 모든 계란이 떨어진다는 점에서 한 시도에 모든 것을 건다는 의미다. '계란을 한 바구니에 담지 말라'고 하면 위험을 분산하라는 뜻이다]. 단일 작물에 대한 지나친 의존은 단 한 번의 흉작도 재앙이 된다는 의미였다. 그리고 한 번의 흉작이 네 번이 되었을 때, 사람들은 수천 명씩 죽어나가기 시작했다. (1845년 즈음) 기근이 최고조에 달했을 때 최소한 백만 명의 사람들이 굶어 죽었고, 남은 수많은 가족이 가난에 시달려서 이민 외에는 선택의 여지가 없었다. 마을은 버림받았고 많은 사업장이 문을 닫았다. 손님이 없으니 상점 주인들도 떠날 수밖에 없었다. 150만 명 이상의 사람들이 배에 올라 북아메리카와 오스트레일리아로 향했다. 몇 년이 지나지 않아 아일랜드의 인구는 약 900만 명에서 400만 명을 조금 넘는 수준까지 반으로 떨어졌다. 이 모든 것이 감자 때문이었다.

그라탱 도피누아

Gratin Dauphinois

조사를 시작할 때까지만 해도, 저민 감자를 크림과 마늘에 버무린 이 맛있는 요리가 '도피누아dauphinois'라고 불리는 이유는 왕자를 위해 탄생한 것이기 때문인 줄 알았다. 도팽dauphin은 전통적으로 프랑스 왕위를 계승할 예정자에게 주어지는 작위였다. 또한 '돌고래'에 해당하는 프랑스어 단어이기도 하기에 이 동물은 왕세자의 문장에 등장한다. 나는 이번 항목이 1793년 1월 마담 기요틴[단두대]이 프랑스 왕가를 끝장내기 전의 시절, 어떤 왕자가 감자의 가장 큰 팬이었는지 찾아내는 이야기가 되리라고 생각했다. 그러나 답은 훨씬 더 먼 과거에, 왕세자라는 작위가 존재하기도 전에 있었다. 도피네Dauphiné는 프랑스 남동부에 있었던 지역으로, 그 이름은 이곳의 통치자 중 한 명의 문장에 등장하던 돌고래에서 비롯했다. 이 지역은 1040년부터 1349년 프랑스 왕국에 합병되기까지 독립국이었다. 합병 조건 중에는 프랑스 왕위 계승자가 도팽dauphin으로 불리고 반역의 역사를 가진 이 지역의 이익을 대표해야 한다는 조항도 있었다. 영국 왕세자가 웨일스의 왕자Prince of Wales라고 불리는 것과 정확히 같은 맥락이다. **그라탱 도피누아gratin dauphinois**는 산으로 이루어진 이 지역에서 가장 중요한 요리이고 이제 프랑스의 나머지 지역에서도 만날 수 있다. 과거에 독립국이었던 나라가 프랑스에 속하게 된 것처럼 말이다.

빵가루breadcrumb와 치즈를 올린 요리에 적용되는 그라탱gratin이라는 단어는 '긁다'는 의미의 프랑스 단어 그라테gratter에서 진화했다. '부스러기' 혹은 남은 음식이라는 맥락인데, 이 경우에는 치즈와 빵을 긁은 부스러기인 셈이다. 이 단어는 영어 단어 '갈다grate'의 어원이기도 하다. 그라탱gratin이 비유적으로 사용되면 무언가의 최고 중 최고를 가리킨다. 파리 사회의 크렘 드 라 크렘crème de la crème[우유를 하룻밤 가만히 두면 비중이 낮은 지방 입자가 떠오르고 이것을 걷어낸 게 크림이다. 크림에 '가장 좋은 것', '최상위'라는 의미가 있는 것은 이 때문이다. crème de la crème은 직역하면 크림 중의 크림이라는 뜻이다]은 르 그라탱le gratin이라고 불린다. 문자 그대로 상류층upper crust[직역하면 파이의 뚜껑 부분]이다.

얀손의 유혹

Jansson's Temptation

이 요리는 스웨덴 버전의 그라탱 도피누아gratin dauphinois(안초비를 더해서 짭짤한 자극을 준다)로, 스칸디나비아 전역에서 전통적으로 크리스마스에 차린다. 이름은 흥미롭게도 **얀손의 유혹Jansson's temptation**이다. 두말하면 잔소리지만, 실제 얀손이 누구였고 유혹을 또 어쩌다 받았는지에 대해서는 다양한 가설이 있다. 예를 들면 19세기 후반의 인기 오페라 가수 펠레 얀손Pelle Janzon(1844~1889)이었다는 주장이 있다. 그는 성장하면서 먹었던 고칼로리 감자 요리를 절대 거부할 수 없었고, 그래서 영원히 다이어트를 했다고 한다.

그러나 내가 선호하는 가설은 이 요리의 이름이 19세기의 광신자이자 자칭 예언자였던 에리크 얀손Erik Jansson을 따랐다는 주장이다. 얀손은 스웨덴 성직자들과 기득권층이 부패했다고 생각했고 이에 대해 목소리 높여 외쳤다. 혐오는 피차 마찬가지였기에 얀손과 그의 추종자들은 박해를 받았고 이민을 갈 수밖에 없었다. 메이플라워호에 승선했던 청교도와 비슷하게, 얀손과 추종자들은 그들이 자란 죄악의 유럽을 거부했고, 미국에 새로운 예루살렘을 세우기를 원했다.

얀손은 새로운 메시아를 자처하며 선언했다. "내가 온 것은 그리스도를 대신해 은총을 가져오려 함이라. 누구든 나를 경시한다면 하나님을 경시하는 것이노라." 그는 미국에 도착한 후 일리노이주에 비숍 힐이라는 집단 거주지를 세웠다. 이곳에서 그와 추종자들은 엄격한 복장 및 행동 규범에 집착했고, 음식을 포함해 쾌락을 배제하는 소박한 생활을 했다. 스웨덴인들 사이에서 전해지는 바에 따르면, 얀손은 육체적 쾌락을 단호히 반대했음에도 이후 그의 이름을 갖게 될 이 요리에 끌렸다고 한다. 너무나 유혹이 컸던 나머지 그는 원칙을 내다버리고 조금씩 먹곤 했다. 물론 몰래 말이다. 그러다 한 추종자에게 현행범으로 발각되었고 그 추종자는 환멸에 빠졌다.

콜캐넌

Colcannon

콜캐넌colcannon은 감자를 삶아 으깬 후 양배추와 섞어서 만드는 아일랜드 전통 요리다. 한마디로 소박한 식사라는 뜻이며, 가끔 크림, 버터, 마늘, 베이컨 등으로 풍미를 내기도 한다. 비록 더 가혹했던 시절에는 그런 사치를 부리는 게 거의 불가능했지만 말이다. 요리 이름은 '흰 양배추'라는 의미의 게일어 칼 캬넌cál ceannann에서 왔다. 비록 '캐넌cannon'이 양파, 마늘, 리크 등으로 다양하게 번역되는 더 오래된 아일랜드어 케이넨cainnenn에서 진화했다는 증거도 있지만 말이다.

다른 나라에도 이 요리의 유사 버전이 존재한다. 예를 들어 잉글랜드에는 (흔히 선데이 로스트Sunday roast에서) 남은 감자와 야채에 약간의 냉육을 더해 잘게 썰어서 지진 **버블 앤드 스퀴크**bubble and squeak가 있는데, 이 이름은 재료가 가열될 때 나는 소리에서 나왔다. 스코틀랜드에서는 채친 양파와 양배추를 삶아서 으깬 감자와 섞은 후 치즈를 올려 오븐에 구우면 이름도 근사한 **럼블데섬스**rumbledethumps가 된다. 이름을 보면 요리 과정이 유독 격렬하다는 사실을 알 수 있다 [rumble은 우르릉, thump은 쿵을 뜻한다]. 아니면 요리사가 약간 성깔 있을지도 모른다.

아일랜드에서는 전통적으로 콜캐넌 접시에 반지나 작은 동전을 숨긴다. 자기 몫에서 이것을 발견한 행운의 소녀는 다음번으로 청혼받는 사람이 된다는 이야기가 있다. 또 하나, 할로윈 밤 미혼 여성이 양말에 콜캐넌colcannon 한 숟갈을 넣어 대문 위에 걸어두는 관습도 있다. 제일 먼저 이 문을 지나가는 남자가 미래의 남편이 될 것이라는 믿음 때문이다. 이날이 온 나라의 얼간이들에게 인기 있는 저녁이 된 것은 이 때문이다.

스페인식 오믈렛

Spanish Omelette

스페인에서 토르티야 데 파타타스tortilla de patatas(둥그런 감자 케이크)라고 하는 **스페인식 오믈렛**Spanish omelette은 감자를 계란과, 가끔은 양파도 함께 섞은 후 팬에 지져서 만든다. 구하기 쉬운 기본 재료를 사용하다 보니, 이 요리는 역사적으로 행군 중인 군인들에게 인기를 누렸다. 사실, 전해지는 바에 따르면 이 요리를 만든 사람은 군인이었다고 한다. 바로 카를로스주의자였던 토마스 데 수말라카레기 이데 이마스 장군(1788~1835)이었다.

카를로스주의는 전통 왕정주의자들이 스페인 왕위의 적법한 남성 후계자로 여겼던 카를로스 왕자(1788~1855)를 지지하는 정치 운동이었다. 이 운동은 19세기와 그 이후 연이은 내전의 원인이었다. 1833년 페르난도 7세가 사망하고 어린 딸 이사벨라가 논란 속에서 즉위하자 발생한 1차 카를로스주의 봉기에서 수말라카레기는 카를로스 왕자를 지지하는 군대를 지휘했다. 그는 연이은 승전으로 이사벨라를 지지하는 지역의 상당 부분을 장악했다.

1835년 용맹한 지휘관의 죽음과 봉기의 실패로 귀결될 운명이었던 빌바오 포위 작전 중의 일이다. 수말라카레기는 우연히 발견한 외딴 농가에서 묵으며 농부 아낙에게 음식을 요구했다. 겁에 질린 아낙에게 있는 재료라고는 감자 한 개, 계란 몇 개, 양파 한 개가 전부였다. 그는 이것들을 함께 조리해 장군에게 냈다. 이 이야기에 따르면, 수말라카레기는 결과물인 요리가 너무나 마음에 들었던 나머지 군의 요리사들에게 이 요리를 병사들에게 정기적으로 만들어주라고 명령했다. 스페인식 오믈렛은 이렇게 탄생했다.

물론 '오믈렛omelette'이라는 단어는 스페인어가 아니라 프랑스어다. 16세기 중반 이래로 사용되었는데, 아마 작고 얇은 접시를 뜻하는 라틴어 단어 라멜라lamella의 변형이었을 것이다. 영어 인쇄물에 최초로 등장하는 것은 1611년 출간된 랜들 코트그레이브의 『프랑스어 및 영어 사전Dictionary of the French and English Tongues』에서였다. 이 책에 '오멜레트homelette… 오믈렛omelet 혹은 계란 팬케이크pancake of eggs' 항목이 포함되어 있다. 한편 프랑스의 요리 명장이자 현대 프랑스 식문화의 토대를 닦은 획기적인 요리책 세 권의 저자인 프랑수아 피에르 드 라 바렌의 『프랑스 제과사Le Pâtissier françois(1653)』에도 오믈렛 레시피가 몇 개 수록되었다. 이 요리가 영국에서 인기를 얻게 된 것은 1660년 이 책이 영어로 번역되었기 때문이라고 추정된다. 흔한 영어 숙어인 **계란을 깨지 않으면 오믈렛을 만들 수 없다You can't make an omelette without breaking eggs**라는 표현은 조금이라도 유용하거나 중요한 무언가를 이루려면 희생이 필요하다고 지적할 때 사용된다. 수말라카레기 이 데 이마스 장군이라면 분명 이 말에 동의할 것이다.

9장

생선 요리 코스

랍스터 테르미도르: 혁명적 역사를 가진 사치스러운 요리

치어는 어쩌다 하원의원을 서민으로 변신시켰나

달고기: 성스러운 맛의 희한하게 생긴 물고기

청어 피클: 강인하고 숙취를 달래는 진미

다이아몬드 짐풍의 요리 스파이

솔 베로니크에 영감을 준 것은 무엇이었을까?

왜 파에야는 역사적으로 말해 이 챕터에 있으면 안 되는가

무덤에서 돌아온 연어 요리

스시: 패스트푸드가 된 새콤한 요리

왜 사시미는 비위 약한 사람을 위한 요리가 아닌가

THE FISH COURSE

Lobster Thermidor: a Luxury Dish with a Revolutionary History

How Whitebait Transformed MPs into Commoners

John Dory: An Odd-looking Fish that Tastes Divine

Pickled Herring: Delicacy of the Powerful and the Hung-over

Culinary Espionage à la Diamond Jim

What was the Inspiration for Sole Véronique?

Why Paella, Historically Speaking, Shouldn't be in this Chapter

The Salmon Dish that Returns from the Grave

Sushi: The Sour Dish that Became a Fast Food

Why Sashimi is Not for the Squeamish

"오, 명태에 대해서라면, 걔네는… 본 적 있겠지, 물론?"
가짜 거북이 말했다.
"응." 앨리스가 말했다. "자주 봤어, 어디서냐면 저녁 식…"
그는 나오려던 말을 급히 참았다.
"저녁 식이 어딘지 난 몰라. 하지만, 그렇게 자주 봤다니,
물론 어떻게 생겼는지 알겠지?" 가짜 거북이 말했다.
"그렇다고 생각하는데, 꼬리를 입에 넣고 있어. … 그리고 온통 빵가루에 덮여 있지."
앨리스가 생각에 잠겨서 대답했다.

'Oh, as to the whiting,' said the Mock Turtle,
'they – you've seen them, of course?' 'Yes,' said Alice,
'I've often seen them at dinn–' she checked herself hastily.
'I don't know where Dinn may be,' said the Mock Turtle. 'but, if you've
seen them so often, of course you know what they're like?'
'I believe so,' Alice replied thoughtfully.
'They have their tails in their mouths – and they're all over crumbs.'

루이스 캐럴, 『이상한 나라의 앨리스Alice's Adventures in Wonderland』

랍스터 테르미도르

Lobster Thermidor

랍스터 테르미도르lobster Thermidor는 바닷가재 살lobster meat을 계란 노른자, 브랜디와 섞어서 껍질에 담고 보통 치즈를 올려서 내는 극히 비싼 요리이고, 주로 부유한 특권층이 먹는다. 그렇다 보니 그 이름이 프랑스 역사에서 부유한 특권층이 대단히 큰 공격을 받았던 시기에서 비롯했다는 사실을 알게 된다면 놀랄지도 모른다.

프랑스 혁명(1789~1799)은 노동자들 사이에서 공유된 강한 불만에서 발생했다. 여기에 불을 지핀 것은 광범위한 기근과 연이어 벌인 버거운 전쟁으로 거의 재정 파탄에 이른 국가였다. 혁명가들이 보기에 프랑스 지배 계급은 권력과 돈을 너무 오래 독차지하고 있었다. 그들은 모든 것을 바꿀 새로운 세상의 질서를 수립하기로 결심했다. 이는 도량형에까지 변화를 가져왔다. 모든 것을 10의 배수로 측정하는 더 단순하고 표준화된 방법이 채택되었다. 이렇게 미터법이 탄생해 프랑스에서 최초로 적용되었고 지금은 물론 국제적으로 채택되었다. 시간을 기록하는 방법에도 이와 동일한 체계를 적용하려고 한 시도는 덜 성공적이었다. 이 체계에 따르면 하루는 10시간, 한 시간은 100분으로 나뉜다. 이제 한 달은 3주였고, 한 주는 10일이었다. 한편 구체제의 엘리트주의적 이름(7월July과 8월August은 로마 황제 율리아누스Julian와 아우구스투스Augustus를 따서 지은 이름이다)은 날씨나 자연에 해당하는 실용적인 단어로 대체되었다. 이를테면 우월Pluviôse, 풍월Ventôse, 화월Floréal('비 오는', '안개 낀', '꽃이 핀') 같은 것이다. 그리스어

테르모스thermos 혹은 '뜨거운'에서 비롯한 테르미도르Thermidor는 이름에서 짐작되다시피 여름의 달이었고, 옛날식으로는 7월 20일부터 8월 18일까지를 포함한다.

이런 아이디어는 막상 실행에 옮겨지자 제대로 작동하지 않았고 문제가 발생했다. 신생 공화국의 이상인 자유, 평등, 우애는 공허한 미사여구에 불과했다. 1793년 프랑스 국왕의 처형 후 식량 부족으로 인한 폭동과 시민 소요가 일자, 공화주의자들은 이후 공포 정치라고 불리게 될 체제를 도입했다. 그 배후에 있었던 강력한 지도자 막시밀리앙 로베스피에르(1758~1794)는 반역자들을 근절해서 프랑스가 정도를 밟게 하려면 공포가 불가피하다고 믿었다. 혁명기의 프랑스는 급속히 편집증적인 독재국가로 변했다. 누구든 정해놓은 선에서 벗어나거나 날이 갈수록 불안정해지는 지도부에 동의하지 않으면 즉결 처형되었다. 공화력 2년 테르미도르Thermidor(열월) 9일(1794년 7월 27일), 불만을 품은 공화 정부 국민공회 의원들이 로베스피에르를 체포했고 재판 없이 처형했다. '테르미도르 반동'이라는 것은 이 사건을 가리킨다. 그리고 나아가 '테르미도르'라는 말은 모든 혁명에서 '가라앉는' 국면을 뜻하게 되었다. 이 시점에서 권력은 첫 혁명 지도부의 수중에서 빠져나가고, 급진주의자들은 보다 보수적인 체제로 대체되며, 경우에 따라서는 정치적 추가 혁명 이전에 있던 위치로 되돌아가기도 한다.

그런데 어쩌다 이 말이 요리에 적용되었을까? 일설에 따르면, 랍스터 테르미도르lobster Thermidor는 나폴레옹 보나파르트(1769~1821)에게 경의를 표하려던 한 프랑스인 요리사가 창조했다고 한다. 여러분도 알다시피, 프랑스를 왕처럼 다스렸을 뿐 아니라 1804년 스스로 황제로 즉위하기까지 한 나폴레옹은 정치적 추가 얼마나 멀리까지 되돌아갈 수 있는지 보여주는 완벽한 사례였다. 요리사가 제안한 이름은 '랍스터 나폴레옹lobster Napoleon'이었지만, 이 단신의 프랑스인은 이 요리가 테르미도르와 결부되어야 한다고 고집했다. 그렇지만 이 레시피가 인쇄물에 등장한 것은 1890년대나 되어서였다. 이 요리를 기록하기까지 100년이 필요했을 것 같지는 않다. 나폴레옹처럼 허영심 많고 자아가 강한 사람이 자신의 이름을 딴 요리를 가지는 영광을 마다했을 것 같지도 않다. 그가 이 요리의 이름을 권력에 미친 독재자가 몰락했던 멀지 않은 과거의 시점을 따라 지었을 리는 더더욱 없다.

더 그럴싸한 가설로 이 요리가 1891년 1월 코메디 프랑세즈 극장에서 빅토리앵 사르두(1831~1908)의 새 연극이 개막하는 밤을 축하하기 위해 카페 드 파리에서 만들어졌다는 이야기가 있다. 사르두는 몇 년 전인 1887년, 이후 푸치니의 유명한 오페라가 토대를 두게 될 희곡 〈라 토스카La Tosca〉로 유명해진 극작가였다. 카페 드 파리의 요리사 토니 지로는 사르두에게 경의를 표하며 새 연극의 이름을 딴 랍스터 요리를 창조했다. 〈테르미도르Thermidor〉는 로베스피에르의 몰락과 현실 앞에서 혁명적 이상을 유지하는 일이 얼마나 어려운지 극화한 연극이었다. 불행히도 같은 이름을 따른 공화력 달과 마찬가지로, 이 연극은 성공하지 못했다. 만일 토니 지로의 (훨씬 소화하기 쉬운) 치즈가 가득한 랍스터 요리가 아니었다면, 오늘날 그 이름은 완전히 잊혔을 것이다.

완전히 새 생선 솥a whole new kettle of fish 혹은 **다른 생선 솥**a different kettle of fish은 영어에서 가장 특이한 숙어 중 하나다. 비록 '완전히 다른 문제' 혹은 '전혀 다른 상황'이라는 직설적인 의미지만 말이다. 어떤 연구에 따르면 이 경우 '솥kettle'이라는 단어는 강에 설치해서 지나가는 물고기를 잡는 창살 틀을 의미하는 고대 영어 통발kiddle의 변형이라고 한다. 만일 나중에 돌아온 어부가 밀렵꾼한테 자기가 잡은 고기를 약탈당해서 수초와 쓰레기만 남게 된 '통발'을 발견했다고 치자. 그렇다면 바라던 것과는 '다른 생선 솥'이라고 주장할 만도 하다. 그렇지만 더 그럴싸한 어원을 영국 북쪽 국경에서 찾을 수 있다. 스코틀랜드에서는 자주 가족 및 친구들끼리 강둑에서 맘껏 먹고 우정을 나누며 하루를 보냈다. 보통 먹는 음식은 강에서 갓 잡은 연어를 '솥' 혹은 집에서 연어를 데칠 때 사용하는 기구보다 큰 가마솥에서 요리한 것이었다. 이런 연유로, 스코틀랜드 전역에서 야유회는 '생선 솥kettle of fish'으로 통한다. 또한 날씨와 손님들의 행동을 예측할 수 없으니, 어떤 생선 솥(이나 야유회)은 다른 생선 솥과 아주 다를 수 있었다. 이 표현이 최초로 기록에 남은 것 중 하나는 월터 스콧 경의 소설 『세인트 로넌스 웰(1823)』에서 찾을 수 있다. 이 소설에는 이런 대사가 나온다. "오늘은 다 함께 강변으로 생선 솥을 먹으러 갈 테니, 방해받을 위험은 없을 겁니다."

치어

Whitebait

치어whitebait는 아주 작은 은백색 물고기로 과거에는 별개의 종으로 여겨졌다. 하지만 사실 다양한 물고기의 어린 물고기(새끼)들을 일컫는 말로 제일 흔한 것은 청어herring다. 치어는 전통적으로 통째로 튀겨서 버터 바른 흑빵brown bread and butter과 함께 먹는다. 이 요리는 템스강 연안에 사는 서민들이 흔히 먹었다. 구하기 쉬운 치어는 싸고 영양가 많은 한 끼가 되었기 때문이다. 치어는 1600년대 초반부터 잉글랜드인들의 식사에 등장했다. 비록 런던 시민들 사이에서는 이 작은 물고기가 그보다 꽤 이전부터 인기를 끌었지만 말이다. 그러다 이 요리는 (장어 젤리와 꼬막 피클 같은 노동 계급의 다른 기호품과 달리) 갑자기 고급품 시장으로 옮겨갔다. 전부 18세기 후반의 한 오찬 초대 덕분이었다.

도버의 하원의원이던 로버트 프레스턴 경(1740~1832)은 템스강의 대거넘 인근 연안에 '일종의 목가적인 장소'로 작은 별장을 소유하고 있었다. 5월 말이면 프레스턴은 친구이자 재무부 장관의 비서관이던 조지 로즈를 초대해 치어, 와인과 함께 자유로운 대화를 나누는 시간을 보내곤 했다. 1782년 로즈는 친구이자 그해 초 셸번 경의 정부에서 고위직에 오른 소 윌리엄 피트(1759~1806)를 데려왔다. 세 정치가는 매력적인 환경에서 소박한 오찬을 즐기며 묵직한 당면 사안들에 대해, 특히 유럽 전역에 드리운 혁명의 위협에 대해 숙고했다. 그들은 너무나 좋은 시간을 보냈다. 또한 붐비고 어수선한 하원

Whitebait

249

의사당을 떠나 벌였던 논의도 너무나 유용했기에 이것을 연례행사로 만들기로 했다.

이듬해 미국이 독립을 선언하는 사건을 필두로 온갖 중대한 일들이 발생했다. 그러나 가장 이례적이었던 사건을 하나만 꼽자면, 피트가 겨우 스물넷의 나이로 역사상 최연소 수상이 된 것이다(이 기록은 오늘날까지 여전히 유지되고 있다). 긴급한 국가적 사안들이 있음에도 젊은 지도자는 지난해의 비공식 만남을 되풀이하기를 열망했다. 그래서 각료 전원을 대거넘으로 데려가서 그 지역에서 잡은 치어 whitebait로 식사했다. 유일한 문제는 프레스턴의 별장에 도착할 때까지 시간이 너무 오래 걸린다는 것이었다. 그래서 이듬해 각료들은 훨씬 가까운 그리니치에 자리 잡았고, 그리하여 이후 '장관의 치어 만찬 Ministerial Whitebait Dinner'으로 불리게 될 연례 전통이 수립되었다.

그리니치로 장소가 변경된 후 다시 세월이 흘러, 이 식사는 19세기의 가장 유명한 행사 중 하나가 되었다. 사람들은 단지 이 행사를 보기 위해 800마일을 여행했다. 술집마다 미어터지는 주요 정당의 중진들은 그들을 빤히 보고 있는 사람들과 똑같은 음식을 즐겼다. 물론 정치가들은 치어를 에일보다는 샴페인으로 씻어 내렸다. 그래도 여전히 그곳에 머무르며 평범한 사람들처럼 처신했고, 평범한 사람들이 접근하도록 허용했다. 장관의 치어 만찬은 영국 노동 계급이 1789년 프랑스의 노동 계급 봉기를 뒤따르지 않았던 이유 중 하나일지도 모른다. 프랑스인들은 귀족층을 접할 수 없었지만, 이와 달리 영국인들은 자국 정치가들이 (상대적으로) 평범한 사람들이라는 사실을 알고 있었다. 치어 만찬은 유권자들이 아직 투표권을 가지기도 전의 시절, 영국 헌법을 확언했다.

달고기

John Dory

페셰 볼리토 콘 마이오네세pesce bolito con maionese는 베네치아의 핵심적인 요리 중 하나다. 비록 직역하면 '마요네즈를 곁들인 삶은 생선'인 이름만 봐서는 무슨 요리인지 절대 모르겠지만 말이다. 그러나 베네치아 시민들은 교묘한 재치로, 그리고 캐묻는 눈으로부터 보물을 숨기는 재주로 유명하다. 누가 뭐래도, 이중장부를 발명한 게 바로 그들이었다. 이름만 보면 이 요리가 어떤 것인지 명확하지 않지만, 문제의 페셰pesce는 가장 값비싼 식용 어류 중 하나인 **달고기 John Dory**가 틀림없다.

달고기는 고대 이래로 늘 고가였다. 성스러운 생선으로 여겨져 신들의 왕에게 바쳐졌는데, 종명이 제우스 파베르Zeus faber인 것은 그 때문이다. 기독교가 고대 종교를 대체하자, 이 물고기는 사도들의 지도자인 성 베드로에게 귀속되었다. 전해지는 이야기에 따르면 베드로는 그리스도가 시키는 대로 희한하게 생긴 가늘고 노란 물고기를 잡은 후 입에서 동전을 꺼내 세리에게 지불했다. 그의 손가락들이 이 물고기의 측면에 지워지지 않는 독특한 검은 반점들을 남겼다고 한다.

오늘날까지도 교황은 베드로의 직계 후예로 일컬어진다. 그는 갈릴리호에서 달고기를 잡았던 성인을 기리는 의미로 베드로가 새겨진 인장 반지를 끼며 공식 문서를 봉할 때 이를 사용한다. 아마 해수어seawater fish(달고기)가 담수에서 잡혔을 리 없다는 사실이 초기 복음서 작가들이 창작한 이야기를 받아들이는 데 방해가 되지는 않았던 모양이다. 이 물고기를 프랑스에서는 생 피에르Saint Pierre, 스페인에서는 페스 데 산 페드로pez de San Pedro라고 부르는 반면, 영국과 과거의 영국 식민지 전역에서는 단순히 존 도리John Dory라고 부른다. 아마 프랑스어 존 도레jaune doré('황금빛')의 변형으로, 프랑스계 캐나다인 어부들이 비늘 빛깔을 보고 지은 이름이었을 것이다.

붉은 청어red herring는 잘못되었거나 오해의 소지가 있는 단서를 제공하는 무언가를 일컫는 표현으로, 보통 추리소설에서 사용된다. 18세기 및 19세기에 청어는 영국을 둘러싼 바다에서 가장 널리 잡히는 물고기 중 하나였다. 냉장보존 이전의 시대에는 내륙의 시장 도시에 도착할 때까지 여전히 식용이 가능하도록 염장과 훈제를 통해 보존했다. 훈제 과정은 청어에 특유의 톡 쏘는 맛과 냄새를 줄 뿐 아니라 색을 짙은 적갈색으로 바꾸곤 했다. 붉은 청어라는 말이 어쩌다 비유적으로 쓰이게 되었는지 알아보려면 1800년대 초와 사냥, 더 정확히는 사냥 반대론자에게로 시선을 돌려야 한다. 여우 애호가는 현대 이전부터 존재했다. 그들은 사냥하는 날이면 여우와 멀리 떨어진 곳으로 냄새가 심한 생선을 끌고 다니곤 했다. 이런 행동은 사냥개들이 여우가 아닌 붉은 청어의 냄새를 따라가도록 그들을 혼란스럽게 했고, 여우들은 안전한 곳으로 사라질 수 있다. 이 작전은 너무나 성공적이었고, 붉은 청어는 곧 영어에서 흔히 사용되는 표현이 되었다.

청어 피클

Pickled Herring

청어herring는 기원전 3000년 이래 유럽의 기본 식품이었다. 최초로 기록으로 남은 8세기에 청어라는 단어는 '육군'을 의미했는데, 방대한 모래톱을 이동하는 습성 때문이었다. 『생선의 책The Fish Book(1973)』에서 제인 그릭슨이 언급한 모래톱은, 1877년 측정한 것에 따르면 한쪽으로는 마블 아치[1827년 영국이 나폴레옹에게 승리한 것을 기념해 런던에 세운 대리석 문]부터 런던 부두까지, 다른 쪽으로는 유스턴역까지도 뻗어 있었다. 불행히도 남획 때문에 그 규모는 육군에서 소규모 게릴라 부대로 축소되었다. 하지만 그들의 유산은 유럽 퀴진에 넘쳐나는 숱한 청어 레시피에 남아 있다. 그러다 보니 한 해 내내 먹을 수 있도록 청어를 보존하는 일이 유럽 퀴진에서 중요했는데, 훈제를 제외하면 가장 사랑받는 보존법은 피클pickling이었다.

| 롤몹 Rollmop |

오늘날 가장 유명한 **청어 피클**pickled herring 요리는 **롤몹**rollmop이다. 이 이름은 '말다'를 의미하는 독일어 단어 롤렌rollen과 '퍼그'를 의미하는 몹스Mops에서 비롯했다. 롤몹을 측면에서 보면 확실히 동그랗고 눌려 있는 퍼그의 얼굴과 비슷하다. 포 뜬 청어로 오이 피클을 돌돌 말고 작은 나무 이쑤시개로 깔끔하게 고정시킨 롤몹은 베를린 특산물이었다. 하루 중 아무 때나 먹지만 카테르프뤼스튀크Katerfrühstück라는 독일식 숙취해소제로 제공될 때가 많은데, 직역하면 '고양이의 아침밥'이다(정확히 말하면 수고양이의 아침밥이다. 하긴 전통적으로 숙취 해소제가 필요한 건 보통 수컷이다). 생선 피클pickled fish이라니 깨질 것처럼 아픈 머리와 위에 매력적이지는 않다. 하지만 독일 펍에서 쉽게 구할 수 있다 보니, 아마 그날의 해장술에 곁들여 먹게 될 것이다. 고양이의 아침밥에 개털을 곁들이는 것처럼 말이다.

> **개털**the hair of the dog이라는 관용구는 '너를 문 개의 털'을 축약한 말이다. 과거 잉글랜드 의사들은 개에게 물린 환자에게 그들을 문 개의 털을 상처에 문지르라고 제안했다. 그러면 상처가 나으리라고 믿었다. 유사성을 사용해서 치료한다는 발상을 따른다는 측면에서 조악한 형태의 동종요법이라고 할 수 있다. 이 관용구는 여러 맥락에서 사용되다가 숙취해소제로 정착되었다. 요즘은 밤에 과음한 후 숙취를 해소한답시고 아침에 두어 잔 더 마시는 것을 '개털'이라고 부른다.

| 청어 Herring |

19세기에는 동일하게 포 뜬 청어 피클pickled herring이 이번에는 오이 피클gherkin 없이 펼쳐진 채 공급되어 세계 곳곳에서 더 화려한 평판을 얻었다. 유럽 역사의 흐름을 바꾼 프로이센의 영웅을 따라 지은 이름 때문이었다. 오토 에두아르트 레오폴트 폰 비스마르크는 워털루 전투가 벌어진 1815년에 출생했다. 그가 성장할 무렵 유럽은 나폴레옹 전쟁들로 인한 혼란에 빠졌고, 그 속에서 독일은 툭하면 싸우는 작은 나라들의 산발적인 연합에 지나지 않았다. 노골적인 왕정주의자이자 타고난 연설가였던 비스마르크는 1847년 의원으로 선출되었다. 그의 주된 야심은 모국인 프로이센을 안정적인 국가로 만드는 것이었다. 이듬해인 1848년은 유럽 전역에서 정치적 격변이 발생한 혁명의 해였다. 혁명이 발발하자 그는 가족 소유의 대규모 영지에서 농민군을 소집하여 국왕을 지지하고자 베를린으로 행군하려고 했다.

1850년대 중반의 크림 전쟁에서 프로이센이 다른 참전국에 밀려난 후, 비스마르크는 누구도 쉽게 무시할 수 없는 통일된 독일을 세우기로 결심했다. 1862년, 그는 프로이센 수상으로서 프로이센 의회에서 격렬히 연설하며 이제는 유명해진 말로 결론을 내렸다. "시대의 거대한 문제들은 연설과 다수결로 해결하지 못할 것입니다. 철과 피로 해결될 것입니다." 이 연설은 흐름을 돌렸다. 채 5년이 지나지 않아 북부 독일 국가들은 빌헬름 1세를 수장으로, 비스마르크를 재상으로 세워 연합했다. 그는 이후 자신의 지위를 나머지 국가들과 합쳐 1871년 통일 독일 제국을 수립하는 데 활용했고, 그 과정에서 '철의 재상'이라는 평판을 얻었다. 그는 이 역할을 외교 정책을 두고 국왕과 거듭 충돌한 후 1890년 (75세의 나이로) 사임할 때까지 유지했다. 은퇴해서도 비스마르크는 국왕에게 경고를 거듭했는데, 그중에는 이 유명한 논평도 있었다. "언젠가 발칸 지역에서 벌어진 멍청한 일로 인해 유럽에서 큰 전쟁이 일어날 것이다." 그는 이 재앙이 자신이 사임하고 20년 뒤에 닥칠 것이라고 경고했는데, 제1차 세계대전 발발 날짜를 예언자처럼 정확하게 예측한 것이었다. 그 원인에 대해서도 비스마르크가 옳았다. 결국 1500만 명의 사람들이 발칸 지역에서 벌어진 대수롭지 않은 다툼의 결과로 사망했다. 정확히 그가 예측했던 대로였다.

평생 영향력 있는 외교관으로 존경받은 비스마르크는 군사력은 최후의 수단으로만 사용했다. 이런 가치관은 그가 한 말에서도 드러난다. "누구든 전장에서 죽어가는 병사의 멍한 눈을 들여다본 적 있다면, 전쟁을 시작하기 전 깊이 생각할 것이다." 그의 건조한 재치는 독일 국민에게 크게 공감받았고, 여러 인용구가 기록으로 남았다. 예를 들면 이런 것들이다. "정치는 가능성의 예술이다", "법은 소시지sausage와 같다. 무엇으로 만들어졌는지는 보지 않는 편이 낫다", (미국에 대하여) "그들은 운케도 두 면은 약한 이웃에게, 나머지 두 면은 물고기들에게 둘러싸여 있다".

1853년 요한 비히만은 독일 발트해 연안 지역에 최초의 생선 가공 공장을 열고 자신의 영웅인 비스마르크에게 생선 피클pickled fish 한 통을 생일선물로 보냈다. 철의 재상은 손수 쓴 감사 편지를 답장으로 보내서 젊은 사업가를 놀라게 했다. 비스마르크가 1871년 통일 독일을 이뤘을 때, 비히만은 다시 생선 피클 한 통을 보냈다. 이번에는 회사가 이 제품을 **비스마르크 청어**Bismarck herring라는 이름으로 판매할 수 있도록 재상에게 허가를 청하는 편지와 함께였다. 비히만은 곧 재상의 동의가 담긴 답장을 받았다. 그렇게 해서 지금은 세계적으로 유명한 슈트랄준트의 비스마르크 청어가 유럽 전역에 등장하기 시작했다.

솔 마르게리

Sole Marguery

니콜라 마르게리Nicolas Marguery(1834-1910)는 요리계의 전설이었다. 그의 식당 오 프티 마르게리는 19세기 파리에서 가장 인기 있는 장소 중 하나였고, 프랑스 사회에서 가장 중요하고 권세 있는 사람들이 단골이 되어 식당을 채웠다. 사실 그들은 지금까지도 그렇게 지내면서, 거의 150년 전 그 유명한 요리사가 분주한 주방에서 연이어 요리를 만들던 때 이래로 거의 변하지 않은 환경을 즐긴다.

니콜라 마르게리의 요리는 유럽과 미국 전역에서 명성을 떨쳤다. 특히 화이트 와인과 생선 육수를 계란 노른자, 버터와 섞어 만든 소스를 서대sole에 끼얹어서 내는 **솔 마르게리sole Marguery**가 유명했다. 프랑스는 세계적인 미식 선도국이었고 이 나라의 요리사들은 자신의 간판 요리 레시피를 철저하게 보호했다. 솔 마르게리도 그런 요리였다. 이 레시피가 프랑스에서 미국으로 옮겨간 사연은 속임수, 무모함, 상상하기 힘든 정도의 헌신이 가득한 흥미로운 이야기다.

뉴욕에 햄버거와 핫도그를 소개한 이민자들이 주로 성장 중인 철도망을 통해 미국 방방곡곡에 정착했던 것처럼, 경제 역시 철도를 통해 확장되었다. 매닝, 맥스웰, 앤드 무어 철도 회사의 세일즈맨 짐 브래디(1856~1917)는 이 네트워크의 일부였고 크게 성공했다. 그가 미국과 세계 전역에 판매한 철로의 총합은 어마어마했다. 그러다 다이아몬드와 기타 보석에도 투자하기 시작했고 다이아몬드 짐Diamond Jim이라는 별명을 얻었다.

요란한 성격이었던 브래디는 식욕 또한 엄청났다. 그가 단지 아침 식사로 오렌지주스 1갤런, 스테이크, 감자, 빵, 팬케이크flapjack, 머핀, 계란, 포크찹pork chop을 먹었다는 소문이 있었다. 오전 간식은 굴과 대합 3다스, 이어지는 점심 식사는 다시 굴 3다스, 소를 채운 게 3마리, 바닷가재 4마리, 커다란 쇠고기와 샐러드였다. 오후에는 탄산음료soda 6병과 해산물로 간식을 먹은 후 낮잠을 잤고, 그러고 나면 저녁 식사였다. 굴 36개, 바닷가재 6마리, 바다거북 수프green turtle soup 2그릇, 스테이크, 야채와 모둠 페이스트리였다. 그러나 여기서 끝이 아니었다. 그는 습관적으로 극장에 가서 설탕 절임 과일 glacé fruits 2파운드를 먹곤 했다. 그러고 나서 사냥으로 잡은 새game bird 반 다스와 맥주beer 큰 걸로 두 잔으로 하루를 마무리했다.

다이아몬드 짐은 이런 양의 식사를 하루도 빠짐없이 섭취했다. 그의 친구이자 뉴욕 브로드웨이에 있는 렉터스 식당의 주인이었던 요식업자 찰스 렉터는 날마다 볼티모어에서 특대 사이즈 굴 몇 통을 순전히 짐만을 위해 들여오곤 했다. 언젠가 렉터가 이 철도왕은 '최고의 고객 25명'에 해당한다고 말했는데, 별로 놀랍지는 않다.

어느 날 오후, 다이아몬드 짐은 친구들과 마라톤 같은 식사를 하던 중 최근 사업차 파리에 갔을 때 오 프티 마르게리에서 먹었던 솔 마르게리sole Marguery가 얼마나 절묘했는지 말하기 시작했다. 짐은 렉터에게 레시피를 설명해주지도 못하면서, 솔 마르게리를 먹을 수 있는 다른 식당을 찾아봐야겠다고 친구를 못살게 굴었다. 렉터는 그 자리에서 뉴욕에서 이 요리를 제공하는 최초의 식당이 되기로 결심했고 레시피를 구하기 시작했다. 그래서 코넬대학교에 다니던 아들 조지를 불러들여서 레시피를 얻어내라며 파리로 보냈다.

파리에 도착한 젊은이는 일면식도 없이 식당에 들어가 레시피를 요청할 수는 없다는 사실을 잘 알고 있었다. 그래서 접시닦이 자리에 지원해 주방 직원들에게 뭔가 배울 수 있는지 알아보기로 했다. 곧 요리사들에게 아무것도 알아내지 못할 것이라는 사실이 분명해졌다. 그들은 레시피를 모든 잡일꾼들로부터 주의 깊게 보호하고 있었다. 그래서 조지는 견습 요리사 자리에 지원했다.

그는 전설적인 마르게리 소스 레시피를 배울 정도로 승진하기까지 2년 이상의 고된 노동을 해야 했다. 그러자마자 그는 사직하고 뉴욕으로 돌아가는 배를 잡아탔다. 아버지와 다이아몬드 짐 브래디 모두 배가 들어올 때 부두에서 기다리고 있었다. 조지는 배에서 그들을 향해 외쳤다. "얻었어요!" 젊은 요리사는 곧장 주방에 가서 솔 마르게리sole Marguery를 요리했다. 전해지는 바에 따르면, 요리를 맛본 다이아몬드 짐이 이렇게 선언했다고 한다. "자네가 이 소스를 터키산 수건에 끼얹어도 다 먹어치울 수 있을 걸세!" 친애하는 독자여, 이것이 이른바 자유의 나라[프랑스가 미국의 이라크 침공을 반대하면서 양국 사이가 경직되었을 때 미국 일각에서 프렌치 프라이의 이름을 프리덤 프라이로 바꾸려고 했던 일을 빗댄 말이다]에서 프랑스의 영감을 받은 요리를 **다이아몬드 짐풍의 솔 마르게리**sole Marguery à la Diamond Jim라고 부르는 사연이다.

짐 브래디가 1910년 자다가 사망한 후에야 의사들은 그가 평균 남성의 거의 여섯 배에 달하는 이례적으로 거대한 위를 가졌다는 사실을 발견했다. 이후 조지 렉터는 아버지의 식당 사업을 물려받았다. 그는 요리책과 신문의 요리 칼럼도 썼고, 〈조지 렉터와의 식사Dine with George Rector〉라는 라디오 방송을 진행하기도 했다. 그는 남은 평생을 자신이 어떻게 마르게리 소스Marguery sauce를 미국으로 들여왔는지에 대한 이야기를 문자 그대로 들려주며dined out[dine out에는 '외식하다'와 함께 '이야기를 들려주다'라는 의미도 있다] 보냈다고 전해진다.

솔 베로니크

Sole Véronique

솔 베로니크sole Véronique는 서대sole로 만든 또 하나의 고전 요리로, 이번에는 살짝 데쳐서 화이트 와인 소스를 끼얹고 씨 없는 청포도를 더했다. 너무나 많은 고전 요리가 그렇듯, 처음 생각해낸 사람이 누구인지에 대한 견해는 일치하지 않는다. 어떤 사람들은 위대한 요리사 오귀스트 에스코피에였다고 말한다. 그는 1890년 흥행업자 리처드 돌리 카트가 자신의 새 호화 호텔 사보이의 주방을 맡아달라고 한 제안을 수락했다. 돌리 카트는 길버트와 설리번의 오페레타를 무대에 올려서 유명해진, 바로 옆에 있는 사보이 극장도 같이 운영했다. 로열 잉글리시 오페라 하우스(현재는 팰리스 극장)를 세운 사람이기도 했는데, 프랑스인 작곡가 앙드레 메사제의 코믹 오페라 〈라 바조슈La Basoche〉는 이곳 무대에 오른 초기 공연작 중 하나였다. 이 오페라는 성공적이었다. 그렇지만 런던에서 1898년부터 무대에 올라 496번 공연되며 잉글랜드의 수도를 사로잡은 작품은 메사제의 〈베로니크Véronique〉였다. 에스코피에는 이 오페라의 개막 공연을 기념하며, 친구이자 동포인 작곡가를 기리는 요리를 만들어서 솔 베로니크라고 불렀다고 한다.

그러나 비시수아즈vichyssoise soup의 창조자 루이 디아의 이야기는 또 다르다. 그는 발명한 사람이 (1898년 개점 당시 에스코피에가 주방을 맡았던) 파리 리츠 호텔의 요리사였던 므시외 말리라고 믿었다. 특별한 파티가 예정되어 있었는데, 말리는 고전적인 요리에 창의적인 반전을 가미하는 의미로 생선 코스의 소스에 포도를 더하기로 했다. 그는 늘 하던 대로 믿음직한 휘하 요리사에게 지시를 내려놓고 오후에 외출했다. 돌아왔을 때 그 젊은이가 너무 흥분해서 일을 거의 손에 잡지 못하고 있는 모습을 발견했다. 아내가 막 딸을 낳았던 것이다. 그들의 첫 아이였다. 므시외 말리는 아이 이름을 어떻게 할 것이냐고 물었다. "베로니크요"라는 대답이 돌아왔다. "알로alors[그러면]," 주방장이 말했다. "이 새로운 요리를 필레 드 솔 베로니크filets de sole Véronique라고 하지." 그리하여 오늘날까지도 그렇게 불리게 된 것이다.

파에야

Paella

오늘날 이 전형적인 스페인 요리를 최고로 즐기려면 바닷가로 가야 한다. 대구, 닭고기, 초리소chorizo 덩어리에 새우와 마늘 향이 가득 배어 든 촉촉하고 노르스름한 밥. 그러나 **파에야**paella는 원래 발렌시아 들판에서 모닥불에 요리하는 노동자의 음식이자 팬에서 직접 덜어 먹는 공동 식사였다. 요리사들은 손에 넣기 쉬운 재료를 사용했다. 달팽이는 쉽게 채집할 수 있다는 이유로 가장 흔하게 사용된 육류였다. 아니면 토끼나 오리, 가끔 닭고기가 더해졌다. 오늘날까지도 발렌시아 전통 스타일로 만든 파에야에는 해산물이 들어가지 않는다. 발렌시아에서도 바닷가에 살아서 고기 대신 생선을 쓰는 사람들은 찬성하지 않겠지만 말이다.

이 요리는 오랜 역사를 가졌다. 앨런 데이비슨은 『펭귄판 음식 안내서(2002)』에서 이 요리가 중요한 두 문화를 상징한다고 설명한다. 요리에 사용하는 특별한 도구를 전파한 로마 문화와 동양 요리의 기본 식재료인 쌀을 유럽에 소개한 아랍 문화가 그것이다.

우묵한 팬을 의미하는 라틴어 단어 파텔라patella에서 비롯한 이 이름은, 공교롭게도 슬개골의 의학용어이기도 하다(슬개골이 팬을 뒤집어놓은 것처럼 생긴 건 확실하다). 세월이 흐르며 파텔라/파에야의 디자인은 조리에 사용하는 불의 종류에 맞춰 더 야트막해졌다. 아랍인들은 전통적으로 가족 및 종교 잔치에서 쌀이 주재료이고 사프란saffron으로 풍미를 낸 특별한 공동 요리를 만들어왔다(아랍 기술자들의 숙련된 관개 기술 덕분에 쌀이 유럽 가까이에서 재배될 수 있었다. 그렇지 않았다면 쌀은 기본 재료가 되지 못했을 것이다). 나중에 쌀은 훨씬 일상적인 식품이 되어 콩류, 야채류, 말린 대구와 함께 요리되었는데, 고기가 금지되는 사순절 기간에는 한층 더 그랬다.

발렌시아에서는 이 요리를 18세기부터 받아들여, 사프란으로 풍미를 낸 쌀을 야외에서 파에야 팬으로 조리했다. 19세기에 교통 및 전반적 생활 수준이 향상되며 가족 단위의 시골 나들이가 급속히 인기를 끌었고, 파에야 조리와 먹기는 축제에서 빼놓을 수 없는 부분이 되었다. 이 요리는 곧 스페인 전역에서 유행했고, 발렌시아의 원조 레시피에 해산물이 더해지면서 해산물 파에야와 혼합 파에야가 탄생했다. 그라블락스gravlax 및 바비큐와 마찬가지로, 파에야 조리는 늘 남성의 활동으로 여겨져 왔다. 공통 팬에서 음식을 먹을 때는 특별한 예의까지 있다. 각자 나무 숟갈을 쥐고 밥에 갸름한 부채꼴로 선을 그어 이 일종의 원형 식탁에서 자기 몫을 표시하는 것이다.

그라블락스

Gravlax

그라블락스gravlax 혹은 **그레이브드 락스**gravad lax는 인기 있는 스칸디나비아 요리로, 흔히 전통적인 스모가스보드smorgasbord에 포함되어 전채appetizer로 제공된다. 갓 잡은 연어의 껍질을 벗기고 뼈를 바른 후 길이대로 잘라 소금, 후추, 설탕으로 절인다. 포 뜬 연어 하나를 껍질이 있던 쪽을 아래로 해서 얕은 그릇에 담고 그 위에 두 번째 연어를 올린 후 다시 묵직한 접시나 도마를 얹는다. 그리고는 서늘한 곳에 사흘 정도 놔둔다. 12시간마다 연어를 뒤집고 새어 나온 육즙을 끼얹는다. 스칸디나비아에서 약간 색다르지만 독창적인 연어 요리법으로 간주하는 그라블락스 만들기는 (파에야paella나 바비큐barbecue와 마찬가지로) 전통적으로 남성의 활동이다.

그라블락스라는 이름이 출판물에서 최초로 언급된 것은 1348년 스웨덴 옘틀란드 출신인 올라푸에르 그라블락스Olafuer Gravlax라는 남자의 이름으로였다. 그의 성은 당시에 흔했던 관행에 따라 직업을 나타냈다. 다시 말해 그는 이 요리를 만들어서 생계를 꾸렸다는 뜻인데, 그렇다면 그라블락스라는 요리가 그 전부터 이미 존재했을 수밖에 없다. 어부들은 올라푸에르처럼 직접 잡은 연어의 포를 떠서 자작나무 껍질birch bark로 싼 후 만조일 때 해안선 바로 안쪽, 소금물에 젖은 모래에 4~6일간 묻어두곤 했다. 이 단기 매장으로 일으키는 발효는 생선 살을 부드럽게 하는 한편 톡 쏘는 맛을 주어서, 여전히 본질적으로는 날것이지만 먹을 수 있게 만든다. 그라브grav는 '땅

속의 구멍' 혹은 '무덤'에 해당하는 스칸디나비아 단어고, 락스lax는 그냥 '연어salmon'라는 의미다. 이 요리는 더 이상 이렇게 만들어지지 않는다. 그럼에도 이 이름은 여전히 우리와 함께 있으며, '무덤에서 돌아온 연어salmon from the grave'는 세계 곳곳의 메뉴에 계속 출몰 중이다.

스시

Sushi

스시sushi가 늘 날생선으로 만들어진다는 믿음은 흔한 오류다. 그런 생각은 이 요리를 사시미sashimi와 혼동하는 것이다. 스시의 주재료는 밥rice이며, 일반적으로 날것이 아니라 발효시킨 생선을 사용한다. 해안지대가 있는 나라라면 모두 염장salting이나 훈제smoking, 피클 만들기pickling 등 갓 잡은 물고기를 보존하는 특유의 방법이 있다. 동남아시아에서는 세척해서 내장을 제거하고 소금을 뿌린 생선을 밥에 묻어두는 자연 발효를 통해 보존한다. 일본에서 이 방법은 나레즈시nare-zushi(스시 혹은 즈시zushi를 번역하면 '시다'이다. 쌀이 발효되면서 만들어진 식초의 맛 때문에 나온 표현이다)라고 불렸다. 두어 달 발효시킨 후 밥을 버리면 생선을 먹을 채비가 되었다. 14세기 즈음 일본인들은 밥을 생선과 함께 먹기 시작했다. 세이세이-스시seisei-sushi라고 불린 이 요리는 곧 대단한 인기를 끌었다. 이 별미의 유일한 단점은 블루치즈blue cheese, 생선, 쌀식초rice vinegar가 섞인 것 같다고 일컬어지는 자극적인 냄새였다. 그래서 생선을 쌀식초에만 절이는 더 신속한 보존법이 고안되었다.

이 요리가 오늘날 우리에게 가장 익숙한 버전인 **니기리-스시**nigiri-sushi가 된 것은 한 사람 덕분이다. 요헤이 하나야는 1799년 일본의 벽지에서 채소가게 주인의 아들로 태어났다. 1818년 도쿄로 이주했을 때 그가 찾을 수 있는 유일한 일자리는 패스트푸드fast food 노점이었다. 요헤이는 성공하기로 다짐했고, 도쿄 사람들의 세련된 입맛을 만족시킬 완벽한 레시피를 찾을 때까지 상당 기간 분투했다. 그는 세이세이-스시seisei-sushi 레시피를 응용해서, 밥에 식초 드레싱vinegar dressing을 뿌린 후 그것을 꼭 쥐어서 찰기가 있는 밥 덩어리(니기리nigiri는 '쥐다'라는 뜻이다)를 만들고 절인 생선을 한 조각씩 얹었다. 언제 어디서든 내키는 대로 손으로 먹을 수 있는 새로운 종류의 스시에 대한 소문이 곧 퍼졌고 요헤이는 대단한 부자가 되었다.

사시미

Sashimi

일본의 날생선 요리 **사시미**sashimi는 아주 신선한 생선을 저민 것이다. 이 단어는 '꿰뚫다'라는 의미의 사시さし와 '몸'이라는 의미의 미み에서 비롯했다. 이 용어는 뇌를 날카로운 꼬챙이로 꿰뚫어 즉사시키는 전통적인 생선 처리 방법에서 나왔을 것이다. 그 후 생선을 즉시 얼음에 파묻는데 며칠 정도는 신선함이 보장된다. 일본의 어떤 식당에서는 손님이 살아 있는 물고기로 가득한 수족관에서 사시미로 만들 것을 직접 고를 수 있다. 선택된 물고기를 수조 밖으로 건져낸 후 먹기 편하도록 한 입 크기로 저민다. 이 모든 일이 몇 분 사이에 이루어진다. 전통적으로 사시미는 식사의 가장 중요한 부분이라고 여겨지므로 생선에서 가장 좋은 부위만 사용하며 어종은 계절에 따라 달라진다. 사시미에는 여러 스타일이 있다. 그렇지만 보통 하얀 무채white radish에 올리고 와사비wasabi paste와 간장soy sauce을 곁들여 대단히 우아하게 선보인다.

10장

소스와 양념

고급 소스부터 오트 퀴진까지: 프랑스 요리의 진화

마요네즈: 영국인들로서는 삼키기 버거웠던 소스

사우전드 아일랜드에서 온 찬장털이의 고전

후추: 옛 시절의 검은 황금

어떻게 소금 뿌리기로 악마의 접근을 막는가

베샤멜: 모체 소스로 돌아가다

모르네의 통합 국가

베아르네즈: 모체 소스가 자식을 보다

뵈르 블랑의 우연한 탄생

홀란데이즈: 위그노교도들의 소스

여왕 부군을 기리며 창조된 소스

우스터 소스: 리 씨와 페린스 씨는 누구였을까?

절인 생선부터 토마토까지: 케첩의 희한한 사연

HP소스의 HP는 무엇을 뜻할까?

CHAPTER 10

SAUCES AND SEASONINGS

From Fine Sauces to Haute Cuisine: The Evolution of French Cooking

Mayonnaise: The Sauce the British Found Hard to Swallow

Store-cupboard Classic from the Thousand Islands

Pepper: The Black Gold of Former Times

How a Sprinkling of Salt Keeps the Devil at Bay

Béchamel: Return to the Mother Sauce

The United Nation of Mornay

Béarnaise: A Mother Sauce Begets a Child

The Accidental Birth of Beurre Blanc

Hollandaise: Sauce of the Huguenots

The Sauce Created in Honour of the Prince Consort

Worcestershire Sauce: Who were Mr Lee and Mr Perrins?

From Pickled Fish to Tomatoes: The Strange Story of Ketchup

What Does the HP in HP sauce Stand For?

소스: 「명사」 문명과 계몽의 확실한 신호.
소스가 전혀 없는 민족에게는 1000가지 악덕이 있다.
소스가 한 가지 있는 민족에게는 999가지 악덕만 있다.
소스 하나가 발명되고 받아들여질 때마다
하나의 악덕이 버려지고 탕감된다.

sauce, n. The one infallible sign of civilization and enlightenment.
A people with no sauces has one thousand vices.
a people with one sauce has only nine hundred and ninety-nine.
For every sauce invented and accepted
a vice is renounced and forgiven.

앰브로즈 비어스, 「악마의 사전The Devil's Dictionary」

고급 소스부터 오트 퀴진까지

from Fine Sauces to Haute Cuisine

소스sauce라는 단어는 고대 프랑스어에서 나왔는데, 그 기초가 된 것은 '소금 뿌린salted'이라는 의미의 라틴어 살수스salsus다. 냉장보존 이전의 시절에는 생선, 해산물, 고기 등의 신선도가 오래가지 못했다. 그래서 맛을 가리기 위해 강한 풍미의 소스를 사용했는데, 우리가 흉하거나 터진 소파에 덮개를 씌우는 것과 마찬가지 맥락이었다. 소스는 음식의 역사에서 오래전부터 있었다. 예를 들어 로마인들은 '가룸garum'이라는 강렬한 맛의 어간장fish sauce에 집착했다. 고등어, 참치, 장어 등 다양한 생선의 내장을 짓이긴 후 흘러나온 물에 잠그고 발효시켜서 만드는 다용도 조미료로, 우스터 소스worcestershire sauce의 선조라 할 수 있다. 올리브유와 마찬가지로, 썩어가는 액체의 윗물만 떠낸 최상급 가룸은 부자들에게 판매했다. 반면 ('알렉allec'이라고 불린) 찌꺼기는 긁어모아서 주식인 죽에 풍미를 더하려는 가난한 사람들에게 판매했다. 가룸은 또한 개에게 물린 경우 이질, 궤양 등 여러 병에 약으로 쓰였고, 만성 설사를 완화하고 변비를 다스리는 소화보조제로도 사용했다. 세월이 흘러 조리 과정이 더 정교해지자, 소스는 조리의 더 필수적인 부분이 되었다. 요리에서 소스는 더 이상 터진 소파 위의 덮개 같은 게 아니었다. 이제 요리에 섞여들었다. 예를 들면 양념액marinade 형태로 고기를 연하게 만드는가 하면, 캐서롤casserole이나 스튜의 국물로서 조리에 필요한 액체를 제공하는 동시에 풍미를 더하고 다른 재료들이 마르지 않게 했다.

1519년 카트린 드 메디시스가 프랑스 궁정에 도착했을 때 그는 겨우 열네 살이었고 별 영향력을 발휘하지 못했다. 그러나 1547년 마침내 왕비가 되었을 때 그는 고향 도시인 플로렌스에서 최고의 요리사 몇 명을 초빙했다. 그들이 가져온 새로운 재료와 요리 기술은 그때까지 이탈리아 밖에서는 알려지지 않았던 것이다. 프랑스 요리는 완전히 새로운 국면으로 들어섰다. 플로렌스 출신 요리사들이 초빙국에 가르쳐준 기술 중에는 향신료와 허브로 음식의 맛을 숨기는 대신 향상시키는 방법이 있었다. 스튜를 걸쭉하게 만들기 위해 오래된 빵 대신 버터와 밀가루를 사용하는 기술도 있었다.

곧 프랑스인들은 스승을 넘어섰다. 이탈리아의 기술은 점점 더 정교해지는 그들의 퀴진과 합쳐졌다. 가장 중요한 자리를 차지한 것은 소스였다. 다른 모든 소스의 기초가 되는 다섯 가지 '모체' 소스'mother' sauce는(더 자세히 알려면 「베샤멜」을 참고할 것) 완전히 새롭고 섬세한 풍미를 가진 요리들의 토대가 되었다. 음식을 내는 방식도 달라졌다. 달콤한 요리와 짭짤한 요리는 함께 나오기보다는 별개의 코스로 제공되었고, 야채류는 곁들이side dish로 선보였다.

이 모든 것들이 한 세기 후에 위대한 요리책『프랑스 요리사Le Cuisinier françois』에 집대성되었다. 1651년 요리 명장 프랑수아 피에르 드 라 바렌(1618~1678)이 집필 및 출간한 이 책은 근대 프랑스 퀴진을 확립한 교과서 중 하나였다. 이 책을 보면 그 무렵 요리사들이 중세 이래로 상류층 요리에 등장했던 강한 양념을 더 이상 선호하지 않았다는 사실이 명백하게 드러난다. 그들은 짭짤한 요리의 강한 양념을 파슬리, 타라곤tarragon, 월계수잎, 세이지 등 더 가볍고 근처에서 재배되는 허브들로 대체했다. 『프랑스 요리사』는 즉시 베스트셀러가 되었다. 그 영향력은 프랑스를 넘어 유럽의 나머지 나라에까지 퍼져서, 음식을 요리하고 차리는 방식에 대한 태도를 바꾸었다. 이 책에서 소개하는 많은 요리 레시피 중에는 오늘날까지도 사용되는 소스들도 있다.

　두말할 나위 없이, 그런 획기적인 퀴진으로 득을 본 것을 상류층뿐이었다. 농민 계급은 계속 훨씬 간단한 식사로 연명했고, 혹시 좀 더 운이 없는 경우라면 굶어 죽었다. 그러다 18세기 말 프랑스 전체를 뒤흔든 큰 사건이 발생하며 부유한 사람과 가난한 사람의 삶이 나란히 흔들렸다. 바로 프랑스 혁명이었다. 이 봉기가 인구 대다수에게는 좋은 소식이었던 반면, 귀족에게는 명백하게도 별로 재미있는 일이 아니었다. 마담 기요틴 덕분에, 훌륭한 식사 예절 따위는 더 이상 우선순위가 아니었다. 큰 성과 궁전에서 일하던 사람들도 상황이 녹록지 않았다. 요리사들과 주방 직원들은 이제 다른 일자리를 찾아야 했다.

　그 결과, 그들 중 다수가 파리의 여러 '해방된' 큰 건물에 들어가서 직접 사업을 시작했다. 어쨌든 사람들은 먹어야 하니, 돈을 내거나 물물교환이라도 할 것이라는 희망에서였다. 그리하여 다른 종류의 혁명이 시작되었다. 이번에는 미식 혁명이었다. 몇 년 지나지 않아 이런 식당들이 크게 유행했는데, 그곳을 가득 채운 것은 완전히 다른 계급의 손님들이었다. 그들은 전에는 귀족들만 접근할 수 있던 정교한 요리 스타일에 푹 빠져서 돈을 낼 준비가 되어 있었다. 바로 **오트(상류층) 퀴진**haute cuisine이었다.

마요네즈

Mayonnaise

전 세계의 냉장고에서 발견되는 이 차갑고 하얀 유명 소스는 단순히 올리브유, 레몬즙이나 식초, 계란 노른자를 섞은 것이다. 사실 이소스의 이름은 마지막 재료에서 비롯했다. 『라루스 미식 백과Larousse Gastronomique』(1961년판)에 따르면, **마요네즈**mayonnaise는 "계란 노른자를 의미하는 고대 프랑스어 모여moyeu에서 진화한 모여네즈 moyeunaise가 대중에 의해 변형된 것이다." 그렇지만 다른 가설도 넘쳐나는데, 그중에는 마옌Mayenne 공작 샤를 드 로렌(1554~1611)과 관련된 것도 있다. 그는 이 하얀 소스('마예네즈Mayennais')를 너무나 좋아했던 나머지, 위그노 전쟁이 한창이던 1589년 아르크 전투에서 이 소스를 끼얹은 닭고기를 너무 오랫동안 먹다가 패배했다고 한다. 사실 그보다는 프랑스군 적과 대치 중이었던 영국군 병력을 증강하기 위해 파견된 영국 군인 4000명과 맞닥뜨려서 달아났다는 것이 더 타당한 이유겠지만 말이다.

이 소스를 맥마흔MacMahon이라는 아일랜드 장군이 처음 만들어 (아마 빅맥에 곁들이면 딱 좋았을) '맥마호네즈MacMahonnaise'로 불렀다는 가설이 있고, 바욘Bayonne이라는 도시의 이름을 따른 '바요네즈 Bayonnaise'에서 비롯했다는 주장도 있다. 그렇지만 훨씬 그럴싸한 가설이 있다. 지금은 도처에 깔린 이 소스가 발레아레스 제도 메노르카섬의 중심지인 마온Mahon에서, 더불어 영국인들에게는 훨씬 달갑잖은 사건에서 비롯했다는 이야기다.

메노르카섬은 역사상 숱하게 점령되었는데, 가장 유명한 점령은 한니발의 형이자 마온 항의 전설적인 건설자인 카르타고의 마고 장군에 의한 것이었다. 1756년에는 영국인들이 점령했지만 그들은 방위에 태만했다. 섬의 방어는 주로 존 빙(1704~1757) 제독과 영국 배 13척으로 구성된 휘하 함대가 책임졌다. 그러나 심각한 전술적 오류로 함대가 궤멸되었고, 프랑스군은 리슐리외 공작(1696~1788) 휘하의 병력 1만 5000명을 마온에 상륙시킬 수 있었다. 이 신사는 종종 만찬 손님들에게 알몸으로 식사하라고 고집부린 것으로도 유명했으니, (알몸으로 식사하는 남성에게 훨씬 안전한 선택이었을) 차가운 음식의 풍미를 높여주는 새로운 소스에 특히 열광했을 만도 하다. … 그러나 지금은 본론에 충실하도록 하자.

5월 28일 영국 주둔군 3000명이 투항하고 섬을 프랑스인들에게 넘겼다. 빙은 지브롤터로 귀환했는데, 무능함을 이유로 군법회의에 넘겨졌고 이후 총살되었다. 이 재판을 두고 프랑스 철학자 볼테르가 풍자소설 『캉디드Candid(1759)』에 쓴 논평은 유명하다. "영국인들은 가끔 제독을 쏜다, 푸르 앙쿠라제 레 오트레pour encourager les autres[다른 사람들을 격려하기 위해]." 영국군에게 치욕을 더한 것은, 4월 19일의 마온 항 침공이 너무나 성공적이어서 프랑스군에 단 한 명의 사망자도 없다는 사실이었다. 리슐리외는 축하의 의미로 호화로운 잔치를 벌였다.

전해지는 바에 따르면 공작의 요리사는 연회 준비를 하던 중, 요리에 꼭 필요한 진한 소스를 만들 크림cream이 없을 것이라는 공포가 현실이 되었다는 사실을 발견했다. 그는 자포자기해서 이 지역 소스인 **아이올리**aioli 레시피를 따랐다. 그러나 많은 지중해 국가에서 인기 있는 이 소스에 필수적인 엄청난 양의 마늘garlic을 빠뜨렸다. 요리사에게는 너무나 다행히도 결과물은 성공이었다. 사실, 공작은 이 소스를 너무 좋아해서 레시피를 프랑스로 가져갔고, 마온mahon 항에서 영국군에게 대승리한 일을 기념해 '마요네즈Mahonnaise'라고 불렀다. 본국으로 개선한 리슐리외 공작은 자신이 어떻게 이 소스의 발명에 영감을 주었는지에 대한 이야기를 더 극적이고 정교하게 다듬었다. 이후 마요네즈를 드레싱으로, 또 다른 소스들의 재료로 사용하는 현상이 프랑스 곳곳으로 급속하게 퍼졌다. 영국인으로서 말하자면 마침내 굴복하기 전까지 마요네즈를 언짢아하며 거의 한 세기 동안 기피했는데 충분히 이해할 수 있는 일이다. 『옥스퍼드 영어사전』에 따르면 마요네즈는 1841년 영국에 소개되었고, 그 이래 쭉 영국 퀴진에 단골로 등장하고 있다.

사우전드 아일랜드 드레싱

Thousand Island Dressing

이국적인 이름의 사우전드 아일랜드Thousand Islands는 미국과 캐나다 국경 사이 세인트로렌스강에 무리 지어 있는 섬들을 말한다 (총 1793개가 있다). 매년 7, 8월에 뉴욕이 습한 오븐으로 변하면 도시 주민들은 전통적으로 이 섬들로 달아난다. 섬에 있는 집 중 다수가 이런 휴가객들의 소유다. 20세기로 접어들 무렵, 잘 알려진 사우전드 아일랜드의 어부 조지 라롱드가 저명한 뉴욕의 배우 메이 어윈 (1862~1938)에게 낚시를 가르치고 있었다. 낚시 여행이 끝난 어느 저녁, 라롱드의 아내 소피아가 자기 스타일의 '강변 만찬shore dinner' 중 하나를 가져왔다. 이 유명 배우는 특히 마요네즈와 토마토 케첩에 곱게 다진 그린 올리브, 피클, 양파, 완숙 계란을 섞어서 만든 샐러드 드레싱에 깊은 인상을 받았다. 리슐리외 공작의 요리사가 만든 레시피와 마찬가지로, 기본적으로 뭐든 수중에 있는 재료로 만들었다는 점 역시 인상적이었다. 그 무렵 이 섬들에서 신선한 재료를 접하기는 힘들었다. 요리는 찬장에 저장된 기본 식품을 사용해 만들어야 했다. 메이 어윈은 레시피를 부탁했고, 곧 친구이자 마찬가지로 사우전드 아일랜드 휴가객인 조지 C. 볼트(1851~1916)에게 전해주었다. 뉴욕 월도프 호텔의 소유주였던 볼트도 이 소스에 마찬가지로 깊은 인상을 받았다. 그는 지배인인 오스카 처키에게 이를 다듬어서 호텔 손님들에게 소개하라고 요청했다. 오늘날 **사우전드 아일랜드 드레싱Thousand Island dressing**은 세계적으로 유명하다. 그 자체가 찬장에

저장되는 기본 식품이 되었고, 병에 담겨 세계 방방곡곡의 슈퍼마켓
에서 판매된다.

후추

Pepper

후추black pepper는 지구상에서 가장 오래됐다고 알려진 향신료 중 하나로, 7000년도 더 이전부터 맛을 내는 데 사용되어왔다. 아주 값비싼 향신료였고, 화폐를 대신해 물건을 교환하는 데 사용되기도 했다. 서기 408년 독일 야만 부족인 서고트족이 알라리크 1세의 지휘 하에 로마에 대한 반란을 일으켰다. 로마인들이 주요 무력 충돌에서 패배한 것은 거의 800년 만에 처음이었고 대단히 위험한 상황이었다. 알라리크 1세는 로마 군대를 로마까지 계속 밀어붙인 후 도시를 포위했다. 겨울이 다가오며 질병과 기아가 퍼졌고 절망에 빠진 원로원은 도시를 자유롭게 해주는 대가로 황금과 후추를 제공하겠다는 협상을 시도했다. 알라리크 1세는 조건을 받아들였고, 당시 황금과 동등한 값어치였던 후추는 이후에 역사상 가장 위대한 제국의 심장인 로마와 교환된 향신료로 알려졌다.

이후 수 세기 내내 후추는 높은 가치를 유지했다. 예를 들어 잉글랜드에서 최초로 후추가 언급되는 문헌 중 하나인 애설레드 2세(978~1016)의 법령집에 기록된 바에 따르면, 빌링스게이트에 하역하는 배들은 부활절과 크리스마스에 통행료로 후추 10파운드를 지불해야 했다. 후추는 심지어 오늘날에도 잉글랜드 법률 제도에 명시된 상징적인 화폐 가치를 갖고 있다. 잉글랜드 법에 따르면, 모든 합법적인 계약에서 각 당사자는 다른 당사자에게 무언가 가치 있는 것을 줘야 한다. 그렇지 않는다면 그 계약은 구속력이 없다고 간주하기에 집행될 수 없다. 예를 들어 여러분이 집을 팔 경우, 구매자는 그 대가로 돈을 준다. 각 당사자가 집이든 돈이든 가치 있는 무언가를 교환한 것이다. 그렇지만 계약이 유효하기 위해서 교환되는 것들의 가치가 동등할 필요는 없다. 별로 가치 없는 무언가를 훨씬 가치가 큰 것의 대가로 제공하는 경우라도 교환은 성립된다. 그런 경우 상징적 금액이나 물품을 대가로 지불할 수 있는데, 이는 역사적으로 후추로 측정되었다. 부동산을 무상으로 대여하려는 임대인이 계약서에서 임차인에게 제시하는 명목상의 금액을 **후추 임차료**peppercorn rent라고 하는 것은 이런 연유에서다. 이와 비슷하게 어떤 회사가 전체 자산 이상의 부채를 가진 경우를 가정하자. 부채를 떠안기로 합의한다면 새 소유주는 이 업체를 돈 한 푼 들이지 않고 소유할 수 있다. 그러나 구매자가 교환에서 무언가 명목상으로 제공하지 않는다면 두 당사자 간의 계약은 법적 구속력이 없을 것이다. 이것을 법률적으로 **후추 지불**peppercorn payment이라고 한다. 1980년대에 켄 베이츠가 첼시 FC를 단돈 1파운드에 손에 넣은 계약이 정확히 이것이다. 물론 요즘은 현금을 사용하지만, 단돈 1파운드 혹은 1달러의 지불금은 여전히 '**후추**peppercorn'라고 일컬어진다.

후추는 15세기 후반에 시작되어 1600년대 초반까지 계속된 대항

해 시대의 주요 동인이기도 하다. 유럽 탐험가들은 배를 구해 새로운 영토 찾기에 나섰다. 특히 그 무렵 무어인들의 지배에서 벗어난 스페인 및 포르투갈 사람들의 항해를 통해 전에는 알려지지 않았던 문화권과의 무역로를 확립했다. 유럽과 아시아 사이의 대양 항로는 곧 향신료 항로라고 불리게 되었다. 후추는 수 세기 동안 이 무역로의 주요 상품이었다. 예를 들어 16세기 중반 벨기에 안트베르펜의 후추 가격은 모든 유럽 사업의 기준이 되었는데, 오늘날 원유 가격이 세계 무역에 미치는 영향과 아주 비슷한 방식이었다. 사실, 스페인의 이사벨 1세와 페르난도 2세가 크리스토퍼 콜럼버스의 항해에 자금을 대게 했던 것이 바로 후추에 대한 열정, 즉 귀중한 조미료의 새로운 공급원에 대한 추구였다. 그는 옛 향신료를 찾아 나섰다가 대신 새로운 세계를 발견했다.

소금

Salt

소금salt은 가장 기본적인 음식 양념 중 하나다. 통조림과 냉장고가 도입되기 전에는 식품을 보존하는 주요 방법이었고, 후추와 마찬가지로 높은 가치가 있었다. 소금에는 상징적 가치도 있었다. 이 무기 염류는 많은 종교에서 상서로운 물질로 여겨졌고, 오늘날까지도 여전히 종교의식에 사용된다. 기독교 신앙의 성수는 이집트인, 그리스인, 로마인이 신들에게 소금과 물을 공양하며 기원하던 고대 관습에서 비롯했다고 전해진다. 한편 성서에서 소금에 대한 언급도 잦다. 가장 유명한 것은 롯의 아내가 불순종했다는 이유로 소금 기둥으로 변하는 것과, 그리스도가 제자들을 '세상의 소금'으로 부르는 것이다(마태복음 5:13).

소금 관련 미신도 많다. 중세에는 소금이 마녀의 힘을 상쇄한다고 믿었다. 저주를 받은 사람은 소금을 아흐레 연속 불에 던져 넣으며 이렇게 말하라고 조언받곤 했다. "소금이여, 소금이여, 그대를 불에 넣나니, 나에게 마법을 건 자는 주문이 풀릴 때까지 먹거나 마시거나 잠들지 못할지어다." 열흘째 아침이 되면 저주가 풀린다고 믿었다. 죽은 사람의 손을 밤새 소금 접시에 두면 동상 치료제가 된다는 믿음도 있었다. 그러니까 여러분의 발을 소금기가 밴 죽은 사람의 손으로 문질러도 상관없다면 말이다. 소금의 치유력에 대한 믿음은 아주 강해서, 뜨거운 소금 주머니는 치통이나 귀앓이를 치료할 수 있으며 요람에 넣어두면 아기를 질병에서 보호한다고 생각되었다.

잉글랜드 북부에 전해지는 이야기에 따르면,
1665년 런던에서 수많은 사망자가 발생한 런
던 대역병 시기, 과거 제염소에서 일했던 사람
들은 모두 감염을 피했다고 한다.

소금과 관련되어 가장 널리 알려진 미신은 소금을 쏟
으면 그것을 조금 집어서 왼쪽 어깨 너머로 던져야 한다는 것이다.
왼쪽 어깨 뒤에 숨어 있는 악마가 자신이 소금을 쏟은 사실을 알아
차리고 불운을 더하지 않도록 그의 시선을 끌기 위해서였다. 같은
이유로 바쁜 요리사 뒤에 절대 서 있으면 안 된다고 한다. 소금을 뒤
집어쓰고 싶은 게 아니라면 말이다. 이 미신은 예수가 열두 사도와
함께 식사하다가 그중 하나가 자신을 배반해 로마 당국에 넘길 것이
라고 선언한 최후의 만찬까지 거슬러 올라가는 종교적 기원이 있다.
어떤 설명에 따르면, 소금병을 식탁에 쏟은 유다가 어질러진 소금을
주워 담아 어깨 너머로 던져버렸다고 한다. 이 역사적 사건을 레오
나르도 다 빈치가 〈최후의 만찬The Last Supper(1498)〉으로 그렸다. 비
록 유다가 치워버렸는지 소금은 아무 데도 보이지 않지만 말이다.

상서롭고 행운을 가져오는 물질인 소금은 콘페티confetti[축제 등에
뿌리는 색종이 조각]의 초기 형태로도 사용되었다. 소금을 신혼부부에
게 뿌리는가 하면, 나쁜 소식을 가져온 사람이 떠나간 후 다시는 돌
아오지 말라는 의미로 땅에 뿌리기도 했다. 어부가 배에 소금 자루
를 싣지 않은 채 바다로 나가면 재수가 없다고 여겨지기도 했다. 고
대부터 중세까지 악령을 물리치기 위해 신생아를 소금으로 문질렀
다. 이 관습은 구약성서 에스겔서 16장 4절에서도 언급된다. "네가
난 것을 말하건대 네가 날 때에 네 배꼽줄을 자르지 아니하였고 너

를 물로 씻어 정결하게 하지 아니하였고 네게 소금을 뿌리지 아니하였고." 소금은 한 사람의 일생이 끝났다는 표식으로 사용되기도 했다. 예를 들어 웨일스에서는 매장하기 전 관에다가 빵과 소금이 담긴 접시를 올려놓곤 했다. 소금이 죽은 사람의 죄를 빨아들일 것이라는 믿음 때문이었다. 그 후 그 지역의 신-이터sin-eater들이 빵과 소금을 먹으면 고인은 죄를 용서받고 평화롭게 쉴 수 있었다.

소금은 가장 흔한 영어 숙어 여럿에 등장한다. 예를 들어 **상처에 소금 비비기**rubbing salt into the wound는 한 사람의 수치나 고통의 감정을 이미 느끼는 것보다 더 극심하게 만드는 것이다. 이 표현의 기원으로 자주 제시되는 것은 항해다. 잘못을 저지른 선원이 벌로 채찍질을 당하면 동료들은 상처에 소금을 비벼서 훨씬 고통스럽지만 아무 처치 없이 그냥 놔두는 것보다 훨씬 빨리 아물게 했다. 이 관용구의 기원으로 안성맞춤인 이야기이지만, 그럴싸한 어원이 하나 더 있는데 더 이른 시대의 이야기다. 이를 살펴보기 위해 먼저 다른 소금 관련 숙어를 보자.

만일 누군가 **소금값을 못한다**not worth their salt면 자기 일이나 특정 과제에 능숙하지 않다는 것이다. 로마 제국 시절 소금은 값비싼 상품이었다. 병사들은 봉급의 일부로 받은 소금을 가죽 주머니에 담아 들고 다녔다. 이런 지불 형태를 살라리움salarium이라고 했는데, '소금'을 뜻하는 라틴어 단어 살sal에서 비롯한 단어였다. 이런 연유로 소금값을 못한다는 것은 (소금으로 지불된) 봉급값을 못한다는 의미가 되었다. 그렇다면 영어 단어 봉급salary 역시 살(소금)이라는 단어에서 왔다는 사실을 쉽게 알 수 있을 것이다. 로마인들은 전투 중 다칠 경우, 상처를 잘 낫게 하려고 자기 소금(즉 자기 봉급)의 일부를 문지르곤 했다.

음식에 소금을 넣는 행위에서 또 하나의 흔한 숙어인 **소금을 약간 치다**take with a pinch of salt가 탄생했다. 소금 약간으로 밋밋하던 음식이 더 매력적이고 먹을만해진다는 것과 동일한 맥락에서, 비유적인 의미로 소금 약간은 우리가 듣는 이야기를 의심 없이 받아들이게 한다.

베샤멜

Béchamel

프랑스 퀴진의 다섯 가지 이른바 '모체' 소스'mother' sauce 중 하나인 **베샤멜**béchamel은 유럽과 미국 요리에 널리 사용된다(육수stock로 만들어 밀가루flour 및 버터butter로 걸쭉하게 하는 **벨루테**velouté와 **에스파뇰** espagnole, 그리고 **홀란데이즈**hollandaise와 **토마토**tomato가 나머지 네 소스다). 베샤멜은 우유로 만들어 밀가루 및 버터로 걸쭉하게 하는 매끄럽고 하얀 소스로, 보통 흰 살 육류나 계란이나 야채에 곁들여진다. 그 기원은 오랫동안 논쟁의 대상이었다. 뉴욕의 음식 평론가 레이먼드 솔로코브는 이렇게 말했다.

> 미식 문헌은 지루한 페이지와 하찮은 논쟁으로 가득하다. 베샤멜은 이 허튼소리에서 제 몫 이상의 논쟁을 고취해왔다. 사람들은 정확한 철자가 베샤멜béchamelle이 아니냐며, 혹은 로마냐 지역 원산인 이탈리아의 발사멜라balsamella야말로 이 가장 유명하고 용이한 모체 소스의 원조 아니냐며 논쟁을 벌일 것이다. 그런 문제들을 지배하는 생각은 늘 편견일 것이다. 왜냐하면 이쪽이건 저쪽이건 증거는 없기 때문이다. 우리가 말할 수 있는 사실은 베샤멜이라 불리는 소스가 출현한 시기는 프랑스 루이 14세의 치세였다는 것뿐이다. 더불어 흔히 그렇듯이, 원조 소스와 현대 버전이 비슷한 구석은 아주 조금뿐이다….

솔로코브의 주장에서 출발해보자. 부유한 금융업자이자 루이 14세 궁정의 조신이었던 루이 드 베샤멜Louis de Béchamel 후작(1630~1703)이라는 사람은 실제 존재했다. 1685년 베샤멜은 왕의 수석 시종이라는 영예로운 지위를 받아들였다. 이는 왕에게 접근할 수 있는 귀중한 기회가 생긴다는 점에서 권세 있는 지위였다. 그러나 큰 책임 또한 수반되었으니, 교양과 문화를 사랑해서 '태양왕'으로 알려진 세련된 사람이었던 루이 14세가 만족할 음식을 대접해야 했다. 후작은 말린 대구를 먹는 새로운 방법을 생각해내려고 시도하다가 이 소스를 발명했다고 전해진다. 실제로는 그의 요리사 중 하나가 창조해서 베샤멜에게 보고했을 공산이 크다. 아첨으로, 혹은 왕에게 제공해서 확고한 왕실의 기호품이 될 경우 호의를 베풀어달라는 의미로 주인에게 바쳤을 것이다.

이 소스는 일각에서 질투를 자아냈다. 에스카르 공작의 논평이 기록에 남아 있다. "베샤멜이라는 작자는 운도 좋다. 나는 크림 소스를 곁들인 닭가슴살chicken à la crème을 그가 태어나기도 전부터 20년 이상 차렸지만, 가장 수수한 소스에조차 내 이름을 주는 영광을 절대 가지지 못했다." 여러분은 아마 에스카르 공작에 대해 들어보지 못했을 텐데, 별로 놀라운 일은 아니다. 위대한 요리사 오귀스트 에스코피에는 회고록에서 정확하게 지적했다. "누가 뭐래든, 그의 근사한 소스가 아니었다면 베샤멜 후작은 오래전에 잊혔을 것이다." 그리고 에스코피에는 음식에 관한 한 틀린 적이 별로 없다.

모르네 소스

Mornay Sauce

모체 소스mother sauce를 새로운 소스를 위한 기본으로 사용한 아주 좋은 예가 **모르네 소스**Mornay sauce다. 베샤멜béchamel 소스에 치즈 두 종류, 보통 그뤼에르Gruyère와 파르메산Parmesan을 갈아 넣은 이 소스가 저명한 프랑스 신교도 저술가 필리프 드 모르네Philippe de Mornay(1549-1623)의 이름을 따랐다고 주장하는 사람들이 많다. 그러나 루이 드 베샤멜Louis de Béchamel보다 시대적으로 앞선 드 모르네가 스스로 이 소스를 발명했을 리는 없다. 그의 삶과 업적에서 영감을 받아 만들어졌을 가능성이 훨씬 높다.

구교도와 신교도(위그노라고 부른다. 「홀란데이즈 소스」와 「샐리 런 번」역시 참고할 것) 사이에 위그노 전쟁(1562~1598)이 발발하자 드 모르네는 군대에 지원했다. 그러나 공교롭게도 낙마한 덕분에 군사 작전에 직접 참여하는 일은 피했다. 가톨릭교도 친구가 귀띔해준 덕에 1752년 일어난 집단 폭행 및 암살 작전인 성 바르톨로메오 축일의 학살 역시 피했다. 드 모르네는 남은 평생 위그노 사상을 발전시키는 데 헌신했다. 그는 위그노의 선도적인 옹호자 중 하나로 유명해졌는데, 유럽의 종교 및 정치에 미친 영향이 많은 기록에 남아 있다. 그는 신교도인 앙리 드 나바르의 오른팔이었다. 앙리 4세는 프랑스의 왕위를 얻겠다는 순수하게 정치적인 의도에서 가톨릭으로 개종하며 이렇게 선언했다. "파리를 얻을 수 있다면 미사를 드리고도 남는다." 그렇지만 일단 권력이 안정되자 프랑스에서 개신교를 인정하는 낭트 칙령을 통과시켜, 위그노 전쟁의 끝을 알렸고 국가는 평화를 회복했다. 이 소스는 드 모르네de Mornay가 생각한 이상적인 프랑스의 축소판으로 설명할 수 있다. 개신교와 가톨릭을 상징하는 서로 다른 강한 맛의 두 가지 치즈가 조화로운 통합 아래 어우러졌기 때문이다.

Mornay Sauce

베아르네즈 소스

Béarnaise Sauce

왕의 조언자부터 왕 자신까지 소스로 남았으니… '대왕Great'이라는 칭호를 받은 얼마 안 되는 프랑스 왕 중 하나인 앙리 4세 (1553~1610)는 혁명적인 군주였다. 모든 전임자가 그랬듯이 적대적인 귀족들을 억누르려고 대가가 큰 전쟁을 계속하는 대신, 앙리는 그냥 그들을 매수했다. 그가 한 이 말은 자주 인용된다. "만일 주께서 허락하신다면, 짐은 왕국의 노동자 중 일요일마다 솥에 닭을 넣을 재력이 없는 사람은 없도록 보장하겠노라!" 그런 지위를 가진 사람으로서 대단히 이례적인 이 태도는, 그가 프랑스 노동자나 농부가 처한 어려운 상황을 얼마나 잘 이해하고 있었는지 보여준다. 이전에 프랑스의 통치자가 국민 복지를 진정으로 숙고한 적은 한 번도 없었고, 그 이후에도 프랑스 혁명 전까지 다시는 나오지 않을 것이었다. 수십 년의 종교 전쟁 끝에 앙리가 프랑스에 평화를 돌려주며 비교적 번영한 시기가 시작되었고 모든 농민의 솥에 닭이 들어갈 수 있었다.

그가 가톨릭 광신자의 칼에 찔려죽자, 프랑스 국민은 일찍이 르 베아르네즈Le Béarnais라는 별명으로 불리던 군주를 애도했다. 왕의 출생지이자 남서 프랑스 피레네산맥에 접한 옛 지방 베아른Béarn을 따라 붙인 별명이었다. 르 베아르네즈를 기리는 동상들이 세워졌고 초상화들이 그려졌으며 책들이 쓰였다. 그러나 그의 이름을 가진 소스는 19세기까지 세상에 없었다. 이 왕의 이름을 따른 식당 르

파비용 앙리 4세에서 일하던 요리사 쥘 콜레트가 홀란데이즈 소스 hollandaise sauce를 자기식으로 만든 극도로 맛있는 버전을 발명하기 전까지는 말이다. 계란 노른자와 정제 버터의 유화물에 허브로 풍미를 낸 **베아르네즈 소스**Béarnaise sauce는 곧 동명의 왕 못지않은 인기를 끌었다. 그 인기가 얼마나 대단했던지, 파리 고급 식당의 요리사란 요리사 모두 이 소스의 발명자를 자처하기에 이르렀다.

뵈르 블랑

Beurre Blanc

또 하나의 유명 소스 **뵈르 블랑**beurre blanc('흰 버터white butter')은 19세기가 끝나갈 무렵 프랑스 요리사 클레망스 르페브르 부인이 굴랭 후작의 주방에서 일하다 저지른 실수에서 발전했다고 한다. 전해지는 바에 따르면, 르페브르가 강꼬치고기pike 요리를 위해 베아르네즈 소스béarnaise sauce를 만들고 있는데 결정적인 순간에 계란이 다 떨어졌다. 신속하게 대처해야 했기에 그는 임시변통으로 와인과 레몬즙을 대신 사용했다. 전해지는 바에 따르면 이 새로운 소스의 인기가 얼마나 대단했던지, 그가 뵈르 블랑을 앞세워 낭트 인근 루아르 강둑에 라 뷔베트 드 라 마린이라는 식당을 직접 차릴 정도였다.

홀란데이즈 소스

Hollandaise Sauce

계란 노른자와 버터의 유화물에 레몬즙을 넣은 **홀란데이즈 소스** hollandaise sauce는 이름만 보면 네덜란드Holland[네덜란드를 홀란드라 고 부르기도 한다] 출신으로 보인다. 그러나 이 레시피는 명백히 네덜 란드 것이 아니다. 너무나 많은 다른 요리가 그렇듯, 이 요리는 가톨 릭이 지배하는 나라에서 소수자인 신교도였던 프랑스의 위그노교 도와 밀접한 관계가 있다. 그들은 16세기부터 종교 박해에 시달렸고 억지로 다른 나라로 이주해야 했다. 17세기가 끝날 즈음 루이 14세 가 낭트 칙령을 철회하자, 대략 20만 명의 위그노교도가 프랑스에서 내몰렸다. 잉글랜드, 독일, 네덜란드 등 북유럽의 신교도 국가에서 피난처를 찾았던 위그노교도는 안전해지자 조금씩 프랑스로 돌아 왔다. 네덜란드에서 돌아온 사람들은 떠나 있었던 동안 개발한 소스 를 가져왔다. 북유럽에서는 구하기 힘든 올리브유가 아닌 버터를 사 용해 만든, 마요네즈와 매우 비슷한 소스였다.

홀란데이즈는 처음에는 노르망디의 버터 생산 지역이자 프랑스 산 버터 및 크림의 수도인 이즈니-쉬르-메르Isigny-sur-Mer를 따라, **소 스 이즈니**sauce Isigny로 불렸다고 전해진다. 제1차 세계대전으로 이 지역에서 버터 생산이 중단되자 사람들은 새로운 공급원을 찾아야 했고 버터는 네덜란드에서 수입되었다. 일설에 따르면, 소스 이즈니 가 홀란데이즈 소스가 된 것은 이 무렵부터였다. 그렇지만 이 가설 은 별로 그럴싸하지 않다. 이 소스를 네덜란드와 연결 지은 것은 그보다 훨씬 전의 일이기 때문이다. 예를 들어 프랑수아 마르탱의『코무스의 은혜Les Dons de Comus』[1739년 초판이 출간된 프랑스 고전 요리책. 코무스는 고대 그리스의 축제, 흥청거리, 밤놀이의 신이다] 1758년판에 소스 아 라 올랑두아sauce à la hollandoise 레시피가 있다. 비슷하게 비턴 부인의 『가정 관리의 서(1861)』에서도 '생선용 네덜란드 소스'인 '그린 소스 혹은 홀란데이즈 베르트Hollandaise verte'가 언급된다. 아마 홀란데이즈라는 이름과 소스 이즈니라는 이름이 나란히 쓰이다가 결국 전자가 승리해 전 세계 요리사에게 친숙한 이름이 된 것 같다.

앨버트 소스

Albert Sauce

크림과 계란 노른자로 걸쭉하게 만들어서 호스래디시horseradish 로 향을 낸 **앨버트 소스Albert sauce**는 벨루테velouté의 '아이'다. 전통 영국 퀴진답게, 이 소스는 특히 조리거나 오븐에 구운 쇠고기와 잘 어울린다(내가 이 소스의 진정한 팬인 것은 이름이 같기 때문만은 아니다).

어떤 사람들은 이 소스의 기원이 독일이라고 말한다. 1554년 요리기술 및 레시피가 포함된 미식 문헌을 쓴 알브레흐트(앨버트) 팔츠그라프Albrecht(Albert) Pfalzgraf가 발명했다는 것이다. 또 어떤 사람들은 이 소스가 활동 중 '마담 알베르Madame Albert'라고 불리며 파리의 우상이 되었던 프랑스 배우 테레즈 베르네를 기리며 개발되었다고 주장한다. 그렇지만 훨씬 설득력 있는 것은 세 번째 가설인, 빅토리아 여왕에게 크게 사랑받은 남편이자 단명한 여왕 부군 작스-코부르크-고타의 앨버트Albert(1819~1861)의 이름을 따랐다는 주장이다. 그는 파급력 있고 광범위한 교육 및 복지 개혁을 나라 전체적으로 단행했다. 또한 1851년 만국박람회를 주최하며 영국 무역 및 산업을 증진시켰고 그 수익으로 빅토리아 앤드 앨버트Victoria and Albert 박물관을 설립했다. 그럼에도 앨버트는 영국 대중 사이에서 단 한 번도 진정한 인기를 누리지 못했다. 가장 큰 이유는 그가 독일인이었기 때문이다.

그렇지만 고작 42세의 나이로 사망해 여왕이 남은 평생 애도하게 만든 후, 영국인들은 여왕의 부군을 온갖 방식으로 기리기 시작했다. 예를 들어 앨버트 기념비The Albert Memorial, 앨버트 홀Albert Hall, 앨버트 교Albert Bridge 등 많은 기념물이 그를 기리며 건설되었다. 이보다 덜 전통적인 기념물로, 남성 한정의 신체 부위(그렇다, 어디를 얘기하는지 알 것이다)에 착용하는 프린스 앨버트 피어싱Prince Albert piercing도 있다. 이 분야는 꽉 끼는 반바지를 입었을 때 늘 커 보이기를 원했던 앨버트 공에 의해 개척되었다고 한다. 왕실 요리사들 역시 앨버트 공과의 추억을 기리고 싶었을 수 있다. 그들은 슬픔에 빠진 여왕에게 조의를 표하는 한편 그가 선데이 로스트Sunday roast를 먹도록 북돋우기 위해서 이 소스를 창조했다. 아마 로열 앨버트 회사Royal Albert Ltd(후일 로열 덜튼이 된다)에서 생산하는 로열 앨버트 Royal Albert라는 소스 그릇이, 그 문제의 앨버트가 바로 앨버트 공이라고 추가적으로 증명할 것이다.

우스터 소스

Worcestershire Sauce

1830년대 우스터Worcester에 있었던 리 앤드 페린스라는 약국 지하실에 향신료를 넣은 식초 한 통이 몇 년이나 있었다. 어떤 손님을 위해 인도식 레시피를 따라 만들었지만, 마실만하지 않다고 여겼는지 가져가지 않았다. 지하실을 청소하던 약사들이 통을 내다 버리려고 했지만 다행히 먼저 맛을 보았고, 놀랍게도 그 혼합물이 근사하게 숙성되었다는 사실을 알게 되었다. 그리하여 **우스터 소스 Worcestershire sauce**가 탄생했다. 레시피에 들어가는 정확한 재료는 철저하게 보호된다. 그러나 간장과 안초비가 들어가는 것은 확실한데, 혼합물의 발효가 시작되었던 게 이 때문이다. 그렇다면 우스터 소스는 로마의 어간장fish sauce 가룸garum의 현대적인, 그리고 더 맛있는 버전인 셈이다. 1838년 '리 앤드 페린스의 우스터 소스'라는 상표가 붙은 병이 대중에게 처음 출시되었다. 리 씨와 페린스 씨는 이 독특한 조미료로 부를 쌓았다. 이 소스는 오늘날까지도 전 세계에서 큰 인기를 끌고 있다. 특히 중국과 일본에서 그러한데, 일본에서 우스터 소스는 그 퀴진의 핵심으로 여겨지는 우마미うまみ, 즉 제5의 기본 맛 혹은 '감칠맛'을 돋운다는 찬사를 받는다.

케첩

Ketchup

조미료로서 **케첩**ketchup은 오늘날 우리가 아는 소스 형태보다 훨씬 일찍부터 있었다. 중국인들은 안초비, 호두, 버섯, 강낭콩으로 만든 강한 맛의 어간장fish sauce을 케-찹ke-tsiap이라고 부르며 수 세기 동안 즐겼다. 인도네시아인들도 자기식의 버전을 만들었고 케컵kecap 이라고 불렀다. 17세기 영국 선원들이 모국으로 가져온 케컵은 순식간에 유행했다. 이 이름은 차이니스 위스퍼[영국을 비롯해 세계적으로 유행한 어린이 게임. 일렬로 자리한 참가자들이 정해진 말을 차례로 옆 사람에게 전달해 마지막 참가자까지 도달하면, 서로가 들은 말을 비교한다. 한국에서도 〈가족오락관〉의 '고요 속의 외침'이라는 이름으로 인기를 끌었다]식으로 '캐치업catchup'으로 발전했다가 1711년쯤 '케첩ketchup'이 되었다. 최초로 인쇄된 케첩 레시피는 1727년 일라이저 스미스의 『완벽한 주부The Compleat Housewife』에 등장했는데, 안초비, 셜롯shallot, 식초, 화이트 와인, (정향clove, 생강ginger, 메이스mace, 육두구nutmeg 등) 단맛이 있는 향신료, 후추, 레몬껍질이 필요했다. 이 시점까지 케첩은 여전히 생선에 기초한 소스였고, 우스터 소스worcestershire sauce와 크게 다르지 않았다.

이 소스에 토마토를 도입한 것은 미국인들이었다. 최초의 **토마토 케첩**tomato ketchup 레시피는 1801년 샌디 애디슨에 의해 출시되었다. 1837년 영국에서 토마토 케첩을 판매하려는 미국인들은 이름을 '토마토 처트니tomato chutney'로 바꾸도록 권장되었다. 영국에서 인기였던 버섯 케첩mushroom ketchup과의 차이점으로 시선을 끌기 위해서였다. 그러자 미국식 케첩 열풍이 불었고 영국식 버섯 케첩은 밀려났다. 1900년 즈음 미국에는 케첩 생산회사가 100곳 넘게 있었다. 그러나 1872년 헨리 하인즈가 피클 생산 라인에 토마토 케첩을 추가하자 그의 레시피가 시장을 주도하게 되었고 지금까지도 여전히 그렇다. 하인즈의 초창기 성공에 크게 기여한 것은, 케첩이 토마토 소스를 직접 만드는 고생스러운 폭압으로부터 가정주부들을 해방시킬 수 있다고 꼬집은 영악한 광고였다. "어머니와 다른 여성들을 구하러 온 신성한 구원자!"

HP 소스

HP Sauce

축구와 럭비는 1863년 공식적으로 분리되기 전까지 같은 게임이었다. 이와 비슷하게, 오늘날의 **브라운 소스**brown sauce는 한때 케첩이었다. 예전에 영국에서 만들던 케첩 말이다. 영국 카페의 식탁 대부분에 토마토 케첩과 나란히 자랑스럽게 올라가 있는 브라운 소스는 확연한 영국적 취향을 보여준다. 이 소스와 함께 성장하지 않은 사람들은 톡 쏘는 강렬한 타마린드tamarind 향(우스터 소스에도 포함되어 있다)에 약간 정떨어질 수도 있다. 요즘 가장 사랑받는 브라운 소스 브랜드는 **HP 소스**HP Sauce다. 원조 레시피를 발명하고 개발해서 1896년 'H. P. 소스'라는 이름을 등록한 사람은 노팅엄의 식품점 주인 프레더릭 깁슨 가턴이었다. 가턴이 이 소스를 HP라고 부른 것은 국회의사당Houses of Parliament 식당에서 제공하기 시작했다는 이야기를 들었기 때문이다. 이 병의 라벨에는 다년간 국회의사당 그림이 자랑스럽게 등장한다. 그러니 전통적인 영국식 입맛의 전형인 국회의사당 소스가 이제 미국 회사(하인즈)의 소유이고[2005년 하인즈가 모회사인 HP 푸즈Hp Foods를 사들였다] 제조는 네덜란드에서 이루어진다는 사실이 조금은 아이러니하다.

11장

고기 요리 코스

스테이크 디안의 어두운 뒷이야기

래그 푸딩과 케이트 앤드 시드니 파이

클레프티코: 모든 것을 훔치는 산적을 위해서 무엇을 요리할 것인가?

철의 공작이 사랑한 요리

시베리아에서 온 냉동식품: 비프 스트로가노프는 어떻게 생겨났을까

해기스: 반란의 은밀한 상징?

아이리시 스튜와 바다 건너 사촌들

스테이크 타르타르는 원래 발굽 위에서 먹는 음식이었을까?

왜 치킨 키에프는 최고인가

치킨 마렝고: 나폴레옹의 행운의 부적이었던 요리

뱅어 앤드 매시: 참호에서 폭발하는 음식

패곳: 화형을 위한 완벽한 간식

굴라시는 압제 타도를 어떻게 도왔는가

고기는 어떻게 육포가 될까?

셰퍼드 파이와 코티지 파이의 차이는 무엇일까?

THE MEAT COURSE

The Dark Story Behind Steak Diane

Rag Pudding and Kate and Sidney Pie

Kleftiko: What Do You Cook for a Bandit who Steals Everything?

Favourite Dish of the Iron Duke

Frozen Food from Siberia: How beef Stroganoff Came About

Haggis: A Covert Symbol of Rebellion?

Irish Stew and Its Cousins Across the Sea

Was Steak Tartare the Original Food on the Hoof?

Why Chicken Kiev Rules Supreme

Chicken Marengo: Napoleon's Culinary Good Luck Charm

Bangers and Mash: Exploding Food from the Trenches

Faggots: The Perfect Snack for a Burning

How Goulash Helped Overthrow Oppression

How Does Meat Become Jerky?

What is the Difference between Shepherd's and Cottage Pie?

인간은 육식을 하는 존재다,

그리고 식사를 해야 한다, 최소한 하루에 한 끼씩.

멧도요처럼 빨아 먹기만 해서는 살 수 없으니,

그게 아니라, 뱀과 호랑이처럼, 먹이를 쟁취해야 한다.

비록 해부상 구조 탓에

불평하며 야채를 감내할지언정

몸으로 일하는 동포들은 이의가 없지.

쇠고기, 송아지고기, 양고기가 더 소화에 좋다는 사실에.

Man is a carnivorous production,
And must have meals, at least one meal a day.
He cannot live, like woodcocks, upon suction,
But, like the shark and tiger, must have prey.
Although his anatomical construction
Bears vegetables, in a grumbling way,
Your labouring people think beyond all question,
Beef, veal, and mutton better for digestion.

바이런 경, 『돈 후안Don Juan』

스테이크 디안

Steak Diane

디아나Diana(프랑스어로 '디안Diane')는 처녀성과 달을 상징하는 로마의 신이다. 그는 사냥의 신이기도 해서, 로마 시대 이래로 여러 야생동물 요리가 이 신에게 헌정되었다. 프랑스에서 디안풍 사슴고기à la Diane venison란 살짝 볶은 후 고기의 달콤함을 보완하기 위해 자극적인 맛의 소스를 곁들여서 내는 것을 말했다. 그렇지만 인쇄물에서 **소스 디안**sauce Diane에 대한 언급은 20세기 이전에 없었다. 이 레시피는 1907년 오귀스트 에스코피에의 『요리 지침서Le Guide culinaire』에 처음 등장했다. 소스 푸아브라드sauce poivrade(후추 소스 pepper sauce)라고 설명되는 이 레시피는 거품 낸 크림whipped cream, 완숙 계란의 흰자hard-boiled egg white를 잘게 썬 것, 이 신을 기려 작은 삼각형[초승달을 의미한다]으로 썬 송로버섯truffle으로 마무리된다.

프랑스에 주둔했던 미국 군인 수천 명이 제2차 세계대전 후 모국으로 돌아가자, **스테이크 디안**steak Diane(그즈음에는 이 요리를 사슴고기보다 쇠고기로 만들고 다른 소스를 곁들여 제공했지만 이렇게 불렀다)이 대도시의 여러 식당 메뉴에 등장하기 시작했다. 1950년대 및 1960년대 뉴욕에서 여러 최고급 호텔들이 간판 요리로 자기식의 스테이크 디안을 창조했고, 하나같이 그 발명자가 자신이라고 주장했다. 물론 그들 중 발명자는 없었고 각각 자기식의 독특한 변형을 선보였다. 멀리 브라질 리우데자네이루에 있는 코파카바나 팰리스 호텔에서는 이 요리를 선보이는 행위를 극적인 구경거리로 만들었다. 스테이크를 아주 얇아질 때까지 망치로 두들기고, 손님 식탁 옆에 놓인 작은 가스버너를 써서 버터로 재빨리 지지고, 브랜디를 부은 후 팬에서 현란하게 불을 붙였다. 그 후 아마도 불연성 모자를 착용했을 식탁 옆의 요리사는 버터, 차이브chives, 셰리주sherry로 소스를 마무리하곤 했다.

그러나 이 요리에는 더 으스스한 면도 있는데, 아마 식사 손님들이 육즙이 풍부한 스테이크를 썰면서 떠올리고 싶은 이야기는 아닐 것이다. 사냥의 신 디아나Diana는 르네상스 시대 이래로 화가들에게 인기 있는 주제였다. 로마 신화에 따르면 악타이온Actaeon은 숲으로 사냥을 나갔다가 우연히 외딴 숲에서 목욕하고 있는 디아나와 마주쳤다. 바로 위대한 베네치아 화가 티치아노(1473/1490~1575)도 그렸던 유명한 장면이다. 어떤 인간도 디아나의 벗은 몸을 보도록 허락되지 않았기에, 분노한 신은 즉시 그에게 수사슴으로 변하는 벌을 내렸다. 사냥꾼은 사냥감이 되었고, 그 자신의 사냥개들이 그를 붙잡아 갈가리 찢어서 먹어치웠다. 그러니 최소한 신화에서는, 악타이온이 최초의 스테이크 디안steak Diane인 셈이다.

래그 푸딩과 케이트 앤드 시드니 파이

Rag Pudding & Kate And Sidney Pie

스테이크와 콩팥kidney은 두 가지 전통 영국 요리의 주재료이다. 푸딩 하나와 파이 하나인데, 전자는 수이트 크러스트suet crust가 요리 전체를 감싸고 있고, 후자에는 쇼트크러스트shortcrust 혹은 퍼프 페이스트리puff pastry 뚜껑이 덮여 있다. 그러나 먼저 등장한 것은 어느 쪽일까? 답은 푸딩으로 보인다. 페이스트리를 만드는 데 사용되는 지방인 수이트는 소나 양의 콩팥을 둘러싼 기름에서 얻는다. 그러니 내장과 고기를 페이스트리로 감싼다는 생각이 들 만도 하다. 이렇게 **스테이크 앤드 키드니 푸딩steak and kidney pudding**이 탄생했고, 18세기 중엽 즈음 확고하게 자리 잡았다.

비슷한 요리인 **래그 푸딩rag pudding**은 랭커셔주 올덤에서 시작됐다. 혹시 이름만 보고 소화가 안 될 것 같다면, 그 이름이 내용물이 아니라 요리 방식에서 나왔다고 덧붙이겠다. 이 요리는 다진 고기와 양파onion라는, 헝겊rag보다 꽤 맛있는 혼합물을 수이트 페이스트리 suet pastry로 감싼 것이다. 도자기 재질의 푸딩 용기가 출현하기 전에는 수이트나 다른 푸딩이나 처음에는 동물의 위 속에 재료를 넣고, 나중에 헝겊으로 싸서 삶는 것이 유일한 조리 방법이었다. 19세기 중엽 번성하는 면직물 교역의 중심지였던 랭커셔주에는 자투리 헝겊이 풍부했다. 그렇지만『조리의 기술』의 저자 해나 글라세가 독자들에게 강조했듯이, 깨끗한 헝겊이어야 했다. "푸딩을 삶을 때는 주머니나 헝겊이 아주 깨끗하고 비눗기가 없도록 주의를 기울여라. 그

리고는 뜨거운 물에 담근 후 잘 펼쳐라." 공장 바닥에서 주워 온 쪼가
리를 곧장 써서는 안 된다는 얘기다.

그렇다면 푸딩의 가까운 친척인 **스테이크 앤드 키드니 파이**steak and
kidney pie는 어떨까? 고기 파이meat pie라는 것은 오랫동안 잉글랜드
적 생활 방식의 일부였다. 15세기부터 행상인들이 뜨거운 고기 파이
를 런던 곳곳에서 팔고 다녔다. 19세기쯤 되자 고기 파이와 이 음식
을 먹는 사람들은 잉글랜드에 대한 고정 이미지 같은 게 되었다. 프
랑스 소설가 J. K. 위스망스는 1884년 출간된 『거꾸로À Rebours('자연
을 거스르다')』에서 이렇게 논평했다. "소년 같은 얼굴, 큼직한 치아,
혈색 좋은 사과 같은 뺨, 긴 손과 다리를 가진 튼실한 잉글랜드 여자
들이… 진정한 열정, 우둔살 파이rumpsteak pie, 버섯 소스mushroom
sauce로 조리하고 위에 크러스트crust를 덮은 따끈한 고기 요리를 가
지고 습격했다."

이 파이에서 고기에 곁들여지는 것은 버섯이다. 콩팥은 다음 세기
까지는 일반적으로 더해지지 않았던 것 같다. 아마 내장은 대조적인
식감뿐만 아니라, 값이 싸서 더 비싼 쇠고기를 아낄 수 있다는 이유
로도 더해졌을 것이다. 런던 토박이cockeny 속어로 **케이트 앤드 시드니
파이**Kate and Sidney pie 혹은 **스네이크 앤드 피그미 파이**snake and pygmy
pie라고 불리는 이 요리는 이제 가장 고전적인 고기 요리로 여겨진
다. 그리고 확고한 기호품이자 국가적 명물 비슷한 것이 되었다.

아주 쉽다는 뜻인 **파이처럼 쉽다**as easy as pie는 표현은 사실 호기심을 불러일으킨다. 도대체 왜 파이가 쉬운 거지? 파이가 쉽다는 것은 만들기보다는 먹기를 두고 하는 말로 보인다. 비슷한 표현인 **파이처럼 상냥하다**nice as pie도 마찬가지다. 둘 다 19세기 미국에서 비롯했다. 무언가를 어떤 파이에 비유하는 것은 미국적인 전형이다. 정말이지 **애플 파이만큼 미국적**as American as apple pie이다.

하늘의 파이pie in the sky 역시 미국식 관용구다. 기본적으로 좋은 아이디어지만 실현될 것 같지는 않다는 의미다. 이 관용구는 〈기쁨 속에 조만간 The Sweet By and By〉이라는 찬송가의 노동조합식 패러디로, 20세기 초 대공황기에 자주 불리던 노래에서 비롯했다. 곡명은 '설교자와 노예'이며, 후렴구는 이런 식으로 흘러간다.

> 그대 먹으리, 조만간
> 하늘 위의 영광스러운 땅에서,
> 노동하고 기도하고, 건초로 연명하며
> 그대 죽으면 하늘에서 파이를 얻으리.

그리고 어찌어찌 더 폭넓게 사용되게 되었는데[이 찬송가에는 '설교자와 노예' 말고도 많은 패러디가 존재하는데, 그중에는 메뚜기 시점의 것도 있다], 어쩌다 그랬는지는 나도 모른다.

대서양을 다시 건너 영국으로 돌아와보자. **파이마다 손가락을 넣다**to have a finger in every pie는 특히 사업과 관련해 여러 가지에 관심을 보이는 사람을 설명할 때 흔히 사용되는 표현이다. 만일 이 관용구가 '파이를 만들 때마다 손가락을 넣다'였다면 더 이해하기 쉬웠을 것이다. 누가 돌아다니면서 다른 사람들의 복숭아 크럼블peach crumble을 손가락으로 찌르는 이미지와 이것이 암시하는 간섭하기 좋아하는 참견꾼이라는 느낌이 사라졌을 테니 말이다. 이 표현은 400년 이상 사용되어왔고, 광범위하고 다양한 사업적 관심을 가진 사람에게 적용된다. 어떤 사람들은 신비롭고 흥미로워 보이고 싶을 때 자기 자신을 이렇게 묘사한다. 아마 사실은 평생 누구의 파이에도 손가락을 넣어본 적 없겠지만 말이다.

클레프티코

Kleftiko

그리스의 음식 역사는 아주 오래되었고, 수천 년 전부터 다른 여러 나라의 퀴진에 영향을 주었다. **클레프티코**kleftiko(혹은 **klephtiko**)는 이 나라의 유서 깊은 요리 중 하나로, 이 이름은 15세기부터 산악 지대에서 살던 산적단 클레프트klepht를 가리킨다.

1453년 콘스탄티노플 함락 후, 그리스 대부분은 오스만 제국으로 흡수되었다. 살아남은 그리스 군인 중 오스만 군에 합류하거나 토호의 사병으로 복무하고 싶지 않은 사람들은 혼자 힘으로 서야 했다. 그 결과 많은 사람이 접근이 어려워서 오스만이 지배하지 못했던 산으로 도망가기로 선택했다. 그리고는 클레프트에 합류했는데, 그 수가 수천 명에 달했다. 그들은 영웅적인 자유의 투사를 자처했지만, 훔친 것으로 어찌어찌 연명하며 범죄자처럼 살아갈 수밖에 없었다 (클레프트klepht는 훔치고 싶은 충동을 계속 느끼는 사람을 뜻하는 단어 '도벽kleptomaniac'의 어원이기도 하다).

그들이 달아난 데에는 그리스인으로서의 정체성과 그리스 정교를 유지하려는 열망이라는 버젓한 명분이 있었다. 그럼에도 클레프트가 공포의 집단이 되는 데에는 오랜 시간이 걸리지 않았다. 그들은 지역 농부들을 먹잇감으로 삼았고 소굴을 떠나는 경우는 마을을 습격하거나 여행 중인 상인들을 공격하기 위해 산길에서 매복할 때뿐이었다. 클레프트는 그들을 잡으러 나온 오스만 병사들보다 그 지리를 훨씬 잘 알고 있었기에 늘 한 발짝 앞섰다. 모닥불에서 나오는 연기는 그들이 숨어 있는 곳을 알려주는 최고의 단서였고, 도둑들이 훔쳐온 음식을 먹고 있을 때 추적자들이 급습할 기회를 주었다. 그렇지만 약삭빠른 클레프트는 곧 이 문제를 해결했는데, 오늘날까지도 이름이 남아 있는 요리의 조리법을 발명하는 것으로 가능했다. 클레프티코kleftiko, 직역하면 (클레프트와 관련된) '훔친 고기'는 뼈가 붙어 있는 양고기를 마늘과 레몬즙에 재웠다가 아주 저온에서 조리한 것이다. 클레프트는 구덩이에 불을 피우고 클레프티코가 담긴 솥을 넣은 후 흙과 나뭇가지 등으로 덮고 봉해서 연기가 새어 나오지 않게 했다. 이 방법 덕분에 산적들은 약탈하며 하루를 보낸 후 돌아왔을 때 오스만인들이 기다리고 있지 않을 것이라고 안심할 수 있었고, 더불어 솥에서 저온으로 완벽하게 조리된 불법적인 양고기를 맛있게 먹을 수 있었다.

비프 웰링턴

Beef Wellington

워털루 전투에서 나폴레옹을 격퇴한 철의 공작은 영국의 영웅이었고, 그의 이름은 다양한 곳에 부여되었다. 그중에는 수많은 거리와 술집, 고무 보트, 그리고 쇠고기 안심beef fillet을 페이스트리pastry로 감싸 조리하는 정말로 맛있는 요리가 있었다.

초대 웰링턴Wellington 공작 아서 웰즐리(1769~1852)는 인도, 스페인, 벨기에, 네덜란드에서 성공적인 군사 작전을 이어간 뛰어나고 대담한 군인이었다. 그는 병사들과 나란히 텐트에 머물며 스파르타적으로 생활할 때 가장 행복했다. 그에게 음식은 연료에 불과했다. 먹는 것에 너무나 무관심하면서 조리 환경은 너무나 간소하다 보니 그의 요리사들은 툭하면 바뀌었다. 그렇지만 전해지는 바에 따르면, 그러던 어느 날 한 요리사가 공작에게 이상적인 요리를 대접했다고 한다. 그 후 그는 이 요리를 자신의 긴 여생 동안 주최했던 공식 만찬마다 낼 것을 고집했다.

그 시대에는 고기의 촉촉함을 유지하도록 고기를 페이스트리에 넣어서 굽는 방식이 유행이었다. 동포들과 마찬가지로 웰링턴 공작은 쇠고기를 다른 어떤 고기보다 선호했다. 그의 요리사는 풍미를 더하기 위해 안심을 페이스트리로 감싸기 전에 크림을 넣은 버섯 페이스트mushroom paste를 더했다. 결과물인 요리는 연하고 맛있었다. 공작은 만족스러워했다. 요리사는 인정받은 기분을 느꼈고, 곧 세계 방방곡곡에 있는 열정적인 요리사들은 **비프 웰링턴Beef Wellington** 레시피를 선택했다.

　1815년 워털루에서 그들의 단신의 지도자를 뭉개버린 사람을 차마 기릴 수 없었던 프랑스인들은 예외였다. 이 요리의 프랑스 버전에는 송로버섯truffle과 푸아그라 파테pâté de foie gras가 더해졌고, 이름은 그냥 파이지로 싼 쇠고기 안심filet de boeuf en croûte이다. 사실다른 가설도 있다. 잉글랜드가 계속 프랑스와 반목하던 나폴레옹 전쟁 시기, 어느 애국심 강한 영국 요리사가 원래 프랑스 것이던 요리를 그들의 적을 섬멸할 사람을 기리는 영어 이름으로 바꾸었다고 한다. 또 다른 가설로, 노릇노릇한 페이스트리로 감싼 요리가 목이 긴 웰링턴의 군용 장화와 너무 닮았던 나머지, 유명한 장화 주인의 이름을 따랐다는 이야기도 있다.

비프 스트로가노프

Beef Stroganoff

우리가 사랑하는 겨울 요리 **비프 스트로가노프**beef stroganoff가 러시아의 시베리아 벌판 깊숙한 곳에서 발생했다는 이야기에 놀랄 사람은 거의 없을 것이다. 가늘게 저민 쇠고기를 양파, 버섯, 파프리카와 함께 볶아 사워크림과 섞은 이 요리를 만든 사람은 과거 러시아 제국에서 가장 파란만장한 가문 중 하나였던 스트로가노프 가문the Stroganovs의 요리사였다고 전해진다. 평등주의를 추구하는 프랑스인들은 요리 이름을 지을 때 신분에 상관없이 만든 사람의 이름을 따르는 경향을 보인다. 그들과 달리 러시아의 지배층은 주방 노동자 중 한 명의 새로운 아이디어가 성공하면 보통 자신에게 공을 돌렸다.

이 요리에 가문의 이름을 붙인 문제의 스트로가노프는 파벨 세르게예비치 백작(1823~1911)으로, 19세기 유럽 전역에서 잘 알려진 중요한 외교관이자 차르의 가까운 친구였다. 그러나 그는 선조 중 하나를 위해 발명된 요리의 공을 가로챘다. 그 선조는 파벨 알렉산드로비치(1772~1817)라는 또 한 명의 파벨 스트로가노프였다. 그는 후손과 마찬가지로 외교관이었고, 1811년에서 1815년 사이 나폴레옹 전쟁에서 중장으로 복무했다.

전해지는 바에 따르면 그의 보병 부대가 황량한 시베리아 황무지에 주둔 중이었을 때, 요리사는 꽁꽁 언 배급육을 조각낸 후 가늘게 썰어 보관하면 조리 전 오래 해동해야 하는 큰 덩어리보다 처리하기 쉽다는 사실을 발견했다. 황무지에서 구할 수 있는 다른 재료로는 야생 버섯wild mushroom과 양파가 있었다. 아마 소금은 넉넉했을 테고, 우유나 크림도 그 지역의 소와 염소에서 많이 짤 수 있었을 것이다. 그 결과 만들어진 레시피는 곧 가문의 애호품이 되었다. 그리고 젊은 파벨 백작을 포함한, 뒤이은 여러 스트로가노프에 의해 대중화되었다.

비프 스트로가노프beef stroganoff가 잉글랜드에서 유행하게 된 것은 1932년 앰브로즈 히스의 『좋은 음식Good Food』에서 처음 레시피가 소개된 이후부터다. 그리고 제2차 세계대전 후 귀국하는 미군이 쇠고기를 볶아 시베리아 스타일로 내는 스트로가노프 백작의 요리를 갖고 바다를 건너갔다.

해기스

Haggis

음식에 대한 어떤 책도 이 위대한 스코틀랜드의 기호품 없이는 완벽하지 못할 것이다. **해기스**haggis의 원조 레시피는 양의 염통, 폐, 간을 양파, 오트밀, 수이트suet와 함께 다진 후 동물의 위에 채워 넣고 세 시간 동안 삶는 것이다. 이것을 삶아서 으깬 감자와 순무turnip, 혹은 잉글랜드 북쪽의 미식가들이 부르듯 태티스 앤드 닙스tatties and neeps[스코틀랜드 사투리로 태티tattie는 감자, 닙neep은 순무다]와 함께 내면 스코틀랜드의 국민 요리가 된다.

어떤 사람들은 해기스가 스코틀랜드에 처음 상륙한 것은 서기 800년 즈음 바이킹들과 함께였고, 이 단어 자체가 대충 '다지다'로 번역되는 고대 노르웨이어 하그바haggva에서 진화했다고 믿는다. 그렇지만 동물의 부산물을 위나 창자에 채우는 방법은 바이킹에게나 그들이 침략한 민족에게나 딱히 독창적인 아이디어는 아니었다. 누가 뭐라고 하든, 소시지 만들기의 핵심이 바로 그것이니 말이다. 과거 코부터 꼬리까지 먹기[코부터 꼬리까지 먹기nose to tail eating는 내장처럼 흔히 버려지는 것까지 동물의 모든 부위를 낭비 없이 사용하는 것이다. 21세기 들어 특히 영국을 중심으로 전통 식생활을 본받아 환경에 기여하자는 운동으로 재조명되었다]는 근근이 먹고 살던 사람들이 실용성을 발휘한 결과였다. 먹을 수 있다면 아무것도 낭비할 수 없었다. 프랑스에도 비슷한 요리인 **안두예트**andouillette가 있는데, 처음 제공된 것은 878년 9월 트루아에서 열린 루이 2세의 대관식이었다. 더 과거를 뒤져보면,

로마인들도 동물의 창자에 내장을 채운 해기스haggis 비슷한 요리를 만들었다고 알려져 있다. 심지어 호메로스의 『오디세이아Odyssey』 (기원전 800년경)에도 주인공 오디세우스를 이글거리는 불 위에서 '지방과 피로 채운 위'를 굽고 있는 사람에 비유하는 부분이 등장한다.

해기스라고 불리던 내장 푸딩offal pudding의 기원이 순수하게 스코틀랜드적이라는 증거는 거의 없다. 기록으로 남은 최초의 레시피는 1430년 즈음 랭커셔주의 요리책 『리버 쿠어 코코럼Liber Cure Cocorum(조리 기술)』에서 당시 불리던 '해기스hegese'라는 이름으로 등장한다. 이것이 17세기 초에 흔한 잉글랜드 음식이었던 것은 분명하다. 저버스 마컴은 1615년 요리책 『잉글랜드의 주부The English Housewife』에서 이렇게 썼다. "오트밀을 피, 양이나 송아지나 돼지의 간과 섞어서 해가스haggas 혹은 해거스haggus라고 불리는 푸딩을 만든다. 누군가에게 그 맛을 뽐내는 것은 쓸데없는 일이다. 왜냐하면 이 요리를 즐기지 않는 사람은 한 명도 찾기 힘들기 때문이다."

스코틀랜드인들이 해기스가 그들의 국민 요리라고 주장하는 데에는 더 흥미로운 사연이 있다. 그들이 사랑하는 시인 로버트 번스 (1759~1796)와 관련된 이야기다. 스코틀랜드 농부의 아들인 번스는 십 대 시절 시를 쓰기 시작했다. (스코틀랜드 사투리로 쓰인) 초기작들은 다양한 동네 미인에게 바쳐졌다. 이 여자 저 여자에게 눈을 돌리다 보니 평판은 점점 더 나빠졌는데, 동네 처녀 둘이 임신하며 사정이 더 복잡해졌다. 두 집 살림은 물론 한 집 살림을 지탱할 여력도 없던 젊은 농장 노동자는 크나큰 재정 압박하에 놓였다. 1786년 11월 27일 그는 원고를 옆구리에 끼고 에든버러로 떠났다. 뭔가 출간할만한 게 있는지 알아보기 위해서였다.

그의 시들이 출간되어 대단한 비평적 찬사를 받자, 젊은이는 곧 에든버러 상류사회의 일원이 되어 학자, 작가, 화가, 귀족의 초대를 받았다. 결과적으로 로버트 번스의 생활 방식은 1796년 37세의 나이로 사망할 때까지 별로 달라지지 않았다. 여자들에 대한 집착이 여전히 그를 지배했고 많은 시가 그들에게 바쳐졌다. 그는 파티를 즐기는 방법에 대해서도 뭘 좀 알았다. 그의 시 「올드 랭 사인Auld Lang Syne」은 섣달그믐날 자정이면 여전히 전 세계에서 불린다. 스코틀랜드에서조차 그 노래를 부르는 사람 중 극소수만이 가사가 무슨 뜻인지 짐작하지만 말이다[제목인 올드 랭 사인은 '그리운 옛날'이라는 뜻으로 한국에서는 보통 '석별'로 번역된다]. 그의 중요성은 매년 그의 생일인 1월 25일이면 전 세계의 스코틀랜드인들이 축하할 정도로 크다.

번스 나이트Burns Night의 형식은 하나의 전통이 되었다. 거대한 해기스로 만들어진 센터피스centrepiece가 백파이프들이 울부짖는 가운데 들어오고, 번스의 「해기스에게 바치는 노래Address to a Haggis」가 낭독되는 가운데 참석자 전원이 스카치위스키Scotch whisky로 건배한다. 이는 해기스의 숱한 미덕을 열거하는 익살스러운 시로, 이른바 세련되었다는 사람들이 해기스를 무시하는 것이 얼마나 잘못된 일인지 역설한다. 해기스야말로 진정한 스코틀랜드 음식이고, 화려한 외국 요리들과 달리 건강에 좋으며 아무리 성난 사람도 잠잠하게 만들기 때문이다. 그러나 이런 익살의 이면에는 진지한 목적이 숨어 있다. 번스가 이 시를 쓴 것은 잉글랜드에 대한 재커바이트의 반란Jacobite Risings(1688~1746)[재커바이트는 명예혁명 후 망명한 제임스 2세와 그 자손을 영국 군주로 지지한 세력으로, 60년간 스튜어트 왕정 복고를 위해 여러 번의 반란을 일으켰다]이 실패한 직후, 스코틀랜드적인 모든 것이 짓밟히던 시절이었다(예를 들어 타탄[스코틀랜드 전통 체크 무늬 혹은 그런 무늬의 직물. 씨족마다 고유한 타탄이 있었다]으로 지은 옷을 입으면 7년 간 감옥에 갇히는 처형을 받았다). 번스와 그의 스코틀랜드인 추종자들에게는 스코틀랜드적 삶과 문화의 모든 측면을 기념하는 것이 중요했다. 더 이상 함께 있지 못할 수도 있으니까 말이다. 번스가 스코틀랜드인이 아니면 이해하기 힘든 강한 사투리로 시를 쓴 덕에, 잉글랜드인 독자들은 '해기스에게 바치는 노래'의 노골적으로 반항적인 메시지를 알아보지 못했다. 여기 한 구절을 옮겨보겠다.

> 그러나 강력한 해기스를 먹은 스코틀랜드인에게 주목할지니,
> 그의 걸음 소리가 진동하는 땅에 울려 퍼지고,
> 그의 커다란 주먹이 칼을 움켜쥐고,
> 그는 그것이 윙윙거리게 할 것이다.
> 그리고 다리와 팔과 머리를 베어낼지니,
> 엉겅퀴 꽃들의 대가리처럼.

미국 독자들에게 한 말씀: 스코틀랜드인들이 이런 말을 한다면 무시해라. 해기스는 하일랜드에 사는 작고 복슬복슬한 동물이 아니다. 다리 한 쌍은 짧고 한 쌍은 길어서 스코틀랜드 산악 지대의 가파른 언덕에서 빨리 달리지도 못한다.

아이리시 스튜

Irish Stew

순수주의자는 말한다. 아일랜드의 국민 요리로 칭송받는 **아이리시 스튜**Irish stew는 양(어린양이 아니라 성숙한 양)의 목, 감자, 양파, 물만으로 만들어야 한다고. 아일랜드에서는 늙은 양만 먹는다. 어린 동물들의 육질이 더 연할지언정, 양젖과 양털의 공급원으로서 너무나 유용하기 때문이다. 비순수주의자를 위한 추가 재료로는 당근, 순무 turnip, 보리pearl barley 등이 있는데, 형편이 여의치 않다면 뭐든 손닿는 대로 대충 다 넣어도 된다. 이 레시피의 천재성은 저온으로 오래 요리하는 게 양고기의 질긴 부위를 맛있고 향기롭게 하는 완벽한 방법이라는 데 있다. 전통적으로 아이리시 스튜는 개방형 화덕에서 긴 시간 조리되곤 했다. 국민 요리, 그것도 푸짐한 국민 요리로서 이 스튜의 지위는 여러 세기 동안 인정받았다. 일례로 1800년 즈음 잉글랜드의 한 브로드시트broadsheet[브로드시트 혹은 브로드사이드는 노래, 시, 뉴스 등이 실린 단면 인쇄 신문으로, 16세기부터 19세기까지 영국, 아일랜드, 북미 등에서 가장 흔한 형태의 인쇄물 중 하나였다]에 이런 가사의 노래가 실렸다. "그리고 아이리시 스튜 만세 / 그대의 배에 아교처럼 착 달라붙을 지어니."

그러나 아이리시 스튜가 유일무이한 존재는 아니다. 바다 건너 영국의 다양한 지역에 비슷한 요리가 있다. 예를 들어 **스코치 브로스** Scotch broth는 어린 양이나 성숙한 양의 고기, 보리, 당근, 순무를 사용한다. **랭커셔 핫팟**Lancashire hotpot은 기본적으로 같은 요리다. 어린

양이나 성숙한 양의 고기와 감자를 큰 냄비에 한꺼번에 넣고 저온에서 아주 서서히 조리한다. 아일랜드 출신 이민자가 많기로 유명한 항구도시 리버풀에도 비슷한 요리가 있다. 노르웨이어로 '스튜'라는 의미인 '랍스카우스lapskaus'는 18세기에 스칸디나비아 선원들에 의해 들어왔다. 이 요리의 이름은 '랍스 코스lobs course', '랍스카우스lobscouse'로 변형되다가 결국 **스카우스scouse**가 되었다. 이 단어는 라이미Limey와 크라우트Kraut 등 음식에서 비롯한 다른 나라 국민의 별명과 비슷하게, 리버풀의 선량한 시민들과 연관 지어지게 되었다. '스카우스 한 냄비'는 이 도시 노동 계급 지역 식사의 흔한 일부가 되었다. 고기 없는 버전인 **블라인드 스카우스blind scouse**도 있다. 어린 양이나 성숙한 양의 고기, 양파, 당근과 냄비를 가득 채울 정도로 최대한 감자를 넣어서 만드는 스카우스는 저렴한 고기 부위를 연하게 하려고 저온으로 서서히 조리된다는 점에서 더 유명한 사촌인 전통 아이리시 스튜Irish stew와 꼭 닮았다.

스테이크 타르타르

Steak Tartare

스테이크 타르타르steak tartare는 다지거나 갈거나 곱게 썬 고기로 만든다. 주로 쇠고기이지만 사슴고기도 가능하며 몇몇 나라에서는 말고기도 사용한다. 가끔은 가늘게 썬 후 망치로 두드려서 편 것을 양념에 재우고 차게 식혀 날것으로 내기도 하는데 보통 계란 노른자를 역시 날것으로 위에 올린다. 이 요리의 이름은 20세기 초 프랑스 식당에서 스테이크에 곁들여 나오던, 마요네즈를 곱게 다진 양파, 오이, 케이퍼와 섞어 만든 **타르타르 소스**tartare sauce에서 왔을 가능성이 크다. 처음에는 스테크 알 라메리켄steak à l'américaine이라고 불리던 이 레시피는 진화해서 오늘날 우리가 아는 스테이크 타르타르가 되었다.

그렇지만 그 기원에 대해 훨씬 재미있는 가설도 있다. 이 요리가 중앙아시아 스텝 지대의 유목민족 타타르족Tartars에게서 나왔다는 것이다. 말을 잘 타기로 유명한 이 부족의 타타르Tatar 혹은 타르타르Tartar라는 이름은 말을 탄 특사 혹은 전달자를 의미하는 터키어나 페르시아어 타타르tätär에서 비롯했다. 그렇지만 몇몇 어원학자들은 'r'이 로마인들에 의해 덧붙여졌다고 주장한다. 그들이 이 야만적인 기마전사들을 보며 로마어로 지옥에 해당하는 타르타루스Tartarus를 연상했다는 이야기다.

타타르족 중에서도 가장 사나웠던 사람은 그들의 유명한 지도자이자 황제 중의 황제인 칭기즈칸(1167~1227)이었다. 그는 휘하의 몽골 기마부대와 함께 태평양에서 볼가강에 이르는, 당시 사람들이 알던 세계의 3분의 2를 침략하고 정복했다. 그의 병사들은 계속 전진 중이다 보니 식사를 발굽 위에서 해야 했다. 그야말로 문자 그대로 [직역하면 발굽 위에서인 on the hoof는 '급히'라는 의미다] 말이다. 정복해야 할 또 다른 땅으로 말을 달리느라 안장에 아주 오랜 시간 머물기로 유명했던 몽골인들은, 배급받은 고기를 안장 밑에 끼워 넣고 달리면 하루가 끝날 즈음에 질긴 고깃덩어리가 먹을 만하게 연해진다는 사실을 발견했다. 가끔은 이 납작해진 고기를 다져서 작은 완자로 만들곤 했는데, 말 옆구리의 온기로 따뜻해진 고기는 기수가 멈춰서 모닥불을 지피고 조리할 때보다 더 맛이 좋았다.

황제의 손자 쿠빌라이 칸(1215~1294)이 결국 모스크바를 정복했을 즈음 몽골인들은 이 연한 배급 고기를 지역민들에게 소개했고, 그들은 '난폭한 침략자들의 스테이크'라는 의미로 스테이크 타르타르 steak Tartar라는 이름을 붙였다. 이 요리는 긴 세월에 걸쳐 러시아와 더 먼 곳 출신의 요리사들에 의해 발전되었다. 손님들은 더 이상 식사에 앞서 말에 고기를 두르고 바위투성이 지형에서 며칠간 타고 다니지 않아도 된다.

근사한 이야기이지만 몇몇 역사가에 따르면 중세의 기록에는 그런 관습이 언급되지 않는다. 중앙아시아나 극동아시아 기록에도 없다. 그들의 가설에 따르면 이 이야기는 중앙아시아 유목민이 말 등에 고깃덩어리를 올려놓는 실재하는 관습에서 비롯했을 가능성이 크다. 그러나 그렇게 한 것은 말의 상처를 완화시키는 윤활제로 쓰기 위해서였다. 우리가 멍든 눈에 생고기를 올리는 것과 비슷한 이유다. 그런 관습이 이후 그 고기를 먹었다는 뜻은 아니다.

치킨 키에프

Chicken Kiev

우리가 **치킨 키에프**chicken Kiev라고 부르는 요리는 아마 세계에서 가장 유명한 닭고기 레시피일 것이다. 이는 원래 폴로 소르프레사 pollo sorpresa 혹은 '깜짝 닭고기chiken surprise'라는 이탈리아 요리였다. 이 요리에서 깜짝 놀라게 하는 부분은 빵가루breadcrumb를 입힌 닭가슴살chicken breast을 포크로 찍으면 흘러나오는 녹은 마늘 버터다. 이 요리의 프랑스 버전은 쉬프렘 드 볼라일르suprême de volaille, 즉 '최고의 닭고기'다(이 이름은 진한 화이트 소스white sauce에 조리한 닭가슴살을 뜻할 수도 있다). 이 요리의 맛을 세계에 알린 것은 프랑스 버전이었는데 전부 나폴레옹(1769~1821) 덕분이었다. "군대는 위에 의지해 행군한다"라는 유명한 말을 남긴 열정적인 군사 작전가로서, 그는 부대가 계속 전진하는 데 도움이 될 식품 보존법을 고안하는 사람에게 1만 2000프랑의 상금을 내걸었다. 14년가량의 실험 후, 1810년 1월 니콜라 아페르Nicolas Appert(1749~1841)가 밀봉된 병에 음식을 보존하는 기술로 상을 받았다.

치킨 수프림chicken supreme은 그가 이 방법으로 처음 보존한 음식 중 하나였고, 그 결과 이 요리는 전례 없는 속도로 유럽 전역에 수출되었다. 같은 해 현대적 보존법에 대한 최초의 요리책인 그의 책 『라르트 드 콘세르베 레 쉽스타탄스 아니말 에 베제탈L'Art de conserver les substances animales et végétales('고기 및 야채의 보존 기술')』이 출간되었다. 10년이 지나지 않아, 병조림은 아페르가 확립한 기술에 기초하여 통조림으로 진화했다. 이후 그는 '통조림의 아버지'로, 그의 기술은 '아페르티자시옹appertization'으로 알려지게 되었다.

그러나 치킨 수프림chicken supreme은 어쩌다 치킨 키에프chicken Kiev가 된 걸까? 러시아 음식사가 윌리엄 포클롭킨William Pokhlebkin(그의 성은 포클렙카pokhlebka 혹은 '스튜'에서 나왔다. 아버지가 1917년 혁명기에 지하활동을 하기 위해 지은 별명이었다)에 따르면, 이 레시피의 러시아 버전은 20세기 초 모스크바 상인 클럽에서 발명되었다. 이 무렵은 공산당이 국경 밖의 모든 것을 거부하며 러시아 이름만 용인하던 시절이었다. 약삭빠른 클럽 요리사가 이름을 치킨 키에프로 바꾼 결과, 이 요리는 엄청난 인기를 끌게 되었다. 20세기는 어마어마하게 많은 러시아 이민자들이 박해를 피해 모국에서 달아난 시기이기도 했다. 많은 사람이 미국으로 왔는데 식당, 특히 미국 동부 해안의 식당에서 모국의 이 요리에 익숙하던 사람들을 신규 고객으로 끌어들이기 위해 치킨 수프림을 치킨 키에프라고 부르기 시작했다. 이 새로운 이름이 두 차례의 세계대전을 통해 다시 유럽으로 옮겨갔다. 1976년 치킨 키에프는 막스 앤드 스펜서가 생산하고 판매한 최초의 즉석식 ready meal이 되면서 역사를 만들었다. 바로 패스트푸드의 부엌 정복이라는 또 하나의 혁명을 향해 또 한 걸음 내딛은 것이다.

전체 이야기에 아이러니한 주석 하나를 달아보자. 니콜라 아페르가 통조림의 대량 생산으로 곧장 이어지는 방법을 발명하는 데 성공했음에도, 다른 발명가가 깡통따개를 생각해내기까지 거의 50년이 걸렸다. 한 번쯤 생각해볼만한 일이다.

치킨 마렝고

Chicken Marengo

치킨 마렝고chicken Marengo는 인기 있는 이탈리아 요리로, 원래 1800년 6월 14일 유럽 역사의 핵심 사건 중 하나를 기념해 창조되었다. 1800년 초 나폴레옹은 새로운 공화국에서 가장 권세 있는 자리인 프랑스 제1통령으로 선출되었다. 그가 첫 번째로 취한 행동은 알프스산맥을 넘어 이탈리아로, 예전에 프랑스 군대가 오스트리아 군대에 밀려난 곳으로 밀고 들어가는 것이었다. 그의 병력이 알레산드리아시 인근 마렝고marengo평원에서 주둔 중일 때 오스트리아 군대가 기습했고 프랑스인들은 혼란에 빠졌다. 그렇지만 보나파르트는 재빨리 증원군을 부르는 한편 과감한 반격으로 전세를 뒤집었고, 결국 오스트리아인들을 이탈리아 밖으로 완전히 몰아냈다.

　마렝고 전투라고 불리는 이 유명한 승리는 이탈리아에서 군사 작전이 승리했음을 확정 지으며 파리에서 보나파르트의 정치적, 군사적 명성을 한껏 드높였다. 전해지는 바에 따르면, 전투가 끝났을 때 나폴레옹은 배가 몹시 고팠고 스위스 출신 요리사 뒤낭에게 식사를 준비하라고 명했다. 그러나 뒤낭은 처음의 기습 때 식량 수레를 잃었기에, 그 지역 마을에서 찾아낸 재료로 임시변통할 수밖에 없었다. 닭고기, 가재, 계란, 토스트(원래 병사들에게 배급된 빵으로 만들었다)라는 흔치 않은 조합이 같은 접시에 전부 담긴 것은 그래서였다. 미신을 즐기는 나폴레옹은 이 요리를 너무나 좋아했고, 이 음식이 행운과 승리를 가져올 것이라는 믿음으로 전투 전날 저녁마다 제공하

라고 명령했다. 그가 엘바섬에의 오랜 유배 중에도 계속 치킨 마렝
고chicken Marengo를 요구했는지는 알려져 있지 않다. 어쩌면 그즈음
에는 그 효험에 대한 믿음을 잃었을 수도 있다. 그렇지만 이 요리는
오늘날까지도 유럽의 메뉴에 단골로 등장한다.

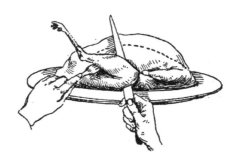

뱅어 앤드 매시

Bangers And Mash

음식의 역사 및 기원에 대한 어떤 책도 **뱅어 앤드 매시**bangers and mash라는 중요한 잉글랜드 요리 없이는 완성되지 않을 것이다. 잉글랜드 사람들의 마음과 영혼에서 **소시지**sausage와 감자로 만든 이 단순한 요리를 이길 것은 피시 앤드 칩스fish and chips뿐이다. 이름의 '매시' 부분은 이해하기 쉽다. 하지만 '뱅어'는 어디서 온 걸까?

소시지는 고대까지 거슬러 올라갈 수 있는, 역사상 가장 오래된 가공식품 중 하나이다. 그리스의 철학자이자 저술가이고 최초의 희극 작가로도 여겨지는 에피카르모스(기원전 540~450)는 소시지의 모양을 들먹이는 음담패설이 자주 등장하는 《오리아Orya(소시지)》라는 희극을 썼다. 한편 서사 시인 호메로스(기원전 850년경)는 『오디세이아』에서 일종의 블러드 소시지blood sausage를 언급한다. 처음에는 소시지를 만들 때 동물의 창자에 내장을 채웠지만 요즘은 좀 더 세련되어졌다. 옛날 생각이 나게 하는 **블랙 푸딩**black pudding이나 해기스haggis의 팬만 아니라면 말이다. 오늘날 영국에서 소시지는 돼지고기, 쇠고기, 양고기, 사슴고기, 닭고기 등 온갖 고기와 다양한 허브 및 향신료로 만든다. 치즈와 리크leek로 만드는 **글러모건 소시지**Glamorgan sausage처럼 가끔은 고기를 아예 빼기도 한다.

영국에서 돼지고기 소시지는 프랑스 및 이탈리아와 비슷하게 19세기에 대량 생산되기 시작했다. 빅토리아 시대 사람들은 소시지에 실제로 무엇이 들었을지 의심했고 '작은 수수께끼 자루'라는 별명을 붙였다. 1850년 즈음 팽배했던 소시지에 말고기를 넣는다는 의혹에 근거해 나온 표현으로 보인다. 1914년 제1차 세계대전이 발발하고 식량 부족과 배급이 이어지면서 종류를 불문하고 소시지용 고기 물량이 줄어들었다. 생산자들은 대신 남은 음식, 곡물cereal, 물을 채웠는데, 그러다 보니 북유럽의 참호 안에서 삽에 올려 화톳불에 굽던 소시지가 펑 터지는 일이 생겼다. 그 결과 토미[영국 병사]들은 이것에 '뱅어bangers'라는 별명을 붙였다. 그래서 '뱅어 앤드 매시bangers and mash'라는 관용구가 유행했고, 1919년 즈음 병사들이 옛날의 삶으로 돌아갈 무렵에는 이미 확고히 자리 잡게 되었다.

패곳

Faggot

오늘날 패곳faggot은 동성애자를 비하하는 미국 속어다. 이 용어가 인기 있는 영국 요리의 이름으로 훨씬 오래 사용되었다는 사실은 희미해졌다. 소시지와 미트볼 사이 어딘가에 속하는 **패곳faggot**은 자투리 고기를 다지고 내장, 빵가루breadcrumb, 양파와 섞어서 만들며 보통 그레이비gravy를 곁들인다.

이 단어 자체는 '막대기 묶음'이라는 의미의 훨씬 더 오래된 단어 패곳에서 비롯했다. 패곳은 크기의 단위였다. '짧은' 패곳은 3피트 길이의 막대기들을 2피트 둘레의 다발로 묶은 것이었고, '긴' 패곳은 4피트 길이의 막대기들을 묶은 것이었다. 이 단어는 고대 프랑스어 파고fagot에서 왔고, 이는 다시 '파시즘fascism'이라는 단어의 어원이기도 한 그리스어 파켈로스phakelos에서 도출되었다. 중세의 문서에서 패곳이 등장하는 것은 대체로 꽤 야만적인 맥락에서였다. 즉 나쁜 짓을 저지른 사람을 불태우려고 쌓아 올릴 때였다. 헨리 5세의 치세이던 1414년에는 종교개혁자 존 위클리프(1330경~1384)를 추종하던 롤러드파Lollards를 억누르기 위해 '불과 패곳 의회Fire and Faggot Parliament'라는 것까지 수립되었다. 정치적, 종교적 자유와 영어로 쓰인 성서를 위해 활동하던 롤러드파는 이단으로 간주되었고 그들 다수가 의회가 행하는 잔인한 처벌의 희생자가 되었다.

지금으로서는 믿기 힘들지만 화형은 중세의 리얼리티 쇼였다. 사람들은 근사한 처형을 보려고 수천 명씩 모여들곤 했다. 패곳

faggot(음식)이 그 이름으로 불린 것은 고기의 자투리 혹은 '패곳의 끄트머리'로 만들기 때문이었다. 음식 패곳은 장작 패곳이 불에 그러 듯 빠르게 뜨거운 연료를 보급하기도 했다. 화형장에서 기회를 놓치지 않으려는 음식 행상들이 자기 패곳의 장점을 외치고 다니면 군중은 진짜 패곳에 불이 붙기를 기다리면서 무해한 버전의 패곳을 간식으로 먹었다. 아이러니하게도, 1666년 런던 대화재가 시작된 푸딩 레인의 빵집 오븐 안에서는 패곳[장작]이 불타고 있었다.

시간이 흐르며 더 세련된 요리들이 도시의 사랑을 차지했고 패곳은 시골로 추방되었다. 특히 버밍엄 인근 블랙컨트리에서는 여전히 인기다. 제2차 세계대전 중 식량 배급으로 음식 낭비가 용인되지 않자 패곳은 인기를 회복했고, 더 최근에는 영국 전통 요리를 내는 일이 유행하기도 했다. 그러나 경고의 한 말씀: 여러분이 미국에서 점심 식사를 주문할 때 식당에 패곳을 달라고 하면 안 된다. 오해받을 수도 있다.

굴라시

Goulash

굴라시goulash는 표면상으로는 그냥 쇠고기 스튜에 불과하지만 눈에 보이는 것보다 더 많은 의미를 담고 있다. 고형 육수stock cube를 최초로 활용한 사례이자 국민성의 표현이기 때문이다. 이 요리는 독립성을 자랑하던 마자르 목부들이 헝가리 대초원에서 살던 9세기까지 거슬러 올라간다. 그들은 가축 무리와 먼길을 떠나기 전, 깍뚝 썬 고기를 양파, 향신료와 함께 냄비에 넣고 저온으로 서서히 익혔다. 국물이 모두 졸아들면 햇볕에 말린 후 양의 위로 만든 주머니에 보관해서 가져갔다. 밤에 이 휴대 식량을 꺼내 물이 담긴 냄비에 던져 넣고 끓이면 수프나 스튜가 되었다. 헝가리에서는 이 요리를 푀르쾰트pörkölt라고 부른다. 여전히 수프와 스튜 둘 다로 제공되는데, 어느 형태인지는 더해지는 물의 양에 따라 달라진다. 세계의 나머지 지역은 이 요리를 '목동' 혹은 '소몰이꾼'을 의미하는 헝가리 단어 구야시 gulyás에서 나온 '굴라시'라고 부른다.

굴라시는 18세기 말 나라 전역에서 국민 의식이 높아지기 전까지는 농민 요리로 남아 있었다. 오스트리아-헝가리 제국에 합병된 헝가리는 오스트리아 합스부르크 왕가 황제의 통치하에 있었다. 헝가리인들은 모국의 문화유산이 위험에 처해 있는 상황이 두려웠고, 무엇이든 헝가리의 문화적 정체성을 표현한다면 기꺼이 포용했다. 헝가리 언어와 (독일어가 공식 언어가 되었다) 전통적인 헝가리 생활 방식의 모든 측면에 대한 애착이 커졌는데, 그중에는 미식도 있었다. 그러다 보니 굴라시goulash는 크게 유행했다. 그때까지는 목부들만 먹던 요리가 이제 성과 궁전에서도 등장했다. 해기스haggis가 스코틀랜드인에게 그랬듯이, 굴라시는 압제에 직면한 헝가리 정체성의 상징이 되었다. 이즈음 파프리카가 소개된 것도 이 요리의 인기가 날로 커지는 데 도움이 되었다. 말린 홍고추red pepper로 만든 훈제 풍미의 파프리카는 헝가리의 간판 향신료이자 오늘날 우리가 아는 굴라시의 필수 재료가 되었다.

제2차 세계대전 후 헝가리는 또 다른 압제 정권인 소련의 지배 아래로 떨어졌다. 점점 커져가는 반대와 저항에도 불구하고, 정치 및 경제에 스탈린 체제가 강요되었다. 1956년 10월 학생 시위를 시작으로 자발적 봉기가 일어나 나라 전역으로 퍼져나갔다. 정부가 전복되고 봉기가 계속 퍼지자 소련이 진압군을 보냈다. 수천 명이 체포되었다. 반란군 지도자는 처형되었고 괴뢰 정부가 들어섰다. 10년 동안 심한 압제가 이어졌지만 1966년쯤 되자 경제 개혁을 시도하는 움직임에 조금씩 밀려났다. 종종 **굴라시 공산주의goulash communism**로 불리는 체제의 시작으로, 스튜라는 것이 한 나라의 정치와 마찬가지로 재료들을 혼합하여 만들어진다는 생각에서 나온 이름이었다. 소련 체제를 조금이라도 대놓고 부정했다가는 잔인하게 짓밟힐 것을 알기에, 헝가리 정부는 사회주의 경제에서 조금이라도 벗어났다고 인정하는 일 없이 자본주의적 요소들을 받아들이려고 했다. 헝가리에서 굴라시 공산주의는 이런 노력을 대변한다. 이렇듯 서서히 닦여나가던 독립으로 향하는 길은 1989년 공식 선언으로 이어졌다. 한 국가가 살아남으려면 국민을 문자 그대로, 그리고 상징적으로 지지해주는 국민 요리가 필요하다는 사실을 알 수 있을 것이다.

저키

Jerky

남아메리카 안데스 지대의 케추아족이 개발한 차키charqui(직역하면 '말린 고기')는 고기를 보존하는 전통적인 방법이었다. 보통은 라마고기나 말고기나 쇠고기였는데, 오랜 기간 저장할 수 있어서 여행자들에게 이상적인 음식이었다. 이 기술은 유럽인 정착민들에 의해 개선되었다. 그들은 가늘게 썬 쇠고기를 햇볕이나 불가에 두어 건조시킨 후 대륙을 가로지르는 긴 여정에 사용했다. 그들은 이것을 **저키** jerky[육포]라고 불렀는데, 비록 고도로 가공된 형태일지언정 오늘날까지도 인기를 유지 중이다. 이 케추아어 단어 역시 노예무역을 통해 카리브해 지역으로, 특히 자메이카로 전해졌다. 이 지역에서 **저크**jerk는 고기를 뜨겁고 오래 가는 단단한 장작으로 피운 불에 굽는 전통적인 방법을 말한다. 원래는 나뭇가지로 틀을 만들어 올렸지만 지금은 '저크 팬jerk pan'이라고 불리는 강철통에 **자메이카식 저크 양념** Jamaican jerk spice이라는 특별한 혼합 향신료를 바른 고기나 생선을 넣어 굽는다.

셰퍼드 파이와 코티지 파이

Shepherd's and Cottage Pie

감자potato에 대한 유럽인의 커져가는 열정과, 결정적으로 좁은 면적에서도 높은 수확량을 달성할 수 있다는 점 때문에, 18세기가 시작될 즈음에는 모든 소규모 자작농과 소작농이 찾아낼 수 있는 모든 자투리땅에서 감자를 재배하고 있었다. 단백질과 탄수화물이 완벽한 균형을 이룬 '고기와 감자meat and potatoes'라는 조합은 곧 노동자를 위한 푸짐한 식사의 전형이 되었고, 나아가 무언가의 근본 혹은 기초를 의미하는 비유로도 사용되었다. 감자 재배의 대중화는 이제 농민들이 원시적인 조리 설비에 불구하고, 귀족들의 연회에나 등장하던 파이를 나름대로 만들 수 있다는 것을 의미했다. 그렇지만 농민들은 먹을 수 없는 허프 페이스트huff paste 대신 실용적인 요리를 만들었다. 농민들의 파이는 페이스트리pastry 대신 조리된(으깨거나 저민) 감자로 만든 파이 뚜껑을 포함해 마지막 한 조각까지 먹을 수 있었다.

감자를 더한 파이는 선데이 로스트Sunday roast에서 남은 음식으로 다음 끼니까지 버티게 하기도 했다. 또한 1870년대에 고기 분쇄기가 흔해지자, 오두막 주민들과 양치기 같은 평범한 사람들도 감자파이용 고기를 다질 수 있었다.

| 코티지 파이 Cottage Pie |

1791년 처음 언급된 **코티지 파이**cottage pie는 다진 쇠고기에 양파와 기타 야채를 더해 양을 늘린 간단한 요리다. 오두막 주민들은 감자에다가 이전 끼니에서 남긴 찌꺼기와 자투리라면 무엇이든 더하는 기본적인 식사로 연명하는 농장 노동자였다. 이 이름은 아마 시골 오두막cottage의 지붕을 가지고 농담하다가 나왔을 것이다. 윗부분의 감자가 오븐에서 노릇노릇해지며 파이에 일종의 초가지붕이 생겼다는 것이다. 코티지 치즈cottage cheese라는 이름도 비슷한 맥락이다. 이 이름은 농장 노동자들이 집에서 버터를 만든 후 우유가 조금이라도 남으면 경성 치즈의 빠르고 저렴한 대용품을 만든 데서 비롯했다.

| 셰퍼드 파이 Shepherd's Pie |

더 나중에 등장한 버전인 셰퍼드 파이shepherd's pie는 이름에서 알수 있듯이 쇠고기 대신 양고기로 만든다. 1870년대까지는 언급되지 않은 이 요리는 양이 고지대 농부들의 주요 수입원이었던 잉글랜드 북부와 스코틀랜드에서 정확히 똑같은 방식으로 발전했다. 다진 양고기와 감자는 저렴하면서 즉시 구할 수 있었기에, 이 지역 농축산 노동자들의 기본 식단이 되었다.

이후 두 이름은 주재료가 쇠고기냐 양고기냐에 상관없이 서로 번갈아가며 사용되었다. 비록 많은 영국 요리사가 두 요리를 구별하기를 고집하지만 말이다. 미국에는 코티지 파이와 비슷해 보이지만 감자 밑에 소시지와 베이크드빈이 있는 **카우보이 파이**cowboy's pie가 있다. 캐나다와 오스트레일리아는 쇠고기든 양고기든 둘 다 '셰퍼드 파이shepherd's pie'라는 이름으로 만족하는 까다롭지 않은 모습을 보인다(아마 초가지붕 오두막cottage이 별로 없어서일 것이다).

12장

인도식 포장음식

후추를 찾다가 고추를 발견하다

인도 퀴진은 어떻게 영국을 정복했나: 커리 이야기

여러분을 케이오시킬 수 있는 술

파파덤을 골라잡기

빈달루: 인도 퀴진의 포르투갈 요리

버밍엄은 무엇으로 세계의 퀴진에 기여했나?

대관식 닭과 걸출한 선배들

케저리: 소박한 주식에서 아침식사의 고전으로

처트니: 인도식 식사의 필수 곁들이

라지의 이야기: 멀리거토니 수프의 탄생

봄베이 덕과 관료집단의 퀴퀴한 작태

INDIAN TAKEAWAY

Exploring for Peppercorns and Discovering Chillies

How Indian Cuisine Conquered Britain: The Story of Curry

A Drink that Can Knock You Out

Pick Up a Poppadom

Vindaloo: a Portuguese Dish in Indian Guise

What is Birmingham's Contribution to World Cuisine?

Coronation Chicken and Its Distinguished Predecessors

Kedgeree: From Humble Staple to Breakfast Classic

Chutney: Essential Accompaniment to an Indian Meal

Tale of the Raj: The Invention of Mulligatawny Soup

Bombay Duck and Fishy Goings-on in officialdom

"고추라, 오, 좋아요!" 레베카가 숨을 몰아쉬며 말했다.

그는 고추가 뭔가 근사한 것이라고 생각했다. 물 건너에서 온 이름이었기 때문이다.

그래서 좀 내오게 했다.

"너무나 신선하고 푸르러 보여요." 이렇게 말하며 한 개를 입에 넣었다.

카레보다 더 매웠다. 피와 살을 가진 인간으로서 더 이상 견딜 수 없었다.

그는 포크를 내려놓았다. "웨이터, 하느님 맙소사, 웨이터!" 그가 외쳤다.

'A chilli,' said Rebecca, gasping. 'Oh, yes!'
She thought a chilli was something cool, as its name imported,
and was served with some.
'How fresh and green they look,' she said, and put one into her mouth.
It was hotter than the curry. flesh and blood could bear it no longer.
She laid down her fork. 'Water, for Heaven's sake, water!' she cried.

윌리엄 메이크피스 새커리, 「허영의 시장Vanity Fair」

고추

Chilli Pepper

중세 유럽에서 후추black pepper는 향신료의 왕이자, 부유하고 권세 있는 사람들이 쓰는 요리의 필수품이었다. 후추는 늘 비쌌다. 그러나 1453년 오스만 제국이 콘스탄티노플을 함락시키자 동양으로 가는 가장 수월한 무역로가 막히면서 값이 통제 불능으로 요동치기 시작해, 1496년부터 1505년 사이만 해도 400퍼센트 상승했다. 그러다 보니 부득이하게 동양으로 가는 새로운 경로를 찾아야 했는데, 특히 인도와 향료 제도로 가는 경로가 필요했다. 크리스토퍼 콜럼버스(1451경~1506)는 좀 다른 접근을 취하기로 결심했다. 1492년 그는 그저 계속 서쪽으로만 가면 후추의 새 공급원과 동양으로 가는 새로운 길을 발견하리라고 확신하며 항해에 나섰다. 물론 그 근거는 검증되지 않은 가설이었던 지구는 둥글다는 생각이었다. 당시에는 내로라하는 지식인들이 지구는 평평하다고 주장했다. 사람들은 콜럼버스가 바다 낭떠러지까지 항해하다가 심연으로 떨어졌다는 소식이 들려올 것이라고 믿고 기다렸다. 그의 선원 다수에게 그런 운명은 말 그대로 수평선을 넘어간 것에 불과했다.

카리브제도에 상륙한 콜럼버스는 지구 반대쪽을 돌아 동양에 도달했다고 믿었다. 주민들이 음식에 매운 향신료를 얼마나 많이 뿌려 먹는지 알아차린 후로는 더 그랬다. 특히 그들은 아히ají라는 야채를 많이 사용했다. 유럽인이 **고추chilli pepper**와 처음 마주한 순간이었다. 콜럼버스는 이것이 자신과 항해의 후원자들이 그렇게나 찾기를 열망하는 후추의 일종이라고 확신했고(그는 자신이 찾고 있는 것이 어떤 종류의 식물인지 전혀 몰랐다), 여기에 '인도 후추pepper of the Indies'라는 이름을 붙였다. 실제 발견한 것은 고추chilli와 아메리카 대륙이었지만, 콜럼버스는 죽는 날까지도 자신이 원래 목표를 달성했다고 확신했다. 그 이래 고추가 쭉 후추라고 불린 것은 이런 연유 때문이다. 반면 아메리카 대륙의 이름은 본의 아니게 발견한 사람 대신 또 다른 탐험가인 아메리고 베스푸치Amerigo Vespucci(1454~1512)를 따랐다. 그는 처음으로 북아메리카 및 남아메리카의 신세계를 확인하고는 마침내 아시아가 아니라는 사실을 깨달았다.

몇 년 후, 포르투갈 탐험가 바스쿠 다 가마(1460/1469경~1524)가 찾기 어려웠던 인도 항로를 드디어 발견했다. 포르투갈인들은 지체 없이 후추 무역 통제권을 획득했고 세계에서 가장 부유한 국민이 되었다. 그들은 보답의 의미로 고추를 인도에 소개했는데, 30년이 채 지나지 않아 말라바르해안(오늘날의 고아와 케랄라)을 따라 최소한 세 가지 다른 종류가 재배되었다. 그 후 인도인들은 이 향신료를 말려서 유럽으로 수출하기 시작했다. 그 양이 얼마나 방대했던지 몇 년 지나지 않아 고추의 원산지가 인도라고들 믿게 되었다.

커리

Curry

『커리의 방식The Forme of Cury』은 14세기 리처드 2세의 주방까지 거슬러 올라가는, 영국에서 가장 오래된 요리책이다. 이 책의 레시피에는 육두구nutmeg, 카르다몸cardamom, 생강, 후추 등 동양에서 온 온갖 향신료가 포함되어 있다. 그러나 바스쿠 다 가마가 인도로 가는 안전한 항로를 발견하기 두 세기 전, '커리cury'는 향신료와 관계없이 그냥 조리한다는 의미의 중세 잉글랜드어였다[그러니 이 책의 제목은 사실 『조리의 방식』인 셈이다]. 우리가 아는 커리라는 단어는 인도에서 비롯했고, 밥에 곁들이는 소스 혹은 렐리시relish[야채, 과일, 허브 등을 다져서 익히거나 절여서 만든 조미료]를 의미하는 타밀어 카리kari에서 도출되었다. 인쇄물에 처음 등장한 것은 17세기 포르투갈 요리책에서인데, 오늘날 우리가 **커리curry**라고 인식하는 것과 매우 비슷한 카릴karil 레시피가 포함되었다. 이 외국 용어가 너무나 완벽히 차용된 나머지 옛날 단어의 기억이 완전히 지워진 것은, 커리가 서양 퀴진에서 얼마나 중요해졌는지 선명히 보여준다.

비위 약한 영국인들이 이 이국적인 요리에 어떻게 입맛을 들였는지를 두고 숱한 전설이 있다. 그중 동인도회사에서 일하다 인도군에서 장군이 된 19세기 군인 조지 커리George Curry 경의 사연을 살펴보자. 커리는 향신료를 듬뿍 친 인도 음식에 처음으로 입맛을 들인 영국인이었다고 한다. 그는 이 음식을 휘하의 잉글랜드 보병들에게 소개하려고 몇 번이나 시도했는데 그때마다 광범위한 저항에 부딪

쳤다. 배를 주리다 못해 결국 항복한 병사들은 이 음식이 꽤 입맛에 맞는다는 사실을 발견했다.

그러나 『커리의 방식』에서 알 수 있듯이, 영국인들은 향신료를 듬뿍 뿌린 음식을 늘 편애했다. 그리고 통조림 이전의 시절, 고국에서 가져온 음식 중 남은 것이라고는 바구미가 생긴 항해용 비스킷ship's biscuit뿐인 판국에, 병사들에게는 지역 음식을 먹는 것 말고는 선택의 여지가 없었다. 인도에서 영국의 영향력이 커지면서 영국에서는 인도 음식에 대한 관심이 커졌고, 이는 1780년 레시피 출간과 시판 커리가루curry powder의 탄생으로 이어졌다. 사실 따지고 보면, 우스터 소스 레시피는 식초에 커리가루를 더하는 것이었다. 커리가 메뉴에 최초로 등장한 것은 1773년이었고, 최초의 인도 퀴진 전문 식당은 1809년 설립된 런던 조지 스트리트 34번지의 힌두스타니 커피하우스였다.

오늘날 우리가 아는 인도 퀴진은 사실 별개의 여러 요리 스타일이 잡다하게 모인 것이다. 즉 인도 아대륙으로 잇달아 밀어닥친 침입자와 교역자의 퀴진에서 가장 매력적인 특징들이 혼합되었다. 몽골인들은 즉석 전골hotpot cooking 요리를, 중국인 교역자들은 볶음요리stir-frying와 여러 커리에서 중요한 역할을 하는 새콤달콤한 소스sweet-and-sour sauce들을 소개했다. 페르시아인들(무굴인들)로부터는 건과류dried fruit 및 견과류와 더불어, 진한 크림 맛의 **코르마**korma가 왔다. 쌀과 고기를 켜켜이 쌓은 **비리야니**biryani(직역하면 '볶은 음식')역시 페르시아에서 온 요리다. 흙으로 만든 전통 오븐 탄두르tandoor에서 조리한 음식인 **탄두리**tandoori는 원래 중동에서 왔다. 이 이름은 '불'을 의미하는 바빌로니아어 단어 티누루tinuru에서 왔다. 그러다 히

브리어와 아랍어에서 탄누르tannur가 되었고, 터키와 중앙아시아에서 탄두르tandur로, 인도와 파키스탄에서 탄두르tandoor로 진화했다.

인도와 교역하는 유럽인들은 호화로운 직물, 보석용 원석과 함께 여러 향신료를 본국으로 가져왔다. 그렇지만 그 대가로 교환된 것은 다른 품목이었다. 이 교역자들을 통해 감자, 고추chilli, 토마토가 인도 아대륙에 소개되었다. 토마토는 처음에는 피처럼 보인다며 일부 인도인들에게 의심받았지만, 곧 국민 퀴진에 녹아들었다. 유럽 조리법의 일부 측면도 수용되었다. 영국인들이 케첩, 수프(멀리거토니 mulligatawny), 아대륙 전역에서 대단한 인기를 끈 밀크티(차이chai)를 만든 것은 사실이지만, 그들이 인도 퀴진에 기여한 바는 전체적으로 미미했다. 반면 인도의 영국 퀴진 침공은 커리를 국민 요리로 만들며 어마어마한 영향을 주었다.

펀치

Punch

파티와 피크닉picnic에서 (그리고 물론 크리스마스에 집집마다 돌아다니며 캐럴을 부르는 사람들에게) 사랑받는 **펀치**punch는 어떤 대가를 치르더라도 피해야 할 음료다. 일부 주최자는 펀치를 만들 때 구할 수 있는 가장 독한 술을 사용해야 한다는 사명감을 느끼는 것 같다. 큰 실수다. 보통 녹슨 트랙터의 엔진에나 쏟아부어야 할 것 같은 맛으로 귀결되기 때문이다. 펀치는 하나부터 열까지 영국인의 술처럼 느껴지지만 그렇지 않다. 잉글랜드 탐험가들이 인도 아대륙으로 처음 행차한 1600년대 초에 그들이 발견한 것 중 다섯 가지 다른 재료로 만드는 대중적인 지역주가 있었다. 물, 과일즙fruit juice, 독한 술spirits, 설탕, 향신료가 그 재료였다. 다섯을 의미하는 힌두어는 판치panj다. 페르시아어 판지panch에서 나왔는데, 영어 숫자 5도 여기서 도출되었다. 이 술이 잉글랜드의 사교 모임에서 제공되었을 때 펀치라고 불린 것은 이 때문이다. 불행히도 내 경험상 어떤 사람들은 이 음료에 페인트 제거액, 등유, 경유도료 넣기를 즐기는 것 같다. 절대 좋은 생각이 아니다.

파파덤

Poppadom

『홉슨-좁슨Hobson-Jobson』(1886년 처음 줄간되어 1993년 재판이 나온 독선적인 영어-인도어 사전)은 **파파덤**poppadum을 이렇게 설명한다. "일종의 얇은 스콘scone 혹은 웨이퍼wafer로서, 렌틸콩lentil이나 아니면 어떤 콩으로든 만들고 아위asafoetida[미나리과 식물 아위의 뿌리줄기에서 채취한 수액으로 만든 향신료]로 양념해 기름에 튀기는데 서인도에서는 오븐에 바삭하게 굽는다. 유럽인의 식탁에서는 흔히 커리curry에 곁들여 먹는다." 그리고 이렇게 덧붙인다. "나쁘지 않다, 초심자에게조차." 서양에서 파파덤은 처트니chutney와 술을 곁들여 전채appetizer로 먹는 경향인 반면, 인도에서는 본식main meal과 함께 차려진다. **파파덤**pappadaum, **아팔럼**appalum, **파파드**papad 등으로 다양하게 제시되는 이 단어는 타밀어(남인도어) 파루푸paruppu, 즉 '렌틸콩'과 아탐atam, 즉 '조리된 케이크cooked cake'에서 나왔다. 인도의 각 지역마다 자기식의 변종이 있다. 어떤 것들은 꾸밈없고 어떤 것들은 향신료를 듬뿍 친다. 가끔은 탄산수소나트륨이 더해서 파파덤을 튀길 때 펑pop 하고 터지며 기포가 생기는데, 그 결과 '파퍼popper' 및 '파퍼 케이크popper cake', 즉 뻥튀기라는 별명이 생겼다(다른 종류의 폭발하는 음식으로는 「뱅어 앤드 매시」 역시 참고할 것). 인도에서는 이 단어로 놀이도 한다. 파파덤은 발음하기 어렵기로 유명한 힌두어 어구에 등장한다. "카차 파파드, 파카 파파드Kacha paapad, pakaa papad(생 파파드, 튀긴 파파드)".

빈달루

Vindaloo

영국에서 **빈달루**vindaloo는 몹시 매운 커리curry로 간주한다. 종종 만취한 사람이 식당 마감 시간이 지났는데도 얼마나 매운지 도전해 보겠다며 주문했다가 이튿날 아침 심하게 후회하기 일쑤다. 제대로 된 빈달루 레시피는 고아의 서쪽 해안에서 비롯했다. 올바른 철자인 빈달류vindalho를 보면 쓰인 재료를 알 수 있다. 이 요리는 한때 알류스alhos(마늘), 비뉴vinho(와인)로 양념한 포르투갈식 돼지고기 캐서롤Portuguese pork casserole(카르느 드 비냐 드 알류스carne de vinha d'alhos)이었다. 와인은 방부제 역할을 해서 스튜를 며칠씩 먹을 수 있게 했다. 힌두교와 이슬람교 양쪽의 교리에 어긋나는 돼지고기가 사용되는 것은 포르투갈이 미친 강한 영향을 보여준다.

포르투갈에서 온 고아의 초기 정착민은 유럽인 방문자 사이에서 현지화로 악명 높았다. 그들은 고아 사람들의 관습을 준수했으며 똑같이 가벼운 의복을 입었다. 하루에 최소한 한 번은 목욕했는데, 당시 유럽인들에게는 없던 습관이었다. 현지 주민들과 혼인했고 현지 음식을 기꺼이 먹었다. (포르투갈에서 특이한 식물로 여겨지던) 고추chilli pepper는 그들이 식민지에 준 영원한 선물이었다. 이 식물은 곧 도처에서 재배되었고, 현지 주민들의 음식에 대량으로 더해졌다. 특히 포르투갈식 돼지고기 스튜를 재해석하면서 그랬는데, 얼마나 많은 고추가 더해졌던지 원래의 모습은 거의 알아보기 힘들 정도가 되었다. 포르투갈 출신 정착민들이 고아에 융합된 것 못지않게, 이 요리도 고아 퀴진으로 융합되었다.

누군가에게 버터 바르기to butter someone up란 뭔가 유용한 것을 얻으려고 아부할 때 쓰는 표현이다. 어떤 사람들은 이 표현이 빵에 버터를 매끄럽게 발라 더 먹을만하게 만드는 것에서 비롯했다고 주장한다. 완벽하게 그럴싸한 설명으로 보인다. 세계에서 가장 큰 사원이라는 인도 타밀나두 주 마두라이의 미나크시 힌두 사원에 가보기 전까지는 말이다. 이곳의 가이드들은 신의 조각상에 기ghee(모든 인도 요리에서 기본으로 사용하는 정제 버터)로 만든 버터볼butterball을 던지는 고대 관습과 '신에게 버터를 발라서' 복을 받는 방법을 이야기해준다. 불교에도 이 표현의 기원이 될 수 있는 관습이 있다. 티베트에서는 신년 축하 기간에 모든 사원의 승려들이 색을 넣은 버터로 조각품 혹은 '버터 꽃butter flower'을 만든다. 그 후 전통적으로 이 꽃들은 티베트의 음력 1월 15일, 전날 저녁의 종교 행사에 이어서 전시된다. 버터로 만든 조각품을 석가모니상에 공양하는 전통은 그런 공물이 한 해 동안 평화와 행복을 가져오리라고 믿었던 당나라 시대(618~907)까지 거슬러 올라간다. 이 전통을 **석가모니에게 버터 바르기** buttering up the Buddha라고 했다(석가모니와 음식에 대해 더 알고 싶다면 「죽」을 참고할 것).

발티

Balti

발티balti는 자랑스럽게도 영국에서 발명된 커리curry로 추정된다. 이 요리는 사실 놀라울 정도로 현대적인데, 1980년대 이전에는 '발티'라는 게 없었다. 이제 세계에서 가장 인기 있는 커리 요리 중 하나인 발티에는 겨우 수십 년 전, 젊은 이민자 부부가 잉글랜드 버밍엄에 첫 번째 식당을 열기 전까지는 유럽에 알려지지 않았던 지역의 요리 스타일이 들어 있다. 중국과 인도 사이 국경 지대인 카슈미르 북부 발티스탄Baltistan 출신인 부부는 모국에서 익힌 기술로 새로운 종류의 커리를 창조했고 발티라고 불렀다. 고향의 이름을 따른 것이자 발티스탄의 모든 주부가 사용하는 금속 냄비의 이름을 따른 것이기도 했다. 카라히karahi라고도 하는 발티 팬balti pan은 무겁고 바닥이 둥근 웍 스타일의 양수 냄비로, 커리를 조리할 뿐 아니라 담아내기도 한다. 전에는 필요에 따라 냄비가 접시 노릇까지 했다면, 이제는 이국적인 식당 소품 역할을 한다(발티balti는 '양동이'의 힌두어이기도 하니, 아마 이 팬의 용도가 여기서 그치지는 않았을 것이다). 이 요리는 투박한 농민 스타일로, 카슈미르 버전의 아이리시 스튜Irish stew나 굴라시goulash에 해당한다. 전통적으로는 수저 없이 손으로 먹고, 음식을 뜰 때 난naan bread을 사용하며 오른손만 쓴다. 초창기 발티 식당은 노동자들을 위한 소박한 카페였는데, 복잡한 추가 주문이나 설거지가 없다는 점이 운영을 훨씬 수월하게 했다. 영국의 거의 모든 인도 식당에서 점점 더 세련되어지는 이 요리를 자기 나름대로 제공하기까지 십 년도 채 걸리지 않았다.

팻 채프먼은 발티balti에 대한 매혹적인 책 『커리 클럽 발티 커리 요리책Curry Club Balti Curry Cookbook』에서 이 요리의 기원이 폭넓다고 지적한다. 카슈미르만큼이나 티베트에도 큰 영향을 받았다. 웍 스타일 냄비와 쓰촨의 매운 요리 사이에 있는 약간의 유사성을 보면 중국에도, 향기로운 향신료와 맛을 보면 페르시아와 무굴 제국에도 빚을 졌다. 발티 요리는 이런 전통적인 요소들을 유지하면서도, 발티스탄에 알려지지 않은 여타 대중적인 커리 스타일 역시 아우른다. 버밍엄 발티 식당의 손님과 발티스탄이나 파슈투니스탄 사람의 공통점은 외계인과의 공통점보다 딱히 많지는 않다. 사실, 발티 식당의 주인이나 직원이라고 발티스탄에 가봤을 가능성이 손님들보다 크지는 않을 것이다.

대관식 닭

Coronation Chicken

이 요리는 인도와 거의 아무 상관도 없지만, 잉글랜드가 커리curry 를 길들이기로 결심한 것과는 큰 관계가 있다. 차가운 닭고기와 마요네즈, 커리가루curry powder, 살구의 조합, 즉 **대관식 닭**coronation chicken은 1953년 엘리자베스 2세의 대관식 연회를 위해 플로리스트 콘스턴스 스프라이가 제안한 내용을 바탕으로 로즈메리 흄이 창조했다. 런던에서 가사 학교를 운영하던 두 사람은 모든 영연방 국가의 수장이 참석하는 대관식 오찬을 위한 특별한 요리를 만들도록 초빙되었다. 그들의 주방이 식당에서 30마일 이상 떨어져 있으며 음식을 대접할 전 세계 지도자가 350명이 넘는다는 사실을 고려하면 쉽지 않은 과업이었다.

그러나 로즈메리 흄은 그 도전에 훌륭하게 대처했다. 그는 매콤한 닭고기 샐러드를 내서 전 세계에서 온 가장 중요하고 권세 있는 사람들의 찬사를 받았다. 이 레시피가 한 주 앞서 전국의 신문에 실렸기에, 여러분과 나 같은 서민들 역시 이 요리를 즐길 수 있었다. 그렇지만 누가 뭐래도, 이것은 독창적인 레시피라기보다는 마찬가지로 장엄한 보증서를 받았던 더 오래된 요리에 기초한 것으로 보인다. 1935년 엘리자베스 여왕의 조부인 조지 5세의 즉위 25주년 기념식에서 나온 그 요리의 이름은, 놀랍지 않게도 **25주년 닭**jubilee chicken이었다.

이야기는 여기서 끝나지 않는다. 더 조사해보니 언젠가 로즈메리

흄의 조카 그리젤다 바턴이, 고모가 1903년 출간된 드 살리 부인의 『유행하는 맛Savouries à la mode』에 소개된 커리와 살구잼을 곁들인 닭고기 레시피에서 영감을 받았다며 확인해준 사실이 밝혀졌다. 닭고기와 살구잼은 윌리엄 4세의 아내인 애들레이드 왕비가 가장 좋아한 샌드위치 속 재료였다고 한다. 윌리엄 4세의 치세는 1830년부터 1837년까지였으니, 후일에 등장한 두 요리의 조상 격인 이 레시피는 조지 5세의 즉위 25주년보다 최소한 100년은 오래된 셈이다.

케저리

Kedgeree

쌀과 렌틸콩lentil 혹은 쌀과 콩bean으로 만든 전통요리 키차리 kitchari(혼합 곡물grain을 의미하는데 보통 두 가지를 포함한다)의 역사는 14세기 초, 이 요리가 인도인의 식사에서 주요 부분이었던 시대까지 거슬러 올라갈 수 있다. 이 요리는 영국 출신 식민지 주민들이 귀국할 때 잉글랜드로 가져왔고, 이후 잘게 뜯은 말린 생선flaked fish(보통 훈제 해덕smoked haddock), 완숙 계란, 파슬리, 커리가루가 들어간 훨씬 더 호화로운 요리로 진화했다. 아침 식사(보통 온전한 잉글랜드식 아침 식사full English breakfast의 일부)로 제공될 경우 전날 식사에서 남은 생선과 밥을 사용할 수 있다. 다시 말해 빅토리아 시대 아침 식사 뷔페의 고전 **케저리kedgeree**는 인도식 버블 앤드 스퀴크bubble and squeak라고 봐도 무방하다. 그렇다고 뭐 나쁠 건 전혀 없지만 말이다.

처트니

Chutney

어떤 인도식 식사도 **처트니chutney** 없이는 완성되지 못할 것이다. 가장 인기 있는 종류는 라임과 망고다. 과일을 식초, 설탕, 향신료와 섞어서 졸인 저장식품은 인도에서 여러 세기 동안 인기를 끌었다. 16세기가 시작될 즈음 유럽인 탐험가들 덕분에 인도와의 교역이 가능해지자, 이 이국적인 저장식품은 유럽 북부에 사치품으로 수입되었다. 주요리main dish와 함께 나오는 매콤한 곁들이accompaniment를 뜻하는 힌두어 단어 차트니catni는 '차트-니chat-ni'로 발음되는데, 오늘날 우리가 파파덤poppadom에 찍어 먹을 것을 요청할 때 사용하는 단어의 어원이다.

멀리거토니

Mulligatawny

전통적으로 인도인들이 좋아하지 않는 음식이 하나 있다면 수프다. **멀리거토니**mulligatawny는 정통 인도 요리가 아니지만 영국인들이 인도 아대륙에서 다리 뻗고 살던 시절을 생생하게 떠올리게 한다. 그리고 이 모든 것은 교역의 문제였다.

처음에 향신료, 면직물, 아편을 취급하던 동인도회사는 너무 빠르게 성공한 탓에 교역로 및 직원을 보호하기 위해 사병을 고용해야 했다. 회사는 사업 대부분이 벌어지는 지역에 본부를 두려고 인도 영토를 사들이기까지 했다. 당시 인도는 많은 주와 왕국으로 구성되어 있었고, 회사 직원들은 곧 지역 정치에 얽혀들게 되었다. 나라 전역에서 폭동 및 권력 투쟁이 벌어지는 가운데, 질서를 회복하고 사업 지분을 보호하는 일이 그들에게 맡겨졌다. 로버트 클라이브[영국의 군인이자 정치가. 동인도회사의 사원으로 인도 식민지화의 중심인물이었다](1725~1774)의 지휘하에 반란이 진압되었다. 1757년 2월 (블랙홀 감옥[캘커타의 포트 윌리엄에 있던 감옥. 비좁은 감옥에 영국인 전쟁포로들이 갇혀 있다가 다수가 사망한 사건으로 악명 높다]으로 유명한) 캘커타에서, 그리고 넉 달 후 플라시에서 벌어진 전투를 비롯해 굵직한 전투에서 승리를 거두었다. 그 결과, 동인도회사는 군사력을 행사하고 행정 기능을 담당하는 등 인도를 실질적으로 지배하면서 서서히 상업 활동을 독점하게 되었다. 결국 빅토리아 여왕의 정부가 회사를 흡수했고 인도는 공식적으로 영국 제국의 일부가 되었다.

이제 영국이 브리티시 라지British Raj[인도 제국Indian Empire이라고 부르기도 한다]('통치'를 뜻하는 힌두어 단어 라지raj에서 나왔다)의 기치 아래 나라의 많은 부분을 지배하게 되면서, 새로운 사법체계하에 질서가 재확립되고 법이 강화되었다. 인도에 거주하는 영국인들이 인도적 생활 방식을 받아들이며 앵글로-인디언 사회가 형성되기 시작했다. 두 문화는 서로에게 적응하며 상대의 관습을 흡수했다. 멀리거토니 mulligatawny는 인도에는 없었던 개념인 개별적인 첫 코스로서의 수프를 요구하는 영국인 때문에 창의적 적응이 필요해지며 등장했다. 이 이름은 '후추-물'에 해당하는 타밀어 밀라구탄니르milagutannir의 변형이다. 이 매콤한 고기 수프가 인도에 거주하는 영국인들에게 얼마나 인기였는지, 마드라스 지방의 관리들은 '멀mull'이라는 별명을 얻기도 했다(이와 비슷하게 봄베이의 관리들은 '덕duck'이라고 불렸다. 「봄베이 덕」을 참고할 것). 멀리거토니가 영국인들에게 소개된 것은 1845년 일라이자 액턴의 요리책『가정을 위한 현대 요리Modern Cookery for Private Families』를 통해서였다. 그 이후 이 요리는 영연방 전역에서 가장 인기 있는 수프 중 하나로 남아 있다.

봄베이 덕

Bombay Duck

많은 퀴진이 식사에 풍미를 더하기 위해 작고 강한 냄새가 나는 생선 보존식품에 크게 의존한다. 서구에서는 생선에 소금salt을 뿌리거나(안초비anchovy) 발효시켜서 소스로 만드는 경향이 있다. 동양, 특히 극동에서는 생선을 발효시켜 조미료를 만들어왔다. 그러나 어간장fish sauce은 극동 요리의 필수 요소임에도 인도에서 한 번도 받아들여지지 못했다. 인도에서 사랑받는 생선 조미료는 **봄베이 덕Bombay duck**이라고 불리는데, 오리가 아니라 매퉁이lizardfish로 만든다는 점에서 뭔가 청개구리 같은 이름이다. 인도에서 붐말로 bummalo 혹은 봄빌bombil이라고 불리는 이 작은 생선은 인도의 서쪽 해안을 따라 대량으로 잡힌다. 말리고 보존 처리하면 아주 오랜 기간 먹을 수 있으며 흔히 커리에 사용하거나 피클로 만든다. 이 생선은 말린 후에 극도로 톡 쏘는 냄새가 나는 것으로 악명 높지만, 그렇다고 이 사실이 이것을 별미로 여기는 열성 팬들을 말리지는 못한다.

그러나 이 이름은 어디서 나온 걸까? 어떤 이야기에 따르면, 그 유명한 인도의 클라이브[로버트 클라이브](1725~1774)가 벵골 지방을 정벌하다가 맛을 본 후(그러자마자 뱉었다) 만들어냈다고 한다. 또 다른 가설도 있다. 이 생선은 영국의 통치기에 보통 열차로 운송되었다. 이 강렬한 냄새의 별미를 봄베이 닥Bombay Dak(영어로는 '봄베이 우편 열차Bombay Mail') 객실에 너무 가득 채운 나머지 신문과 편지에 밴 냄새를 인도에 거주하던 영국인들이 '봄베이 덕'이라고 부르기 시작했는데, 이 이름이 그 후 이 생선 자체를 가리키게 되었다.

1997년 즈음 영국의 봄베이 덕Bombay duck 수입량은 자그마치 연간 12톤에 달했다. 지혜롭기 그지없는 유럽 집행위원회EC에서 그들이 승인한 통조림 및 냉동 시설에서 생산하지 않았다는 이유로 수입을 금지하기 전까지는 말이다. 이 조치는 봄베이 덕에 불리한 증거도, 관련된 세균 오염이나 식중독 사건에 대한 기록도 전무하다는 사실을 위원회가 인정했음에도 이루어졌다. 이는 맹렬한 반발과 '봄베이 덕을 구하자'는 운동을 일으켰다. 인도 고등판무관 사무실은 EC와 접촉해 봄베이 덕의 핵심은 냉동이 아니라 야외 건조라고 지적했다. 결국 규제가 완화되어 EC가 승인한 공장에서 포장할 것만 요구되었다. 봄베이 덕은 여전히 전통 방식으로 건조될 수 있었다. 얼마 지나지 않아 버밍엄 도매업자들이 뭄바이에서 포장 공급처를 찾아냈고 봄베이 덕은 다시 영국 전역의 메뉴로 돌아왔다. 감정이 그렇게나 고조된 판국에서 상황이 심각해질 수도 있었는데 다행스러운 일이다.

13장

이탈리아식 포장음식

마르코 폴로부터 스파게티 나무까지: 파스타의 기원

볼로네제: 소스인가 미술 유파인가

카르보나라: 대단히 혁명적인 파스타 소스

페스토: 고된 노동으로 만들어지는 소스

페투치네 알프레도는 어떻게 주역이 되었나

피자: 나폴리 출신 요리가 세계를 정복하기까지

ITALIAN TAKEAWAY

From Marco Polo to Spaghetti Trees: The Origins of Pasta

Bolognese: The Sauce or the School of Art?

Carbonara: A Very Revolutionary Pasta Sauce

Pesto: A Sauce Made with Elbow Grease

How Fettuccine Alfredo Became a Star Turn

Pizza: How a Dish from Naples Conquered the World

이탈리아 음식을 먹을 때 생기는 문제는
다시 배고파질 때까지 이삼일이나 걸린다는 점이다.

The trouble with eating Italian food is that
two or three days later you're hungry again.

조지 밀러

파스타

Pasta

마르코 폴로가 1295년 쿠빌라이 칸의 궁정에서 이탈리아로 돌아
오며 **파스타**pasta를 가져왔다는 이야기는 가장 유명한 음식 관련 신
화 중 하나다. 그러나 이탈리아인들은 이보다 훨씬 오래전부터 파스
타를 먹고 있었다. 1279년 작성된 고故 폰지오 바스토네의 유산 목록
에 '건조 마카로니dried macaroni 한 바구니'가 포함된 것을 보면, 마
르코 폴로가 동양으로의 장대한 여행에서 돌아오기 수년 전부터 파
스타가 이미 확고부동하게 귀중한 식품이었다는 사실을 알 수 있다.
많은 문화에서 고대 이래로 곡물로 만든 일종의 국수noodle를 먹어
왔다. 하지만 파스타는 글루텐 함량이 높은 듀럼밀 세몰리나durum
wheat semolina라는 특정한 밀 종류로 만드는데, 이는 전통적으로 기
장millet이나 쌀로 국수를 만들던 중국에는 없던 것이다. 파스타가 가
진 또 하나 독특한 특징은 외부의 충격에 깨지지 않고 늘어나는 성
질이다. 그 결과 이 음식은 이례적으로 다양한 모양과 크기를 갖게
되었다.

진실은 파스타가 언제 어디서 발명되었는지 콕 집어 말하기 힘들
다는 것이다. 먼저 이름부터 살펴보자. '반죽dough'이라는 의미로 영
어 단어 '페이스트paste'와 비슷한 이 이름은 제2차 세계대전이 끝나
고 나서야 흔히 사용되었다. 그 전에는 파스타라는 포괄적인 용어
보다는 개별 파스타 종류의 이름이 통용되었다. 파스타는 아주 오
래전부터 있었다. 앨런 데이비슨은 『펭귄판 음식 안내서(2002)』에

서, 완벽한 파스타 제작 도구 세트를 보여주는 기원전 400년의 에트루리아 부조를 설명한다. 로마인들도 나름의 파스타pasta 요리가 있었다(이것에 대해 더 알고 싶다면 「라자냐」를 참고할 것). 현대 파스타의 기본 재료인 듀럼밀durum wheat은 7세기에 아랍인들에 의해 시칠리아로 소개되었다. 1154년의 한 문서에서 시칠리아의 팔레르모 주민들이 길고 가느다란 반죽dough을 만드는 모습이 묘사되는데, 이 무렵에는 이 국수가 이미 전 세계로 수출되고 있었다. 1351년 즈음 보카치오가 『데카메론Decameron』에서 서술한 환상적인 신화 속 나라의 주민들은 치즈 간 것grated cheese으로 만들어진 산에서 마카로니macaroni를 굴려 내렸다. 16세기 즈음 카트린 드 메디시스가 이탈리아 요리를 프랑스에 소개한 덕분에 파스타는 유럽 전역에서 유행하기 시작했다.

파스타는 그 이래 쭉 이탈리아 국민 정체성의 일부였다. 무솔리니의 적들이 이탈리아 국민의 낮은 민도에 파스타의 책임이 있다는 이유로 무솔리니가 파스타를 금지할 것이라는 소문을 퍼트리자 폭동과 항의가 발생했다(사실은 그 반대였다. 무솔리니는 밀 재배에 더 많은 토지를 할당하고 이탈리아가 자급자족 생산국이 되기를 바랄 정도로 파스타를 중시했다). 파스타의 거리낌 없는 비판자라고는 19세기 초 예술계에서 모든 종류의 전통을 배격하던 미래파가 유일했다. 그들이 멸시하는 전통에는 이탈리아의 국민 요리도 포함되어서, '숨 막히는 둔감함, 느려터진 심사숙고, 툭 튀어나온 배에 대한 자부심의 상징'이라고 비난받았다. 미래파가 오래가지 못한 게 별로 놀랍지는 않다. 이런 식으로 계속하다 보면 지지자들이 너무 배고팠을 것이다.

세상에는 상상할 수 있는 모든 모양과 그에 어울리는 이국적인 이

름을 가진 파스타가 600종 이상 있다. 여기서 제일 흥미로운 여섯 가
지를 좀 더 소개해보겠다.

| 스파게티 Spaghetti |

스파게티spaghetti는 전 세계 연간 파스타 소비량의 3분의 2 이상을
차지한다고 추정된다. 비록 이런 인기는 19세기 후반 강력한 압출
기 덕분에 공장에서 대량 생산할 수 있게 된 이후에나 가능했지만
말이다. 그 이전에는 파스타를 손으로 만들었는데, 시간이 많이 소
요되는 복잡한 공정이었다. 스파게티라는 단어를 번역하면 '가느다
란 줄'이다. 그렇기에 갈릴레오 갈릴레이(1564~1642)가 어떤 실험에
서 "공 두 개를 스파게티에 붙였다"라고 썼다고 꼭 그가 음식으로 장
난쳤다는 의미는 아니다. 이탈리아인들이 이 단어를 길고 가느다란
파스타면과 연관시킨 것은 고작 18세기 초부터였다. 그런 의미로 처
음 기록된 것은 1836년이었고, 유럽의 다른 지역에서도 흔한 용어가
되는 데 다시 50년이 걸렸다. 그 이래로 인지도가 너무나 높아졌다
보니, 이탈리아 하면 피자 다음으로 제일 먼저 떠오르는 음식인
파스타의 대명사로 여겨지고 있다. 1960년대에 이탈리아인이 제
작과 감독을 맡고 스페인이나 이탈리아에서 촬영한 저예산 카우보
이 영화를 미국인들이 **스파게티 웨스턴**spaghetti westerns이라고 부를
정도였다.

스파게티는 영국에서는 20세기 후반까지 유행하지 않았다. 사실
BBC가 대중에게 스파게티가 나무에서 자란다고 확신하게 만든 그
유명한 1957년 만우절 사건까지도 여전히 그랬다. 리처드 딤블비의
이른바 '만우절 특집 다큐멘터리'가 시청자들을 얼마나 확신하게 했

던지, 많은 사람이 어디서 스파게티 관목을 살 수 있는지 문의할 정도였다. 이런 일들은 BBC가 방송일이 4월 1일이었다는 사실을 지적해서 사람들이 속았다는 것을 깨달을 때까지 계속되었다. 이 사건은 사상 최고의 만우절 장난 중 하나로 여겨진다.

┃ 버미첼리 Vermicelli ┃

기본적으로 아주 가느다란 스파게티인 **버미첼리**vermicelli에서 가장 눈에 띄는 것은 '작은 벌레들'이라는 의미의 이름이다. 그보다도 더 가느다란 종류는 **카펠리 단젤로**capelli d'angelo, 번역하면 '천사의 머리카락'이다. 버미첼리 레시피가 처음 등장한 것은 15세기 『데 아르테 코퀴나리아 페르 베르미첼리 에 마카로니 시칠리아니De arte coquinaria per vermicelli e maccaroni siciliani('시칠리아의 버미첼리 및 마카로니 요리 기술')』라는 아주 특화된 요리책에서였다. 저자인 마르티노 다 코모는 요리 지식으로 크게 존경받았는데, 어쩌면 세계 최초의 '셀러브리티' 셰프였을 것이다.

┃ 라비올리와 토르텔리니 Ravioli and Tortellini ┃

얇은 파스타면 두 장 사이에 소filling를 채운 **라비올리**ravioli는 14세기 프라토의 상인 프란체스코 디 마르코의 글에서 처음 언급되었다. 『커리의 방식』에는 '로이올즈ravioles'라는 이름으로 나온다. 그러나 소를 채운 파스타 종류 중 이탈리아인들의 상상력이 가장 발휘되는 것은 ('작은 케이크small cake'라는 의미의 토르텔로tortello에서 나온) **토르텔리니**tortellini다. 이 음식의 기원은 이탈리아의 볼로냐와 모데나로, 어쩌다 발명되었는지 설명하는 숱한 전설이 있다. 이들 중 하나에 따르면, 플로렌스의 미인이자 악명 높은 독살범인 루크레치아 보르자 (1480~1519)가 모데나의 작은 여관에 머물고 있었다. 홀딱 반한 여관주인은 열쇠 구멍으로 그를 훔쳐보고 싶다는 욕망에 저항하지 못했고, 그의 알몸을 보려고 시도했다. 그러나 열쇠 구멍을 통해 희미한 촛불 빛으로 볼 수 있는 것이라고는 배꼽이 전부였다. 그렇더라도 그가 황홀경에 빠지기에는 충분했고, 바로 그날 저녁 독특한 배꼽 모양의 토르텔리니tortellini를 만드는 데 영감이 되었다고 한다. 더 널리 받아들여지는 설명으로는 토르텔리니가 거북이 모양에 기초했다는 이야기가 있다. 모데나의 많은 건물에 거북이 모티프가 있는 것과 같은 맥락에서, 이 도시의 상징으로 유명한 거북이 모양을 따라 하려는 시도였다는 것이다.

| 마카로니 Macaroni |

튜브 모양의 파스타 **마카로니**macaroni는 아마 최초로 만들어진 파스타 중 하나였을 것이다. 어떤 어원학자들은 이 이름이 '으스러트리다'라는 의미의 이탈리아어 암마카레ammaccare에서 나왔다고 믿는다. 반면 『옥스퍼드 영어 사전』은 '보리barley로 만든 음식'이라는 의미의 그리스어 마카리아makaria에서 왔다고 주장하는데, 이 단어는 '마카롱macaroon'의 어원이기도 하다(마카롱의 주재료가 분쇄한 아몬드almond라는 점에서 '으스러트리다' 쪽이 어원처럼 보이지만 말이다). 마카로니는 옛날에는 파스타를 지칭하는 포괄적 용어로 사용할 정도로 인기를 끌었다. 이 단어는 18세기 잉글랜드에서 폽fop이나 댄디dandy에 대한 멸칭으로도 사용되었다. 그랜드 투어Grand Tour[17~19세기 초까지 유럽, 특히 영국 상류층 자제들 사이에서 유행한 유럽 여행. 그리스, 로마,

이탈리아, 파리 등이 필수 코스였다]차 이탈리아에서 머물다가 언어와 의복을 유럽 대륙식으로 잔뜩 치장한 채 귀국하는, 전형적으로 유행에 민감한 젊은 남자들 말이다. 이런 **마카로니macaroni**와 가장 흔히 결부되는 물건이 엄청나게 높이 솟은 흰 가발이었다. 분가루를 뿌린 곱슬곱슬한 머리카락이 이 튜브 모양 파스타와 닮았다고 생각했을 것이다.

| 라자냐 Lasagna |

라자냐lasagna는 모든 파스타 중 가장 오래되었다. 일설에 따르면 이 단어는 냄비를 의미하는 로마어 라사눔lasanum에서 나왔고, 이 용어가 이후 요리에까지 적용되었다고 한다. 아니면 납작한 반죽을 가늘게 썬 것을 의미하는 그리스어 라가논laganon(복수형은 라가나 lagana)에서 왔을 수도 있다. 호라티우스는 기원전 1세기의 저작에서 얇은 반죽을 튀긴 일상식인 라가나에 대해 이야기했다. 이와 비슷하게 최소한 5세기에 나왔다고 추정되는 오래된 요리책에서 반죽 사이사이에 고기소meat stuffing를 끼워 층층이 쌓은 라가나라는 요리가 설명되는데, 아마 현대 라자냐의 선조라고 해도 무방할 것이다. 13세기쯤 되자 라자냐는 확실히 자리를 잡은 것으로 보인다. 마르코 폴로는 동양에 대한 저작에서 빵나무 열매 가루breadfruit flour로 만든 '라자냐'라는 것을 먹었다고 언급한다. 이 사실이 의미하는 바는 그가 밀가루로 만든 더 전통적인 버전의 라자냐에는 이미 익숙했다는 것이다.

인쇄물로 처음 등장한 요리책은 1474년 출간된 플라티나의 『데 호네스타 볼룹타테 에트 발레투디네De honesta voluptate et valetudine('고결한 쾌락과 건강에 대하여')』다. 이 책의 레시피에 따르면 특정한 종류의 파스타는 주기도문을 세 번 외울 동안 삶아야 한다. 생파스타fresh pasta라 치더라도 놀랄 만큼 짧은 시간으로, 이탈리아인들은 그 당시에조차 쫄깃한 혹은 **알 덴테**al dente 상태의 파스타를 선호했다는 사실을 보여준다. 이탈리아어에서 이 단어의 의미가 '치아에 닿게' 혹은 '깨물만한'이라는 것은 요리사가 파스타 한 가닥을 입에 넣어봐야 했다는 사실을 보여준다. 만일 씹어봤을 때 여전히 어느 정도 저항이 있다면 완벽하게 익은 것이다. 팬에 더 오래 놔두면 지나치게 말랑말랑해져서 식감이 나빠질 것이다. 너무 짧게 놔두면 씹었을 때 치아에 달라붙을 것이다. 알 덴테는 '치아에 닿게'라기보다는 '치아에 스치게'에 가깝고, 단연코 살짝 덜 익혀야 한다.

볼로네제

Bolognese

작은 도시 볼로냐Bologna의 아무에게나 **스파게티 볼로네제spaghetti bolognese**에 대해 물어보라. 그런 것은 없다고 주장할 것이다. 아이러니하게도 그들은 탈리아텔리tagliatelli나 라자냐lasagna를 훨씬 선호한다. 그렇지만 파스타를 사랑하는 세계의 나머지 지역에서 '볼로냐 출신 소스'(볼로네제)로 스파게티를 비비고 파르메산 치즈Parmesan cheese를 뿌리는 파스타는 유명하다. 볼로네제는 보통 다진 쇠고기와 야채를 토마토 소스에 넣어 만든다(비록 정통 레시피는 육수와 와인을 쓰고 토마토는 넣지 않지만 말이다). 볼로냐에서는 이 소스를 라구 알라 볼로네제ragù alla bolognese라고 하는데, 라구ragù는 '스튜'를 의미하는 프랑스어 단어 라구ragoût에서 왔다.

볼로냐 사람들로 말하자면 볼로냐파Bolognese 예술가에 대한 자부심이 훨씬 크다. 볼로냐에서 배출된 화가 집단은 1582년부터 1700년까지 문화 현장을 주도했다. 이 시기 볼로냐는 이탈리아 예술의 중심으로서 로마 및 플로렌스와 어깨를 나란히 했다. 안니발레 카라치, 그의 형 아고스티노, 그들의 사촌 루도비코로 구성된 카라치 일가가 이끈 화가 집단은 이후 볼로냐 회화의 위대한 세기를 열었다. 카라치 일가가 교습을 통해 양성한 세계적인 인재들은 역사 속에서 확고하게 자리 잡았다. 비록 내가 보기에 사람들 대부분은 이 도시의 화가들보다 스파게티 소스를 더 친밀하게 느끼지만 말이다.

카르보나라

Carbonara

카르보나라는 베이컨, 계란, 마늘, 후추로 만드는 소스다. 이 소스로 만드는 **스파게티 카르보나라**spaghetti carbonara는 스파게티 볼로네제spaghetti bolognese에 이어 세계에서 두 번째로 인기 있는 파스타 중 하나다. 카르보나라라는 이름은 '숯charcoal'에 해당하는 이탈리아어 단어에서 나왔는데, 여기서 원래 이 요리는 로마 주위의 숲에서 일하던 숯꾼들의 푸짐한 식사로 고안되었다는 가설이 나왔다. 아니면 요리에 더해지는 방대한 양의 후추가 숯 부스러기처럼 보여서 나온 이름이라는 가설도 있다.

그렇지만 역시 숯 관련으로 더 흥미로운 가설도 있다. 1805년 나폴레옹이 이탈리아 국왕을 자처하고 나서면서 외국인 정부가 강제 수립되었다. 카르보나리Carbonari(직역하면 '숯꾼')는 1808년 즈음 이 재수 없는 프랑스인의 정권을 전복하기 위해 나폴리에서 결성된 비밀 결사이자 자유를 위한 투사 집단이었다. 그들의 의식 상당수가 이탈리아 및 프랑스의 프리메이슨에서 차용된 것이었다. 반면 암호문은 숯꾼들의 은어를 바탕으로 했고, 모임 장소는 '숯 판매장'이라고 부르던 숲속의 오두막이었다. 1815년 워털루에서 나폴레옹이 최종적으로 패배하자 오스트리아가 다시 이탈리아의 지배 세력이 되었고, 1821년과 1831년 등 카로보나리 단원들이 일으킨 반란을 성공적으로 진압했다.

카르보나리 단원인 주세페 마치니(1805~1872)와 주세페 가리발디는 평생에 걸쳐 정치 및 군사 캠페인에 힘썼고, 이탈리아 통일을 목표로 한 운동 리소르지멘토Risorgimento(부활)를 이끈 인물로 기억된다. 1831년 마치니는 카르보나리Carbonari의 영향력이 약해져야 한다고 믿으며 새로운 비밀 결사를 결성했다. 라 조비네 이탈리아(청년이탈리아 당)는 유럽에서 가장 중요한 혁명 집단으로 떠올랐고 1861년 이탈리아가 통일로 향하는 길을 닦았다.

그렇지만 카르보나리 단원들이 베이컨과 계란으로 만든 파스타 소스를 좋아했다는 기록은 없다. 사실, 제2차 세계대전 전까지는 이 요리에 대한 기록이 아예 없다. 스파게티 알라 카르보나라spaghetti alla carbonara가 미국에서 대단한 인기를 끌게 된 것은 전쟁이 끝나고 이탈리아에 주둔했던 미군이 귀국하면서였다. 어떤 사람들은 군대에서 이 요리가 발명되었다고 말한다. 배급받은 베이컨과 계란을 그 지역 이탈리아 요리사들에게 넘기면, 그들이 이 재료로 그 유명한 소스를 만들었다는 것이다.

페스토

Pesto

제노바에서 비롯한 **페스토**pesto는 보통 바질, 마늘, 잣, 간 치즈, 올리브유를 섞어 만들며, 주로 파스타와 함께 낸다. 이 단어의 어원인 '으스러트리다' 혹은 '찧다'라는 의미의 이탈리아어 페스타레pestare는 이 요리가 어떻게 준비되는지 보여준다. 페스토는 재료들을 갈아서 만드는데, 전통적으로는 절구와 절굿공이를 사용한다. 흥미롭게도 '절굿공이pestle'도 비슷한 어원에서 나왔다. 이 단어는 고대 프랑스어 페스텔pestel에서 나왔고, 이는 다시 '찧다'라는 의미의 동사 핀세레pinsere에서 도출된 라틴어 피스틸룸pistillum에서 나왔다. 잣을 제외하면 같은 재료를 사용해서 같은 방식으로 만드는 프로방스식 페스토인 **피스투**pistou도 이 어원을 공유한다. 페스토(혹은 피스투)와 유사한 요리에 대한 최초의 언급은 로마의 문헌에서 찾을 수 있다. 모레툼moretum이라는 치즈 스프레드cheese spread로, 로마가 북아프리카를 정벌한 이후 북아프리카가 기원이라고 추정되는 바질이 더해졌다. 물론 지금은 어떤 이탈리아 요리도 바질 잎을 흩뿌리지 않고는 완성되지 않는다.

페투치네 알프레도

Fettuccine Alfredo

페투치네fettuccine를 파르메산 치즈Parmesan cheese와 버터butter로 버무린 이 요리는 1914년 알프레도 디 렐리오Alfredo di Lelio가 로마에 있던 자신의 식당 알프레도 알라 스크로파Alfredo alla Scrofa에서 만들었다고 전해진다. 그가 이 요리를 만든 것은 심한 입덧으로 거의 모든 음식을 먹기 힘들어했던 아내를 위해서였다. 미국에서는 요리사들이 새우나 마늘, 브로콜리나 파슬리 같은 (우연하게도 엽산[임산부의 필수 영양소로 꼽힌다]이 풍부한) 녹색 야채를 더하기도 했다. **페투치네 알프레도**fettuccine Alfredo는 곧 이 식당의 간판 요리가 되었고 제1차 세계대전이 끝나자 미국인 관광객들에게 인기를 끌었다.

1927년 세계에서 가장 유명한 영화배우였던 더글러스 페어뱅크스가 메리 픽퍼드와의 신혼여행 중 식사를 예약하면서 디 렐리오의 식당은 전 세계적으로 유명해졌다. 식당 주인이 페투치니 알프레도를 얼마나 멋들어지게 차려냈던지, 부부는 이 요리와 사랑에 빠져버렸다. 감사의 뜻으로 페어뱅크스와 픽퍼드는 다음 날 황금 숟가락과 포크를 가지고 다시 방문했다. 디 렐리오는 같이 찍은 사진과 나란히 이 식기를 전시했다. 미국으로 돌아간 페어뱅크스와 픽퍼드는 만찬을 주최할 때마다 이 요리를 냈다. 이 레시피에 대한 소식은 곧 할리우드와 그 밖의 요리사들 사이로 퍼져 나갔다.

피자

Pizza

　전 세계 거의 모든 나라에서 사랑받는 이탈리아의 간판 요리 **피자** **pizza**는 사실 이탈리아에서 발명되지 않았다. 현대 피자의 선조는 수천 년 전 고대 그리스인들과 페르시아인들이 창조했다. 페르시아 왕 다리우스 1세(기원전 521~486)의 병사들은 모닥불 위에 방패를 걸어서 만든 즉석 오븐에 일종의 플랫브래드flatbread를 구워 치즈와 대추야자date를 올렸다고 한다. 한편 고대 그리스인들은 비슷한 빵에 치즈, 허브, 올리브유를 올려서 냈다. 사실, 그리스의 **피타**pitta와 이탈리아의 '피자'는 둘 다 '깨물다'라는 의미의 고대 독일어 피초 pizzo에서 진화했다는 점에서 어원적 연관성이 있다고 추정된다. 이 단어가 처음 기록에 남은 건 나폴리 근처의 항구 도시 가에타에서 발견된 서기 997년 라틴어 문헌에서였다. 그 이래 쭉 나폴리는 피자의 고향으로 남아 있다.

나폴리 사람들은 가난에 시달리기로 유명했고, 피자는 텅 비다시 피한 식품 저장실에 있는 것들로 저렴하고 배부르게 끼니를 때우는 방법이었다. 1830년 프랑스 작가이자 음식 전문가 알렉상드르 뒤마 페르(1802~1870)는 나폴리의 빈민들이 어떻게 겨우내 피자로 연명하는지를 쓰면서, 이 요리는 보통 "식용유, 라드, 수지tallow, 치즈, 토마토, 안초비 등으로" 맛을 낸다고 설명했다. 오늘날 피자에는 다양한 재료가 올라간다. 여기에는 인도와 극동의 매콤한 고기가 포함되며, 모험을 더 즐기는 사람들을 위해서 오스트레일리아와 뉴질랜드의 캥거루와 악어 고기가 올라가는 것도 있다. 그렇지만 여전히 우위를 차지하는 건 나폴리 스타일이다. 다음은 현대엔 사랑받는 네 가지 종류의 피자다.

| 마리나라 Marinara |

토마토, 오레가노oregano, 마늘, 올리브유를 올린 **마리나라marinara**는 가장 오래되고 기본적인 나폴리 피자다. 정식 이름인 피자 알라 마리나라pizza alla marinara 혹은 '뱃사람 스타일 피자'를 보면 그 기원이 뱃사람과 관련되었다는 사실을 알 수 있다. 이것은 아마 라 마리나라la marinara, 즉 뱃사람의 아내가 남편이 항해 중 끼니를 해결하도록 혹은 항해에서 돌아왔을 때 먹이려고 준비하던 요리였을 것이다. 요즘 일부 요리사들은 이 이름을 소스나 토핑에 해산물이 들었다는 의미로 해석한다. 그러나 이런 해석은 정통 버전에는 해당하지 않는다.

| **마르게리타** Margherita |

토마토, 모차렐라, 바질, 올리브유를 올려 만드는 또 하나의 나폴리 피자는 이탈리아의 왕비와 이 나라에서 가장 가난한 도시를 연관 짓는다. 1851년 11월 20일 토리노에서 태어난 사보이의 마르게리타 마리아 테레사 조반나Margherita Maria Theresa Giovanna는 제노바 공작 페르디난트와 그의 아내인 작센의 엘리자베트 사이의 딸이었다. 그런 특권적 배경을 가진 마르게리타의 미래가 오래전부터 계획되었다는 사실이 놀랄 일은 아니다. 1868년 4월 21일 마르게리타는 겨우 열여섯의 나이로 이탈리아 왕세자 움베르토와 결혼했다. 1878년 움베르토가 통일 이탈리아의 두 번째 국왕으로 왕위를 잇자 마르게리타는 왕비가 되었다. 그는 예술에 대한 열정적인 지원과 적십자 같은 단체에 대한 아낌없는 후원으로 이 젊은 국가의 존경을 받았다.

사실, 그가 얼마나 크게 사랑받았던지 아프리카에서 세 번째로 높은 산의 이름이 마르게리타 피크Margherita Peak로 지어질 정도였다 (이는 '데이지 산'이라고 번역되기도 한다. 마르게리타라는 이름이 이탈리아어로 데이지[정확히는 '마가렛Argyranthemum frutescens'으로, 흔히 말하는 데이지 Bellis perennis와 비슷하지만 약간 다르다]라는 의미이기 때문이다). 그는 요리 방식으로도 기려진다. 1889년 이 인기 많은 왕비가 나폴리를 방문했을 때, 피자리아 디 피에트로의 주인 라파엘레 에스포시토는 경의를

표하는 의미로 특별한 식사를 준비했다. 에스포시토는 새로운 국기에 쓰인 색깔인 초록과 하양, 빨강을 사용하여 치즈(하양)와 토마토(빨강)를 바질(초록)과 조합해서 요리를 만들었다. 이는 세계에서 가장 많이 팔리는 피자 중 하나가 되었고, 더불어 이 재료들은 다른 피자 대부분의 기본 재료가 되었다. 그는 이것을 왕비의 이름을 따라 **피자 마르게리타**pizza Margherita(다시 말해 데이지 피자다. 비록 그렇게 말하니 별로 먹음직스럽게 들리지 않지만 말이다)라고 불렀다. 그리하여 이 피자는 그 이후 쭉 이 이름으로 불리고 있다.

| 칼초네 Calzone |

이 피자는 패스티pasty 혹은 짭짤한 턴오버savory turnover라고 할 수 있다. **칼초네**calzone의 토핑은 모두 평범한 피자와 같지만 반으로 접혀 있어서 이동 중에 먹기 쉽다. 화려한 것과는 거리가 먼 외양을 보면 칼초네의 의미가 '바지의 한쪽 가랑이' 혹은 '축 늘어진 자루'라는 사실도 납득이 갈 것이다. 미국에서는 이런 형태의 피자가 대단히 인기인데, 보통 마리나라marinara 소스에 찍어 먹는다.

| 아메리칸 American |

이탈리아 이외의 지역에 피자가 소개된 것은 19세기의 마지막 20년 동안 이탈리아 이민자 수천 명이 미국에 도착하면서였다. 피자는 처음에 이탈리아에서 그랬듯이 길거리 음식이었다. 그러나 1905년 뉴욕의 리틀 이탈리아에서 최초의 피자리아pizzeria가 개점하자마자 피자 전문점은 마치 들불처럼 퍼져 나갔다. 처음에는 피자 행상들이 모국에서 먹던 것과 같은 버전을 판매했다. 그러나 곧 온갖 변종이

스며들었다. 인기 토핑은 나폴리 및 이탈리아 남부의 매콤한 살라미를 미국식으로 만든 페페로니였다. 이 피자가 얼마나 대중의 사랑을 받았던지 치즈와 페페로니를 올린 피자는 이제 전 세계에서 **아메리칸**American이라고 불릴 정도다(여기에 또 하나의 미국식 재료인 할라페뇨 jalapeño pepper를 추가하면 **아메리칸 핫**American hot이 된다). 미국인들은 1인당 연간 피자 23파운드를 먹는 것으로 추정된다. 그렇다면 피자는 햄버거에 이어 미국에서 두 번째로 사랑받는 음식인 셈이다.

14장

중국식 포장음식

생각할 중국식 먹을거리

딤섬: 중국식 애프터눈 티

봄이 여름으로 말릴 때

북경오리: 아주 기름진 간식

천년의 알: 세계에서 가장 오래된 요리일 수도?

찹수이의 미국적인 것과는 거리가 먼 사연

CHAPTER 14

CHINESE TAKEAWAY

Chinese Food for Thought

Dim Sum: Afternoon Tea Chinese-Style

When Spring Rolls into Summer

Peking Duck: A Very Rich Snack

Thousand-year-old Egg: Could This be the World's Oldest Dish?

The Less than All-American Story of Chop Suey

솔직히 젓가락이라는 건 스트레스를 준다.
종이, 화약, 연, 그밖에도 유용한 물건을 숱하게 발명할 정도로 천재적인데다
3000년 전까지 거슬러 올라가는 웅장한 역사를 가진 민족이
음식을 집을 방편으로 뜨개바늘 한 쌍밖에 생각해내지 못하다니
이상하다고 느껴지는 게 나뿐인가?

I find chopsticks frankly distressing.
Am I alone in thinking it odd that a people ingenious enough to
invent paper, gunpowder, kites and any number of other useful objects,
and who have a noble history extending back 3,000 years,
haven't yet worked out that a pair of knitting needles is no way to
capture food?

빌 브라이슨

생각할 중국식 먹을거리

Chinese Food For Thought

[생각할 거리food for thought라는 표현을 생각할 중국식 먹을거리Chinese food for thought라고 비틀어서 썼다.]

제비집 수프soup made out of bird's nests부터 탕수육sweet-and-sour pork에 이르는 진미를 갖춘 중국 퀴진은 서양인의 눈에는 어마어마하게 방대하고 복잡해 보일 뿐이다. 도교와 유교는 중국 문화에 지울 수 없는 영향을 남긴 주류 철학인데, 이 두 철학이 중국인들이 음식을 요리하고 즐기는 방식에 어떤 영향을 주었는지 탐구하는 것은 중국 퀴진이 어떻게 작동하는지 이해하는 실마리가 된다.

| 도교 Taoism |

도교는 기원전 6세기 즈음 살았다는 노자의 가르침에 기초한다. 이 사상은 삼라만상의 이면에서 모든 것의 균형을 유지시키고 음양의 원리가 통합되도록 이끄는 힘인 '도' 개념을 중심으로 돌아간다. 대립적이지만 보완적인 힘인 음과 양은 만물에 있는데, 여기에는 음식도 포함된다. 도교 신봉자들은 음식마다 음 또는 양이 우세하다고 믿는다. '음' 음식은 차가운 성질을, '양' 음식은 따뜻한 성질이 있다. 그렇기에 어떤 요리가 적절한 균형을 이루려면 음과 양 요소가 정확히 혼합되어야 한다. 요리법 역시 영향을 미치는데, 삶기와 찌기는 '음' 기술로, 볶기와 굽기는 '양' 기술로 간주한다.

이런 개념에 기초해 식사는 사려 깊게 준비되고 균형을 이뤄야 하며 과식과 간식은 피해야 한다(이런 생각에 대해 더 알고 싶다면 「딤섬」의 기원을 참고할 것). 과식하지 않는다는 발상은 건강에 좋을 뿐 아니라, 사람들이 아예 먹을 필요 없이 그저 우주의 '기' 혹은 음양의 에너지로 연명했던 황금 시대에 대한 믿음을 상기시켰다. 도교 신봉자들은 기운이 찬 음식을 너무 많이 먹으면 내면이 약해진다고 믿으므로 날 음식 역시 과도하게 먹지 말아야 한다고 믿었다. 이런 이유로 모든 야채를 찌거나 볶는 등 다양한 방식으로 조금이라도 익혀야 했다. 요리의 건강상 이점 역시 중요한 문제다. 음식은 질병과도 관련있으며, 요리의 모든 재료가 종합적으로 건강에 이바지해야 한다. 생강은 도교 신봉자들이 특히 선호하는 음식으로, 소화를 돕고 혈압도 낮춰준다. 이렇게나 좋은 음식이니, 도가 요리사라면 기회가 날 때마다 생강에 손을 뻗을 게 틀림없다.

| 유교 Confucianism |

공자(기원전 551~479)의 가르침은 여전히 중국인의 사고방식에 엄청난 영향을 준다. 전쟁이 끊이지 않는 춘추전국시대에 태어났던 그는 세상의 균형과 질서 감각을 확립하는 데 중점을 두었다. 그는 교육과 수양의 가치를 믿었다. 자기 자신을 도덕적으로 갈고닦아 잘못을 저지르지 않고 서로 조화를 이루며 살 수 있어야 한다고 믿었다. 그리고 음식을 크게 중시해서, 성공적인 사회를 위한 세 가지 필수 요건 중 하나로 보았다(나머지 둘은 군대와 상호신뢰다). 공자는 식사가 영양이 풍부하면서 즐거운 경험이 되려면 각각의 요리마다 빛깔, 풍미, 향기, 식감이 올바르게 조합되어야 한다고 강조했다. 이런 생각은 오늘날에도 중국 퀴진의 중심으로 남아 있다. 도교와 마찬가지로 재료들은 균형을 이루어야 한다. 예를 들어 기름진 북경오리 peking duck는 파채salad of spring onions를 곁들이며, 단맛은 신맛으로 균형을 잡는다. 중국인들에게 식탁으로 칼을 가져오는 행위는 야만적이라고 (그리고 위험하다고) 가르친 것도 공자였다. 그 이후 지금까지 중국 음식은 식탁에서 칼이 필요 없게끔 썰거나 다듬어서 올리며 뜨개바늘을 사용해서 먹는다. 이 위대한 사상가가 고수한 또 하나의 음식 관련 원칙은 절대 혼자 먹지 않는다는 것이었다. 식사는 음식뿐만 아니라 친교도 즐기며 함께 나누는 활동이어야 한다. 흥미롭게도, 그는 뛰어난 요리사는 우선 뛰어난 중매인이 되어야 한다고도 가르쳤다.

딤섬

Dim Sum

딤섬dim sum이라는 요리 예술은 비단 교역을 위해 중국과 중동, 아프리카, 유럽을 이어주던 교역로인 실크로드를 따라가는 상인 및 교역자를 위한 가벼운 식사refreshment 형식으로 시작되었다. 이 길을 따라 여행자들에게 쉴 곳을 제공하는 찻집들이 생겨났다. 처음에는 차에 음식을 더하는 것이 부적절하다고 여겨졌다. 도교의 가르침에 반한다고 믿었기 때문이다. 그러나 후일 차가 소화를 돕는다는 사실이 밝혀지며 찻집 주인들은 가벼운 간식snack을 다양하게 더하기 시작했다. 이것이 엄청난 인기를 끌면서 딤섬 전통으로 발전했다.

딤섬을 직역하면 '마음을 건드리다'이다. 주요 식사가 아니라 간식에 불과하기에 붙은 이름으로, 보통 돼지고기나 새우 만두dumpling of pork or prawn, 춘권spring roll, 고기완자meatball, 연잎으로 싼 밥 등을 대나무 찜통에 찐 것으로 구성되어 있다. 이 광둥식 타파스tapas는 아침부터 하루 중 제일 중요한 저녁 식사 사이 아무 때나 제공되며, 늘 차와 함께 먹는다. 중국인이 딤섬을 먹으러 가자고 초대할 때면 "얌차yum cha하러 가자"라고 말한다. '얌차'는 '차를 마신다'는 의미이니 이 두 행위가 얼마나 밀접하게 연관되어 있는지 알 수 있다. 하나가 나오면 반드시 다른 하나도 함께 따라온다(오스트레일리아에서는 아예 딤섬 대신 얌차라는 용어로 부르기도 한다). 잉글랜드의 펍에서 라거lager 1파인트와 감자칩crisps 한 봉지가 식탁의 단짝인 것과 별반 다르지 않다.

딤섬dim sum을 먹을 때는 자기 잔
을 채우기에 앞서 함께 식사하는 사
람들의 잔에 차를 따라주는 것이 관례
다. 그러면 그들은 집게손가락과 가운뎃손

가락을 나란히 구부리고 식탁을 톡톡 두드려서 감사를 표할 것이다. 이런 몸짓의 기원에 대해 중국에서 전해지는 바에 따르면, 어느 황제가 황궁 밖에서 친구와 차를 마시려고 변복 차림으로 갔다. 얌차하는 도중 황제는 영광스럽게도 동석자에게 차를 따라주었다. 절을 올리면 황제의 정체가 대중에게 누설될 수 있으므로 동석자는 대신 감사의 뜻을 나타내는 암호로 집게손가락과 가운뎃손가락을 써서 식탁을 두드렸다고 한다.

송나라 시기 중국 전역에서 찻집이 번성하며 딤섬은 더 널리 퍼졌다. 마르코 폴로가 도착한 1271년 즈음 찻집과 딤섬은 중국 문화의 확고한 일부였다. 1295년 마침내 유럽으로 돌아온 이 위대한 탐험가는 중국 물품과 전통을 일부 소개했고 더 많은 것에 대해서는 글로 남겼다. 그러나 딤섬은 그중에 있지 않았다. 사실, 서양인이 딤섬을 발견한 것은 비교적 최근의 일로, 서양으로 온 중국 이민자들을 통해서였다. 대략 19세기부터 전 세계 주요 도시마다 중국인 공동체가 생겨나기 시작했다. '차이나타운Chinatown'은 이민자 대부분이 정착하는 장소가 되었다. 서양인들은 주로 자기 지역에 있는 차이나타운을 찾아갔다가 딤섬의 즐거움을 처음 발견하곤 했다.

요새는 딤섬의 범위가 방대해져서 짭짤한savory 것뿐 아니라 달콤한 것까지 아우른다. 딤섬은 특정한 요리가 아니라 하나의 음식 스타일이기에, 요리사들은 요리를 만들 때 상상력을 발휘하고 튀기기,

삶기, 찌기 등 다양한 방법을 사용한다. 그렇지만 딤섬dim sum의 본질은 여전히 같다. 바로 모든 게 소량으로 제공된다는 것이다. 딤섬 레스토랑에 가면 갓 만든 요리가 카트에 실려 돌아다닌다. 손님들은 카트가 지나갈 때마다 그것을 보고 뭐든 좋아 보이는 것이면 고를 수 있다. 계산할 금액은 손님들이 떠날 때 자리에 남은 접시의 개수, 크기, 빛깔에 따라 책정된다. 악용될 수 있는 시스템이다 보니(덜 양심적인 손님들이 다 먹은 후 접시를 숨기거나 훔칠 수 있다) 보통 종업원들이 빈 접시의 개수를 기록한다.

춘권

Spring Roll

춘권spring roll은 고기, 해산물, 야채 등을 섞어서 얇은 무발효 반죽으로 감싼 후 튀긴 것이다. 원래는 친척과 친구가 찾아왔을 때 차와 함께 대접하는 특별 간식이었다. 호사스러운 황금빛으로 튀겨낸 춘권은 금덩어리와 비슷한 모양 때문에 번영 및 행운과 결부된다. 1943년이 되어서야 지어진 영어 이름은 봄spring의 첫날이기도 한 음력 설날에 이를 대접하는 전통에서 왔다. 그러나 춘권을 혹시 베트남 식당에서 주문한다면 중국인들은 질색하는, 더 건강한 버전인 생으로 먹는 고이 꾸온goi cuon을 받을 것이다. 라이스페이퍼rice paper, 새우, 신선한 허브로 만드는 고이 꾸온은 **하권**summer roll이라고 불리기도 한다.

북경오리

Peking Duck

세계 최고의 별미 중 하나인 오리 구이roast duck는 중국에서 고대 이래로 사랑받아온 요리였다. 하지만 오늘날 우리가 **북경오리Peking duck**라고 부르는 요리는 더 나중인 명나라(1368~1644) 시기, 수도를 난징에서 베이징Peking[오늘날 베이징은 영어로 Beijing으로 표기한다. Peking은 17~18세기 프랑스 선교사들이 고안한 철자로 초기 유럽 교역자들과 거래했던 교역항 등에서 흔히 사용되었다. 지금은 보통 Beijing을 사용하지만 Peking duck 등 일부 용어에 Peking이 아직 남아 있다]으로 옮기면서 탄생했다. 예전에는 오리 구이용으로 난징 주위 운하에 사는 자그마한 오리들을 썼지만, 1421년 수도를 이전하며 예기치 못한 부작용이 생겼다. 오리들은 난징과 베이징을 오가는 바지선의 뱃전에서 떨어지는 곡물을 받아먹으며 조금씩 커진 끝에 더 크고 통통한 새로운 품종으로 진화했고 중국 농부들에 의해 가금이 되었다. 이 고기는 지방이 훨씬 풍부해서 구우면 놀랄 정도로 풍미가 좋고 바삭바삭한 요리가 되었다. 이후 중국인들은 오리의 지방 함량을 더 높이기 위해 강제 급식을 시작했다.

전통적으로 가장 부유한 중국인들이 먹는 북경오리는 온종일이 걸리는 긴 요리 과정을 거쳐 아름답게 빛나는 갈색으로 캐러멜화된 바삭바삭하고 짭짤한 껍질로 덮인다. 중국인들이 이 요리에서 중요시하는 것은 맛, 식감, 비용이지 영양적 가치가 아니다. 오리의 살코기는 껍질을 조리하고 맛을 내는 수단으로 사용한 후, 중세의 페이스트리pastry와 마찬가지로 하인들에게 먹으라고 줬다. 20세기에 이 요리(프랑스어로 카나르 라케canard laqué, 직역하면 '광택제를 바른 오리')가 서양으로 수출되자, 중국인들이 선호한 방식을 이해하지 못하고 오리 껍질과 살을 모두 즐기는 방식이 퍼져 나갔다. 전통적으로 밀전병pancake, 파spring onion, 하이센장hoisin sauce[해선장海鮮醬. 대두, 고구마, 설탕, 마늘, 식초, 고추 등으로 만든 달콤 짭짤한 소스]과 함께 나오는 이 요리는 영국에서도 대단한 인기인데, 아마 **크리스피 아로마틱 덕crispy aromatic duck**이라는 이름으로 더 유명할 것이다.

피단

Thousand-year-old Egg

피단thousand-year-old-egg은 수천 년은 족히 거슬러 올라가는 가공법의 결과물이다. 중국인들은 오리, 메추라기quail, 닭 등의 알을 알칼리성 진흙에 묻어서 몇 년씩 보존할 수 있게 만들었다. 이 방법은 한 중국인이 새 집을 지으며 소석회를 회반죽으로 사용하다가 발견했다고 한다. 그는 석회 반죽 속에서 완벽하게 보존된 오리알을 발견하고는 용기 내서 맛을 보았다. 그 맛은 마음에 들었고 이후 풍미를 향상시키기 위해 소금을 더했고, 그리하여 오늘날의 극동 별미의 레시피가 만들어졌다.

처음에는 이 검은 알을 만드는 데 최소한 100일은 숙성시켜야 했다(이 알의 다른 이름인 **센트리 에그**century egg는 그래서 탄생했다). 그렇지만 가공 과정이 발전해서 이제 두어 주면 대량생산이 가능하다. 피단은 중국에서 특히 길거리 음식으로 엄청난 양이 판매되며, 국경일이나 결혼식 연회 같은 특별한 행사에서도 늘 제공된다. 홍콩에는 피단에 어분fishmeal[생선에서 기름을 짠 찌꺼기를 말려서 만든 가루. 흔히 사료에 사용된다]과 빵가루breadcrumb를 입힌 변종이 있다. 튀겨서 간식으로 먹는데 내가 보기에는 스코치 에그Scotch egg와 아주 비슷하다.

피단에서 톡 쏘는 암모니아 냄새가 나다 보니, 원래는 세 달간 소변에 담가두는 방법으로 만들었다는 이야기도 있다. 현대에 시험해본 바로는 그랬을 것 같지 않지만 낭설은 여전하다. 이 요리의 태국이름이 카이이오마khai yiow ma, 혹은 '말 오줌 알horse piss egg'인 이

유다. '고대'의 요리를 가진 민족이 중국인뿐만은 아니다. 예를 들어 프랑스에는 백 년 된 파테pâté라는 전통 레시피가 있으며, 영국에는 백 년 된 자두푸딩plum pudding이 있다.

닭이 먼저냐 달걀이 먼저냐 What came first, the chicken or the egg?는 살면서 마주하는 가장 당혹스러운 질문 중 하나다. 위대한 그리스 철학자 아리스토텔레스(기원전 384~322)는 이 질문에 골치를 썩이다 이렇게 말했다. "만일 최초의 인간이라는 게 존재한다면, 그는 아버지와 어머니 없이 태어났을 수밖에 없다. 자연은 이런 것을 혐오한다. 최초의 새가 태어나게 될 최초의 알이라는 것은 있을 수 없다. 그러려면 최초의 알을 낳을 최초의 새가 있었어야 한다. 왜냐하면 새는 알에서 나오기 때문이다." 성서는 확고히 닭의 편에 서서, 창세기 1장 21절에서 천지창조 다섯째 날 신이 어떻게 '모든 날개 달린 새들을 제 종류대로 만들었는지' 설명한다. 한편 과학자들은 진화 과정을 살펴본 결과 알이 먼저라는 결론을 내린 바 있다. 그리고 틀림없이 나올 질문인 "글쎄, 그러면 그걸 누가 낳았는데?"의 답은 "닭은 아니다"라는 것이다. 그래도 새이기는 했다. 닭의 조상인 적색야계Red Junglefowl(Gallus Gallus)는 인도 및 극동에서 비롯한 꿩과의 열대 동물이다. 화석 증거로 확인한 바에 따르면, 야생 조류는 공룡(역시 알에서 탄생했다) 및 다른 선사 시대 생물 종과 나란히 살았다. 그러니 적색야계가 또 다른 고대종(회색야계Grey Junglefowl라는 주장이 있다)과 이종 교배되어 현재 전 세계에서 고기와 계란으로 쓰이는 새로운 품종을 낳았다는 결론을 내리는 데 대단한 상상력이 필요하지는 않을 것이다. 이 결합에서 탄생한 자손이 최초의 닭이었을 것이다. 그 이후로 닭은 알을 깨고 나왔다. 당연하게도.

참수이

Chop Suey

전통적으로 **참수이**chop suey는 중국 음식의 미국식 패러디로 여겨진다. 이 요리가 처음 어떻게 발명되었는지를 둘러싸고 온갖 이야기가 있다. 그 모든 이야기에는, 주방에는 먹다 남은 것만 있는데 억지로 식사를 만들어야 하는 곤경에 처한 이민자 요리사가 등장한다. 이야기의 버전에 따라 음식을 강요하는 사람은 만취한 금광 광부, 성난 철도 건설 노동자, 여행 온 중국 고관 등으로 달라진다. 요리사는 남은 음식 전부를 한꺼번에 볶아 일종의 해시hash[고기, 감자, 양파 등을 잘게 썰어서 볶은 요리]를 만들었고, 만족한 손님들이 요리 이름을 묻자 농담 삼아 참수이라고 알려주었다. 광둥어로 '잡동사니'를 의미했기 때문이다(표준 중국어에서 이 요리의 이름은 내장 요리를 의미한다. 아마 요리사가 이 참수이를 내주었다면 미국 고객들은 별로 만족하지 못했을 것이다).

그렇지만 참수이는 실제로는 캘리포니아로 이주한 초기 중국 출신 이민자 대부분의 고향인 광둥성 남부 타이산에서 기원한 정통 요리였다. 이름은 참수이tsap seui(정말로 '각종 나머지'를 의미한다)이고 남은 야채와 자투리 고기를 같이 볶아서 만든다. 어쨌거나 미국으로 이민을 오게 한 가장 절박한 이유는 지독한 가난이었을 테니, 캘리포니아 골드 러시Gold Rush California 시절의 초기 중국인 정착민들은 자투리와 남은 음식을 재사용하는 일에 익숙했을 것이다.

15장

크리스마스 만찬

누가 크리스마스 만찬을 발명했을까?

우리는 왜 크리스마스 햄을 먹을까?

민스파이로 잔치를

만찬으로는 거위인가 아니면 칠면조인가?

칠면조의 어디에 목사의 코가 있단 말인가?

방울다다기양배추: 우리 모두 기꺼이 혐오하는 야채

그들이 금지하려고 든 푸딩

킹 케이크와 뜨거운 펀치로 12번째 밤을 축하

CHAPTER 15

CHRISTMAS DINNER

Who Invented Christmas Dinner?

Why Do We Have a Christmas Ham?

Feast Your Mince Pies on This

Should it be Goose or Turkey for Dinner?

Where on a Turkey is the Parson's Nose?

Brussels Sprout: the Vegetable We All Love to Hate

The Pudding They Tried to Ban

Celebrating Twelfth Night with King Cake and Hot Punch

우리 집에서 크리스마스는 늘
다른 어디에서보다 최소한 예닐곱 배는 더 유쾌하다.
우리는 일찍 마시기 시작한다.
그러면 다른 모두가 산타클로스 한 명을 볼 동안,
우리는 예닐곱 명을 보게 될 것이다.

Christmas at my house is always
at least six or seven times more pleasant than anywhere else.
We start drinking early.
And while everyone else is seeing only one Santa Claus,
we'll be seeing six or seven.

W. C. 필즈

크리스마스 만찬

Christmas Dinner

포식feasting[feast에는 축제와 포식하다라는 두 가지 의미가 있다]에 대한 이야기를 하려고 할 때 전통 **크리스마스 만찬**Christmas dinner보다 더 다루기 좋은 주제가 어디 있겠는가. 이는 우리 대부분에게 한 해의 가장 중요한 (그리고 칼로리도 높은) 식사다. 그러나 왜 그즈음이면 별로 좋아하지도 않는 친척들을 불러 모아 온종일 먹여야 한다는 의무감을 느끼는 것인가? 그들을 폭발시키고 싶은 게 아니라면?

그 이유 중 일부는 크리스마스가 유서 깊은 흥청망청 모임 중 하나라는 사실에 있을지 모른다. 한겨울 축제는 모든 문화와 종교에서 발견된다. 대개 한 해 중 낮이 가장 짧은 동지(12월 21일) 즈음에 열려 새 생명을 약속하는 봄이 멀지 않았음을 축하한다. 공동체가 겨울을 버틸 수 있을지 확신할 수 없었던 신석기 시대 및 청동기 시대에 동지는 어마어마하게 중요했다. 축제의 하이라이트는 1월부터 4월까지 이어질 굶주림에서 살아남을 것을 보장받고자 신에게 바치는 공양이었다. 집단은 겨우내 사료를 아끼기 위해 나이든 소cattle를 대부분 도살했다. 그렇기에 이 무렵은 한 해 중 신선한 고기를 얻을 수 있는 거의 유일한 시기였다. 물론 한 해 중 가장 암울한 시점에 사람들을 격려한다는 심리적 목적도 있었다. 축제는 삶이 더 수월해지고 문명화된 후에도 여전히 계속되었다.

로마인들은 12월 25일에 솔 인빅투스Sol Invictus(무적의 태양) 축제를 기념했다. 기독교가 공식 축일을 정할 당시 이날이 예수의 생일로 선택되었다. 실용적인 이유 때문이고 물론 진짜 예수의 생일은 아니다. 실제 날짜는 아무도 모른다. 4세기 후반 시로스는 이렇게 논평했다.

> 동일한 날짜인 12월 25일에 태양의 생일을 축하하는 게 이교도들의 관습이었다. 이날 그들은 축제의 징표로 불을 밝혔다. 이런 의식 및 파티에 기독교인들도 참여했다. 그러다 보니 교회박사들은 기독교인들이 이 축제를 좋아한다는 사실을 알게 된 후 종교회의를 소집해 이날에 진정한 성탄절이 거행되어야 한다고 결의했다.

이런 불의 축제들의 흔적을 오늘날까지 살아남은 크리스마스 전통의 여러 측면에서 찾을 수 있다. 축제의 12일 동안 계속 타올랐던 율 로그Yule log는 통나무 모양의 크리스마스 케이크 **뷔슈 드 노엘Bûche de Noël**로 여전히 기념된다. 빅토리아 시대 사람들이 크리스마스트리에 묶었던 양초들은 오늘날 훨씬 안전한 꼬마전구로 이어진다. 그리고 물론 크리스마스 푸딩에 불 붙이기도 빼놓을 수 없다.

최초로 기록에 남은 크리스마스 연회는 서기 336년 로마에서 벌어졌다. 몇 년 후인 350년, 교황 율리오 1세가 이 날짜를 그리스도의 탄생을 축하하는 날로 공식 채택했다. 축제 분위기는 12월 25일부터 동방박사 세 사람이 아기 예수를 방문한 주현절Epiphany(「제12야」 역시 참고할 것)인 1월 6일까지 계속되었다. 기본적으로 2주간의 파티였던 이 축제는 그 이래 쭉 기독교적 생활 방식의 일부로 남아 있다.

전해지는 바에 따르면 아서 왕이 돌에서 엑스칼리버를 뽑아 자신이 잉글랜드의 적법한 왕이라는 사실을 천명한 게 크리스마스 날이었다고 한다. 아서 왕 시대의 크리스마스 연회들 덕분에 중세 문학의 페이지 수가 늘어났다. 14세기의 시 「가웨인 경과 녹색의 기사Sir Gawain and the Green Knight」는 카멜롯에서 크리스마스 파티가 한창일 때 시작된다. 여기서 아서 왕, 원탁의 기사들, 귀부인들은 "15일 내내, 생각해낼 수 있는 것이라면 뭐든 포식하며 흥청망청했다. 웃고 떠드는 소리가 얼마나 즐겁게 들렸는지 모른다. 낮에는 유쾌하게 소란을 피웠고 밤에는 춤을 추었다." 중세 축제들의 호화로움은 전설적이다. 한 역사가는 1398년 이렇게 서술했다. "(국왕 리처드 2세는) 크리스마스를 리치필드에서 보냈다. 그곳에서 그는 크리스마스 기간 동안 와인 200통과 황소 2000마리를 내장까지 포함해서 먹어치웠다."

그렇지만 이렇듯 은근히 이교도적인 행사를 깎아내리는 사람들도 있었다. 1583년 스코틀랜드의 장로교 신자들은 크리스마스 축일에 성서적 근거가 없다고 판결했다. 스코틀랜드에서 크리스마스는 1958년이 되어서야 다시 공휴일이 되었다. 1644년 올리버 크롬웰의 청교도 의회는 크리스마스 축하 행사를 금지했다. '크리스마스'라는 단어마저도 가톨릭 미사를 연상시킨다며 폐기되었다. 크롬웰은 12월 25일이 너무 많이 먹고 마시는 날이라기보다는 예수의 탄생에 대해 생각하는 순수하게 종교적인 기념일이 되기를 원했다. 런던에서는 군인들이 거리를 순찰하며 필요하다면 무력을 동원해서라도 크리스마스 축하 행사를 위한 음식을 빼앗아갔다. 호랑가시나무 같은 전통 크리스마스 장식과 민스파이mince pie와 크리스마스 푸딩 Christmas pudding 같은 축제 음식 역시 금지되었다. 그렇지만 찰스 2세가 복위하면서 통일령(1662)을 통해 금지를 철회했고, 성공회 기도서에 있는 의식들을 합법화했다. 성공회가 다시 권위를 찾기 시작하면서, 크리스마스는 다시 전처럼 최대한 흥청망청하게 축하하는 기념일이 되었다.

그렇지만 좀 더 경건한 새로운 세상을 만들기 위해 50년 넘는 시간 동안 잉글랜드를 떠나 있던 청교도들도 축하 행사를 완전히 반대하지는 않았다. 1621년 플리머스 식민지의 청교도들은 첫 번째 추수가 성공한 것을 신에게 감사하기 위해 '첫 번째 추수감사절 Thanksgiving'로 알려지게 될 축제를 벌였다. 12월 13일에 축하했던 추수감사절은 크리스마스로부터 신규 정착민들이 기념할 한겨울 축제의 자리를 넘겨받았다. 그러다 1863년 에이브러햄 링컨이 추수감사절을 11월 말로 옮기면서 숨 돌릴 틈이 생겼고, 이제 크리스마스를 다시 한번 적절하게 축하할 수 있게 되었다.

크리스마스 햄

Christmas Ham

이교도적인 한겨울 축제를 의미하는 스칸디나비아어 단어 율Yule 은 크리스마스와 거의 동의어로 사용된다. 이와 유사하게, 햄이 칠 면조와 나란히 크리스마스 만찬에 포함된 것은 기독교 축제가 어떻 게 다른 한겨울 축제의 요소를 흡수했는지 보여준다. 스칸디나비아 에는 율에 농사, 날씨, 비옥함의 신 프레위르Freyr에 바치는 공물로 멧돼지를 먹는 전통이 있었다. 한편 로마인들은 농업의 신 사투르 누스Saturn에게 경의를 표하며 열리는 한겨울 축제인 사투르날리아 Saturnalia 기간에 멧돼지를 먹었다. 멧돼지는 그리스 신화에 등장하 는 아도니스Adonis를 상기시키는데, 그는 멧돼지의 엄니에 받혀서 죽었다. 이 신화는 부활에 대한 숭배와 관련 있다는 점에서(그는 아네 모네anemone 꽃의 형태로 부활했다) 예수의 이야기와 일맥상통하는데, 그의 생일도 같은 날인 12월 25일에 축하했다.

크리스마스 햄 Christmas ham은 전보다는 훨씬 드물지만 여전히 벌어 지는 멧돼지 머리 축제와도 관련 있다. 이 축제는 연회의 중심 요리 로 멧돼지 머리를 내는 고대 전통과 이어진다. 멧돼지는 흉포한 야 수이니 그 머리를 접시에 담으면 어마어마한 적을 격파했다는 것을 의미했다. 기독교적 맥락에서 멧돼지 머리는 아기 예수가 죄를 사하 는 것에 해당했다. 멧돼지를 희생시켜서 그 머리를 크리스마스 축제 에 선보이는 전통은 가장 오래된 크리스마스 영어 캐럴에도 묘사된 다. 바로 멧돼지의 머리가 접시에 담겨 옮겨질 때 부르는 '멧돼지 머리 캐럴(1521년 처음 인쇄되었다)'이다. 현행 축제의 기원은 옥스퍼드 대학교 퀸스 칼리지이고, 매년 크리스마스가 되면 이곳에서 지금도 볼 수 있다. 퀸스 칼리지에는 나름의 사연이 있다. 1868년 윌리엄 헨리 허스크는 이 전통이 어떻게 탄생했는지에 대해 이렇게 기록했다.

칼리지의 한 학생이 행한 용감한 행동에 대한 기념. 그는 인근 숏 오버 숲을 걸으며 아리스토텔레스를 읽다가 갑자기 멧돼지에게 습격당했다. 흉포한 야수는 입을 벌린 채 젊은이를 덮쳤다. 그렇지만 그는 대단히 용감했고 다행히도 침착했기에 그리스인들에게 경의를 표하며 그라이쿰 에스트Græcum est['나에게는 모두 그리스어다'는 의미의 라틴어로, 이해하기 힘들다는 의미다]라고 외치면서 읽고 있던 책을 멧돼지의 목구멍에 찔러 넣었고, 그 현자 덕분에 야수를 거의 질식시킬 수 있었다.

민스파이

Mince Pie

민스파이mince pie는 중세까지 거슬러 올라가는 요리다. 민스미트 mincemeat라는 단어가 암시하듯 그 무렵에는 짭짤한savory 요리였다. 이 파이는 과자나 디저트가 아니라 겨울이 다가올 때 고기를 보존하는 방법으로 고안되었다. 사료가 부족했기 때문에 잉여 가축은 늦가을에 도살되었다. 고기는 다져서 향신료, 말린 과일과 함께 조리한 후 페이스트리 밀폐 용기인 '코핀coffin'에 밀봉했다. 그 결과물인 파이는 우리에게 익숙한 간식거리처럼 작지 않고 커서, 이후 특히 축제 철에 많은 사람을 먹일 수 있었다. 최초의 종류인 슈위트chewette 에는 고기나 간을 다져서 깍둑썰기한 완숙 계란과 생강을 섞은 소가 들었다. 서서히 말린 과일도 들어가는 등 소가 점차 풍요로워졌는데, 시간이 흐르면서 이쪽이 주재료가 되었고 고기는 수이트suet로 대체되었다. 16세기쯤 되자 당시에 '민스드minced' 파이라고 불리던 이 파이는 크리스마스 별미가 되었다. 그 상징성이 얼마나 컸던지, 1644년 올리버 크롬웰은 크리스마스 행사를 금지하며 민스파이 역시 콕 짚어서 없앴다. 그 법률은 한 번도 폐지되지 않았으니, 엄밀히 말하자면 크리스마스에 민스파이를 먹는 행위는 여전히 불법인 셈이다. 배가 너무 부르지만 파이를 만드느라 오전의 절반을 투자한 엄마의 기분을 상하게 하고 싶지 않다면 고려해볼 만한 좋은 핑곗거리다.

만찬으로는 거위인가 아니면 칠면조인가?

Goose or Turkey?

전통적으로 크리스마스 주요리는 **거위goose**였다. 거위는 다른 철 새와 마찬가지로 해마다 때가 되면 한 번씩 나타났다가 사라지기에, 거위를 먹는 행위는 태양력과 농력상의 의식 행사에 부합되기 때문 이었다. 고대 이래로 사람들은 거위를 계절의 변화와 결부시켜왔다. 세계 곳곳의 상이한 문화에서 신에게 수확을 감사하며 거위를 희생 시켰고, 그 후 거위 고기로 잔치를 벌였다. 거위는 켈트족의 삼하인 Samhain 혹은 할로윈Halloween, 스칸디나비아의 율Yule, 기독교의 미 카엘 축제일Michaelmas에 제공된다. 중세에는 웨이즈구스Wayzgoose 라는 축제까지 있었다. 인쇄업자들의 전통적인 기념 행사로, 여름의 끝과 촛불 노동의 시작을 기념하며 미카엘 축제일 즈음(추분) 열렸 는데, 우두머리 인쇄업자가 도제와 장인을 위해 거위구이roast goose 가 주요리인 잔치를 벌였다.

크리스마스에 차려내던 거위가 **칠면조turkey**로 바뀐 것은 미국의 청교도 정착민과 추수감사절 때문이었다. 그들은 특유의 위선 탓 에, 크리스마스 행사가 완전히 금지되기를 바라지는 않았다. 그래 서 날짜를 옮기고 다른 이름으로 부르기 시작한 것이 현대 미국에서 까지 살아남아 전통이 되었다. 칠면조는 북아메리카 토종으로, 습지 에서 무리를 이뤄 살면서 휴식을 취하고 야생 열매와 씨앗을 먹는 다. 이 새는 날기에 서툴다 보니 잡기 쉬워서, 초기 정착민들에게 완 벽한 식량원이 되었다. 식민지 주민들은 처음에는 이 새를 호로새

guineafowl와 혼동했다. 호로새는 일찍이 북인도와 아시아의 다른 지역에서 터키Turkey를 거쳐 유럽으로 수출되었고, 그 결과 '터키 암탉 Turkey hen' 혹은 '터키 수탉Turkey cock'이라고 불렸다. 이 미국 새가 터키라고 불리게 된 것은 이런 연유 때문인데, 그 이름이 실제로 터키에서 수입된 품종이 아니라 미국 품종에 붙여졌다는 점을 생각하면 아이러니한 용어다.

미국 정착민들은 칠면조를 추수감사절에 차려내서 계절 요리로 만들었다. 한편 오늘날 서양 여러 지역의 크리스마스 연회에서 칠면조는 거위를 대체했다. 그러나 흥미로운 것은 이 두 새가 동일한 상징성을 공유한다는 점이다. 구세계의 사람들이 거위를 태양년과 결부시켰던 것과 똑같이, 미국 원주민들은 칠면조를 해와 연관시켰다. 호피족[미국 애리조나주 북동부에 사는 푸에블로인디언의 일족] 창조 신화에 따르면 해를 하늘에 띄우려고 처음 시도한 게 칠면조 수컷이었고, 그 과정에서 머리에 화상을 입었다고 한다. 칠면조가 대머리인 것은 이 때문이다.

칠면조에게 말하기to talk turkey는 완전하고 솔직하게 의논한다는 의미다. 유럽 출신 미국 정착민들은 이 지역 별미에 맛을 들였고 곧 칠면조에 대한 수요가 높아졌다. 그 결과 미국 원주민과 나누는 모든 진지한 의논은 '칠면조에 대해 말하기'로 불리게 되었다. 그러다 일반적 용법으로 사용되게 되었고, 결국 다시 바다를 건너 영국으로 갔다. 이 관용구의 또 다른 기원으로 제기되는 게 칠면조 사냥이다. 사냥꾼들은 이 새의 울음소리를 모방해 구륵구륵 소리를 내는 것으로 사냥감을 유인하곤 했다. 그러면 이 순진한 새들이 그 울음소리에 답해서 자기들이 어디쯤 있는지 사냥꾼들이 알아차리게 했다고 한다.

반면 **차가운 칠면조**cold turkey가 되는 것은 중독된 무언가를 끊는 최선의 방법을 말하는데, 보통은 강한 마약을 의미한다. 이 표현은 마약을 중단한 사람을 관찰한 1930년대의 기록에서 처음 나왔다. 이 기록에 따르면 피부가 창백하고 축축하며 소름이 가득 돋은 것이 털을 뽑은 칠면조의 피부 같았다고 한다. 미국 비트 세대 작가 윌리엄 버로스는 『정키 Junkie(1953)』에서 한 발짝 더 나아가, 금단 기간 중 인간의 피부는 털을 뽑은 칠면조의 피부뿐 아니라 그 후 요리해서 식힌 칠면조의 피부와 비슷하다고 서술한다. 그럴싸한 설명이지만 모든 어원학자가 여기에 동의하지는 않는다. 몇몇은 이 표현이 훨씬 더 옛날인 1910년까지 거슬러 올라간다고 믿는다. 차가운 터키로 끼니를 때우려면 최소한의 준비만 필요한데, 이것이 준비 없이 중독성 마약을 끊는 것과 비슷하다는 데에서 온 비유라는 주장이다.

목사의 코

Parson's Nose

손질된 칠면조turkey의 말단에 통통하게 튀어나온 부분을 해부학적으로 미좌골pygostyle(고대 그리스어 '엉덩이 기둥'에서 나옴)이라고 하며, 새의 척추에서 꼬리깃이 붙어 있는 부분에 해당한다. 이 부분은 수백만 년 전 현대 새들의 조상에게 움직이는 꼬리를 넘어서는 장점을 주었다. 뻣뻣한 구조가 비행을 조절하는 데 훨씬 더 나았기 때문이다(칠면조가 비행 능력으로 유명하다는 얘기는 아니다. 미국에서 유럽 출신 정착민들에게 그렇게나 손쉬운 사냥감이었던 데에는 다 이유가 있다). 미좌골은 칠면조뿐 아니라 닭, 거위, 오리에서도 비슷하게 발견되며, 바삭바삭하게 구우면 별미로 여겨진다. 프랑스인들은 미좌골에 붙은 고기를 솔릴레스sot-l'y-laisse라고 하는데, '바보나 이것을 남겨둘 것이다'라는 의미다. 불룩 튀어나온 모양은 새가 몸단장을 할 때 사용하는 피지샘 덕분이다. 미좌골의 통칭인 **목사의 코**parson's nose는 이런 모양 때문에 생긴 이름이다. 누구를 모욕하고 싶은지에 따라 **교황의 코**pope's nose나 **술탄의 코**sultan's nose라고도 하는데, 미좌골이 '코를 높이 치켜든' 오만한 사람처럼 보인다는 발상에서 나온 이름들이다. 낸트위치의 세인트 메리 교회에 있는 성가대석의 미저리코드misericord[교회 좌석은 흔히 접이식이어서 서 있어야 할 때는 좌석을 올렸다. 가끔 작은 선반이 달려 있는 경우에는 서 있는 사람이 기댈 수 있었는데 이것을 미저리코드라고 한다] 아래쪽에 새겨진 그림을 보면 이 표현이 최소한 중세까지 거슬러 올라간다는 사실을 알 수 있다. 1400년 즈음으로 추정되는 이 부조에는 엉덩이로 성직자의 얼굴을 깔고 앉은 새가 보인다. 이 조각은 목사에게 작업비를 받지 못한 장인이 앙갚음하기 위해 새겼다고 전해진다.

방울다다기양배추

Brussels Sprout

방울다다기양배추Brussels sprout는 크리스마스 만찬의 필수물로 간주되지만 대부분 싫어하는 식품이다. 방울다다기양배추의 옹호자들은 제대로 조리하면 맛있다고 주장한다. 싫어하게 되는 이유는 지나치게 익힌 나머지 글루코시놀레이트 시니그린이 배출되면서 지옥의 구내식당 같은 유황 냄새가 나기 때문이라는 것이다. 한편 비방자들은 이 야채를 제대로 요리하는 방법 따위는 없다고 주장한다. 제인 그릭슨은 『야채의 책Vegetable Book(1978)』에서 방울다다기양배추는 중세 이래로 플랑드르에서 재배되었다고 서술한다. 심지어 15세기 부르고뉴 궁정의 혼인 잔치에까지 등장했다는데, 이유는 모르겠지만 유행하지는 않았던 탓에 벨기에 국경 밖으로는 18세기 말이 될 때까지 알려지지 않았다. 벨기에의 국민적 자부심이라는 측면에서는 다행스럽게도, 이 나라는 프렌치 프라이French fries를 발명하고 완성함으로써 그럭저럭 음식계에서의 평판을 만회했다.

크리스마스 푸딩

Christmas Pudding

크리스마스 푸딩 Christmas pudding의 초기 원형은 쇠고기나 양고기 자투리를 야채, 말린 과일, 와인, 향신료와 함께 끓인 포타쥬pottage 형태였다. 결과물인 요리는 빵 부스러기breadcrumb로 걸쭉하게 만들었을지언정, 이름에서 알 수 있듯이('포타쥬'는 스튜stew 혹은 수프soup의 다른 이름이다) 액체에 가까웠다. 그래도 이 요리는 헨리 8세에게 크게 사랑받았다. 전해지는 바에 따르면 그는 이 요리를 겨울 사냥 여행 도중 나무꾼의 오두막에서 처음 먹은 후 일 년 내내 축제일마다, 특히 수확 축제에 이 요리가 나와야 한다고 고집부렸다고 한다.

이후의 전개는 민스미트mincemeat와 공통점이 많다. 시간이 흐르며 고기는 점점 더 말린 과일로, 와인은 브랜디로 대체되었다. 엘리자베스 1세 시대에 말린 자두가 더해지며 '자두 포타쥬plum pottage'가 되었고, 그러다 점차 **자두 푸딩**plum pudding이라고 불리게 되었다. 17세기에 자두 푸딩은 급진파 신교도들에게 예기치 못한 혐오의 대상이 되었다. 가톨릭 신자들은 불타는 푸딩이 그리스도의 수난을 상징한다고 보았지만, 그들은 이교도의 불 축제로 회귀했다고 간주하며 거부했다. 올리버 크롬웰은 자두 푸딩을 "선정적인 관습… 신을 두려워하는 사람들에게는 맞지 않는 것"이라고 지칭하며 다른 모든 크리스마스 축하 행사와 더불어 금지했다. 1714년 언젠가 푸딩 왕 Pudding King으로 불리게 될 조지 1세가 즉위 후 첫 번째 크리스마스를 축하하는 식사에서 자두 푸딩을 요구했을 때 퀘이커교도들의 반응은 더 극단적이었다. 그들은 자두 푸딩에 '바빌론의 붉은 창녀'라는 낙인을 찍었다. 그러나 파스타에 대한 미래주의자들의 저항이 그랬듯이, 그들의 적의는 이 요리의 인기를 높이는 데 기여할 뿐이었다.

17세기에 푸딩 클로스pudding cloth[푸딩 재료를 감싸서 삶는 데 쓰는 천. 보통 성기게 짠 면직물로 만들었다]가 도입되며 전통 푸딩의 독특한 둥그런 형태가 탄생했다(그전에는 푸딩이라면 달콤하던sweet 짭짤하건savory 도살된 짐승의 위나 내장에 넣어서 삶아야 했는데, 달리 말하자면 해기스haggis 와 똑같았다). 자두 푸딩의 이름을 공식적으로 바꿔서 이것이 크리스마스 푸딩Christmas pudding이 되었다고 인정한 것은 빅토리아 시대 사람들이었다. 최초의 크리스마스 푸딩 레시피는 1845년 일라이자 액턴의 『가정집을 위한 현대 요리』에 등장했다. 이보다 2년 앞서 출간된 다음의 글은 빅토리아 시대 사람들이 크리스마스 푸딩을 어떻게 대접했는지 완벽하게 묘사한다(출처는 물론 디킨스의 『크리스마스 캐럴A Christmas Carol』이다).

크래칫 부인은 너무 긴장해서 지켜보는 시선을 견딜 수 없었기에 홀로 방을 떠나 푸딩을 가지고 들어왔다. … 어머나! 김이 엄청나잖아! 푸딩이 구리 틀에서 꺼내졌다. 빨래하는 날 나는 것 같은 냄새였다. 푸딩 클로스 때문이었다. 음식점이자, 제과점의 옆집이자, 세탁소의 옆옆집 같은 냄새. 그것이 푸딩이었다. 30초 후 크래칫 부인이 얼굴을 붉히며, 그러나 자랑스럽게 미소 지으며 들어왔다. 얼룩덜룩한 대포알 같은 푸딩은 너무나 야무지고 탄탄했다. 브랜디 8분의 1파인트가 연소되며 불타올랐고, 꼭대기에는 호랑가시나무 장식이 꽂혀 있었다.

이 푸딩은 전통적으로 대림절 전 마지막 일요일에 만들어야 한다. 이날은 성공회 기도서 중 해당 날짜 기도문의 서두를 따라 '일으키는 일요일'이라고 부른다. "일으키소서, 당신께 간청하나니, 오 주여, 당신의 충실한 백성의 의지를, 선행의 과실을 풍부히 생산해서 당신께 풍부히 보상받도록." 온 식구가 동방박사가 동쪽에서 서쪽으로 향한 여행을 기리며 번갈아 동쪽에서 서쪽으로 푸딩을 저어야 했다. 13가지 재료로 만들어야 한다는 원칙 역시 신약성서와 관련된 부분으로, 그리스도와 12사도에 해당한다.

크리스마스 푸딩Christmas pudding에 은화나 장신구를 넣는 전통은 오래된 것으로, 제비를 뽑아 행운을 점치는 이교도의 의식에서 비롯했다. 빅토리아 시대 사람들이 가장 선호한 것은 은제 장식물이었다. 전통적으로 부츠, 종, 위시본wishbone[가금류의 흉곽 위쪽에 붙은 V자 형태의 가느다란 뼈. 양 끝을 두 사람이 각각 잡아당겨서 긴 쪽을 갖게 된 사람의 소원이 이루어진다고 한다], 골무, 반지, 단추, 말굽 등이었다. 부츠는 여행, 반지는 임박한 결혼, 위시본은 소원 성취를 상징했고, 골무는 노처녀를 예언한다는 점에서 불운으로 여겨졌다. 6펜스와 3펜스 은화 역시 발견자에게 행운을 준다는 의미로 푸딩에 넣었다. 제2차 세계대전 후 동전은 은 대신 구리 합금으로 만들어지게 되었고 크리스마스 푸딩에 자그마한 깜짝 선물을 넣는 전통은 더 드물어졌다. 동전을 넣기 전 포일로 감싸는 현대적 방식은 건강과 안전을 챙길 수 있지만, 어쩐지 예전 같지는 않다.

킹 케이크와 뜨거운 펀치

King Cake and Hot Punch

주현절Epiphany이라고도 하는 1월 6일은 크리스마스 기간 12일 중 마지막 날이다. 그 전날 저녁을 제12야Twelfth Night라고 한다. 많은 유럽 국가에서 이 행사를 위해 **킹 케이크**king cake라는 말린 과일로 만든 특별한 페이스트리나 케이크를 굽는다. 이는 프랑스에서는 갈레트(가토) 데 루아galette(gâteau) des rois, 스페인에서는 로스콘 데스 레예스roscón des reyes, 포르투갈에서는 볼로레이bolorei라고 부른다. 과거에 크리스마스 푸딩Christmas pudding에 동전이나 장신구를 넣던 것과 비슷하게, 전통적으로는 이 케이크 반죽에 콩을 집어넣지만 요즘은 그보다 작은 플라스틱 장신구를 넣는다. 자기 몫의 케이크에서 콩을 발견한 행운의 사람은 그날 저녁의 왕이 된다.

이런 풍습을 보면 아기 예수가 탄생하고 12일째 되는 날 경의를 표하러 찾아온 동방박사 세 사람의 이야기가 떠오른다. 그러나 이 전통은 사실 훨씬 더 오래되어서, 기독교 자체보다 더 일찍부터 있었다. 제12야는 10월 말 켈트족의 삼하인Samhain(지금은 할로윈Halloween)과 고대 로마의 사투르날리아Saturnalia 축제로 시작된 겨울 축제의 끝을 알리는 날이었다. 켈트족의 전통에 따르면, 이 축제의 마지막 날 저녁이면 '실정의 군주'[크리스마스 무렵 중세 유럽 곳곳에서 참가자들이 사회적 지위를 바꿔 행동하는 바보 축제Feast of Fools가 유행했다. 이를 주도한 것이 제비를 뽑은 사회자로, 이를 지역에 따라 실정의 영주Lord of the Misrule, 부조리의 수도원장Abbot of Unreason, 바보의 왕Prince des Sots 등으로 불렸다)의 주재하에 세상 질서가 뒤집혔다. 현재는 이 역할을 케이크에서 콩을 발견한 사람이 맡는다. 이 뒤바뀐 상태는 셰익스피어의 희곡 「십이야Twelfth Night(1601)」에 반영된다. 주역 중 하나인 바이올라가 남자 차림을 하며, 하인 말볼리오는 실정의 군주로서 사건을 주도하는 광대 페스티의 교묘한 책략에 힘입어 자신이 귀족 여성에게 구애할 수 있다고 믿는다.

와세일링wassailing은 제12야 행사의 일부였다. 집집마다 방문하면서 거주자들의 복을 빌고(이런 관행은 캐럴 부르기로 진화했다) 보답으로 **와세일wassail**('건강하기를!'이라는 의미의 중세 영어 웨스 헤일wæs hæil에서 나왔다)을 받았는데, 향신료를 듬뿍 넣은 뜨거운 펀치punch를 와세일 볼wassail bowl이라는 특별한 잔에 담아서 내는 것이었다. 두말하면 잔소리지만, 흥청거리는 사람들은 밤이 깊어질수록 점점 더 심하게 취한다. 16세기의 와세일링 캐럴 '즐거운 크리스마스가 되기를'의 가사는 아마 이 때문에 나왔을 것이다. 이 노래를 부르는 사람들은 '피기 푸딩figgy pudding'(일종의 크리스마스 푸딩)과 '맛 좋은 술 한잔'을 요구한 후 이렇게 노래 했다.

받을 때까지 가지 않으리,
받을 때까지 가지 않으리,
받을 때까지 가지 않으리, 그러니 이리 내오시라!

추운 겨울밤 우리 집 앞에서 한번 이 노래를 불러보시기를, 친애하는 가수들이여. 반드시 받을지니.

16장

디저트 카트

파블로바: 뜨거운 논쟁을 일으킨 차가운 디저트

배 모양의 아름다운 엘렌의 희비극적 사연

천사들이 거품내기 두려워하는 곳에서 바보들은 질주한다

부들스 오렌지 풀: 신사들만 누리는 것이었다고?

피치 멜바: 디바를 녹여버린 디저트

학교 급식의 총아: 스파티드 딕

크레프 쉬제트: 왕자를 위한 팬케이크라고?

네슬로드 푸딩으로
저희를 응석받이로 만들고 계십니다. 대사님

가장 달콤한 것의 생존: 트라이플은 어떻게 라이벌들을 제치고 살아남았나

타르트 타탱: 행운의 반전 요리

애플 브라운 베티: 번역되어도 빛이 바래지 않은 디저트 하나

아랍의 진미에서 가장 미국적인 간식으로: 아이스크림 이야기

트리클 타르트: 아주 흥미로운 기원을 가진 주재료

CHAPTER 16

THE SWEET TROLLEY

Pavlova: The Cold Dessert that Inspired a Hot Debate

The Tragicomic Tale of Poire Belle Hélène

Fools Rush in Where Angels Fear to Whip

Boodle's Orange Fool: Relished by Gentlemen Only?

Peach Melba: The Pudding that Defrosted a Diva

School Dinner Favourite: Spotted Dick

Crêpes Suzette: Pancakes for a Prince?

With this Nesselrode Pudding You're Really Spoiling us, Ambassador

Survival of the Sweetest: How Trifle Outlived Its Evolutionary Rivals

Tarte Tatin: A Culinary Reversal of Fortune

Apple Brown Betty: One Pudding that Definitely Didn't Get Lost
in Translation

from Arab Delicacy to All-American Treat: The Story of Ice Cream

Treacle Tart: The Intriguing Origins of Its Chief Ingredient

사후에 아무리 큰 찬사를 받는다고 해도, 살아 있는 동안 먹은 푸딩보다
더 만족스러울 것 같지는 않다.

It's not improbable that a man may receive more solid satisfaction
from pudding while he is alive than from praise after he is dead.

속담

아이스크림은 끝내주는데. 불법이 아니라니 얼마나 유감인가.

Ice cream is exquisite. What a pity it isn't illegal.

볼테르

파블로바

Pavlova

안나 파블로바Anna Pavlova(1881~1931)는 아마 무용 역사상 가장 유명한 발레리나일 것이다. 그는 불후의 발레 배역 중 하나인 '빈사의 백조'와 동의어나 마찬가지였는데, 이는 러시아 제국 발레단의 주역 무용수 시절 그를 위해 만들어진 배역이었다. 파블로바는 겨우 여덟 살 때 〈잠자는 숲속의 미녀The Sleeping Beauty〉 공연을 본 후 발레와 사랑에 빠졌다. 어머니는 딸을 제국 발레단 학교의 오디션에 데려갔지만 나이에 비해 약하고 작았기에 3년 후에야 받아들여졌다. 그렇지만 추가 교습을 받으며 강박적으로 훈련한 끝에 이 조그마한 무용수는 1899년 18세의 나이로 졸업장을 받았다.

파블로바는 승승장구했다. 데뷔 공연인 파벨 게르트의 〈가짜 드리아드들The False Dryads〉로 큰 찬사를 받았는데, 특히 한 저명한 비평가이자 역사가에게 '자연스러운 발롱ballon[공중에 뜬 것처럼 보이는 우아하고 가벼운 동작. 러시아에서는 공중에서 포즈를 유지하는 힘으로 해석한다], 오래 지속되는 아라베스크arabesque[한쪽 다리로 서서 균형을 잡고 다른 한쪽 발을 뒤로 뻗은 포즈], 여린 여성성'으로 주목받았다. 우아한 에너지가 합쳐진 여린 여성성은 곧 그를 대중과 발레 마스터[발레단의 훈련 교사 겸 안무가] 모두에게 사랑받는 총아로 만들었다. 그는 뉴질랜드와 오스트레일리아까지 포함한 세계 투어를 한 역사상 최초의 발레리나이기도 했다. 이 두 나라에서 그의 첫 등장은 '1926년 최고의 사건'으로 이야기되었다.

두 나라의 대중 모두 넋이 나갔다. "그는 춤추지 않는다. 날개라도 돋은 것처럼 날아오른다." 뉴질랜드 언론은 1926년 첫 투어 중인 그를 이렇게 묘사했다. "절묘한 파블로바!" 오스트레일리아인들은 이렇게 외쳤다. 1929년 두 번째 오스트레일리아 투어에서 오스트레일리아인들이 얼마나 흥분했던지 한 기자는 이렇게 쓰기도 했다. "침묵의 교향악! 그러나 어제 이 유명한 발레리나가 프리맨틀에서 갑판에 서 있는 모습을 처음 본 사람들에게는 이런 묘사를 적용할 수 있다. 바벨탑이 따로 없었다."

그의 이름을 따른 유명한 요리는 파블로바와 그가 두 나라를 방문한 것에 경의를 표하며 발명되었다. 둥글넓적한 머랭meringue에 거품 낸 크림과 신선한 과일을 얹은 **파블로바**pavlova에 그런 이름이 붙은 것은 쌓아 올린 옆면이 하늘하늘한 겹겹의 튀튀tutu와 비슷하고, 얇게 저민 딸기와 패션프루트passion fruit는 의상의 장미 장식과 비슷하다고 여겨졌기 때문이다. 이 요리는 뉴질랜드에서 만들어졌다고 전해진다. 그러나 오스트레일리아인들은 동의하지 않으며 원조는 자기네 나라라고 주장한다. 이 음식 전쟁은 오랜 세월 계속되었고, 양측의 숱한 주장과 반박이 이어졌다.

오스트레일리아인들에 따르면 파블로바라는 디저트가 처음 등장한 것은 이 무용수가 사망한 지 3년 후인 1934년이었다. 퍼스의 에스플라너드 호텔 주인 엘리자베스 팩스턴 부인은 총괄 셰프 버트 새쉬에게 뭔가 특별한 메뉴를 고안하라고 지시했다. 한 달간의 실험 후 새쉬는 이 디저트를 사장에게 선보였는데, 팩스턴 가문에 전해지는 바에 따르면 이런 말을 덧붙였다고 한다. "파블로바처럼 가볍습니다." 명백하게 한때 그들의 손님이었던 무용수를 두고 하는 말이었다. 새쉬는 남은 평생 이 주장을 고수했다. 비록 1973년 한 잡지 인터뷰에서 이 요리가 완전히 독창적이지는 않다고 인정하며 기존 레시피를 바탕으로 만들었다고 밝혔지만 말이다. 사실 1935년 《위민스 미러Women's Mirror》에 어떤 뉴질랜드 여성이 투고한 머랭 케이크 meringue cake 레시피가 실렸으니 그가 이것을 봤을지도 모른다.

한편 파블로바의 전기 작가 키스 무니는 이 요리의 원조가 뉴질랜드라는 주장을 지지한다. 그는 이 요리가 1926년 첫 투어 때 이 발레리나를 보고 사랑에 빠졌던 웰링턴 한 호텔의 젊은 요리사가 만든 창작물이었다고 주장한다. 1982년 『안나 파블로바: 그 인생과 예술 Anna Pavlova: Her Life and Art』이 출간된 후, 오스트레일리아의 음식 사가들은 이 디저트가 뉴질랜드에서 발명되었다고 볼 수 있지만 오스트레일리아에서 전해진 레시피에다가 추후에 이름을 붙인 것에 불과하다고 주장했다. 1940년대까지 오스트레일리아 요리책에 파블로바pavlova라는 이름이 등장하지 않는다는 사실은 이 사실을 뒷받침하는 증거다.

양측이 상대의 주장을 반박하는 가운데 토론은 격렬해졌는데, 그러다 2008년 뉴질랜드 오타고대학교의 음식 전문가 헬렌 리치 박사의 『파블로바 이야기: 뉴질랜드 음식 역사의 한 조각The Pavlova Story: A Slice of New Zealand's Culinary History』이 출간되었다. 그 이후로 오스트레일리아인들은 이 주제에 대해 약간 조용해졌다. 리치가 책을 쓰려고 조사하던 중 1929년부터 뉴질랜드 여성 잡지에 파블로바가 등장했다는 증거를 발굴했기 때문이다. 그는 이 레시피를 1933년 뉴질랜드에서 출간된 『랑기오라 어머니회 요리책Rangiora Mothers' Union Cookery Book』에서도 발견했으며, 한편 1929년 매케이 부인의

Pavlova

『실용 가정요리책Practical Home Cookery Book』에는 '꼬마 파블로바 little pavlova' 3다스 분량의 레시피가 포함되어 있다. 그러니 오스트레일리아인들이 더 일찍 인쇄된 레시피를 내놓지 않는다면, 유감스럽지만 이 토론은 끝난 것으로 보인다네, 친구여.

푸아르 벨 엘렌

Poire Belle Hélène

자크 오펜바흐(1819~1880)는 독일 태생의 프랑스 작곡가로, 음악과 주제 둘 다 가벼운 오페라 형식인 오페레타를 처음 쓴 사람 중 하나였다. 그의 〈천국과 지옥Orpheus and the Underworld(1858)〉은 아마 가장 유명한 오페레타일 텐데, 주로 요즘에는 캉캉 반주 음악으로 더 유명한 '지옥의 갤럽galop infernal' 덕분일 것이다. 풍자적이고 재치 있는 오펜바흐의 오페레타는 프랑스와 영어권 세계 전역에서 놀라운 인기를 끌었다. 그렇기에 1864년 12월 17일 바리에테 극장에서 파리스와 도주해 트로이 전쟁을 일으켰던 트로이의 헬레네 이야기를 재해석한 〈라 벨 엘렌La belle Hélène('아름다운 엘렌')〉이 개막했을 때 성공은 보장되어 있었다. 그러나 영국 왕세자의 정부라는, 극 중 역할 못지않은 스캔들의 주인공인 프랑스인 소프라노 오르탕스 슈나이더가 아름다운 엘렌 역을 수락했다는 것이 알려지자 단순한 성공에 그치지 않았다. 이 작품은 즉시 돌풍을 일으켰고 700회 연속 공연이라는 영광을 누렸다.

오페레타의 성공을 축하하기 위해 저명한 프랑스인 요리사 오귀스트 에스코피에는 서양배pear를 데쳐서 초콜릿을 입히고 바닐라 아이스크림을 곁들인 **푸아르 벨 엘렌poire belle Hélène**[아름다운 엘렌의 배]이라는 요리를 창조했다. 서양배의 모양은 여성의 곡선을 상징한다고 볼 수 있었고, 초콜릿을 입혀 다른 어떤 과일보다 두드러지게 한다는 점에서, 트로이의 헬레네나 라 슈네데La Snédèr[독일계인 슈나

이더라는 성을 프랑스식으로 만든 애칭]로 불리며 숱한 숭배자를 거느렸던 오르탕스 슈나이더가 여자 중 두드러지는 것과 같았다.

〈라 벨 엘렌〉과 기타 작품들은 1850년대와 1860년대에 엄청난 인기를 누렸다. 그러나 1870년 오펜바흐가 처한 상황이 돌연 악화되며 그의 삶은 오페레타보다 비극을 닮아가기 시작했다. 프랑스와 독일(프로이센) 사이의 전쟁이 발발했을 때 그는 프랑스 언론에 독일 수상 비스마르크의 첩자라고 고발당했고 모국으로 달아날 수밖에 없었다. 이번에는 모국 언론이 그를 프랑스의 첩자이자 배신자라고 고발했다. 그러자 오펜바흐는 가족과 함께 스페인으로 달아났다. 그러나 다시 파리로 돌아왔을 때 그의 오페레타들은 더 이상 인기를 얻지 못했다. 풍자적인 내용이 나폴레옹 3세와 그의 군대를 약화시켜 패배로 이끌었다고 생각되었던 탓이다. 경찰에게 괴롭힘을 당하는 한편 한때 그를 흠모했던 관객들에게 매도당하던 오펜바흐는 1875년 파산할 수밖에 없었고 미국으로 탈출했다. 그곳에서 선보인 몇몇 작품이 성공하며 재정적 손실을 메울 수 있었고, 그는 1880년 사망할 때까지 편안한 여생을 이어갔다. 요즘은 당대의 가장 유명하고 창조적인 작곡가였던 오펜바흐의 이름을 들어본 사람이 별로 없을지도 모른다. 그러나 그에게 경의를 표하며 지은 이름을 가진 프랑스의 고전 디저트 푸아르 벨 엘렌poire belle Hélène을 먹어본 사람은 수백만 명에 이를 것이다.

풀

Fool

영국 전통 디저트 풀fool은 조리한 과일을 날것으로 혹은 익혀서 거칠게 혹은 곱게 으깬 후 거품 낸 크림과 섞은 요리다. 보통은 라즈베리나 루바브rhubarb처럼 아주 신 과일로 만든다. 원래 트라이플trifle의 동의어였던 이 이름은 얼간이fool라는 의미와 '짓이기다' 또는 '압착하다'라는 의미(거칠게 으깨기와 곱게 으깨기를 둘 다 아우른다)의 프랑스어 동사 풀레fouler를 동시에 암시하는 말장난일 수 있다. 이 요리의 가장 오래된 레시피는 17세기 중엽까지 거슬러 올라간다. 그렇지만 제일 인기 있는 것 중 하나인 **구스베리 풀**gooseberry fool은 더 이른 시기, 어쩌면 15세기까지 거슬러 올라갈 수도 있다. 이 이름도 말장난의 영역에 들어갈 수 있는데, 일부 어원학자는 '구스베리'의 구스goose가 진짜 새bird(즉 '거위의 베리berry of the goose')를 말한다고 주장한다. 그리고 거위는 다름 아닌 바보를 의미하는 전통적인 표현이다. 그렇다면 이 디저트의 이름은 '바보의 바보fool's fool'인 셈이다. 이 요리의 또 다른 인기 버전인 **노퍽 풀**Norfolk fool은 17세기로 거슬러 올라간다. 여기에는 과일이 안 들어 있다는 점에서 바보 중의 바보라고 할 수 있을 것이다.

부들스 오렌지 풀

Boodle's Orange Fool

17세기에서 19세기 사이의 정의에 따르면 신사는 독립적인 재력을 가진 남자였다. 신사의 쾌적한 생활 방식은 넉넉한 유산에서 나오는 수입으로 지탱되었다. 평상시 신사가 하는 활동은 사교와 도박이었고, 일은 절대 하지 않았다. 1693년 화이트 클럽Whites이 문을 열기 전까지 신사들은 보통 다양한 수준의 나쁜 평판을 가진 선술집에 모여서 카드 게임을 하고 술을 마시곤 했다. 이 최초의 신사 클럽은 잉글랜드 중상류층 남자들의 안식처가 되어, 동일한 사회적 지위를 가진 남자들(여자들은 절대 이용할 수 없었다)끼리 식사를 하고 함께 어울릴 수 있는 장소를 제공했다. 화이트 클럽은 즉시 성공을 거두었고. 극도로 배타적이며 가입하기 힘든 곳이 되었다. 환영받는 것은 나태하고 부유한 자들뿐이었다. 고위 법관, 정치가 등 제대로 된 직업을 가졌다면 가입할 수 없었다.

70년 후, 미래의 영국 수상이자 제2대 셸번 백작 윌리엄 페티(1737~1805)는 직접 클럽을 설립하기로 결심했다. 셸번은 뭔가 좀 다른 것, 구체적으로는 정치를 토론하고 카드 게임을 하는 토리당원 신사 클럽을 바랐다. 셸번 경의 냉철한 수석 웨이터 에드워드 부들 Edward Boodle은 자신의 이름을 따른 클럽을 극히 효율적으로 운영했다. 부들은 물론 신사가 아니었다. 그러나 신사의 절친한 친구였고, 부들 클럽Boodle's은 곧 스캔들이라고는 발도 못 붙이는 클럽으로 이름을 떨쳤다. 동전까지도 회원들에게 주기 전 삶았기에 먼지

하나 없었다. 엄격한 의전이 고수되었다. 하인들은 무릎 길이의 검은색 반바지를 입었다. 적절한 복장을 차려입지 못한 식사 손님을 위해서는 '더티 룸dirty room'이라 불리던 격식을 덜 차린 식당이 있었다. 화이트 클럽에서와 마찬가지로 여성들은 청소를 위해서가 아니라면 입장이 허용되지 않았다. 이 모든 격식과 체면치레에 힘입어, 시간이 지나자 부들 클럽은 공략이 불가능한 남성만의 요새로 유명해지며 신사 클럽의 완벽한 본보기가 되었다. 오스카 와일드의 희곡 「어느 이상적인 남편An Ideal Husband(1895)」에서 확고부동한 독신남 고링 경은 '부들 클럽의 결과물'이자, 여성 상대역인 치벌리 부인의 가시 돋친 논평에 따르면 '그 업장의 대단한 명예'로 여겨졌다.

세월이 흘렀지만 부들 클럽은 유명한 신사 클럽 중 하나로 남아 있다. 이곳과 관계있는 유명인 중 이언 플레밍도 있다. 그는 이 클럽의 회원이었고, 제임스 본드가 속한 가상의 클럽인 블레이드Blades의 모델이 된 바로 부들스Boodle's였다. 이곳은 간판 요리로도 유명하다. 풍요롭고 위안을 주며 맛있다는 점이 꼭 클럽 그 자체 같은, **부들스 오렌지 풀Boodle's orange fool**이다. 거품 낸 크림에 오렌지 껍질 orange zest과 귤껍질lemon zest을 섞어서 스펀지sponge에 끼얹은 이 요리는 풀fool이라기보다는 트라이플trifle에 가까우며, 이제는 성별이나 신분에 무관하게 모두가 즐길 수 있다.

피치 멜바

Peach Melba

오귀스트 에스코피에(1846~1935)는 프랑스 출신 요리사이자 요식업자에 작가였다. 그는 현대 프랑스 퀴진이 발전하는 데 핵심적인 역할을 한 인물이었다. 1880년대에 그는 자신 못지않게 유명한 세자르 리츠(리츠 호텔의 설립자)와 협력관계를 맺었다. 둘은 리샤르 도일리 카르트의 요청으로 사보이 호텔의 운영을 맡았다. 그곳에서 에스코피에는 자신의 가장 유명한 요리 중 몇 가지를 고안했다. 1890년대 런던에서 가장 명망 높은 요리사였던 것과 별개로, 그는 열렬한 오페라 팬이기도 했다. 전해지는 바에 따르면 그는 당대의 가장 위대한 오페라 가수 중 하나인 데임 넬리 멜바Dame Nellie Melba(1861~1931)가 사보이 호텔에 묵었을 때 친하게 지냈다고 한다.

1893년의 어느 저녁, 드라마 퀸drama queen[뭐든 호들갑 떨며 과장하기 좋아하는 사람에 대한 부정적 표현]이라는 평판을 가진 오스트레일리아 가수가 자신은 아이스크림을 좋아하지만 성대에 동상을 입을까 봐 먹을 수 없다고 에스코피에에게 말했다. 도전을 마다하지 않던 요리사는 곧장 주방으로 가서 요리가 덜 차가워지기를 바라며 아이스크림을 갖가지 과일 및 소스와 섞어보는 실험에 착수했다. 그는 곧 복숭아와 바닐라 아이스크림에 라즈베리 소스를 끼얹는 제일 만족스러운 조합을 찾아냈다(그러나 다른 버전의 이야기에서는 이 소스가 요리의 나중 형태에야 등장한다). 이후 요리사는 〈로엔그린Lohengrin〉과 백조의 기사 이야기를 참고해, 새로운 창작물을 백조 얼음 조각에 담아 극적인 방식으로 선보였다. 멜바는 이 요리에 매혹되었고, 곧 전 세계의 식당과 호텔에서 이것을 요구하게 되었다. 그 이후로 **피치 멜바peach Melba**는 엄청난 인기를 끌었다. 최근 전국 텔레비전 대상 [National Television Awards, 줄여서 NTA는 1995년 이래 매년 방송되고 있는 시상식이다]에서 세계 최고의 요리 후보에 올랐고, 미국에서는 전국 피치 멜바의 날(1월 13일)이 선포되었다(이 디바가 영감을 준 또 다른 요리인 「멜바 토스트」 역시 참고할 것).

스파티드 딕

Spotted Dick

이제 다들 그만 키득대고 진정하자. 이것은 진지한 주제다. 잉글랜드 전통 음식에 대한 어떤 책도 학창 시절 나의 총애를 받은 디저트 이름이 왜 **스파티드 딕**spotted dick인지 조사하지 않고는 완성될 수 없다. 최초의 단서는 틀림없이 재료 중 하나인 건포도currant에 있다. '스팟spot'(반점)이 들어간 것은 이 때문이다. 다음 단서는 이 요리의 모양에서 온다. 프랑크푸르트 소시지frankfurter와 닥스훈트의 유사성에서 핫도그라는 이름이 나온 것처럼, 소시지 모양으로 말린 수이트suet 반죽에서 이 디저트의 다른 이름 **스파티드 독**spotted dog이 생겼을 수 있다. 그러나 가장 그럴싸한 추론은 '딕dick'이라는 단어가 '개' 및 '반죽'과 마찬가지로 푸딩pudding의 구어였다는 것이다. 사실 '푸딩'이라는 단어가 세월이 흐르며 어떻게 '푸딩크puddink'와 '푸딕puddick'으로 변형되다가, '스파티드 딕' 레시피가 인쇄물에 처음 등장한 1850년에 결국 '딕dick'으로 짧아졌는지 이해하기는 쉽다.

아일랜드에서 이 요리는 달콤한 소다 브레드soda bread[이스트 대신

베이킹소다를 사용해 부풀린 빵]에 건포도와 레이즌raisin[영국에서는 건
포도를 포도 품종에 따라 raisin, sultana, currant로 부르는 반면 미국에서는 raisin
이라는 용어를 건포도에 보편적으로 사용한다. 구별해야 할 경우에는 설타나를
golden raisin이라고 부른다]을 섞어서 만들며, **레일웨이 케이크railway cake,**
스파티드 독spotted dog, 스파티드 딕spotted dick, 그리고 어쩌면 스파
티드 믹spotted mick 등 다양한 이름으로 불린다. 이 푸딩은 양국 모두
에서 여전히 인기다. 비록 더 내숭떠는 사람들 사이에서 '스포티드
리처드spotted Richard'로 그 이름을 바꾸려는 움직임이 있다는 게 우
려되지만 말이다.

크레프 쉬제트

Crêpes Suzette

다른 많은 세계적 요리들과 마찬가지로, 몬테카를로의 카페 드 파리에서 그랑 마르니에Grand Marnier를 끼얹어 플람베flambé한 팬케이크 **크레프 쉬제트crêpes suzette**가 창조된 것은 우연이었다. 1895년 악명 높은 바람둥이였던 영국 왕세자는 몬테카를로에 머물고 있었다. 그가 정부 중 한 명과 식사하고 있는데, 14세의 웨이터 앙리 샤르팡티에(1880~1961)가 왕자에게 낼 접시를 준비하던 중 실수를 저질렀다. 샤르팡티에는 이 사고를 1940년대에 출간한 자서전『앙리의 인생life à la henri』에서 직접 설명했다.

> 체이핑 디시chafing dish[알코올버너를 밑에 두고 음식을 따뜻하게 보존하는 금속 팬. 주로 뷔페에서 사용된다] 앞에서 작업하던 중 사고로 코디얼cordial[설탕, 과일, 허브, 향신료 등의 풍미가 추가된 증류주. 리큐어liqueur라고도 한다]에 불이 붙었다. 망했다는 생각이 들었다. 왕자와 그 친구들이 기다리고 있었다. 어떻게 전부 처음부터 다시 할 수 있겠는가? 그래서 맛을 보았는데, 지금껏 맛본 것 중 가장 향기롭고 달콤한 풍미의 멜로디가 느껴졌다. 그때 그렇게 생각했고, 여전히 그렇게 생각한다. 이 우발적인 불꽃은 다채로운 악기가 하나의 맛이라는 하모니를 이루기 위해 정확히 필요한 그것이었다. … 왕자는 팬케이크를 포크로 먹었지만 남아 있는 시럽은 숟가락으로 긁어모았다. 그가 너무나 즐겁게 먹은 이 요리의 이

름을 물었을 때 나는 왕자의 크레페Crêpes au Prince라고 대답했다. 왕자는 이것이 자신에게 보이는 경의라는 사실을 알아차렸다. 그러나 숙녀가 계시지 않냐며 부러 성질을 부렸다. 숙녀는 재빨리 일어서더니 짧은 치마를 양손으로 넓게 펼치며 무릎을 살짝 굽혔다. 왕자가 말했다. "혹시 이름을 쉬제트의 크레페Crêpes Suzette로 바꿔줄 수 있겠나?" 이렇게 이 디저트가 탄생했고 그 이름을 얻었다. 나는 이 맛이 식인종을 신사로 바꿀 수 있다고 믿는다. 다음날 왕자에게 선물을 받았다. 보석 반지, 파나마 모자, 지팡이였다.

네슬로드 푸딩

Nesselrode Pudding

크림을 듬뿍 넣은 커스터드custard를 밤 퓌레chestnut purée, 설탕을 입힌 과일과 섞어서 얼린 이 디저트는 1814년 저명한 러시아 외교 관이자 미식가인 카를 폰 네슬로드Karl von Nesselrode(1780~1862) 백 작의 수행 요리사에 의해 발명되었다. 네슬로드는 파르망티에가 감자에 집착했던 것만큼이나 밤에 집착했던 게 틀림없다. 그의 이 름이 디저트에 밤이 들어 있다는 의미가 되었으니 말이다. **네슬로 드 파이**Nesselrode pie, **네슬로드 타르트**Nesselrode tart, **봄 네슬로드**bombe **Nesselrode** 모두 밤이 들어 있다.

신성 로마 제국 백작의 아들이었던 폰 네슬로드는 나폴레옹 전쟁 중 차르 알렉산드르 1세의 베를린 대사로 외교관 경력을 시작했는 데, 주요 임무는 프랑스 군대의 동향을 보고하는 것이었다. 1814년 장관으로 승진했고, 빈 회의에서 러시아 공식 대표단의 수장으로 활 약했으며, 이후 40년간 선도적인 유럽 정치인이자 유럽 대륙 정치의 핵심 인물로 명성을 떨쳤다. 그러나 오스만 제국이 축소되면서 생긴 틈으로 러시아 제국을 확장하려던 시도는 역시 제국을 건설 중이던 영국 및 프랑스와의 갈등을 가져왔고, 이는 파괴적이고 무익한 크림 전쟁(1853~1856)으로 이어졌다. 이 사실은 네슬로드가 경기병대의 비 운의 돌격[1854년 10월 25일 발라클라바 전투 중 카디건 경이 이끄는 영국 경기 병대가 명령 체계의 혼란에 무능한 지휘관의 고집이 더해져 고작 673기로 1만 명 이상의 러시아 보병에게 돌격해 참패한 사건. 흔히 영국군 역사상 최악의 졸전으로 일컬어진다]에도 불구하고 영국이 종합적인 승리를 거둔 발라클라바 전투를 비롯해 큰 승리(혹은 어느 편이냐에 따라 패배)의 원인이 된다는 것을 의미한다. 비록 간접적이었지만 말이다. 만일 자신이 역사에서 주로 밤 크림 푸딩creamy chestnut pudding으로 기억되리라는 것을 알았다면 그가 어떤 생각을 했을지 궁금하다.

트라이플

Trifle

헤지호그 푸딩hedgehog pudding, 팁시 케이크tipsy cake, 탠지tansy, 실라버브syllabub, 플러머리flummery, 정킷junket, 트라이플trifle. 18세기 연회의 총아 중 오늘날에도 유일하게 인기를 끌고 있는 생존자는 **트라이플trifle**이라는 이름의 진하고 차가운 디저트다. 이 단어는 엉뚱한 혹은 별로 중요하지 않다는 의미의 고대 프랑스어 단어 트뤼플trufle에서 왔다. 최초의 트라이플은 풀fool과 꽤나 비슷했고, 오랜 세월 동안 이 두 용어는 서로 번갈아 가며 사용되다시피 했다. 사실 찰스 1세(1600~1649)의 요리사였던 조셉 쿠퍼의 요리책에 등장하는 '풀' 레시피는 얇게 저민 빵을 '색sack'(드라이한 화이트 와인white wine)에 적신 후 장미수로 향을 낸 커스터드custard를 끼얹은 게, 현대의 트라이플과 아주 비슷하다(또 하나 트라이플과 유사한 요리로는 「부들스 오렌지 풀」역시 참고할 것).

18세기 중엽쯤 되자 트라이플의 외연이 확장되어 마카룬macaroon[아몬드, 코코넛 등을 갈아서 계란 흰자에 섞어 구운 작은 쿠키. 마카롱과는 다르다]에 달콤한 와인을 적셔서 커스터드를 끼얹었고 실라버브(설탕으로 단맛을 내고 와인으로 살짝 응고시킨 우유 혹은 크림)를 올린 것까지 아우르게 되었는데, 이 마지막 추가물은 결국 거품 낸 크림으로 대체되었다. 이 시점에서 트라이플은 관심을 비슷한 여러 요리와 나눠 가졌다. 이를테면 앞서 언급된 팁시 케이크(술에 적신 후, 커스터드나 실라버브를 두르고 가늘게 썬 아몬드almond를 전체에 뿌렸다)와 헤지호그 푸딩

hedgehog pudding(팁시 케이크의 변종으로, 아몬드를 가시처럼 튀어나오게 꽂았다) 등이었다. 그러나 트라이플은 결국 경쟁자들을 앞질렀고, 아몬드도 실라버브 및 거품 낸 크림 꼭대기에 올리는 장식으로 받아들였다.

트라이플이 인기 디저트가 된 것은 아마 절약의 논리 때문일 것이다. 이는 오래된 케이크, 커스터드, (트라이플 진화 단계의 상당히 뒤쪽에 포함된) 과일, 그리고 뭐든 그 주에 남은 디저트거리를 맛있게 먹어 치우는 방법이 되어준다. 이 요리의 이탈리아 버전이 농담 삼아 추파 인글레세zuppa inglese(잉글랜드식 수프English soup)라고 불리는 것도 이 때문일 것이다. 참고로 영국인들은 이탈리아에서 두 가지로 유명한데, 남은 재료 전부를 다음날 수프로 재활용하는 버릇과 디저트에 대한 집착적인 사랑이 그것이다.

타르트 타탱

Tarte Tatin

대부분의 문화에 나름의 애플파이 레시피가 있다. 미국에서는 애플파이가 국가적 정체성의 핵심인 것을 넘어서 '애플파이만큼 미국적as American as apple pie'이라는 표현이 있을 정도다. 그러나 보통 세계 최고의 애플파이로 인정받는 것은 프랑스 버전인 **타르트 타탱**tarte Tatin이다. 베이크웰 타르트Bakewell tart와 마찬가지로 이 요리는 사고로 발명되었다. 1800년대 후반 프랑스 라모트 뵈브롱의 타탱 호텔Hôtel Tatin은 비혼 자매인 스테파니 타탱Stéphanie Tatin과 카롤린 타탱Caroline Tatin에 의해 운영되고 있었다. 보통은 만사가 아주 순조롭게 진행되었지만 어느 날 전통적인 파이에 넣을 사과를 설탕과 버터로 조리하다가 너무 오래 두는 바람에 타버렸다. 주방을 책임지던 스테파니 타탱은 요리를 구해보려는 시도로 동그란 페이스트리 pastry 한 장을 사과 위에 올리고 누른 후 팬을 오븐에 넣었다. 그 후 팬의 내용물을 접시에 거꾸로 쏟아서 일종의 거꾸로 된 타르트를 만

들었다(물론 이제는 이것이 올바른 방법이다). 놀랍게도, 호텔 단골들은 캐러멜화된 사과가 올라간 버터 풍미의 이 요리를 격찬했다. 그리하여 계속해서 호텔을 어마어마하게 홍보해줄 고전이 탄생했다.

타르트 타탱은 즉시 호텔 타탱의 간판 요리가 되었고, 그 레시피와 비범한 조리 기술은 곧 솔로뉴 지역 전역으로 퍼졌다. 그러나 이것이 국제적 선풍을 일으킨 것은 파리 막심 식당의 전설적인 주인 루이 보다블이 솔로뉴 곳곳을 여행하던 중 한 조각을 대접받은 이후였다. 그는 즉시 이 타르트를 자기 식당 메뉴의 고정 요리로 만들었다. 그곳에서는 이 요리가 요즘도 여전히 제공된다.

애플 브라운 베티

Apple Brown Betty

초기 유럽 출신 미국 정착민들은 임기응변에 대단히 뛰어났다. 그러나 다 그럴 수밖에 없었기 때문이다. 핵심 재료와 적절한 조리 기구가 없는 판국에 손에 닿는 것은 뭐든 써야 했다. 그들이 애호하는, 쪄서 만드는 디저트를 조리해보려는 시도는 줄줄이 더 엉성하고(그러나 매우 맛있는) 하나같이 크럼블crumble과 비슷한 디저트로 귀결되었다. 그들은 새로운 요리의 실패를 두고 확실한 유머 감각을 보여주었다. '슬럼프slump'라고 부르는 것은 전통 디저트가 훨씬 기초적인 그들의 조리 기구에 어떻게 반응했는지 직접 언급하는 셈이다. 한편 또 다른 이름을 '코블러cobbler'로 지은 것은 이 요리를 만들려고 어떻게 재료들을 얼기설기 꿰맞춰[코블cobble에는 '기워 맞추다'는 뜻이 있다] 했는지 반영한다. 그래도 그들은 이 요리를 너무나 좋아해서 종종 아침 식사로, 심지어 저녁 식사의 시작으로도 냈다. 이 요리들이 디저트가 된 것은 19세기 후반이나 되어서였다.

이렇듯 오븐에 구운 디저트 중 사랑받은 것을 하나 꼽자면 **애플 브라운 베티**apple brown betty가 있다. 이 요리가 대단한 인기를 끌게 된 것은 남북전쟁(1861~1865) 시기였다. 이 요리는 얇게 저민 사과와 빵가루breadcrumb를 층층이 쌓아서 만드는데, 덕분에 이동 중에도 쉽게 만들 수 있고 충분히 튼튼해서 무너지지 않았다. 이 요리가 처음 언급된 인쇄물은 1864년 《예일 리터러리 매거진Yale Literary Magazine》으로, 브라운 베티는 군사 훈련 중 포기해야 하는 항목으로 커피, 차, 파이와 함께 명단에 올랐다. 1938년 7월 11일 월요일, 뉴욕주 로체스터의 신문 《데일리 타임스Daily Times》에 브라운 베티 레시피가 실렸는데, 이 이름은 1800년대 초 북미로 이민 온 베티 브라운Betty Brown이라는 영국 젊은이를 따라 지었다고 주장했다. 그러나 이면에 있는 진짜 이유는 아마 정착민들의 또 다른 농담과 관련되었을 것이다. 애플 브라운 베티는 유럽인들이 좋아하던 **애플 샤를로트 apple charlotte**의 더 현실적인 버전[샤를로트는 틀에 빵이나 스펀지케이크 등을 대고 과일 퓌레나 커스터드를 채워 냉장고에서 식힌 케이크다. 애플 샤를로트는 재료 등의 측면에서 여러모로 더 호화롭다]이었다.

누군가 **정당한 디저트just deserts**를 얻었다고 한다면 어울리는 것을 가졌다는, 즉 그것을 받을 자격이 있다는 의미다. 이 표현의 어원을 둘러싼 혼란은 '디저트desert'라는 철자에 있다. 이 단어는 눈으로 보기에는 이집트의 광활한 모래 지역을 의미하는 것 같지만, 귀로 들으면 식사 후 먹곤 하는 커스터드custard를 곁들인 스파티드 딕spotted dick을 연상시킨다. 이 관용구가 종종 이런 식으로 설명되는 이유는 그 때문이다. "글쎄, 그가 이런 일을 한 후이니 푸딩pudding을 받을 만하지." 그러나 이는 틀렸다. 『축약판 옥스퍼드 사전The Concise Oxford Dictionary』에 제시되는 '디저트'라는 단어의 정의는 세 가지다. (1) 냉담하게 혹은 기만적으로 버리다. (2) '물이 없는 황량한 지역으로, 초목이 거의 혹은 전혀 없으며 보통 모래로 덮여 있다. (3) 보상 혹은 처벌을 받을 만한 한 인간의 가치 혹은 자격. '정당한 디저트'라는 관용구를 설명하는 것은 누군가의 행동에 대한 적절한 보상 혹은 (더 흔하게는) 처벌을 의미하는 세 번째 정의다. 이는 스파티드 딕과 아무 상관없다. 사실 정당하든 아니든 어떤 디저트와도 무관하다.

아이스크림

Ice Cream

요즘은 무더운 날씨에, 혹은 여름 내내 얼음ice이 있는 걸 당연하게들 여긴다. 그러나 냉장고 이전의 시대에 얼음은 아주 부유한 사람만 감당할 수 있는 사치였다. 고대부터 얼음 창고라는 특별한 건물을 지어, 겨울 동안 모은 얼음과 눈을 저장하고는 작열하는 여름날에도 얼어 있는 상태로 유지했다. 이것을 도입한 사람은 페르시아인들이었는데, 최초로 얼음이 요리에 사용된 것은 기원전 400년경이었다. 그들은 얼음을 장미수, 사프란saffron, 과일과 섞어서 차가운 디저트를 만들었고, 이는 **워터 아이스water ice** 혹은 **소르베sorbet**의 선조가 되었다(페르시아인들은 눈을 사용해 차게 만든 '셔벗sherbet'이라는 과일 음료도 만들었다. '소르베'라는 단어는 여기서 비롯했다). 로마인들 역시 얼음과 눈을 저장해서 차가운 음료와 디저트를 만드는 데 사용했다. 사치로 유명했던 네로 황제는 이런 것들에 대한 열정이 너무 컸던 나머지, 서기 62년 아펜니노산맥으로 노예들을 보내 꿀honey과 견과류nuts로 맛을 내는 차가운 요리를 만들 눈을 모아 오게 시키기도 했다. 워터 아이스를 유제품 디저트로 처음 바꿔놓은 것은 아랍인들이었다. 그들은 우유 혼합액milky liquid을 과일즙fruit juice보다는 설탕으로 달게 만들어서 **아이스크림ice cream**의 초기 형태를 창조했다. 이는 바그다드, 다마스쿠스, 카이로에서 대단한 인기를 끌었다.

중국인들도 물론 페르시아인들 및 아랍인들과 같은 시기에 나름대로 소르베sorbet와 아이스크림의 원형을 발명했다(우유milk와 쌀rice

을 섞어서 얼린 요리가 기원전 200년 즈음 중국에서 소비되었다고 한다). 그러나 마르코 폴로가 이 레시피와 기술을 이탈리아로 가지고 돌아왔다는 이야기는 파스타 이야기와 마찬가지로 사실일 가능성이 거의 없다. 16세기쯤 되자 이탈리아가 냉동 디저트의 선진국이 되었고, 이를 카트린 드 메디시스가 이탈리아 요리사들을 통해 프랑스에 소개한 것은 반박할 수 없는 사실이다. 그러나 유럽인들이 워터 아이스water ice를 선호하는 사이 아이스크림을 완성시키는 일은 잉글랜드로 넘어갔다. 영국인들은 걸쭉하고 진한 커스터드custard의 냉동 버전에 훨씬 큰 흥미를 보였다. 영어에서 이 단어가 처음 기록에 남은 것은 1672년까지 거슬러 올라간다. 이 기록에서 아이스크림은 특별한 행사를 위한 핵심 디저트 명단에 올랐으며, 최초의 레시피는 1718년에 등장한다. 아이스크림은 여전히 값비싼 별미였지만 18세기 중엽부터 요리책에 더 자주 등장하기 시작했다. 예를 들어 해나 글라세는 『조리 기술The Art of Cookery』의 1751년판에 레시피를 포함했고, 1768년에는 이 주제만을 다루는 저작 『아이스크림 제조 기술 L'Art de bien faire les glaces d'office』이 프랑스에서 출간되었다.

아이스크림을 미국에 소개한 사람은 레시피를 챙겨간 퀘이커교도 식민지 주민들이었다. 벤저민 프랭클린, 조지 워싱턴, 토머스 제퍼슨 모두 이 요리의 팬으로 유명했다. 아이스크림의 잠재력은 미국적인 에너지와 평등주의 덕에 완전히 실현되었다. 아이스크림은 연회에서 처음 공식적으로 제공된 1744년 이후 국민 요리로 나아갔다. 식민지 시대에는 뉴욕과 기타 도시의 제과점에서 아이스크림을 팔았다. 이런 풍습이 대서양의 양쪽, 즉 영국과 유럽에서 너무나 열렬히 받아들여진 나머지, 아이스크림은 완전히 미국적인 것으로 여겨

지는 데 이르렀다. 그러다 보니, 박물관과 골동품 가게에서 일찍부
터 아이스크림을 만들어 팔던 유럽 출신들이 미국 출신으로 오해받
기도 했다.

아이스크림 소다와 선디

Ice Cream Soda and Sundae

그렇지만 아이스크림의 두 가지 변종인 **아이스크림 소다**ice cream soda와 **아이스크림 선디**ice cream sundae 모두 지극히 미국적인 천재성의 산물이다. 첫 번째는 1874년 필라델피아의 소다 행상 로버트 M. 그린의 발명품으로 믿어진다. 전해지는 바에 따르면, 유독 무더웠던 날 팔고 있는 음료수에 넣을 얼음이 다 떨어진 그린은 옆의 행상이 팔고 있던 바닐라 아이스크림을 얼음 대신 넣는 시도를 했다고 한다. 그의 새로운 창작물은 큰 인기를 끌었다. 이 음료는 너무나 잘 팔렸고 금세 오늘날과 같은 국가적 관습이 되었다. 자신의 발명이 너무나 자랑스러웠던 그린은 유언장을 통해 자신의 묘비에 '아이스크림 소다의 창시자'라는 말을 새기라고 지시했다.

좀 더 늦게 등장한 아이스크림 선디는 경쟁 관계에 있던 위스콘신 아이스크림 가게 두 곳의 주인이 창조했다고 한다. 비록 미국의 다른 지역에서 비롯했다는 주장도 있지만 말이다. 1881년 투 리버스 시의 에드 버너스는 소다를 만들 때 사용하던 초콜릿 소스가 맛있는 아이스크림 토핑topping이 된다는 사실을 우연히 발견했다. 그는 계속 여러 가지 아이스크림과 소스 조합을 만들어내며 이를 플로라 도라Flora Dora, 머드스카우Mudscow, 초콜릿 피니Chocolate Peany 등으로 불렀다. 그러나 딱 맞는 이름을 생각해낸 것은 인근 매니토워크시의 조지 지피였다. 그는 매주 일요일Sunday 예배가 끝나면 교구 주민들에게 이 특별한 아이스크림을 제공했다. 그러다 주중의 어느 날 한 어린 소녀가 '위에 그거 올린' 아이스크림 요리를 주문했다. 지피가 일요일에만 먹을 수 있다고 말하자 아이는 이렇게 대답했다고 한다. "그럼 오늘이 일요일Sunday이에요. 저는 그 아이스크림ice cream을 먹을 거니까요!" 아이의 짜증이 폭발하는 상황을 피하는 게 간절했던 지피는 재빨리 아이를 위한 요리를 만들었고 그때부터 이를 '선데이Sunday'라고 불렀다.

트리클 타르트

Treacle Tart

마침내, 디저트 메뉴를 마무리하는 것은 바로 해리 포터가 제일 좋아하는 타르트tart다. 쇼트크러스트 페이스트리shortcrust pastry에 골든 시럽golden syrup과 빵가루breadcrumb를 섞어서 채운 **트리클 타르트**treacle tart는 보통 걸쭉한 크림을 약간 곁들여서 뜨겁게 낸다. 비록 내가 다닌 학교에서는 묽은 커스터드custard가 곁들여졌지만 말이다. 사탕수수 정제 과정에서 만들어지는 시럽을 통칭 트리클treacle 이라고 한다. 골든 시럽은 그중에서도 연한 빛깔의 트리클이다. 트리클은 요즘은 주로 감미료이지만 과거에는 물리거나 쏘여서 독이 올랐을 때 약으로 사용되었다. 사실, 이 단어는 '해독제'를 뜻하는 고대 프랑스어 트리아클triacle에서 진화했다. 로마인들은 꿀을 같은 방식으로 사용했다. 그러나 로마 문화가 종말하고 15세기 유럽 대항해 시대가 태동하던 사이 어딘가에서, 꿀은 중세의 위대한 치유제 트리클로 대체되었다. 17세기 즈음 새로운 설탕 대농장이 생산물을 함대에 실어 유럽으로 보내기 시작하자, 트리클은 신화적인 약품이라는 지위를 잃고 감미료와 디저트의 필링으로 사용되기 시작했다. 트리클이 등장하는 해묵은 낭설로 이것이 사실 잉글랜드 외딴 지역의 트리클 매장층에서 채굴되었다는 이야기가 있다. 17세기 중엽 올리버 크롬웰의 청교도 군대가 묻은 수백만 통의 당밀molasse이 시간이 지나면서 새어 나와 지하에 거대한 트리클 호수가 만들어졌다는 설명은 이 희한한 주장을 뒷받침해주는 듯 보인다. 또 하나, 화석화된 선사 시대의 설탕 대농장을 이제 석탄이나 주석과 같은 방식으로 채굴할 수 있다는 설명도 있다. 흥미로운 이야기이지만, 슬프게도 사실이 아니다.

그렇지만 골든 시럽gaden syrup의 발명은 더 제대로 기록되어 있다. 이는 스코틀랜드 사업가 에이브럼 라일Abram Lyle의 창조물로 알려져 있다. 그는 1883년 이스트런던에 있는 자신의 공장에서 정제된 설탕의 부산물이 빵에 바르거나 요리에 쓸 수 있는 맛있는 시럽이 된다는 사실을 발견했다. 대단히 독실한 사람이었던 그는 이제는 상징이 된 녹색과 금색 깡통에 쓸 "강한 자에게서 단 것이 나왔노라"라는 문구를 직접 골랐다. 벌들에 둘러싸인 사자의 사체 그림과 함께 있는 이 말은 구약성서(사사기 14:14)의 삼손과 관련된 이야기에서 나왔다. 길을 가다 사자를 죽인 삼손은 나중에 근처를 다시 지나가다가 벌떼가 사체 안에 벌집을 지어놓은 것을 발견했다고 한다. 1921년 라일의 회사는 설탕 정제회사 테이트Tate와 합병해 테이트 앤드 라일Tate & Lyle이 되었다. 이 회사는 현재 영국 유일이자 유럽 최대의 사탕수수 정제회사다. 여전히 매달 백만 통 이상의 골든 시럽을 판매하며, 1904년에 상표 등록된 이 브랜드는 영국에서 가장 오래된 브랜드로 여겨진다.

$$\boxed{17장}$$

치즈 코스

꼬마 아가씨 머펫은 무엇을 먹고 있었을까?

브리: 치즈 제조자들이여 복 받을지어다

파르메산 치즈: 크게 존경받고 몰래 모방되다

치즈 얹은 토스트를 가장 모욕적으로 제공하는 방식은 무엇일까?

퐁뒤: 알프스의 치즈 고전

체더를 정의하다: 나머지 세계에는 어려운 치즈

포르 살뤼: 침묵을 유지할 가치

치즈로 케이크를 만드는 고대의 기술

치즈 굴리기: 더블 글로스터를 대접하는 활동적인 방법

치즈에 곁들일 엄선된 비스킷들

CHAPTER 17

THE CHEESE COURSE

What was Little Miss Muffet Eating?

Brie: Blessed are the Cheesemakers

Parmesan: Much Admired and Secretly Imitated

What's the Most Insulting Way to Serve Cheese on Toast?

Fondue: The Cheesy Alpine Classic

Defining Cheddar: Hard Cheese to the Rest of the World

Port Salut: When It Pays to Keep Silent

The Ancient Art of Making Cheese into a Cake

Cheese Rolling: An Energetic Way to Serve Double Gloucester

A Selection of Biscuits to Accompany the Cheese

소나무 뒤에서 대단히 날렵하게 도약하는 모습이 보였다….

"누구세요?" 내가 물었다.

"벤 건." 그가 대답했다. 그의 목소리는 녹슨 자물쇠처럼 불편하게 들렸다.

"난 가련한 벤 건이야, 그렇고 말고. 삼 년 동안 기독교인과 말 한마디 못 해봤지….
하지만 친구야, 내 마음은 기독교인다운 식사 때문에 쓰라리단다. 혹시 너한테 치즈 한 조
각이 있진 않겠지, 지금? 없어? 이런, 내가 치즈를 꿈꾼 긴긴밤이 얼마나 많았던가, 주로 살
짝 구워서 말이지. 그리고는 다시 일어났더니 난 여전히 여기 있는 거야."

I saw a figure leap with great rapidity behind the trunk of a pine…
'Who are you?' I asked.
'Ben Gunn,' he answered, and his voice sounded awkward, like a rusty
lock. 'I'm poor Ben Gunn, I am. and I haven't spoke with a Christian these
three years… But, mate, my heart is sore for Christian diet.
You mightn't happen to have a piece of cheese about you, now? No?
Well, many's the long night I've dreamed of cheese – toasted, mostly –
and woke up again, and here I were.'

로버트 루이스 스티븐슨, 「보물섬Treasure Island」

치즈

Cheese

기원전 7000년경 조직화된 농업이 발전하면서 갑자기 동물들이 더 이상 식육용으로만 여겨지지 않는 중대한 변화가 일어났다. 인류가 가축화된 동물들의 젖을 짜기 시작하자마자 맛있고 영양가 높지만 급속히 산패하는 액체를 어떻게 보존할지가 절박한 문제로 떠올랐다. 처음 등장한 치즈류는 산유sour milk[동물의 젖을 주로 젖산균으로 발효시킨 음료. 대표적으로 요거트가 있다] 형태였을 공산이 크다. 용기에 남은 우유가, 특히 높은 기온에서 굳는다는 것을 관찰하여 얻게 된 단순한 결과물 말이다. 그렇지만 널리 알려진 한 이야기에 따르면, **치즈cheese**는 스테이크 타르타르steak tartare와 비슷하게 우연한 발견물이었고, 발생한 지역 역시 같은 중앙아시아였다. 언젠가 어떤 유목민이 사막을 건너는 긴 여행을 버티기 위해 안장에 우유가 담긴 주머니를 묶어두었다. 뜨거운 햇볕 속에 몇 시간이나 말을 달린 후 갈증을 풀기 위해 멈췄는데, 우유가 묽고 시큼한 액체와 단단한 흰 덩어리로 분리된 것을 발견했다. 안장주머니의 재료인 양의 위에 함유된 레닛rennet[포유류의 위장에 든 효소 복합체. 단백질 가수 분해 효소가 들어 있다]이 우유를 굳혀 치즈 형태로 바꾼 것이다. **커드 앤드 웨이curds and whey**라고도 하는 이 치즈는 다름 아닌 동요 속에서 꼬마 아가씨 머펫Muffet이 터펫tuffet에 앉아서 먹던 간식이다. 또한 우리가 좋아하는 모든 치즈의 기본이 되는 치즈이기도 하다[1805년 처음 기록에 남은 영국 동요. 터펫은 풀로 덮인 작은 언덕을 가리키는 것으로 추정된다].

현대의 치즈류 중 이 초기 형태와 가장 비슷한 것이 **코티지 치즈** cottage cheese다. 이 치즈는 농업 노동자들이 거의 아무것에서나 영양분을 구하는 일에 전문가가 되었던 중세 후기에 유럽의 대중적인 기본 식료품이 되었다. 영양학적 관점에서 치즈는 우유의 영양 대부분이 농축된 가장 귀중한 음식이다. 치즈를 만들기 위해 우유에서 추출된 덩어리에 지방, 비타민, 단백질의 사실상 전부가 함유되어 있다. 노동자들은 치즈와 버터를 만들고 조금이라도 남은 우유는 전부 모아 집으로 가져가서는, 아무리 초라하거나 보잘것없는 설비를 갖춘 주택에서도 쉽게 만들 수 있는 치즈로 바꾸었다. 코티지(혹은 코티저스cottager's) 치즈 제조 기술을 미국으로 가져온 것은 유럽 출신 초기 정착민들이었다. 여기서 이 치즈는『미국식 영어 사전The Dictionary of Americanisms(1848)』에서 지적했듯 다소 입맛 떨어지는 이름을 얻기도 했다. "스미어-케이스Smear-Case[smear는 바르다 외에 더럽히다라는 의미도 있다]는 우유를 사용해 빵에 바를 스프레드spread를 만든 것이다. 그래서 나온 이름이지만, 코티지 치즈라는 이름으로도 알려져 있다." 독일어 슈미어케제Schmierkäse('바를 수 있는 치즈')에서 도출된 **스미어케이스**smearcase는 식민지 주민들 사이에 여러 국가 출신이 섞여 있다는 사실이 반영된 이름이다. 그러나 미국의 많은 독일 출신 정착민들이 점점 더 영국화되면서, 결국 '코티지 치즈'라는 이름이 선호되었다. 스위스 출신 조상으로 곧장 이어지는 계보를 가졌으며 여전히 독일어를 사용하는 아미시파The Amish는 영국화되고 현대화된 모든 형식에 아직도 저항하는데, 그들의 치즈케이크 cheesecake 레시피는 여전히 **스미어케이스 케이크**smearcase cake라고 불린다.

브리

Brie

호메로스의 『오디세이아』에서 키르케는 오디세우스를 유혹하려
고 할 때 치즈를 제공한다. 그리스인들과 로마인들은 치즈에 집착했
고, 치즈 만들기는 그들의 많은 글과 모자이크화에 등장한다. 서기
300년 즈음 지중해 해안 지방과 유럽 전역에서 치즈 교역 및 수출이
순조롭게 진행되고 있었다. 그러나 (서기 410년 즈음) 로마 제국이 이
방인들에게 함락되며 암흑 시대가 시작되자 치즈는 거의 사라졌다.

우리에게는 다행스럽게도, 초기 기독교 교단은 크리스마스 만찬
Christmas dinner에서 살펴보았듯 이교도적 삶의 가장 매혹적인 부분
을 알아보는 안목이 있었다. 결국 유럽 전역의 초기 수도원에서 수
사들이 치즈 제조 관행을 부활시켰다. 외부 세계의 상업적 압박에서
벗어난 수도원은 놀라운 혁신의 기회를 제공했고, 수사들은 치즈 숙
성 및 보관 기술을 크게 향상시켰다. 이 시기 탄생한 치즈류 중 밀가
루 반죽 같은 독특한 하얀 껍질white crust을 가진 프랑스의 유명한 연
성 치즈 **브리Brie**가 있었다. 770년 즈음 프랑스 북부 브리Brie 지역에
서 비롯한 이 치즈는 널리 알려진 한 전설의 소재이기도 하다. 신성
로마 제국 초대 황제 샤를마뉴(742~814)는 암흑 시대 유럽의 방대한
지역을 정복하고 주민들을 기독교로 개종시켰다. 9세기에 쓰인 한
전기에 따르면 그는 이 지역을 여행하던 중 저녁 식사를 위해 어떤
주교의 집에 들렀다.

(금요일이었기에) 그는 그날 네발동물이나 조류의 고기를 먹으려고 들지 않았다. 지역 특성상 갑자기 생선을 구하기는 불가능했던 주교는 그의 앞에 진하고 크림 맛이 풍부한 훌륭한 치즈를 대령하라고 명령했다. 샤를마뉴는… 더 나은 음식을 요구하지는 않았다. 그러나 먹음직스럽지 않은 껍질은 칼로 베어내고 치즈의 속 부분만 먹으려고 했다. 그러자 하인처럼 옆에 서 있던 주교가 가까이 다가와서 말했다. "어찌 그리하십니까, 황제 폐하? 제일 맛있는 부분을 버리고 계십니다." 그러자 샤를마뉴는… 주교의 설득에 껍질 한 조각을 입에 넣었고, 천천히 씹어서 삼켰는데 마치 버터 같았다. 그리고 난 후, 주교의 조언을 인정하며 말했다. "정말 그렇군, 나의 좋은 집주인이여." 그리고는 덧붙였다. "해마다 이런 치즈를 실은 마차 두 대를 보내주게."

주교는 수고의 대가로 '훌륭한 토지'를 받았다. 브리Brie는 계속 발전하여 가장 프랑스적인 치즈 중 하나가 되었다.

큰 치즈big cheese는 가장 중요한 사람을 뜻하는 구어체 표현이다. 19세기 초에 '치즈'는 런던 주민들이 뭐든 진짜이거나 인기 있는 것을 설명할 때 흔히 사용하는 은어였다. 1863년 초판이 출간된 존 캠던 하튼의 『은어 사전The Slang Dictionary』은 '치즈'를 "뭐가 되었든 좋고, 일류이고, 진짜이고, 기분 좋은 것"으로 설명한다. 이런 의미로 사용될 때 이 단어는 유제품과는 무관하며, '항목' 혹은 '사물'을 뜻하는 페르시아어 단어 치즈chiz의 변형으로 보이다. 헨리 율 경이 그 유명한 인도식 영어 사전 『홉슨-좁슨』에서 설명한 바와 같이, 치즈chiz는 보통 동종 최고인 무언가(혹은 누군가)를 설명하는 '진짜 치즈real chiz'라는 형태로 사용되었다. 이 관용구는 20세기 초 미국에서 더 변형되어 '큰 치즈big cheese'가 되었고, 이어서 큰 물고기big fish, 큰 벌레big bug, 큰 바나나big banana 등 '큰big'으로 시작하는 각종 관용구가 최고의 무언가를 설명하게 되었다. 그렇지만 치즈당한cheesed off(짜증난)과 치즈 같은cheesy(값싼 혹은 진짜가 아닌) 등 다른 '치즈' 표현의 어조를 보면, 이 관용구가 완전히 칭찬하는 의미만은 아니다. 아마 실제 치즈라는 물질의 강렬한 냄새에서 유래했을 '치즈 같은cheesy' 역시 치즈chiz('치지chizzy')의 아이러니한 응용으로서, 무언가 겉보기만 그럴싸하고 맛없는 것을 의미하게 진화했을 수도 있다.

파르메산 치즈

Parmesan

보카치오의 『데카메론Decameron』에는 강판에 간 **파르메산 치즈 Parmesan**로 만들어진 산이 등장한다. 여기서 사람들은 마카로니 macaroni와 라비올리ravioli만 만들 뿐 아무 일도 하지 않는다. 파르 메산 치즈는 중세 시대부터 이탈리아에서 주로 파르마Parma(이 치 즈의 이름은 여기서 유래했다) 지역에서 만들어졌다. 파르메산은 나폴 레옹과 새뮤얼 피프스 둘 다 가장 좋아한 치즈였다. 피프스가 파르 메산 치즈를 1966년 런던 대화재의 황폐에서 구하려고 '(자신의) 와 인 및 기타 몇 가지와 함께' 묻어둔 것은 유명하다. 극작가 몰리에르 (1622~1673)는 갑자기 심각한 병에 걸렸을 때 통상적인 환자식인 수 프broth를 물리고 파르메산 치즈를 요청했다. 그러고는 얼마나 열심 히 먹었던지 그가 죽음을 맞이한 침상은 치즈 부스러기로 가득했다 고 한다. 비록 몰리에르를 회복시키는 데에는 실패했지만, 파르메산 치즈는 건강에 좋다는 평판이 자자했고 지금도 여전히 그렇다. 이 치즈는 영양가가 무척 높을 뿐 아니라, 긴 숙성 과정 덕분에 소화하 기 쉬우며 장내의 '우호적인' 세균이 성장하도록 촉진한다고 믿어진 다. 세월이 흐르자 파르메산 치즈는 이탈리아 밖에서도 많은 숭배자 를 획득했다. 그리고 격언에서 이야기하듯, "모방은 아첨의 가장 진 실한 형태이니…."

y

z

w

v

| 파머스 핸드 치즈 Farmers' Hand Cheese |

'이탈리아식 경성 치즈Italian-style hard cheese'라고 설명되는 **파머스 핸드Farmers' Hand**는 파르메산 치즈Parmesan와 같은 레시피를 따른다. 단지 영국 암소의 젖을 사용할 뿐이다. 1998년 '최고의 현대 영국 치즈' 자리에 올랐던 파머스 핸드는 이스트서식스주 히스필드의 부컴 농장에서 만들어졌다. 이곳 생산자들은 자기 치즈에 '파르메산 Parmesan'이라는 이름을 사용할 수 없다. 이탈리아 북부의 에밀리아로마냐 지역에서 전통적인 방법과 재료로 만들어진 치즈만 파르메산이라고 부를 수 있다(혹은 더 정확하게는, 파르미자노-레자노Parmigiano-Reggiano다). 그러나 잉글랜드인들은 수완이 비상한 사람들이다. 수상 경력이 있는 이 치즈의 범상치 않은 이름은 유럽의 이런 식자재 정책에서 탄생했다. '파머스 핸드 치즈Farmers' Hand Cheese'를 큰 소리로 몇 번 말해보라. 이제 다시는 '파르메산'이라는 단어를 사용할 필요가 없을 것이다.

웰시 래빗

Welsh Rabbit

웰시 래빗Welsh rabbit, 혹은 일각에서 주장하듯 **웰시 레어빗Welsh rarebit**은 기본적으로 토스트에 치즈를 얹고 다른 재료를 더한 것이다. 이 음식은 격렬한 논쟁의 주제가 되어 왔는데, 바로 '래빗'인가 '레어빗'인가의 문제다. 결과를 두고 숱한 내기가 행해졌는데, 특히 애초에 관여할 필요가 없는 아일랜드인들의 참여가 두드러졌다. 그러나 그들은 아마 잉글랜드인과 웨일스인이 음식을 가지고 다투는 것을 구경하느라 신난 것이었으리라.

자치를 향한 웨일스인들의 열망을 보면 알겠지만, 전통적으로 잉글랜드인들은 그들이 가난하고 서툴며 믿을만하지 않다고 비난해 왔다. 이런 태도가 반영된 옛 동요도 있다. "태피는 웨일스인이었지, 태피는 도둑이었어 / 태피는 우리 집에 쇠고기 한 덩어리를 훔치러 왔었지⋯." 18세기에 치즈를 녹여 토스트에 얹은 새로운 요리가 고안되었을 때 농담 삼아 웰시 래빗이라고 부른 것은 그래서였다. 고기를 먹기에는 너무 가난해서 대신 치즈를 먹여야 하는 웨일스 사람이라는 의미였다. **스코치 우드콕Scotch woodcock**[woodcock은 멧도요를 말한다]으로 스코틀랜드인들을 비꼬는 것과 비슷한 맥락이다. 이는 사실 스크램블 에그에 안초비를 곁들여 토스트에 얹은 것으로 새고기와는 아무 관계없다. 웰시 래빗이 최초로 언급된 글은 1725년 존 바이럼(1692~1763)의 일기로 유추된다. 그는 빈곤한 시인이면서 속기의 발명자라 일기를 쓸 때 암호화된 언어를 사용했다. 어떤 대목에서 그는 심술궂게 썼다. "내가 먹은 것은 차가운 쇠고기가 아니었다. 웰시 래빗welsh rabbit과 치즈 스튜stewed cheese였다." 60년 후 프랜시스 그로스는 『고전 방언 사전Classical Dictionary of the Vulgar Tongue(1789)』에서 레어빗rarebit이라는 용어를 처음으로 사용했다. "웰시 래빗은 빵에 치즈를 얹어서 구운 것, 즉 웰시welsh 레어rare 빗bit[rare bit은 '살짝 익힌' 혹은 '진귀한'으로 해석 가능하다]이다." 이렇듯 그는 웨일스식 치즈 토스트는 진귀한 별미라는 점을 강조함으로써 농담이라는 느낌을 살리려고 했다. 이후 '레어빗'이라고 부르는 쪽을 선호하는 경우가 많아졌다. 오래된 모욕의 상스러움을 완화하는 한편, 요리에 특이하면서 다소 고상한 인상을 주기 때문이었다.

이 간식을 잉글랜드인들 못지않게 사랑하는 웨일스인들도 어원을 설명하는 이야기로 두 가지를 제시했다. 첫 번째는 사냥에서 빈손으로 돌아오는 남편의 모습을 본 아내들이 저녁거리가 부족한 상황을 만회하는 방책으로 치즈를 불 앞에서 녹이곤 했다고 설명한다. 두 번째는 상상력이 풍부한 웨일스 수사가 이 요리를 발명했다는 것이다. 그는 토스트한 빵에 와인을 붓고 그 위에 순한 케어필리 치즈Caerphilly를 바스러뜨려 뿌린 후 불 가까이에 두어 녹였다고 한다. 또한 웨일스인들은 18세기에 전채appetizer는 식사에 앞서 나온다는 이유로 '포어-바이츠fore-bits[포어에는 '앞쪽의'라는 의미가 있다]'라고 부른 반면, (치즈를 얹은 토스트를 비롯해) 세이버리savoury는 전통적으로 식사의 막바지에 나와서 '레어-바이츠rear-bits[rear에는 '뒤쪽의'라는 의미가 있다]'라고 불렸는데, 이 단어는 강한 켈트 억양으로 '레어빗rarebit'으로 발음되었다고 지적한다.

그렇지만 이 요리에 대한 초기 레시피 및 언급은 모두 잉글랜드어였다. 해나 글라세의 유명한 요리책 『조리 기술The Art of Cookery』에는 심지어 세 가지 별개의 래빗이 있다. 웰시Welsh, 잉글리시English(레드 와인red wine이 더해짐), 스코티시Scottish(별다른 소스 없음)다. 이를 보면 이 요리의 이름은 기원이 웨일스라서가 아니라 웨일스인들을 모욕하려는 발상에서 나왔다는 생각이 다시 떠오른다. 이는 그저 한 나라가 이웃 나라를 모욕하는 해묵은 방식이 반영된 것일 수 있다. 인색해서 자기 손님의 식사비를 내지 않는 것을 **네덜란드식 going Dutch**이라고 하고, 인사도 없이 떠나는 것을 **프랑스식 이별French leave**이라고 하는 것처럼 말이다. 이런 맥락에서라면, 왜 잉글랜드인들이 웨일스인들은 저녁거리로 토끼rabbit조차 잡을 능력이 없어서 빵과 치즈만으로 연명할 것이라고 가정했는지 쉽게 이해할 수 있을 것이다. 잉글랜드인들 자신부터 빵과 치즈를 먹는 판국에 이 음식을 웰시 래빗Welsh rabbit이라고 부르게 된 것은 이웃 나라를 모욕하기 위해서였다.

퐁뒤

Fondue

치즈 퐁뒤cheese fondue는 원래 스위스 농부의 레시피였다. 알프스 산맥 높은 곳에서 농부들은 축산물에, 특히 치즈에 극도로 의존했다. 치즈 소스를 만든 후 빵을 찍어 먹는 퐁뒤는 냄비 하나만으로 부스러기 치즈와 오래된 빵을 소진하는 영리한 조리법이었다. 이 단어의 어원은 프랑스어 동사 퐁드르fondre로, 단순히 '녹았다'라는 의미다. 스위스인 대부분은 제대로 된 퐁뒤는 혼합 치즈(경성 치즈인 그뤼에르Gruyère에 에멘탈Emmental이나 라클레테raclette 같은 준경성 치즈를 섞는다)에 화이트 와인, 키르슈kirsch[체리를 양조증류해 만든 증류주] 약간, 응고를 막기 위한 밀가루flour 한 숟갈, 소금, 후추, 육두구 약간을 더해 만든다는 데에 동의할 것이다. 그렇지만 프랑스의 미식가이자 치즈광인 장 앙텔름 브리야-사바랭Jean Anthelme Brillat-Savarin(1755~1826)의 개입이 없었다면 이 요리는 지나치기 쉬운 향토 별미에 그쳤을지 모른다. 그의 고전『미각의 생리학The Physiology of Taste』(1825년 그가 사망하기 두 달 전에 출간됨)의 퐁뒤 항목은 약간 이상하다. 이 요리는 "수프… 치즈를 넣은 계란을 지져서 만들며 비율은 경험상 결정된다"라고 설명했다. 이 레시피는 스위스 당국으로부터 진짜 퐁뒤라기보다는 스크램블 에그라고 규탄받기도 했다. 그렇긴 해도 이 요리는 대단한 인기를 끌어서 1861년 비턴 부인의『가정 관리의 서』에 실려 적극적인 추천을 받았다. 치즈에 그렇게나 열정적이었던 덕분에 브리야-사바랭의 이름을 딴 치즈도 있는데, 크림 맛이 풍부하고 브리Brie와 비슷한 노르망디산 연성 치즈다. 이 잊을 수 없는 격언을 말한 것 역시 브리아-사바랭이었다. "치즈가 없는 만찬은 한쪽 눈만 있는 미녀와 마찬가지다."

체셔 고양이처럼 히죽거리다to grin like a Cheshire cat는 스스로가 너무나 만족스러워서 활짝 웃는다는 의미다. 루이스 캐럴의 『이상한 나라의 앨리스Alice's Adventure in Wonderland(1865)』가 당장 떠오르는 표현으로, 여기서 나뭇가지에 웅크리고 있던 고양이는 서서히 사라지다가 결국 함박웃음만 남는다. 그런데 캐럴은 활짝 웃고 있는 고양이에 대한 영감을 어디서 얻었을까? 어떤 의견에 따르면 이 아이디어는 체셔Cheshire주 데어스베리 인근의 작은 마을이자 작가의 출생지인 그레핀홀의 세인트 윌프리드 교회의 탑에 새겨진 고양이 조각에서 왔다고 한다. 아니면 체셔주의 유명한 그로브너 가문의 문장에 등장하는 이상한 미소의 고양이인지 사자인지의 그림과 관계있을지도 모른다. 만약 그런 것이라면 다른 사람들도 비슷하게 영감을 받았을 것이다. 이 표현이 훨씬 오래된 작품인 프랜시스 그로스의 『고전 방언 사전(1788)』에도 등장하니 말이다. "그는 체셔 고양이처럼 활짝 웃는다. 이와 잇몸을 보이며 웃는 사람을 뜻한다." 또 다른 의견에 따르면 이 관용구는 체셔 치즈Cheshire cheese와 관련 있다. 이 치즈는 활짝 웃는 고양이 모양으로 주조해서 판매되었는데, 틀림없이 치즈에 이빨을 박아 넣고 싶어 하는 쥐 몇 마리 정도야 쫓아냈을 것이다. 고양이의 '몸'에서 치즈 조각들이 잘려나가다 보면 머리만 남아서 동화 속 체셔 고양이와 똑 닮은 모습이 되었을 것이다.

체더 치즈

Cheddar Cheese

체더 치즈Cheddar cheese의 원산지는 서머셋주의 체더Cheddar 마을이다. 1170년 국왕 헨리 2세(1333~1189)가 이 치즈 1만 5백 파운드를 런던에 있는 자신에게 보내라고 명한 기록이 있으니 최소한 그때 이래로 생산되어온 셈이다. 몇 세기 후 낙농업자 조지프 하딩 (1805~1876)은 이 치즈를 '정의하는 공식'을 창안해 '체더 치즈의 아버지'로 여겨지게 되었다. 그는 엄격한 위생과 온도 통제, 오늘날 상업 치즈 제조의 기초를 닦은 기술을 고수하는 보다 과학적인 접근을 도입했다. 정말이지 자신의 생산 공정에 대한 신뢰가 얼마나 컸던지 그는 이런 말까지 했다. "치즈는 들에서 만들어지지 않는다. 외양간에서도 아니고, 젖소에서조차 아니다. 바로 낙농장에서 만들어진다."

이후 하딩은 미국에서 온 치즈 제조자들에게도 조언을 해주었고, 그의 아이디어는 대서양을 건너갔다. 그의 기술은 다른 나라에서도 채택되었다. 그리하여 체더와 비슷한 치즈들을 세계 방방곡곡에서 생산하게 되었다. 진정한 체더는 전통적으로 웰스 대성당에서 반경 30마일 이내에서 만들어져야 하지만, 여러 곳에서 '체더'를 자처하는 치즈들이 만들어진다. 파르메산Parmesan의 경우와 비슷하게, 유럽연합은 체더에 '원산지 명칭 보호' 지위를 부여했다. 이에 따라 **웨스트 컨트리 팜하우스 체더West Country Farmhouse Cheddar**만이 공식적으로 인정되는데, 이 상표는 도싯, 서머싯, 데번, 콘월 등 지정된 네

주에서 전통적으로 만들어진 생산품에만 부착할 수 있다. 여러분이 마주치는 다른 체더 치즈Cheddar cheese는 (슈퍼마켓에는 이런 치즈로 가득하다) 절대 진품이 아니다. 이제는 알겠지만.

포르 살뤼

Port Salut

독특한 오렌지색 껍질orange crust을 가진 프랑스산 반연성 치즈 **포르 살뤼**Port Slut는 성 베네딕토의 수도 교칙을 따르는 폐쇄적인 가톨릭 수도회인 트라피스트회 수사들에 의해 19세기에 창조되었다 (그들은 수도원장의 권위 아래에서 공동 생활했다). 그들의 첫 번째 사원은 1122년 페르슈 백작 로트루 3세가 건립했다. 헨리 1세의 사생아로, 1120년 11월 25일 이른바 '흰 배White Ship' 사건으로 왕족의 절반과 함께 영국해협에서 익사한 아내에 대한 추도의 의미였다(이 사건은 당시 타이타닉 침몰만큼 유명했다). 몇 년 후 로트루는 건물을 확장해 수도원으로 만들고는, 당시 독실함으로 이름 높던 인근 수도원의 수사들에게 장소를 제공했다. 1140년 라 트라프La Trappe 수도원은 대수도원으로 승격되었다. 이후 두 세기 동안 명상에 힘쓰는 프랑스 수사 집단이 거주했으나 1337년 백년전쟁의 발발로 그들의 평화는 산산조각이 났다.

1376년 라 트라프는 떠돌이 병사들에게 약탈과 방화를 당했다. 1465년 재차 그런 일을 겪자 수사들은 수도원을 버릴 수밖에 없었다. 16세기에 마침내 재건되기까지 수도원은 폐허로 남아 있었다. 재건 후 수도원의 운명은 나아졌는데, 새 원장 아르망 드 랑세의 휘하에서 특히 그랬다. 그는 1662년 부임해서 이후 트라피스트회 Trappist(이 이름은 수도원의 이름을 따서 지었다)의 토대가 될 금욕적인 개혁안을 도입했다. 정주, 충성, 순종을 서원하는 성 베네딕토의 엄격한 수도 규칙을 고수하는 것에 더해, 이제 수사들은 침묵의 규칙까지 채택했다. 트라피스트회 수사들이 꼭 침묵을 서원해야 하는 것은 아니다. 하지만 일반적으로 지켜졌고 그 결과 서로 의사소통할 수 있도록 수어가 발달했다.

1789년 수사들의 평화는 다시 한번 위협받았다. 이번에는 혁명군 병사들에 의해서였고 다시 한번 라 트라프를 버려야 했다. 20년의 망명 생활 동안 그들은 생존을 위해 새로운 기술을 익혔는데, 그중에는 치즈 제조도 있었다. 그들은 결국 새로운 보금자리를 발견했고, 프랑스 북서부의 마옌강의 여울 근처에 정착했다. 그 장소를 처음 발견한 수사는 이렇게 외쳤다고 전해진다. "이시 에 노트르 살뤼Ici est notre salut!"('여기가 우리의 구원이다!'). 그들이 새 수도원의 이름을, 그리고 이후 그들의 맛있는 새 치즈의 이름을 포르 살뤼Port Salut(구원의 휴식처)라고 지은 것은 그 때문이다.

치즈케이크

Cheesecake

고대 그리스인들은 밀, 올리브유, 와인이라는 소박한 식사로 연명했다. 치즈에 대한 그들의 집착이 어디서 왔는지 쉽게 알 수 있을 것이다. 그들은 아이들에게 간식으로 치즈를 주었다. '치즈 약간little cheese'은 특별한 애정 표현이었다. 그들의 초기 치즈는 소박한 양젖 sheep's milk 치즈였고, 더운 여름에 생기는 기포를 막기 위해 소금물 속에 보관했다. 페타feta는 여러 세기 동안 생산되어왔고, 여전히 그리스식 식단의 기본 식품이다. 비록 이탈리아어 단어 페타fetta 혹은 '한 조각'에서 비롯한 이 이름은 17세 전까지 통용되지 않았지만 말이다. 담백함 덕분에 페타는 대단히 다재다능한 치즈가 되었다. 짭짤한savory 요리와 달콤한sweet 요리 둘 다에 맛있게 어우러지는데, 그중에는 치즈케이크cheesecake도 있다. 이 케이크 역시 고대까지 거슬러 올라간다. 고대 그리스인들은 이것을 만들어서 명절에 차렸다. 역사가들은 심지어 기원전 775년 초대 올림픽 기간 중 운동선수에게도 제공되었다고 믿는다. 아마 주로 치즈로 이루어진 운동선수용 식이요법의 일부였을 것이다. 그 시대의 결혼식 케이크는 거의 언제나 치즈로 만들어졌고, 아르고스에는 신부가 신랑 친구들에게 꿀을 끼얹은 작은 치즈케이크를 대접하는 관습이 있었다. 로마인들은 이 그리스 요리를 재빨리 받아들였다. 최초의 언급은 기원전 160년경 카토의 『데 아그리 쿨투라De agri cultura(농업론)』에 등장한다. 여기서 작가는 오늘날의 치즈케이크와 흡사한 케이크(리붐libum) 만들기에 대해 설명한다. 그러니 여러분이 다음에 치즈케이크를 한 조각(페타 fetta) 먹을 때는 잠시 멈추고 사람들이 이것을 얼마나 오랫동안 먹어 치워왔는지 생각해보면 어떨까.

더블 글로스터

Double Gloucester

해마다 봄 공휴일[5월의 마지막 월요일]이면 글로스터 인근 브록워스 마을의 선량한 주민들이 쿠퍼스 힐Cooper's Hill에서 대회를 연다. 이 대회는 작은 지역 축제로 시작해, 전 세계에서 방문객 수천 명이 참석하는 유명한 행사로 성장했다. 이 대회가 정확히 어떻게 혹은 왜 시작되었는지는 아무도 기억하지 못한다. 무엇이 마을 주민들이 언덕마루에 모여서 가파르고 울퉁불퉁한 비탈로 거대한 치즈를 굴린 후 목이 부러질 것 같은 속도로 쫓아 내려가서 누가 제일 먼저 기슭에 도착하는지 알아보게 했는지도 마찬가지다. 문제의 치즈는 **더블 글로스터Double Gloucester**다. 이 지역에서 제조되는 경성 치즈로 보통 커다란 원통형으로 만들어진다. 언덕을 굴러 내려간 치즈는 제일 먼저 도착한 참가자에게 시상된다. 치즈를 붙잡은 사람에게 시상하는 것이 이상적이겠지만, 속도가 시속 70마일까지 달할 수 있다니 아마 무리한 요구일 것이다. 두말하면 잔소리지만 부상자가 속출하는데, 7파운드짜리 치즈가 종종 경로에서 이탈해 멋모르는 구경꾼을 때려눕히기도 한다. 그럼에도 매년 수백 명의 사람들이 참가한다. 보통은 우선 근처의 치즈 롤러스Cheese Rollers라는 술집에서 전략을 논의하는데, 경쟁자들 사이의 '과도한 열정'과 언덕 기슭에 응급 구조 조직 세인트 존의 구급차를 대기시켜야 할 필요가 주로 이 때문이라고 생각하는 사람들이 많다.

쿠퍼스 힐 치즈 롤링 앤드 웨이크The Cooper's Hill Cheese Rolling and

Wake(정식 이름)가 인정받는 행사가 된 것은 1800년대 초였지만 아마 훨씬 이전부터 존재했을 것이다. 로마 시대나 어쩌면 그 이전 이교도의 풍작 기원 의식의 일부였을지도 모른다(현대의 축제가 봄 공휴일에 개최되는 것은 이 때문이다). 제2차 세계대전 당시 식량 배급기에는 나무로 만든 대용품 안에 어렵사리 확보한 작은 치즈 조각을 넣어서 사용했다. 치즈뿐 아니라 대회도 어찌저찌 해마다 굴러간 셈이다.

이 행사를 요약하자면, 젊은이 한 무리가 치즈를 쫓아 가파른 언덕으로 몸을 던지며 누가 누가 응급실로 가나 경주하는 것이라고 볼 수 있다. 속도위반에 가까운 속도로 쿠퍼스 힐을 달려 내려간 치즈를 왜 아무도 먹으려 들지 않는지는 자명하다. 특히 길가에 있던 멋모르는 구경꾼의 피를 흘리게 했다면 말이다.

치즈와 비스킷

Cheese and Biscuit

그림이 돋보이려면 액자가 필요하듯이, 치즈를 최대한 즐기려면 돋보이게 해줄 무언가가 필요하다. 식사의 마무리인 치즈가 흔히 짭짤한 비스킷과 같이 나오는 것은 그래서다. 보통 치즈의 풍부한 크림 맛을 보완하기 위해 소박한 비스킷으로 구성된다. 가장 친숙한 종류 중 하나가 **워터 비스킷**water biscuit이다. 바삭한 식감에 표면은 온통 금갈빛으로 올록볼록한, 얇고 딱딱한 비스킷 말이다. 기름 없이 밀가루와 물만 사용해 만드는 이 비스킷은 특유의 올록볼록한 갈색 표면을 만들어내기 위해 아주 고온의 오븐에서 구워진다. 수준 높은 만찬에서 엄선된 모둠 치즈에 이 비스킷을 곁들여 차려내는 사람들은 이것이 항해용 비스킷ship's biscuit의 후예라는 사실을 알면 놀랄 것이다. 20세기까지도 바구미가 끓는다고 악명 높았던 선원들의 혐오스러운 기본 식품 말이다. 19세기에 처음 생산된 이 비스킷은 구울 때 나는 탁탁 소리crackling sound[크래클crackle은 탁탁 소리를 내다 혹은 탁탁 소리라는 의미다] 때문에 미국에서는 **워터 크래커**water cracker가 되었다. 이후 '크래커cracker'라는 용어는 비슷한 류의 소박한 비스킷에도 쓰였다.

오트케이크oatcake는 레이크 지방, 페나인산맥 지대, 스코틀랜드 하일랜드 주민들의 전통적인 기본 식품이었다. 귀리oat가 사용된 것은 고지대의 춥고 비가 많은 기후에서 무르익을 수 있는 유일한 곡물이기 때문이었다. 새뮤얼 존슨이 『영어 사전Dictionary of the English

Language(1755)』의 정의를 통해 다소 냉소적으로 관찰한 바와 같이, 귀리oat는 "곡물, 잉글랜드에서는 보통 말에게 주지만 스코틀랜드에서는 사람들을 먹여 살린다". 일종의 오트케이크oatcake인 **벨테인 배넉 Beltane bannock** 만들기는 스코틀랜드의 일부 지역에서 대중적인 관습이다. 벨테인Beltane은 이교도 시절 네 가지 불의 축제 중 두 번째였는데, 전통적으로 축제 모닥불의 잉걸불에서 오트케이크를 구웠다. 이를 벨테인(5월 1일) 아침에 먹으면 작물과 가축의 번성이 보장된다고 전해졌다.

거칠고 바슬바슬하며 살짝 달콤한 비스킷이 **다이제스티브 digestive**[digestive는 '소화의'라는 의미다]라고 불리는 것은 19세기 초기 레시피에 포함된 탄산수소나트륨이 제산제 역할을 한다고 믿었기 때문이다. 그렇지만 이 이름은 다소 부적절하다는 사실이 밝혀졌다. 다이제스티브에는 딱히 소화를 돕는 특성은 없기 때문이다. 그렇기에 미국에서는 이 이름으로 판매하는 게 금지되었다.

실제 식이요법용으로 처음 도입된 비스킷은 **배스 올리버Bath Oliver**였다. 윌리엄 올리버William Oliver 박사(1695~1764)가 당대의 보양지였던 배스Bath에서 발명한 이 딱딱하고 건조한 비스킷은, 그가 (역시 자신이 만든) **배스 번Bath bun**이 류머티즘 환자들을 너무 살찌운다는 사실을 알게 된 이후 대용품으로 탄생했다. 그렇지만 그의 환자들이 이 비스킷은 고칼로리 치즈를 곁들일 때 제일 맛있다는 사실을 발견한 덕분에 이 비스킷도 마찬가지로 살을 찌운다는 사실이 밝혀졌다. 창조자에 대한 헌사로서, 진짜 배스 올리버 비스킷 중앙에는 이 훌륭한 의사가 새겨져 있다.

마지막으로 엄선된 항목은 흔히 치즈와 함께 제공되지만, 엄밀히 말하자면 비스킷이 아니다. 피치 멜바peach Melba의 성공에, 그리고 데임 넬리와의 깊어가는 친교에 고무된 오귀스트 에스코피에는 그를 기리는 요리를 하나 더 만들었다. 전해지는 말에 따르면 사보이 호텔에 묵고 있던 이 가수는 어느 날 아침, 몸이 불편해서 아침 식사용 토스트를 먹을 수 없다고 불평했다. 그의 식탁 옆에 서 있던 에스코피에는 재빨리 예리한 칼을 쥐었다. 징징대는 디바와 함께 있다면 누구나 당연히 느낄 유혹에도 불구하고, 그는 칼을 가수 대신 토스트에 댔다. 그는 토스트를 세심하게 저며 더 얇은 두 조각으로 만들어 이 위대한 숙녀가 더 수월히 삼키게 했다. 더불어 살도 반만 찌는 셈이니 늘 감량 중인 가수에게 어울리기도 했다. **멜바 토스트Melba toast**는 1897년 사보이 호텔에서의 그 아침 이래로 줄곧 인기를 얻었는데, 특히 수프나 파테pâté의 완벽한 곁들이accompaniment라는 사실이 밝혀지자 그랬다. 치즈라면 더 말할 나위도 없다.

감사의 글

먼저 셰프 리암 톰린에게 일찍이 온갖 조언 및 격려를 해준 것에 감사를 표한다. 내 인생 최고의 음식사 서재를 이용하게 해준 것은 더 말할 것도 없다. 고마워요, 셰프! 사랑스러운 젠 톰린에게도 감사하다. 내가 열정을 펼치도록 격려했고, 진행 도중 검토할 새로운 아이디어들을 연신 주었다. 내가 좋아하는 멕시코 출신 친구 디모 파파크리스토도울로우 역시 나를 도왔고, 캔디스 칼릴도 그의 아라비아타 파스타angry pasta로 도움을 주었다. 고마워요, 셀레스트 페리. 그는 케이프타운에 있는 레스토랑을 사무실로 쓰게 해주었다. 친절하게도 세계 곳곳에서 더 진전된 아이디어와 연구 결과가 제공되었는데, 오스트레일리아의 루이스 드 재거와 남아프리카 공화국의 제시카 로러에게 감사한다.

이제는 우리 팀에서 유명한 모어컴 앤드 와이즈 사건의 당사자인 피터 고든이 올해 복귀했다. 2년 전 어느 토요일 아침 일어난 사건으로, 우리는 미국에서 남아프리카 공화국으로 가느라 며칠간 함께 지내던 차였다. 이 책에 대한 이야기에 너무 몰두하다 보니 둘 다 아직 잠옷 바람이라는 사실을 깨달은 것은 정오가 지나서였다. 비록 우리는 식탁에 모어컴 앤드 와이즈처럼 침대가 아닌, 식탁에 앉아 있었지만 말이다[에릭 모어컴과 어니 와이즈로 구성된 모어컴 앤드 와이즈는 영국을 상징하는 2인조 코미디언이다. 동명의 텔레비전 시리즈에서 그들은 단순한 친구지만 한 침대에서 자고, 잠옷 바람으로 침대에 있는 장면이 자주 등장한다. 이것은 성적인 관계라기보다는 로럴과 하디부터 이어지는 코메디언 파트너들이 한 침대를 쓰는 전통을 따르는 것이다].

마지막으로 오랜 인연인 펭귄 출판사 팀에게 감사하고 싶다. 특히 조지나 레이콕에게 말이다. 그는 『미식가의 어원 사전』에 누구보다 공을 들였다. 그런 사람이 내 편이라니 운 한번 좋다. 재치 있는 교열 담당자 케이트 파커에게 감사한다. 이 책에 들인 노고는 눈부실 정도였다. 이하는 무순이다. 제작 관리 책임자 리타 머토스, 보조 편집자 캐럴라인 엘리커, 편집 매니저 레베카 리, 표지 디자이너 리처드 그린, 본문 디자이너 다이너 드레이진, 그리고 제일 뒤에 있지만 공로는 절대 적지 않은 새 홍보 담당자 린지. 그렇다. 모두에게 감사를 보낸다.

참고문헌

Blake, Anthony, and Crewe, Quentin, *Great Chefs of France* (H. N. Abrams, 1978)

Burrow, John, *A History of Histories* (Allen Lane, 2007)

Chapman, Pat, *Curry Club Balti Curry Cookbook* (Piatkus Books, 1997)

David, Elizabeth, *English Bread and Yeast Cookery* (Viking, 1977)

David, Elizabeth, *French Country Cooking* (John Lehmann, 1951)

David, Elizabeth, *French Provincial Cooking* (Penguin Books, 1960)

David, Elizabeth, *Mediterranean Food* (John Lehmann, 1950)

Davidson, Alan, *The Penguin Companion to Food* (Penguin Books, 2002)

Grigson, Jane, *English Food* (Macmillan, 1974)

Grigson, Jane, *Fish Cookery* (David & Charles, 1973)

Grigson, Jane, *Vegetable Book* (Michael Joseph, 1978)

Kulansky, Mark, *Salt: A World History* (Penguin Books, 2002) (한국어판: 마크 쿨란스키, 『소금: 인류사를 만든 하얀 황금의 역사』, 세종서적, 2003)

Lee, Christopher, *This Sceptred Isle* (Penguin, 1998)

Montagné, Prosper, *Larousse Gastronomique: The World's Greatest Cookery Encyclopedia*, ed. Jennifer Harvey Lang, third English edition (Clarkson Potter, 2001)

Odya Krohn, Norman, *Menu Mystique: The Diner's Guide to Fine Food*

& Drink (Jonathan David, 1983)

Saulnier, Louis, *Le Répertoire de la cuisine*, tr. E. Brunet, seventeenth edition (Leon Jaeggi & Sons, 1982)

Shaida, Margaret, The Legendary Cuisine of Persia (Interlink Books, 2002)

Smith, Drew, *Modern Cooking* (Sidgwick & Jackson, 1990)

Swinnerton, Jo, *The Cook's Companion* (Robson Books, 2004)

Tannahill, Reay, *Food in History* (Penguin Books, 1973)

Wilson, C. Anne, *Food and Drink in Britain* (Constable, 1974)

Wilson, C. Anne, *Traditional Food East and West of the Pennines* (Edinburgh University Press, 1991)

찾아보기

25주년 닭 ›› 356

HP 소스 ›› 302

가룸 ›› 273, 299

가르발디 비스킷 ›› 120

가스파초 ›› 186~187

감자 ›› 144, 152, 230~239,
338~340

감자 튀김 ›› 31

감자칩 ›› 173

개털 ›› 254

거위 ›› 410~411, 413, 431

게 ›› 36

겨자 ›› 82, 91

겨자처럼 열심 ›› 82

계란 ›› 31, 32, 34~36, 59~60,
240~241, 396~397, 466

계란을 깨지 않으면 오믈렛을
만들 수 없다 ›› 241

고추 ›› 345~346, 352

고춧가루 ›› 43, 167, 168, 196

골든 시럽 ›› 121, 453~454

과일 칵테일 ›› 196

괴혈병 ›› 220~222, 224

교황의 코 ›› 413

구멍 속 두꺼비 ›› 90

구스베리 풀 ›› 431

굴라시 ›› 335~336, 354

굴라시 공산주의 ›› 336

귀리를 느끼다 ›› 229

그라블락스 ›› 264, 265~266

그라탱 도피누아 ›› 234~235

그래노즈 플레이크 ›› 47

그래놀라 ›› 46

그래뉼라 ›› 46

그레이엄 브레드 ›› 45

그레이엄 크래커 ›› 45

그레이프 너트 ›› 48

그뤼에르 치즈 ›› 290

글러모건 소시지 ›› 331

금요일 표정 ›› 143

껍질째 구운 통감자 ›› 144, 232

꼬막 ›› 197

꼬막 피클 ›› 197, 249

나레즈시 ›› 267

나르기시 코프타 ›› 59

나무 쟁반 ›› 63

납작 귀리 비스킷 ›› 121

내장 ›› 43~44, 309~310

네덜란드식 ›› 468

네슬로드 타르트 ›› 440

네슬로드 파이 ›› 440

네슬로드 푸딩 ›› 440~441

노퍽 풀 ›› 431

농민 식단 ›› 223

농부의 점심 식사 ›› 65~66

누군가에게 버터 바르기 ›› 353

니기리-스시 ›› 267~268

니스 샐러드 ›› 218

니콜라 아페르 ›› 327~328

다이아몬드 짐풍의 솔 마르게리 ›› 259

다이제스티브 비스킷 ›› 480

달고기 ›› 251~252

달팽이(에스카르고) ›› 197

닭이 먼저냐 달걀이 먼저냐 ›› 398

대관식 닭 ›› 356~357

더블 글로스터 ›› 477~478

던모 플리치 트라이얼 ›› 27

데빌드 키드니 ›› 43~44

데빌링 ›› 43~44

도교 ›› 387~388

도시를 붉게 칠하기 ›› 75

돼지고기 ›› 27

되네르 케밥 ›› 141~142, 154

뒤보네 ›› 159

드라이 마티니 ›› 164

드리핑 푸딩 ›› 88

등심 ›› 84

딤섬 ›› 390~392

라 타파 ›› 178

라구 ›› 83, 374

라비올리 ›› 370, 464

라이미 ›› 222, 324

라임 ›› 222

라자냐 ›› 368, 372, 374

랍스카우스 ›› 324

랍스카우스 ›› 324

랍스터 ›› 36

랍스터 테르미도르 ›› 245~247

래그 푸딩 ›› 309~310

랭커셔 핫팟 ›› 323

런던 드라이 진 ›› 162

럼블데섶스 ›› 238

레몬 ›› 222

레밍턴 케이크 ›› 113~114

레이버브레드 ›› 32

레일웨이 케이크 ›› 437

론 소시지 ›› 32

롤몹 청어 ›› 253

르 그라탱 ›› 235

리버티 캐비지 ›› 222

마들렌 ›› 101~102

마르게리타 피자 ›› 381

마리나라 피자 ›› 380

마멀레이드 ›› 25~26, 154

마요네즈 ›› 64, 251, 276~278, 279, 295, 325

마카로니 ›› 371~372, 464

마텔로트 드 푸아송 ›› 184

마티니 ›› 158, 160, 164~165

마티니 앤드 로시 ›› 164

말을 다지지 마 ›› 139

맥도날드 ›› 132~133, 146

맷돼지 머리 축제 ›› 407~408

머핀 ›› 34, 35

멀리거토니 ›› 349, 360~361

메이드 오브 아너 ›› 117~118

메이플 시럽 ›› 36

멜바 토스트 ›› 481

멜튼 모브레이 파이 ›› 75~76

모과 ›› 25

모레툼 ›› 377

모르네 소스 ›› 290~291

목사의 코 ›› 413~414

미키 핀 ›› 166

민스파이 ›› 405, 409

밀크셰이크 ›› 132

바르바코아 ›› 154

바베큐 ›› 132, 154, 264, 265

발티 ›› 354~355

방울다다기양배추 ›› 415

배스 번 ›› 480

배터 푸딩 ›› 88~89

배턴버그 케이크 ›› 123~124

밴버리 케이크 ›› 115

뱅어 앤드 매시 ›› 331~332, 351

버미첼리 ›› 370

버블 앤드 스퀴크 ›› 31, 238, 358

버섯 ›› 31, 310

버터 ›› 293

번 ›› 103–107

베르무트 ›› 164, 165

베샤멜 소스 ›› 274, 288~289, 290

베아르네즈 소스 ›› 292~293

베이컨 ›› 27, 31, 32, 34, 72, 216, 375

베이컨을 집으로 가져오기 ›› 27

베이크드빈 ›› 31, 228~229

베이크웰 타르트 ›› 109~112, 444

베이크웰 타르트 앤드 커피 숍 ›› 112

베이크웰 푸딩 ›› 109~112

벨루테 소스 ›› 288

벨테인 배넉 ›› 480

병아리콩 ›› 174

보드카 ›› 167

보스턴 차 사건 ›› 97

보일레이파포위타 ›› 175

볶음요리 ›› 348

볼로네제 ›› 374

볼로방 ›› 170

봄 네슬로드 ›› 440

봄베이 덕 ›› 362~363

봉급(salary) ›› 286

뵈르 블랑 ›› 294

부들스 오렌지 풀 ›› 432~433, 442

부야베스 ›› 183~184, 218

북경오리 ›› 389, 394~395

붉은 청어 ›› 252

뷔슈 드 노엘 ›› 404

뷔페 ›› 29, 175, 193~194, 358

브라운 소스 ›› 302

브리 ›› 461~462

489

블라인드 스카우스 ›› 324

블랙 푸딩 ›› 31, 32, 331

블러디 메리 ›› 167~169

비리아니 ›› 348

비스마르크 청어 ›› 257

비스킷 ›› 69~70

비스킷을 받다 ›› 122

비스트로 ›› 133

비시수아즈 ›› 185, 261

비어 앨리 ›› 161

비프 스트로가노프 ›› 317~318

비프 웰링턴 ›› 315~316

비행사 샐러드 ›› 208

빈달루 ›› 352

빵 ›› 23

빵 싸움 ›› 108

사시미 ›› 267, 269

사우전드 아일랜드 드레싱
›› 279~280

사워크라우트 ›› 219~222

살라타 헤르바 ›› 208

상처에 소금 비비기 ›› 286

새러토가 감자 칩 ›› 173

새우 ›› 36, 195~196

새우 병조림 ›› 73, 198~199

새우 칵테일 ›› 195

새콤달콤한 소스 ›› 348

샌드위치 ›› 61~64, 65, 97

샌드위치가 된 ›› 63

샐리 런 번 ›› 103~104

생강 ›› 347, 388

생선 솥 ›› 248

샤토브리앙 ›› 85~86

샤프너 ›› 160

서약의 수프 ›› 188~189

석가모니에게 버터 바르기 ›› 353

선다우너 ›› 163

선데이 로스트 ›› 81~82, 83, 89,
238, 298, 338

센트리 에그 ›› 396

셰퍼드 파이 ›› 231, 338~340

소금 ›› 41, 168, 284~287, 318

소금값을 못한다 ›› 286

소금을 약간 치다 ›› 287

소년 농부의 점심 식사 ›› 66

소르베 ›› 448

소스 ›› 273~275

소스 디안 ›› 307

소스 이즈니 ›› 295

소스 푸아브라드 ›› 307

소시지 ›› 31, 32, 90, 319,
331~332, 351

솔 마르게리 ›› 257~260

솔 베로니크 ›› 261~262

솔릴레스 ›› 413

솔즈베리 스테이크 ›› 137~138

쇠고기 ›› 81~86

쇠고기 남작 ›› 84

쇠고기의 귀족적인 이름 ›› 83~86

쇠고기의 최고급 부위들 ›› 83~86

수란 ›› 34~36

수이트 ›› 309, 409, 436

술탄의 코 ›› 413

쉬프렘 드 볼랄르 ›› 327

슈레디드 휘트 ›› 47

슈림프 ›› 195~196

슈림프 칵테일 ›› 196

슈위트 ›› 409

스네이크 앤드 피그미 파이 ›› 310

스모가스보드 ›› 175~176, 193,
265

스미어케이스 ›› 460

스미어케이스 케이크 ›› 461

스시 ›› 267~268

스카우스 ›› 324

스코치 브로스 ›› 323

스코치 에그 ›› 59~60, 396

스코치 우드콕 ›› 466

스콘 ›› 32

스쿼시드 플라이 비스킷 ›› 120

스크램블 에그 ›› 466

스타벅스 ›› 22

스테이크 디안 ›› 307~308

스테이크 앤드 키드니 파이
›› 310

스테이크 앤드 키드니 푸딩
›› 309~310

스테이크 타르타르 ›› 325~326,
459

스테크 알 라메리켄 ›› 325

스파게티 ›› 369~370, 374

스파게티 웨스턴 ›› 369

스파티드 독 ›› 437

스파티드 딕 ›› 436~437

스페인식 오믈렛 ›› 240~241

시금치 ›› 36, 225~227

시드니 스미스 샐러드 드레싱 ›› 210~212

시시 케밥 ›› 141

시저 샐러드 ›› 196, 207~209

시푸드 베네딕트 ›› 36

식욕 돋우기 ›› 160

식전주 ›› 159~160, 163, 164, 170

실라버브 ›› 442

심장의 꼬막을 데우는 ›› 197

쌀 ›› 263~264

아르메 리터 ›› 37

아메리칸 피자 ›› 382~383

아메리칸 핫 피자 ›› 383

아시 파르망티에 ›› 231

아이리시 스튜 ›› 323~324, 354

아이스크림 ›› 429, 434, 448~450

아이스크림 선디 ›› 451~452

아이스크림 소다 ›› 451

아이올리 ›› 277

아일랜드 대기근 ›› 233

아침 식사용 시리얼 ›› 31, 45~49

아팔럼 ›› 351

아페르티자시옹 ›› 328

안두예트 ›› 319

안초비 ›› 236, 362

알 덴테 ›› 373

앙투안 오귀스탱 파르망티에 ›› 230~232

애프터눈 티 ›› 96

애플 브라운 베티 ›› 446~447

애플 샤를로트 ›› 447

애플 파이 ›› 73

애플 파이만큼 미국적 ›› 311

애플 플로렌틴 ›› 225

앤잭 비스킷 ›› 121

앤잭 크리스피 ›› 121

앨버트 소스 ›› 297~298

앨프레드 왕의 케이크 ›› 99~100

얀손의 유혹 ›› 236~237

얌차 ›› 390~391

양배추 피클 ›› 219

양파 ›› 188~189

양파 수프 ›› 188~189

어머니의 몰락 ›› 161

어쉬-에-나즈리 ›› 188

언더우드 데빌드 햄 ›› 44

얼 그레이 ›› 97~98

얼스터 프라이 ›› 32

엄블 파이 ›› 74

에그 베네딕트 ›› 34~36

에그 베네딕트 아널드 ›› 36

에그 플로렌틴 ›› 36, 225

에스파뇰 소스 ›› 288

에스프레소 ›› 19~20

에클스 케이크 ›› 115~116

오 아 라 베네딕틴 ›› 36

오르되브르 ›› 171~172, 175

오리 ›› 394~395, 413

오믈렛 ›› 240~241

오믈렛 아널드 베넷 ›› 50~51

오벨리스코스 ›› 140

오토메트 ›› 131

오트(상류층) 퀴진 ›› 275

오트케이크 ›› 32, 121, 479

오픈 샌드위치 ›› 63, 73, 175

온전한 스코틀랜드식 아침 식사
›› 32

온전한 아일랜드식 아침 식사
›› 33

온전한 잉글랜드식 아침 식사
›› 28~31, 36, 43, 45, 358

와세일 ›› 420

와인 ›› 23~24

와플 베네딕트 ›› 36

완두콩 ›› 223~224

완두콩 수프 ›› 224

완두콩 죽 ›› 224

완두콩 푸딩 ›› 27, 129,
223~224

요크셔 푸딩 ›› 88~89

우스터 소스 ›› 167, 168, 208,
273, 299, 302, 348

워터 비스킷 ›› 69, 479

워터 아이스 ›› 448

워터 크래커 ›› 479

월도프 런치 시스템 ›› 213

월도프 샐러드 ›› 213~214

웨스트 컨트리 팜하우스 체더
›› 471~472

웰시 래빗 ›› 466~468

윈저의 가난뱅이 기사단
›› 37~38

유교 ›› 388~389

육두구 ›› 347

율보르드 ›› 175

으깬 완두콩 ›› 224

음과 양의 음식 ›› 387

이맘 바일디 ›› 200~201

인디언 토닉워터 ›› 163

자두 포타쥬 ›› 416

자두 푸딩 ›› 397, 416

자메이카식 저크 양념 ›› 337

장관의 치어 만찬 ›› 249~250

장어 젤리 ›› 147~148, 249

장어 파이 ›› 147

저먼 토스트 ›› 37

저크 ›› 337

저키 ›› 337

전통 웨일스식 아침 식사 ›› 32

정당한 디저트 ›› 447

제12야 ›› 419

제니 린드 수프 ›› 190~192

죽 ›› 39~40, 273

진 ›› 160, 161~163, 164, 165, 168

진 궁전 ›› 161

진 레인 ›› 161

진 조령 ›› 162

진토닉 ›› 160, 161~163

차 ›› 95~98, 349, 390~392

차가운 어깨살 ›› 87

차가운 칠면조 ›› 412

찹수이 ›› 399

찻잔 속의 태풍 ›› 108

처트니 ›› 63, 351, 359

청어 ›› 41~42, 249, 252,
253~256

청어 피클 ›› 253~256

체더 치즈 ›› 471~472

체리 베이크웰 ›› 112

체셔 고양이처럼 히죽거리다
›› 470

체셔 치즈 ›› 470

첼시 번 ›› 104~105

초콜릿 ›› 429

촐리 케이크 ›› 115

추수감사절 ›› 406, 410

춘권 ›› 390, 393

치어 ›› 249~250

치즈 ›› 459~481

치즈 같은 ›› 463

치즈 굴리기 ›› 477~478

치즈 퐁뒤 ›› 469~470

치즈당한 ›› 463

치즈와 비스킷 ›› 479~481

치즈케이크 ›› 195, 460, 475~476

치킨 마렝고 ›› 329~330

치킨 수프림 ›› 327

치킨 키에프 ›› 327~328

칠면조 ›› 407, 410~411, 413

칠면조에게 말하기 ›› 412

칠성장어 ›› 147

카나페 ›› 170, 171

카라히 ›› 354

카르다몸 ›› 347

카르보나라 ›› 375~376

카르보나라 ›› 375~376

카리 ›› 347

카릴 ›› 347

카바바 ›› 141

카술레 ›› 228

카우보이 파이 ›› 339

카펠리 단젤로 ›› 370

카푸치노 ›› 20~22

카화 ›› 19

칼초네 ›› 382

커드 앤드 웨이 ›› 459

커리 ›› 347~349, 351, 362

커리 스코치 에그 ›› 59

커피 ›› 3~5, 10

케밥 ›› 130, 140~142, 174

케이크를 받다 ›› 122

케이크워크 ›› 122

케이트 앤드 시드니 파이 ›› 310

케저리 ›› 358

케첩 ›› 279, 300~301, 349

코니시 패스티 ›› 57~58

코르마 ›› 348

코블러 ›› 446

코울슬로 ›› 215

코카콜라 ›› 132

코티지 치즈 ›› 339, 460

코티지 파이 ›› 231, 338~339

코핀 ›› 73

콘플레이크 ›› 31, 48~49

콜드트보르드(콜데 보르드) ›› 175

콜캐넌 ›› 238~239

콥 샐러드 ›› 216~217

콩 ›› 31, 228~229

콩으로 꽉 찼다 ›› 229

콩팥 ›› 310

쿠헨 ›› 72

크라우트 ›› 222, 324

크레프 쉬제트 ›› 438~439

크렘 골루아 ›› 185

크루아상 ›› 21, 52~53

크루통 ›› 23

크리스마스 만찬 ›› 175, 403~406, 407, 461

크리스마스 푸딩 ›› 405, 416~420

크리스마스 햄 ›› 407~408

크리스피 아로마틱 덕 ›› 395

큰 물고기 ›› 463

큰 바나나 ›› 463

큰 벌레 ›› 463

큰 치즈 ›› 463

클럽 샌드위치 ›› 64

클럽하우스 샌드위치 ›› 64

클레프티코 ›› 313~314

키니네 ›› 162~163

키쉬 ›› 72

키슈 ›› 71~72

키슈 로렌 ›› 71~72

키차리 ›› 358

키퍼 ›› 41~42

킨 앤드 선즈 ›› 82

킵페를 ›› 52

킹 케이크 ›› 419~420

타르타르 소스 ›› 325

타르트 타탱 ›› 444~445

타마린드 ›› 302

타바스코 소스 ›› 167, 196

타파스 ›› 177~179, 390

탄두리 ›› 348

탈리아텔리 ›› 374

터키시 딜라이트 ›› 26

토르텔리니 ›› 370~371

토르티야 데 파타타스 ›› 240

토마토 ›› 31, 32, 152, 187, 230, 349

토마토 소스 ›› 288, 374

토마토 주스 ›› 167, 168

토마토 케첩 ›› 279, 300~301

토스트 ›› 23~24, 31, 34, 37, 170, 329, 466, 467

트라이플 ›› 431, 433, 442~443

트리클 ›› 453~454

트리클 타르트 ›› 453

파르메산 ›› 208, 290, 374, 378, 464~465, 471

파머스 핸드 치즈 ›› 465

파블로바 ›› 425~428

파스타 ›› 367~373, 417, 449

파에야 ›› 263~264, 265

파이 ›› 73~76, 147, 309~310, 338~340

파이마다 손가락을 넣다 ›› 311~312

파이지로 싼 쇠고기 안심 ›› 316

파이처럼 상냥하다 ›› 311

파이처럼 쉽다 ›› 311

파텔라 ›› 263

파파덤 (pappadaum) ›› 351

파파덤 (poppadom) ›› 351, 359

파파드 ›› 351

파프리카 ›› 336

팔 소다 브레드 ›› 32

팡 페르뒤 ›› 37

패곳 ›› 333~334

패스트푸드 ›› 129~133, 134, 144, 267, 328

펀치 ›› 350, 420

펍 음식 ›› 65~66

페스토 ›› 377

페타 치즈 ›› 475

페투치네 ›› 378

페투치네 알프레도 ›› 378

페페로니 ›› 383

포르 살뤼 치즈 ›› 473~474

포스텀 ›› 48

포장음식 ›› 131

포크 파이 ›› 74~76, 198

포테이토 브레드 ›› 332

포토푀 ›› 184

폴로 소르프레사 ›› 327

푀르퀼트 ›› 335

푸딩 클로스 ›› 417

푸아그라 ›› 202~203, 316

푸아르 벨 엘렌 ›› 429~430

풀 ›› 431~433, 442

프랑스식 이별 ›› 468

프랑크푸르터 ›› 149~151

프렌치 토스트 ›› 37~38

프렌치 프라이 ›› 132, 152~153, 173, 415

프렌치 프라이 ›› 132, 152~153, 173, 415

프리덤 토스트 ›› 37

프리덤 프라이 ›› 154

플랜 ›› 111

플로렌스 ›› 225~227, 274

플로렌스풍의 송아지고기 ›› 225

플로렌틴 ›› 225~227, 371

플로렌틴 ›› 227

피기 푸딩 ›› 420

피단 ›› 396~397

피살라디에르 ›› 218

피스투 ›› 377

피시 앤드 칩스 ›› 143~146, 331

피자 ›› 369, 379~383

피치 멜바 ›› 434~435, 481

피크닉 ›› 67~68, 350

피타 ›› 379

하권 ›› 393

하그바 ›› 319

하늘의 파이 ›› 311

하드택 ›› 69

할라페뇨 ›› 383

핫 크로스 번 ›› 105~107

핫도그 ›› 149~151, 257

항해용 비스킷 ›› 69~70, 348, 479

해기스 ›› 32, 319~322, 223, 331, 417

햄 ›› 34

햄버거 ›› 132, 134~136, 138, 257, 383

햄버그 스테이크 ›› 136

허브 ›› 275

험블 파이 ›› 74, 87

호각 죽이기 ›› 160

호스래디시 소스 ›› 91, 196, 297

홀란데이즈 소스 ›› 34, 35, 36, 288, 293, 295~296

화이트 푸딩 ›› 32

후무스 ›› 174, 223

후추 ›› 167, 168, 208, 281~283, 284, 300, 345, 347

후추 소스 ›› 307

후추 임차료/지불 ›› 282

훈제 음식 ›› 41~42, 252

훈제 청어 ›› 41~42

지은이 앨버트 잭 Albert Jack

영국의 작가이자 역사가. 당연하게 여겨지는 것들 이면의 숨겨진 이야기를 탐구하는 베스트셀러를 연달아 썼다. 첫 번째 저서 『붉은 청어와 흰 코끼리 Red Herrings and White Elephants』가 16개월 동안 《선데이 타임즈》 베스트셀러 10위권 안에 이름을 올린 바 있다. 그밖에도 동요에 대한 『족제비가 뿅 Pop Goes the Weasel』부터 일상적 관용구에 관한 『텁수룩한 개와 검은 양 Shaggy Dogs and Black Sheep』까지, 무엇이든 다룬다.

옮긴이 정은지

서울대학교 경제학부 박사과정을 수료했다. 에세이 『내 식탁 위의 책들』을 펴냈으며, 옮긴 책으로 『아폴로의 천사들』 등이 있다.

모든 메뉴에는 이름이 있다
미식가의 어원 사전

펴낸날 초판 1쇄 2022년 1월 31일
　　　　　 초판 5쇄 2023년 12월 28일
지은이 앨버트 잭
옮긴이 정은지
펴낸이 이주애, 홍영완
편집3팀 김애리, 유승재, 장종철
편집 박효주, 양혜영, 최혜리, 문주영, 홍은비
디자인 윤신혜, 박아형, 김주연, 기조숙
마케팅 김송이, 김태윤, 김미소, 박진희, 김슬기, 김예인
해외기획 정미현
경영지원 박소현
펴낸곳 (주)윌북 **출판등록** 제2006-000017호
주소 10881 경기도 파주시 광인사길 217
전화 031-955-3777 **팩스** 031-955-3778
블로그 blog.naver.com/willbooks **포스트** post.naver.com/willbooks
트위터 @onwillbooks **인스타그램** @willbooks_pub
ISBN 979-11-5581-438-3 03740